मध्यकालीन भारत : नए आयाम

अ अक्षर
प्रतियोगी पुस्तकें

मध्यकालीन भारत

नए आयाम

हरबंस मुखिया

अनुवाद

नरेश 'नदीम'

राजकमल प्रकाशन

पहला सजिल्द संस्करण 1998 में प्रकाशित

ISBN : 978-93-89598-31-5

मूल्य : ₹ 200

पहला संस्करण : 2020
दूसरा संस्करण : 2021

अ अक्षर
प्रतियोगी पुस्तकें

प्रकाशक
राजकमल प्रकाशन प्रा.लि.
1-बी, नेताजी सुभाष मार्ग, दरियागंज
नई दिल्ली–110 002

शाखाएँ
अशोक राजपथ, साइंस कॉलेज के सामने, पटना–800 006
पहली मंज़िल, दरबारी बिल्डिंग, महात्मा गांधी मार्ग, प्रयागराज–211 001
36-ए, शेक्सपियर सरणी, कोलकाता–700 017
वेबसाइट : www.rajkamalprakashan.com
ई-मेल : info@rajkamalprakashan.com

मुद्रक
बी.के. ऑफ़सेट
नवीन शाहदरा, दिल्ली–110 032

MADHYAKALEEN BHARAT : NAYE AAYAM
Perspectives on Medieval History by Harbans Mukhia
Translated by Naresh 'Nadeem'

चाचा जी और चाची जी
के नाम

इस संकलन में प्रकाशित लेख मूलतः निम्न प्रकार से प्रकाशित हुए थे :

'अकबरनामा में इतिहास-विश्लेषण की अवधारणाएँ', लेखक की रचना *हिस्टोरियंस एंड हिस्टोरियोग्राफ़ी ड्यूरिंग द रेन ऑफ़ अकबर,* विकास, नई दिल्ली, 1976।

'सांप्रदायिकता और मध्यकालीन भारत का इतिहास-लेखन; एक पुनर्मूल्यांकन', *सोशल सांइटिस्ट,* 123, 1983।

'भक्ति आंदोलन की विचारधारा : दादूदयाल का दृष्टांत', डी. पी. चट्टोपाध्याय (सं) : *हिस्ट्री एंड सोसायटी : एस्सेज़ इन आनर आफ़ प्रोफ़ेसर नीहाररंजन राय,* के. पी. बागची, कलकत्ता, 1978।

'उपनिवेशपूर्व भारत के बारे में मार्क्स के विचार : एक मूल्यांकन', दीप्तेंद्र बनर्जी (सं) : *मार्क्सियन थ्योरी एंड द थर्ड वर्ल्ड,* सेज, नई दिल्ली 1985।

'क्या भारतीय इतिहास में फ़्यूडलिज़्म रहा है?', *द जर्नल ऑफ़ पीज़ेंट स्टडीज़,* 8 : 3, 1981।

'कृषक उत्पादन और मध्यकालीन भारतीय समाज', उपर्युक्त, 12 : 2-3, 1985।

'18वीं सदी के पूर्वी राजस्थान में किसानों, दस्तकारों और चाकरों से ग़ैरक़ानूनी वसूलियाँ', *द इंडियन इकानमिक एंड सोशल हिस्ट्री रिव्यू,* 14 : 2, 1977।

'मध्यकालीन उत्तर भारत की कृषि-प्रौद्योगिकी,' ए. राय और एस. के. बागची (सं) : *टेक्नोलॉजी इन एंशिएंट एंड मेडिवल इंडिया,* संदीप पब्लिकेशंस, 1985; बाद में संशोधित।

'श्रेष्ठतर प्रौद्योगिकी का सामाजिक प्रतिरोध : 18वीं सदी में बंगाल का अटेरन', *द इंडियन हिस्टारिकल रिव्यू,* 11 : 1-2, 1984-85 में।

विषय-सूची

प्रस्तावना

प्रस्तुत संकलन के नौ लेख पिछले डेढ़ दशकों में प्रकाशित हुए थे और दो यहाँ पहली बार प्रकाशित किए जा रहे हैं। पिछली दो दहाइयों में पूरी दुनिया में इतिहास की समझ में आए गहरे परिवर्तन के कारण अगर इनमें से कुछ लेख अपने पुराने होने के कारण थोड़े अजनबी से लगें तो भी मुझे आशा है कि वे सभी के सभी इस शास्त्र के लिए अनुपयोगी नहीं हुए हैं।

अबुल फ़ज़्ल कृत *अकबरनामा* का अध्ययन 16वीं सदी के अंतिम वर्षों में इतिहास की एक अनोखी पुनर्रचना में निहित मान्यताओं की खोज है। यह रचना एक नहीं, अनेक प्रकार से अद्वितीय है; इसमें लेखक ने उन अधिकांश लीकों से काफ़ी कुछ दूर जाने का प्रयास किया है जिन पर मध्यकालीन भारत में इतिहास रचा जा रहा था। अबुल फ़ज़्ल को पता था कि इतिहास सबसे पहले राज्य की वैधता का एक स्रोत होता है या इसी कारण उसके विरोधियों के लिए भी वैधता का स्रोत बना होता है। यही कारण है कि उन्होंने शब्दों का चयन बहुत सावधानी से किया है—बल्कि पाँच मुसव्विदे तैयार करते समय बार-बार यही अमल दोहराया है ताकि अकबर और उसकी सल्तनत के व्याख्यानों और कारनामों को वैधता मिले; यही वह सल्तनत है जिसके साथ उनका गहरा निजी सम्बन्ध क़ायम हो चुका था। यह तथ्य अपने आपमें उनकी रचना को इतिहास-लेखन की तत्कालीन विद्या में रखने में समर्थ था। जो चीज़ इसे दूसरों से अलग करती है वह यह है कि अबुल फ़ज़्ल ने अपने संरक्षक की वैधता इस्लाम की बजाय एक मिथकीय-धार्मिक आधार पर स्थापित की है। मध्यकालीन भारत के इतिहास-ग्रंथों ने हमेशा इस ढर्रे का अनुकरण किया है कि पहले अल्लाह, फिर पैग़ंबर और फिर सुन्नी मुसलमानों के बीच आदर पानेवाले चार ख़लीफ़ों की स्तुति की जाती थी और फिर पिछले सुल्तानों से लेकर मौजूदा सुल्तान तक का गुणगान किया जाता था। दूसरी तरफ़ अबुल फ़ज़्ल की किताब अल्लाह की स्तुति से शुरू होती है और फिर हज़रत आदम और उनके बेटों से शुरू करके अकबर तक पहुँचती है, जिनके बीच में अबुल फ़ज़्ल के अनुसार 52 पीढ़ियाँ हैं। इस तरह जहाँ दूसरे इतिहासकार मौजूदा बादशाह की वंशगाथा इस्लाम के पंथवादी वंशवृक्ष के माध्यम से पेश करते हैं, वहीं अबुल फ़ज़्ल ने सोचे-समझे ढंग से उस वंशवृक्ष को अलग करके अकबर की पंथवादी नहीं, एक

मिथकीय वंशगाथा प्रस्तुत की है। उन्होंने ऐतिहासिक विश्लेषण के कुछ नए प्रवर्ग विकसित करने के प्रयास भी किए हैं जो पहले से चली आ रही बुद्धिमत्ता से बहुत अधिक सम्पन्न थे पर फिर भी उससे असंतुष्ट थे।

सांप्रदायिकता और मध्यकालीन भारत सम्बन्धी लेख इसी विषय पर पहले लिखे गए मेरे एक अपेक्षाकृत सरलवादी लेख का पुनर्मूल्यांकन है; यह लेख पहले-पहल 1969 में *सांप्रदायिकता और भारतीय इतिहास-लेखन* शीर्षक पुस्तिका में प्रकाशित हुआ। यह लेख भारत में किसी भी रूप की सांप्रदायिक चेतना का उद्‌गम ब्रिटिश काल में ढूँढ़ने के सटीक प्रयास से मेरा असंतोष व्यक्त करता है और मध्यकालीन से आधुनिक इतिहास तक के काल में उस चेतना की उस निरंतरता और परिवर्तन को संक्षेप में प्रस्तुत करने का प्रयास करता है जिसे हम मध्यकालीन भारत के इतिहास-ग्रंथों में देख सकते हैं।

'रामजन्मभूमि-बाबरी मस्जिद विवाद' में किसी भी प्रकार के मध्यकालीन भारतीय ऐतिहासिक स्रोत से जो थोड़ी-बहुत जानकारी भी उपलब्ध होती है, उसे मैंने एक जगह जमा करके इस दावे की वैधता को परखने की कोशिश की है कि मस्जिद का निर्माण एक पहले से मौजूद राम-मंदिर की जगह किया गया था। सच्चाई यह है कि मुझे 19वीं सदी से पहले का ऐसा कोई साक्ष्य नहीं मिला जो इस दावे को असंदिग्ध रूप से प्रमाणित करे; बाद के साक्ष्य इसी कारण इतिहासकारों के लिए व्यर्थ हो जाते हैं। यह लेख 6 दिसंबर, 1992 को मस्जिद के गिराए जाने से पहले लिखा गया था।

दादूदयाल सम्बन्धी अध्ययन मध्यकालीन उत्तर भारत के भक्ति आंदोलन की वैचारिक शक्तियों और सीमाओं की छानबीन है; यह लेख 1973 में भारतीय इतिहास कांग्रेस के चंडीगढ़ सत्र के लिए लिखा गया था। यह अध्ययन यांत्रिक मार्क्सवादी ढाँचे में शायद कुछ ज्यादा ही बँधा हुआ है। फिर भी मेरा विश्वास है कि यह समस्या अभी भी महत्त्वपूर्ण है और इस पर हुए अनुसंधान अपेक्षाकृत असंतोषप्रद हैं।

उपनिवेश-पूर्व भारत के बारे में मार्क्स के विचारों का मूल्यांकन 1983 में उनके मृत्यु-शताब्दी समारोहों के दौरान मार्क्सवाद पर किए गए अनेक अध्ययनों में से एक है। इसका उद्देश्य यह परखना नहीं है कि ब्रिटिश-पूर्व भारत के बारे में मार्क्स और एंगेल्स के विचार कहाँ तक ग़लत या सही थे। भारत के अधिकांश मार्क्सवादी विचारकों की मान्यता है कि भारत के बारे में इन विचारकों के निरूपण काफ़ी हद तक संदिग्ध हैं, और ख़ासकर 18वीं सदी से पहले के भारत में संपत्ति के अस्तित्व का निषेध और एशियाई उत्पादन-पद्धति की धारणा पर यह बात विशेष रूप से लागू होती है। मेरा यह लेख इसी मान्यता के आधार पर यह तर्क प्रस्तुत करता है कि संपत्ति के स्वामित्व की बजाय उसके उपयोग के बारे में मार्क्स की अंतर्दृष्टियाँ कहीं अधिक महत्त्वपूर्ण हैं।

'क्या भारतीय इतिहास में फ़्यूडलिज़्म रहा है?' शीर्षक लेख सबसे पहले वाल्टेयर में 1979 में भारतीय इतिहास कांग्रेस के मध्यकालीन भारत खंड में अध्यक्षीय भाषण के रूप में पढ़ा गया था। बाद में इसे थोड़ा-सा संशोधित करके 1981 में द

जर्नल आफ़ पेज़ेंट स्टडीज़ में प्रकाशित कराया गया। इसमें बेहद जड़ें जमाकर बैठी रूढ़ियों में एक रूढ़ि अर्थात् एक भारतीय फ़्यूडलिज़्म की धारणा को चुनौती दी गई। इसलिए सुखद बात यह है कि इससे पैदा ऊर्जा के कारण 1985 में उसी पत्रिका में एक अंतर्राष्ट्रीय बहस का आरंभ हुआ, और इस पूरी बहस को प्रस्तुत करते हुए एक विशेषांक प्रकाशित किया गया। आगे चलकर इसी को *फ़्यूडलिज़्म एंड नान-यूरोपियन सोसायटीज़* शीर्षक से पुस्तक रूप में भी प्रकाशित किया गया। इस लेख में तथा अगले लेख 'कृषक उत्पादन और मध्यकालीन भारतीय समाज' में (जो आलोचकों को मेरा जवाब था) मूलतः सिद्धांत और तथ्य, दोनों आधारों पर किसी भी प्रकार के भारतीय फ़्यूडलिज़्म की धारणा को चुनौती दी गई है और उसकी बजाय मध्यकालीन भारत में एक स्वतंत्र कृषक अर्थव्यवस्था की धारणा प्रतिपादित करने का प्रयास किया गया है। इन लेखों ने अगर कुछ ख़ास नहीं किया तो संभवतः मध्यकालीन भारत के सामाजिक-आर्थिक इतिहास को एक वैकल्पिक परिप्रेक्ष्य में देखने का रास्ता तो खोला ही है। इन्होंने पर्यावरण, प्रौद्योगिकी की और श्रम के उपयोग के सामाजिक रूपों के घात-प्रतिघात के संदर्भ में मध्यकालीन भारत के सामाजिक तनावों की विशिष्ट प्रकृति की पड़ताल की।

लेख 'ग़ैरक़ानूनी वसूलियाँ' राजस्थान राज्य अभिलेखागार, बीकानेर में कुछ सप्ताहों तक किए गए कार्य का परिणाम था। इसका प्रमुख तर्क यह था कि किसी क्षेत्र में आर्थिक ह्रास आने पर ग़रीबों को कोई रिआयत मिलने की बजाय उनकी चूल और कस दी जाती थी।

लेख 'कृषि-प्रौद्योगिकी' कलकत्ता में 1984 में उपनिवेश-पूर्व भारतीय प्रौद्योगिकी पर आयोजित एक संगोष्ठी में प्रस्तुत किया गया था। यह पहले सामंतवाद के प्रश्न पर की गई छानबीन का एक गौण परिणाम था। इसके बाद शीघ्र ही लेख 'कृषि उत्पादन' लिखा गया था। इसलिए इन तीनों अध्ययनों में बहुत-कुछ साझा है।

एक श्रेष्ठतर प्रौद्योगिकी और इस दृष्टांत में बंगाल का 18वीं सदी के अंतिम भागों के अटेरन वाला अध्ययन एक ऐसे ऐतिहासिक विरोधाभास की उपज था जिसे ऐतिहासिक साक्ष्य बराबर सामने ला रहे थे। विरोधाभास यह था कि जहाँ अटेरन के इस्तेमाल की प्रक्रिया पर असाधारण गति से अधिकार पाकर दस्तकार अपने मालिकों को हैरान कर रहे थे, वहीं उसके बाद वे इसी विधि से रेशम तैयार करने में उसी क़दर हिचक दिखा रहे थे। ईस्ट इंडिया कंपनी के अधिकारियों ने इसका सबसे आसान उत्तर देकर ख़ुद को संतुष्ट कर लिया : कि देसी लोग किसी भी नई पद्धति का स्वाभाविक रूप से विरोध करते हैं। मगर यह आसान उत्तर नई तकनीक को सीखने के प्रति देसी लोगों की उत्सुकता की व्याख्या नहीं करता था। व्याख्या की मेरी अपनी तलाश मुझे अटेरन के रेशम के बाज़ार पर कंपनी के नियंत्रण की दशाओं में अटेरन से उत्पादन की अर्थव्यवस्था तक ले गई। दस्तकारों के श्रम पर कंपनी के नियंत्रण के प्रयास पर अपूर्ण

नियंत्रण और एक ऐसी बाज़ार व्यवस्था में जिसमें दस्तकारों को हेरफेर की अभी भी थोड़ी-सी आज़ादी हासिल थी, जिस प्रौद्योगिकी को उन्होंने इतनी उत्सुकता के साथ सीखा था उसी से उत्पादन-कार्य करने का विरोध—सामाजिक इतिहास संबंधी इस लेख का विषय यही है।

ज़मीनी सतह के दृष्टिकोण से देखें तो *रिसाला* मुग़ल भारत के आत्म-विध्वंसक मालगुज़ारी-प्रशासन पर एक मनमोहक प्रबंध-ग्रंथ है। दिलचस्प बात यह है कि नियंत्रण के अनेक केंद्र स्थापित करके जाँच-मुआइने की जो पेचीदा प्रणाली क़ायम की गई, उसके बावजूद इसके कार्यकलाप में सबसे ज़्यादा ज़ोर प्रणाली को चलानेवाले व्यक्तियों की ईमानदारी पर दिया जा रहा था—इस क़दर ईमानदारी पर कि उनसे राज्य के हितों से टकराव की दशा में अपने स्वयं के हितों को अनदेखा करने की आशा की जाती थी। ज़ाहिर है कि जो व्यवस्था भ्रष्टाचार के अनगिनत मौक़े देती थी मगर अपने समुचित कार्यकलाप के लिए कर्मियों की ईमानदारी पर निर्भर थी, वह एक अंतर्निर्मित बाधा से ग्रस्त थी। यह प्रबंध-ग्रंथ इस दुविधा को बड़े ही कारगर ढंग से सामने लाता है। यहाँ इस संक्षिप्त पांडुलिपि का पहला मुकम्मल अनुवाद प्रस्तुत किया जा रहा है।

बौद्धिक-सांस्कृतिक परिवेश

‘अकबरनामा’ में इतिहास-विश्लेषण की अवधारणाएँ

बुनियादी स्वरूप

अबुल फ़ज़्ल ने *अकबरनामा* के विवरण वाले अंश का आरंभ आदम[1] से किया है और इसे अकबर के शासन के 46वें वर्ष पर लाकर समाप्त किया है।[2] अबुल फ़ज़्ल के नज़दीक उनकी रचना का आदम से यह आरंभ मध्यकालीन औपचारिकता मात्र नहीं था। इसके विपरीत अकबर की वंशावलि को पीछे पहले इनसान तक[3] ले जाकर लेखक यह दिखाना चाहता था कि उसका संरक्षक मानवता की चरम प्रगति का सूचक है।[4] *अकबरनामा* में उन्होंने अकबर के शासन से पहले वाले काल का जो विवरण प्रस्तुत किया है उससे भी इसी बात का संकेत मिलता है। इस भाग को वे बहुत जल्दी-जल्दी निपटाते हैं और कभी-कभी यह भी कह देते हैं कि उनका असल मक़सद अक़बर और उसके शासन के बारे में लिखना है।[5] जब वे अकबर के फ़ौरी पूर्वजों तक पहुँचते हैं तभी जाकर वे थोड़ा-सा विस्तार में जाते हैं। मगर तब भी वे अकबर के शासन के आगे इस भाग के गौण महत्त्व की चेतना के संकेत बराबर देते रहते हैं।

अबुल फ़ज़्ल ने आदम और अकबर के इस संबंध को महज़ एक धारणा के रूप में लिया और उसका विस्तृत वर्णन किया है जैसा कि उन्होंने दूसरे बहुतों के साथ किया है। तात्पर्य यह कि वे इस धारणा को उठाते हैं कि अकबर मानव के इतिहास के शीर्ष पर खड़ा है और फिर यहाँ से शुरू करके वे पीछे बढ़ते हुए आदम तक पहुँचते हैं। महत्त्वपूर्ण बात यह है कि किसी धारणा को सही मानना और फिर उससे पीछे की तरफ़ बढ़ना एक ऐसी पद्धति है जिसका अबुल फ़ज़्ल ने बहुत कम इस्तेमाल किया है और इस विश्वास के साथ किया है कि खुद उनकी पद्धति ही इस विशेष धारणा को सही साबित करेगी।

अकबरनामा का विभाजन राज्य-शासनानुसार है अर्थात् हर राज्य-शासन को एक इकाई माना गया है। फिर भी किसी शासन के ढाँचे में हर घटना एक वैयक्तिक अस्तित्व रखती है। शासकों और घटनाओं के क्रम का पालन किया गया है। जब लेखक अकबर के शासनकाल तक पहुँचता है तो पुस्तक एक सालाना वृत्तांत का रूप ले

लेती है। मतलब यह कि पूरे शासनकाल की बजाय शासन का एक वर्ष अब बुनियादी इकाई बन जाता है। प्रत्येक वर्ष में उसकी घटनाओं का वर्णन ऐन उन्हीं के क्रम में किया गया है। सही बात तो यह है कि इस क्रम को बनाए रखने के लिए अबुल फ़ज़्ल किसी घटना की निरंतरता तक को तोड़ देते हैं। अगर कोई घटना लंबे समय तक खिंचती है और इस बीच दूसरी घटनाएँ घटित होती हैं तो अबुल फ़ज़्ल पहली घटना के वर्णन से अपनी बात शुरू करते हैं, कालक्रम में जहाँ दूसरी घटनाएँ बीच में आ घुसती हैं वहाँ उसके वर्णन का सिलसिला रोक देते हैं, उन दूसरी घटनाओं का वर्णन करते हैं और फिर पहली का वर्णन करने लगते हैं।[6] फिर भी इसके कारण एक अलग इकाई के रूप में प्रत्येक घटना का चरित्र बुनियादी तौर पर नहीं बदलता। निरंतरता का जो तार एक जगह टूट चुका है उसे किसी और जगह आसानी से पकड़ा जा सकता है। इस निरंतरता को तथा किसी घटना की बुनियादी इकाई को बनाए रखने के लिए अबुल फ़ज़्ल के आगे-पीछे चलनेवाले हवाले बहुत ही मददगार साबित होते हैं।[7]

आईने-अकबरी पाँच 'किताबों' में विभाजित है। इनमें से पहली में शाही प्रतिष्ठान की विवेचना की गई है। शाही घराने के विभिन्न विभाग, शाही टकसाल, तथा खुर्दनी और कारख़ानों की बनी चीज़ों की क़ीमतों के वर्णन पहले भाग के विवरण में शामिल हैं। इसमें ख़िताती और मुसव्विरी (चित्रकला), शाही हथियारख़ाने, बंदूक़ों और शाही अस्तबलों का वर्णन भी किया गया है। अंत में इसमें इमारती साज़ो-सामान की क़ीमतें और मज़दूरों की मज़दूरियाँ कुछ विस्तार से दे दी गई हैं।

दूसरी किताब में फ़ौजी संस्था, उसके विभिन्न भागों, अदायती के नियमों वग़ैरह का ज़िक्र किया गया है। इसका एक भाग सुयूरग़ालों अर्थात् दान में ज़मीनें और भत्ते देने की प्रथा पर, एक दूसरा भाग शादी-विवाह के नियम-क़ायदों पर और एक तीसरा भाग शिक्षा पर है। अलग से कुछ शाही तफ़रीहों का बयान भी किया गया है। अंत में इसमें 10,000 से लेकर 200 तक के मनसबदारों की तथा उस काल के धर्मगुरुओं, विद्वानों (उलमा), शायरों और संगीतकारों की एक सूची दी गई है।

तीसरी किताब का आरंभ विभिन्न कालों में दुनिया के विभिन्न भागों में प्रचलित 20 अलग-अलग संवतों के बयान से होता है। फिर उसमें साम्राज्य के कुछ पदों, जैसे फ़ौजदार, मीर-ए-अदल और क़ाज़ी, कोतवाल वग़ैरह पर नियुक्ति के लिए आवश्यक गुणों का तथा इन पदों से जुड़े कार्यों का वर्णन किया गया है। इसमें मालगुज़ारी के तख़मीने (आकलन) के मक़सद से सरकारी तौर पर मान्य चार प्रकार की ज़मीनों का वर्णन मिलता है और उसके बाद उन्नीस वर्षों (अकबर के शासनकाल के छठे से लेकर चौबीसवें वर्ष) तक के लिए रबी और ख़रीफ़ की फ़सलों पर मालगुज़ारी की दरों की तालिकाएँ दी गई हैं। *आईने-दहसाला* (दसवर्षीय विधान) वाले भाग के बाद चौबीसवें वर्ष के बाद अलग-अलग क्षेत्रों में लागू मालगुज़ारी की दरें दी गई हैं। आख़िर में इसमें 'बारह' (वास्तव में पंद्रह) सूबों का वर्णन किया गया है। हर मुआमले में हर सूबे की

महल-वार मालगुज़ारी की तालिकाओं के पहले उस सूबे का एक भौगोलिक और आर्थिक विवरण दिया गया है और उसके बाद एक विस्तृत ऐतिहासिक टिप्पणी आती है।

चौथी किताब का मुख्य सरोकार हिंदुओं की नक्षत्रविद्या, चिकित्सा, दर्शनशास्त्र आदि विभिन्न धारणाओं तथा उनकी प्रथाओं और तौर-तरीक़ों से है। चौथी किताब शायद इस पूरी पुस्तक का सबसे कमज़ोर हिस्सा है। यह कमज़ोरी दो वजहों से पैदा होती है। लेखक ने कभी-कभी तो दोषपूर्ण द्वितीयक स्रोतों से हिंदू दर्शन के विभिन्न संप्रदायों, विज्ञान (ख़ासकर चिकित्साविज्ञान), तौर-तरीक़ों और रीति-रिवाजों वग़ैरह पर प्राप्त जानकारी को उतार-भर दिया है।[8] उन्होंने समकालीन विद्वानों से चर्चा करके अपनी जानकारी के मूल्यांकन की कोशिश नहीं की है; और वे अपने ख़ुद के काल में हिंदू समाज की स्थिति का वर्णन भी नहीं करते जिससे आज के इतिहासकार के लिए उनका विवरण और अधिक उपयोगी बन सकता था। इस नियम का सिर्फ़ एक अपवाद वहाँ है जहाँ वे अपने काल के विभिन्न राजपूत क़बीलों का वर्णन करते हैं।[9]

पाँचवीं किताब में अकबर की बुद्धिमत्तापूर्ण सूक्तियों, एक उपसंहार और स्वयं अबुल फ़ज़्ल की एक संक्षिप्त जीवनी को शामिल किया गया है।

अंतर्तत्त्व

आईन के अलावा *अकबरनामा* में भी राजनीतिक घटनाओं के विवरण की सीमाओं के अंदर अनेक प्रकार के विषयों पर विस्तृत जानकारी मौजूद है। उसकी विस्तृत सूचना का संबंध आम तौर पर मैदाने-जंग, उसमें प्रयुक्त रणनीति, टुकड़ियों के कमानदारों वग़ैरह से है।[10] कहीं-कहीं दूसरे देशों या क्षेत्रों के इतिहास पर संक्षिप्त टिप्पणियाँ भी मिलती हैं।[11] कहीं-कहीं घटनाओं से संबंधित व्यक्तियों की वंशावली संबंधी तथ्य भी दिए गए हैं।[12]

जंगों और ऐसी ही घटनाओं के अलावा लेखक ने किसी क्षेत्र की भूआकृति[13] या हाथियों[14] या नक्षत्रविद्या[15] जैसे विषयों पर प्रसंगवश टिप्पणियाँ भी जोड़ी हैं। इस तरह की सूचनाएँ केवल वहीं दी गई हैं जहाँ अबुल फ़ज़्ल उस घटना का वर्णन करते हैं जिसकी वे अंग हैं। मसलन अगर वे हमें एक ख़ास तौर पर दुःसाध्य हाथी पर बादशाह की सवारी के बारे में बताते हैं तो प्रसंगवश वे उन तमाम तरह के हाथियों की जानकारी देंगे जिन पर अकबर सवारी करता था।[16] इसी तरह अगर किसी शहज़ादे की पैदाइश का ज़िक्र हो तो वे इस अवसर पर तरह-तरह की प्रणालियों के अंतर्गत तैयार की गई जन्मपत्रियों के हवाले भी देंगे।[17]

चरित्र में वृत्तांतवाले भाग से पूरी तरह भिन्न होने के कारण *आईन* का ख़ास मक़सद एक प्रकार से सूचनाओं के गजट का कार्य करना है। अबुल फ़ज़्ल ने एक संकलनकर्ता और संपादक के रूप में अपनी क्षमताओं का पूरा-पूरा उपयोग आईन में ही

किया है।

अपने ही चरित्र की सीमाओं के कारण पूरा का पूरा *अकबरनामा* अकबर के व्यक्तित्व और दरबार पर केंद्रित राजनीतिक घटनाओं से इतर व्यक्तियों और तौर-तरीक़ों के आकस्मिक उल्लेखों से आमतौर पर ख़ाली है।

जानकारी के स्रोतों के प्रति दृष्टिकोण

अबुल फ़ज़्ल की आदत है कि जिस स्रोत से कोई विशेष सूचना प्राप्त करते हैं उसका उल्लेख कभी-कभार ही करते हैं। फिर भी उन्होंने कुल मिलाकर अपनी सूचनाएँ कैसे एकत्रित कीं, इसका एक सामान्य विवरण ज़रूर दिया है।[18]

1. अकबर से संबंधित हर परिस्थिति और घटना के दस्तावेज़ जमा किए गए।
2. दरबार के मुलाज़िमों और शाही ख़ानदान के बुज़ुर्गों से लेखक ने लंबी पूछगछ की और उनके विवरणों को क़लम के हवाले किया।
3. सल्तनत के कोने-कोने में पुराने मुलाज़िमों को आदेश भेजे गए कि पिछली घटनाओं के बारे में उन्हें जो कुछ याद हो उसे लिखें तथा अपनी टिप्पणियों और स्मरणपत्रों को दरबार को भेजें।[19] इस तरह जमा सामग्री को व्यवस्थित करके अकबर के आगे पढ़ा गया; उसके उपयोग का अधिकार उसी से लेना ज़रूरी था। बाद में अबुल फ़ज़्ल की जानकारी में जो ब्यौरे आएँगे उन्हें वे *अकबरनामा* में शामिल करने के अधिकारी थे।
4. शासन के 19वें वर्ष में अकबर के आदेश से दस्तावेज़ों का एक दफ़्तर (शब्दशः घटनाओं का खाता) स्थापित किया गया। उस साल के बाद की घटनाओं के ब्यौरे यहीं रखे जाने लगे।
5. अकबर की तख़्तनशीनी से लेकर अबुल फ़ज़्ल के लिखने तक सल्तनत के विभिन्न 'इक्तों' को जो शाही आदेश जारी किए गए थे, लेखक ने उनमें से अधिकांश को मूल रूप में या नक़ल के रूप में जमा किया।
6. सल्तनत के विभिन्न भागों और दूसरे देशों की घटनाओं के बारे में वज़ीरों और दूसरे ऊँचे ओहदेदारों ने जो 'अर्ज़ियाँ' दी थीं उनमें से अनेक को जमा किया गया।
7. अबुल फ़ज़्ल ने ख़ुद मेहनत करके जानकार और विद्वान व्यक्तियों से टिप्पणियाँ और (याददाश्तों के) मसविदे जमा किए।[20] इसके अलावा अबुल फ़ज़्ल ने अपने और अपने पिता के साक्ष्य को भी प्रमाण रूप में प्रयोग किया है।[21] कभी-कभी वे अपने स्रोत के रूप में ख़ुद अकबर को उद्धृत करते हैं।[22] वे सुनी-सुनाई बातों और कुछ व्यक्तियों के स्वप्नों तक को अपने स्रोतों के रूप में इस्तेमाल करने से भी नहीं हिचकते।[23]

अकबरनामा के वृत्तांतवाले भाग और *आईन*, ऐसे स्रोतों से दोनों की सूचनाओं

का कुछ कम भाग नहीं लिया गया है जिनका नाम लेकर ज़िक्र नहीं हुआ है। इनमें ख़ास तौर पर उनके इस्तेमाल के लिए लिए गए संस्मरण ही नहीं, बहुत-से दूसरे लोगों के संस्मरण भी शामिल हैं। उनके इस साहित्य-चोरी वाले गुण पर जैरेट का ध्यान भी गया है जो लिखते हैं : "जिन स्रोतों से उन्होंने अपनी सूचनाएँ ली हैं उनका कभी उल्लेख तक नहीं किया गया है। अगर उन्होंने अपनी मेहनत में दूसरों की मेहनत को जोड़कर पूरे पर मौलिकता की छाप नहीं लगाई होती तो अपने-आपमें इस बात की कोई अहमियत नहीं होती और उनके संकेत से शायद उनके अभिप्राय की एकता भंग ही होती। लेकिन निडर होकर या साहित्यिक चोरी के इल्ज़ाम पर ध्यान दिए बग़ैर उन्होंने दूसरों से लफ़्ज़-ब-लफ़्ज़ पूरे-पूरे उद्धरण भी कुछ कम नहीं लिए हैं।"[24] फिर भी यह बात ध्यान रहे कि जैरेट का आरोप केवल *आईन* के तीसरे खंड पर लागू होता है जहाँ अबुल फ़ज़्ल ने रशीदुद्दीन के फ़ारसी कृतित्व में उद्धृत अल-बेरूनी के कथनों का भारी सहारा लिया है।[25] एक आम इलज़ाम के रूप में देखें तो जैरेट की यह बात थोड़ी-बहुत अतिशयोक्ति से भरी लगती है। अबुल फ़ज़्ल अपने स्रोतों की कम से कम भाषा तो बदल ही देते हैं। इसके अलावा समकालीन बल्कि बाद के इतिहासकारों में भी इस तरीक़े को अपनानेवाले अकेले व्यक्ति वे निश्चित ही नहीं हैं।

पूरे *अकबरनामा* के एक-एक अनुच्छेद का विश्लेषण करना और हरेक के स्रोत का पता लगाना असंभव है। फिर भी कुछेक मिसालों से पता चलेगा कि लेखक ने सूचनाएँ पाने के लिए भारी मेहनत की है और स्रोत का शायद ही कभी उल्लेख किया है। मसलन *आईन* के हिंदू साहित्य वाले अध्ययन में[26] अबुल फ़ज़्ल ने विश्वनाथ कविराज कृत *साहित्य-दर्पण*[27] से अभिव्यक्ति के विभिन्न रूपों की परिभाषाओं और उनके दृष्टांतों को उतार डाला है। हिंदू न्याय-व्यवस्था[28] वाला अध्याय *मनुस्मृति*[29] के तद्विषयक अध्याय से बहुत अधिक मिलता-जुलता है। क़ाबुल[30] की 'सरकार' (ज़िला) के बहुत सारे ब्यौरे बाबर कृत *तुज़ुक* से लिए गए हैं।[31] *अकबरनामा* के वृत्तांत वाले भाग में अबुल फ़ज़्ल बतलाते हैं कि हुमायूँ के उमरा ने उसके प्रति निष्ठा की शपथ इस शर्त पर ली थी कि वह भी उनके प्रति ऐसी ही शपथ ले।[32] इस बारे में लेखक को सूचना जौहर आफ़ताबची से मिली है।[33] एक बार हुमायूँ के दरबार में किस तरह कामरान को सबके सामने अपमानित किया गया,[34] इस बारे में *अकबरनामा* की कहानी बायज़ीद कृत *तज़्किर-ए हुमायूँ व अकबर* से ली गई है।[35] दूसरी ओर ऐसी मिसालें भी हैं कि लेखक ने कोई ब्यौरा दिए बग़ैर अपने स्रोत का उल्लेख किया है; वैसे ये मिसालें इतनी कम हैं कि उनका कोई महत्त्व नहीं रहता। ऐसा ही एक हवाला ख़्वाजा शम्सुद्दीन ख़वाफ़ी का है। अबुल फ़ज़्ल उनके नाम का ज़िक्र करते और उनका साक्ष्य उद्धृत करते हैं मगर उनकी किसी रचना का हवाला नहीं देते। न ही वे यह बतलाते हैं कि क्या वह साक्ष्य मौखिक था।[36]

अबुल फ़ज़्ल अपने साक्ष्य के शब्दों में या उनकी बारीकियों में जो फेर-बदल

करते हैं वह उनके स्रोतों के उपयोग का एक दिलचस्प पहलू है। इस सिलसिले में वे सरकारी दस्तावेज़ों तक को नहीं बख़्शते। मिसाल के लिए वे हुमायूँ के ख़ुरासान पहुँचने से ठीक पहले वहाँ के सूबेदार के नाम शाह तहमस्प के फ़रमान को पूरा-पूरा नक़ल करते हैं।[37] यह फ़रमान उन्होंने संभवतः बायज़ीद की रचना से लिया है।[38] लेकिन नक़ल की प्रक्रिया में वे कुछ फेर-बदल करते हैं और कुछ शब्द छोड़ तक देते हैं। मसलन जिन लोगों को हुमायूँ की देखभाल करनी थी उनकी सूची में वे तीन नाम जोड़ देते हैं और फ़ारस के शाह ने अपने ही पिता को 'जन्नत आशियानी' का जो लक़ब दिया था उसे छोड़ देते हैं। इसी तरह फ़रमान में हुमायूँ की उपाधियों की जो सूची मौजूद है उसमें से शब्द 'साहिब-ए-देव व परी' को निकाल देते हैं।[39]

दूसरी जगहों पर अबुल फ़ज़्ल ने अकबर के अमीरों के नाम उसके फ़रमानों के सारतत्त्व को अपनी भाषा में पेश किया है।[40] अहम बात यह भी है कि उनके अपने पिता ने जिस महज़र का आख़िरी मसविदा तैयार किया था, उसी महज़र की प्रति को वे *अकबरनामा* में शामिल नहीं करते बल्कि अपनी भाषा में उसका महज़ सार-संक्षेप देते हैं।[41] किसी दस्तावेज़ का सार-संक्षेप करना और उसमें अपनी भाषा में कुछ लिखना—इनके कारण हमारे लेखक को ज़रूरत पड़ने पर शब्दों और बारीकियों में फेर-बदल करने की अतिरिक्त सुविधाएँ प्राप्त हो जाती थीं। महज़र के पाठ का अभाव और उसकी जगह एक सार-संक्षेप का रखा जाना इस बात को स्पष्ट करता है। बदायूनी कृत *मुंतख़बुत्-तवारीख़*[42] और निज़ामुद्दीन कृत *तबक़ात-ए अकबरी*[43] में जिस मूल दस्तावेज़ को दर्ज किया गया है उसमें कहा गया है : "अगर (इस्लाम) धर्म से संबंधित बातों में टीकाकारों के बीच मतभेद हैं तो अपनी तीक्ष्ण समझ और सही सोच के आधार पर (बादशाह) मानवता के लाभ के लिए और विश्व का प्रशासन चलाने के लिए इन विभिन्न मतों में से एक को चुन सकते हैं और इस आशय का एक आदेश जारी कर सकते हैं जो (सभी पक्षों के लिए) मान्य होगा।"[44] वहीं दूसरी तरफ़ अबुल फ़ज़्ल "सभी पंथों और धर्मों" के आपसी विवादों के मुआमलों में अकबर को अंतिम निर्णायक बना देते हैं।[45] कारण यह कि जिस समय अबुल फ़ज़्ल अपनी पुस्तक लिख रहे थे उस समय अकबर सिर्फ़ मुसलमानों का 'धर्मप्रमुख' बनकर संतुष्ट न था बल्कि वह सभी दूसरों का धर्मप्रमुख भी बनना चाहता था।[46]

दूसरे, यह दस्तावेज़ अकबर को नए आदेश जारी करने का अधिकार देता है बशर्ते ऐसे आदेश क़ुरआन की काट न करें। अबुल फ़ज़्ल इस धारा का हवाला तक नहीं देते, शायद इसलिए कि पुस्तक लिखे जाने के समय वे यह नहीं मानते थे कि अकबर का आदेश जारी करने का अधिकार ऐसी किसी शर्त से बँधा हुआ था जैसी शर्त मज़हर द्वारा लादी गई थी। इस तरह लेखनकाल में पैदा हुए दृष्टिकोणों को पूरे शासनकाल पर एकसमान ढंग से लागू करने के लिए उन्होंने एक अत्यंत महत्त्वपूर्ण सरकारी दस्तावेज़ में हेरफेर किए हैं।

अबुल फ़ज़्ल अपने साक्ष्यों में मौजूद अर्थछायाओं को किस प्रकार बदलते हैं, इसका यहाँ एक और उदाहरण दिया जा सकता है। अकबर के दसवें शासनवर्ष में अली कुली ख़ान के विद्रोह के संदर्भ में अबुल फ़ज़्ल ने उस बाग़ी और मुनीम ख़ान की एक मुलाक़ात का हवाला दिया है। यह सूचना उन्होंने बायज़ीद से ली है जो उस अवसर पर मौजूद बहुत थोड़े-से व्यक्तियों में एक था। बायज़ीद कहता है : "वे जहाँपनाह जन्नत आशियानी (हुमायूँ) की मौत के मातम में रोने लगे क्योंकि तब से उनकी मुलाक़ात नहीं हुई थी।"[47] मगर इसी घटना का हवाला देते हुए अबुल फ़ज़्ल लिखते हैं : "मुलाक़ात के वक्त का एक हिस्सा पाखंड भरे रुदन में निकल गया।"[48]

अबुल फ़ज़्ल ने मालगुज़ारी व्यवस्था के बारे में टोडरमल के ज्ञापन को बल्कि उस पर अकबर की टिप्पणी तक को अंतिम मसविदे में नए सिरे से और ज़ाहिरा तौर पर इसलिए लिखा है कि वह मूल की भाषा को अपनी रचना की गरिमा के लिए उपयुक्त नहीं समझते थे।[49]

सूचनाओं के स्रोतों के प्रति अबुल फ़ज़्ल के दृष्टिकोण की इस तरह की सीमाएँ उनके उद्यम के ढाँचे से पैदा होती हैं। फिर भी इस ढाँचे के अंदर उनका दृष्टिकोण सल्तनत-काल के इतिहासकारों के दृष्टिकोण से बहुत आगे है। अपने अनुसंधानों के प्रति उनके अपने विवरण से लगता है कि सबसे पहले सरकारी दस्तावेज़ों के रूप में तथा घटनाओं में संलग्न या उनके साक्षी व्यक्तियों के संस्मरणों के रूप में सारी प्रासंगिक सूचनाएँ जमा की गईं।[50] फिर *अकबरनामा* में दर्ज किए जाने से पहले एक-एक साक्ष्य की पूरी छानबीन की गई और उसे दूसरे साक्ष्यों से मिलाकर देखा गया।[51] अबुल फ़ज़्ल लिखते हैं कि हर घटना की सूचना के बारे में उन्होंने 20 से अधिक व्यक्तियों के लिखित साक्ष्य लिए।[52] इन साक्ष्यों में उन्हें कई अंतर्विरोधों और विसंगतियों के दर्शन हुए। इसलिए उन्होंने आगे बढ़ने के लिए सबमें साझी प्रमुख बातों को स्वीकार किया तथा दूसरों की पुष्टि करने के लिए "दूरदर्शिता, सत्यवादिता और सावधानी" का सहारा लिया।

फिर भी अगर अबुल फ़ज़्ल किसी सूचना के बारे में साक्ष्य की प्रामाणिकता को लेकर अनिश्चित होते तो उसे पूरा का पूरा अकबर के सामने प्रस्तुत कर देते और इस तरह खुद को ज़िम्मेदारी से बरी कर लेते।

आधिकारिक स्रोतों के उपयोग और प्रत्येक सूचना की प्रामाणिकता की कठोर छानबीन ने *अकबरनामा* को उसके उद्देश्य के ढाँचे की सीमा में तथा उसके लेखन-काल के संदर्भ में सही मायनो में एक शोधकृति बना दिया है। मतलब यह कि यह घटनाओं के बारे में लेखक का केवल एक तास्सुराती विवरण नहीं है। इसके विपरीत यह एक हद तक प्रामाणिक आरंभिक कार्य और व्यवस्थित तथ्य-संग्रह पर आधारित है।

फिर भी जब अबुल फ़ज़्ल इस पूर्व-मान्यता के साथ "दुनिया की तारीख़" लिखते हैं कि यह तारीख़ अकबर के शासन में अपनी पूर्णता को पहुँच चुकी है तो वे आरंभ में

ही अपने काम पर गंभीर सीमाएँ आयद कर लेते हैं। फिर इसमें वे सीमाएँ भी जोड़ दें जो इससे निर्धारित होती थीं कि अपनी सूचनाओं की प्रामाणिकता का अंतिम प्रमाण वे किसे मानते थे—उनके स्रोतों का अकबर द्वारा निश्चय और अनुमोदन,[53] जो अनेक परस्पर-विरोधी साक्ष्यों की स्थितियों में अंतिम निर्णायक भी था;[54] और लेखक के श्रम का अंतिम परिणाम बादशाह की स्वीकृति पर निर्भर था।[55] इस कारण से *अकबरनामा* एक शुद्ध सरकारी इतिहास बनकर रह जाता है जिसमें अबुल फ़ज़्ल ने ऐसे यशस्वी कारीगर की भूमिका निभाई जिसकी विशिष्टता अपने शिल्प के पिछले कीर्तिमानों को बहुत अधिक आगे ले जाने में निहित थी।

अकबरनामा में इतिहास-लेखन की धारणाएँ

इतिहास अबुल फ़ज़्ल के अनुसार "कालक्रम के अनुसार दर्ज विश्व की घटनाओं का ब्यौरा है।"[56] यह परिभाषा भले ही अत्यंत सुस्पष्ट हो, अबुल फ़ज़्ल इसका केवल आंशिक पालन ही करते हैं। बहुत औपचारिक अर्थ को छोड़ दें तो *अकबरनामा* कोई *विश्व की घटनाओं का दस्तावेज़* नहीं है। आदम के पतन से उसका आरंभ उसे विश्व का इतिहास कहे जाने का हक़दार नहीं बनाता। इसके दो कारण हैं : मुग़लों के इतिहास तक आने से पहले तक अबुल फ़ज़्ल कुछ अनगढ़ धारणाओं को ही उठाते और उन्हें ऐतिहासिक तथ्यों के रूप में पेश करते हैं।[57] फिर इसके अलावा अकबर के शासन से पहले तक का विवरण अंशतः काल्पनिक और अधिकतर विकृत ऐतिहासिक पृष्ठभूमि में अकबर की सर्वोच्चता स्थापित करने के विशेष उद्देश्य से लिखा गया है। मतलब यह कि वे खुद में दुनिया का इतिहास नहीं लिख रहे, बल्कि दुनिया की घटनाओं का महज़ दस्तावेज़ भी नहीं लिख रहे। इसके विपरीत अकबर के संरक्षण में तथा पूरी तरह उसकी और उसके दरबार की गरिमा से अभिभूत होकर लिखने के कारण उन्हें लगता है कि यह गरिमा मानवता के आरंभ से लेकर आज तक की सबसे शानदार चीज़ है। फिर इसी को साबित करने के लिए वे उस चीज़ की ओर देखते हैं जिसे वे आदम से अब तक का मानव का इतिहास समझते हैं।[58] यह काम वे बेहद जल्दबाज़ी में करते हैं जैसा कि वे जगह-जगह स्वीकार करते हैं।[59] इस प्रक्रिया में या तो वे अपने अज्ञान के कारण या सुविधा के लिए अनगढ़ धारणाओं को लेकर उन्हें ऐतिहासिक तथ्य की तरह बरतने से भी नहीं हिचकते।

इस तरह वे जिस संदर्भबिंदु से पीछे की ओर देखते हैं वह है अकबर का शासनकाल। *अकबरनामा* का एक-एक शब्द प्रत्यक्ष या अप्रत्यक्ष रूप से या तो खुद बादशाह या उसकी सल्तनत या उसकी हुकूमत से जुड़ा हुआ है। यहाँ तक कि पुस्तक में दूसरे देशों के इतिहास के जो हवाले इधर-उधर बिखरे पड़े हैं, वे भी इसी संबंध के आधार पर दर्ज किए गए हैं।[60]

इस तरह *अकबरनामा* की रचना में अबुल फ़ज़्ल का योगदान मूलतः अकबर के

शासन का इतिहास है। इसमें *आईन* में दी गई सूचनाएँ और ज़्यादा से ज़्यादा बाबर से लेकर लिखने के समय तक अकबर तक के मुग़ल वंश का इतिहास शामिल है।

अबुल फ़ज़्ल घटनाओं के जिस कालक्रम की बातें करते हैं उसका पालन केवल पुस्तक के अंतिम दो (मुद्रित) खंडों में किया गया है। यह बात भी इसी तथ्य के अनुरूप है कि लेखक ने अकबर के शासन की विवेचना की जल्दी में पहले खंड में कुछ रूपों को अनदेखा करने की छूट ले ली है।

फिर भी इतिहास की खुद की परिभाषा से अबुल फ़ज़्ल का सबसे महत्त्वपूर्ण विचलन घटनाओं को महज़ दर्ज करने की बजाय हैतुकता (कॉज़ेशन) की विवेचना में है।

अबुल फ़ज़्ल इतिहास में हैतुकता की व्याख्या के लिए किसी सामान्य सिद्धांत का निरूपण नहीं करते। वे सामान्यीकरण अवश्य करते हैं। लेकिन उनके सामान्यीकरण ज़्यादातर अलग-अलग घटनाओं से निकले हुए हैं और इस कारण इतने व्यापक नहीं हैं कि दो या दो से अधिक घटनाओं के बीच या राज्य या समाज के ढाँचे और उस ढाँचे के सापेक्ष घटनाओं की प्रकृति के बीच समग्र हैतुकता या कारण-कार्य सम्बन्ध की व्याख्या कर सकें।

अबुल फ़ज़्ल की लेखन-शैली की प्रमुख विशेषताओं में एक विशेषता की छानबीन से यह बात और स्पष्ट हो सकती है। अबुल फ़ज़्ल इतिहास को अलग-अलग घटनाओं का तथा अप्रत्यक्ष रूप से इन घटनाओं में संलग्न व्यक्तियों या संस्थाओं से जुड़े विषयों का संकलन मानते हैं। लगभग हर जगह वे घटनाओं का वर्णन इस तरह शुरू करते हैं : "एक वाक़या इस तरह का था ...." फिर भी उनके विवरण की हर घटना कुछ नैतिक सच्चाइयों का दृष्टांत है या उसकी एक नैतिक शिक्षा है। अबुल फ़ज़्ल आम तौर पर प्रत्येक घटना के विवरण के पहले एक तरह से उस बात की भूमिका ले आते हैं जिसकी दृष्टांत वह घटना है। इसमें असफल रहने पर वे घटना का वर्णन करते हैं और फिर उससे यह या वह नैतिक शिक्षा निकालते हैं। शिक्षा पहले आए या बाद में, उसका प्रभाव व्यवहार में एक जैसा ही रहता है क्योंकि सामान्यीकरण का अंतर्तत्त्व हमेशा एक रहता है। असंख्य उदाहरणों में से यहाँ कुछ मिसालें ली जा सकती हैं :

"जब कभी मानवता के सौभाग्य से सत्य की सामूहिक पूजा का समय आता है तो (जनता) शासक की महिमा के कारण उसकी ओर देखती है और (इस तरह) वह उनका आध्यात्मिक गुरु भी बन जाता है; कारण कि किसी भी मध्यवर्ती शक्ति से स्वतंत्र रूप से शासक में बुद्धिमत्ता की एक किरण होती है और उसके हृदय से द्वैत्व का हर चिह्न समाप्त हो जाता है। कभी-कभी (शासक) वस्तुओं की विविधता में एकता को और कभी-कभी उसके विपरीत कुछ दर्शाता है; कारण कि वह राजसी सिंहासन पर बैठता है तथा सुख-दुख से एक समान वीतराग होता है। और यही बात हमारे युग के सम्राट के साथ है और यह पुस्तक इसकी साक्षी है।"[61]

या फिर उस शारीरिक दंड का उदाहरण लें जो अकबर ने ज़बरन एक आदमी की

एड़ी काट देने पर एक चीतों के पालक को दी थी। अबुल फ़ज़्ल कहते हैं : "यह दुनियावी लोगों के लिए एक चेतावनी तथा जहालत की दुनिया के हैवानों के लिए बुद्धि (शब्दशः पूँजी) का पाठ थी। उस क्षेत्र में यह सज़ा प्रचारित हो गई और (उसके बाद) कोई भी भागने या नुक़सान उठाने की बात नहीं सोचता था। सल्तनत में अमन-चैन का ज़माना आया।"[62]

या, "हालाँकि क़ाबिल लोग फ़र्ज़ पूरा करने के एतबार से कोशिश की अहमियत को समझते हैं मगर फिर भी दूरदर्शी ऋषि जानता है कि ज़्यादातर मुआमलों में महान उद्देश्यों की पूर्ति नेक इरादों से और दुनिया के हुक्मरानों के मुनासिब कामों से जुड़ी होती है। जो लोग अतीत के महान कार्यों के साक्षी रहे हैं उनको यह बात पता है कि सफलता प्रारंभिक (असफल) प्रयासों के बिना (किसी के) क़दम नहीं चूमती, और दूसरी कोशिश तक मक़सद भी हासिल नहीं होता। यही कारण है कि मुक़द्दर के तख़्त पर बिराजने वाला (अकबर) हिम्मत का तक़ाज़ा करनेवाले हर काम पर इसी तरह ख़ुशी-ख़ुशी ध्यान देता है और बिना आँसू बहाए हर मुश्किल काम को उसके अंजाम तक पहुँचाता है। यह बात हर उस आदमी के लिए पूरी तरह स्पष्ट है जो इस शाश्वत शासन की घटनाओं और वाक़यों को जानता है। भक्कड़ की फ़तह इसी की एक ताज़ी मिसाल है।"[63]

ये सामान्यीकरण सही अर्थों में सामान्यीकरण नहीं हैं। कारण कि इनमें से हरेक का संबंध किसी एक घटना से है और इसलिए वह उसी के लिए प्रासंगिक है। जो चीज़ किसी घटना की पृष्ठभूमि का निर्माण करनेवाले सामान्य सिद्धांतों का एक शानदार ढाँचा या उससे व्युत्पन्न लगती है वह वास्तव में एक पश्चमुखी निष्कर्ष है। मतलब यह कि अबुल फ़ज़्ल को जिस घटना का वर्णन करना है उसे वे पहले से जानते हैं और उस विशेष घटना के आधार पर ही सामान्यीकरण करते हैं। मिसाल के लिए बादशाही के आध्यात्मिक नेतृत्व-संबंधी भाषणबाज़ी अकबर द्वारा प्रतिपादित तौहीद-ए इलाही (या दीन-ए इलाही) के बारे में अबुल फ़ज़्ल के वर्णन की भूमिका है जैसा कि बाद के पन्नों से स्पष्ट है। इस तरह यह भूमिका सिर्फ़ अकबर के लिए प्रासंगिक है। इस बात का कोई साक्ष्य नहीं है कि अबुल-फ़ज़्ल, सिद्धांत रूप में ही सही, किसी भी बादशाह का आध्यात्मिक नेतृत्व स्वीकार कर लेते। इस तरह एक असफलता के बाद ही सफलता प्राप्त होती है, यह सूत्र केवल भक्कड़ की विजय के बारे में प्रासंगिक है जिसे जीतने की एक कोशिश पहले नाकाम हो चुकी थी।[64] यह हर काल में हर स्थिति पर लागू होने वाला कोई सिद्धांत नहीं है।

अहम बात यह है कि अबुल फ़ज़्ल जब भी विभिन्न प्रकार की स्थितियों की विवेचना करते हैं, उनके सामान्यीकरण भी भिन्न होते हैं। मसलन एक जगह पर वे कहते हैं कि बादशाह में आठ गुणों का होना आवश्यक है—ऊँची क़िस्मत, दुर्लभ साहस, विजय की शक्ति, प्रशासन की क्षमता, क्षेत्रों के परिष्कार (विकास) पर ध्यान, धर्मप्राण

लोगों के कल्याण के प्रति शुद्ध अभिप्राय, सेना का पालन और उसे विध्वंस से रोकना।[65] इस जगह वे उन गुणों के आधार पर सामान्यीकरण करते हैं जो उन्होंने बाबर में देखे या जो बाबर के बताए जा सकते थे। लेकिन जब वे कहते हैं कि "बादशाह ख़ुदा की नेमत है" और यह कि किसी बादशाह के आवश्यक गुणों में एक " 'सार्वभौम शांति' का सूत्रपात करना तथा मानवता के हर वर्ग और हर धार्मिक पंथ को सम्मान देना, किसी एक को माता और दूसरी को विमाता न मानकर हरेक के प्रति समान अनुग्रह रखना"[66] है तो वे किसी सामान्य सिद्धांत का प्रतिपादन नहीं करते बल्कि शासक के रूप में अकबर के अंदर उनकी राय में जो गुण थे उन्हीं की सूची सामने रखते हैं।

इसी तरह अपने निंदकों के तथा खुद अपने हवाले देते हुए अबुल फ़ज़्ल मानवजाति को चार श्रेणियों में बाँटते हैं : "पहले तो वे काले दिलवाले और दुराग्रही लोग हैं जो लानत-मलामत की बात नहीं सुनते और उसे कानों से उतारकर दिल में नहीं ले जाते .... दूसरे, वे शैतानी फ़ितरतवाले कमीने लोग हैं जो अपनी जहालत को सेहत की ऊँचाई मानते हैं। तीसरे, वे लोग जो उत्तम प्रकृतिवाले और रोशनी की तलाश करनेवाले हैं जो ईर्ष्या के शैतानी क़िले से और जहालत के अँधेरे गड्ढे से बाहर निकल आए हैं और जो सेहत की तमन्ना करते हैं मगर जो बुरी क़िस्मत और सितारों की टेढ़ी चाल के कारण उत्तम ज्ञान प्राप्त नहीं कर पाते और जिनके सामने बुद्धि के हरम की पर्दानशीन हसीनाएँ कभी-कभार ही अपना मुखड़ा दिखाती हैं। चौथे, अच्छे सितारोंवाला वह यशस्वी प्राणी है जिसके पास ज्ञान के ख़ज़ानों के साथ एक उदात्त आत्मा और प्रतिभा है और जो गहरी सूझ-बूझ के साथ हमेशा आगे बढ़ता रहता है।"[67] लेकिन जब वे घोड़ों की दग़ाई के प्रति अकबर के कुलीनों के विरोध की चर्चा करते हैं तो वे पूरी मानवजाति को एक ही ख़ाने में ला खड़ा करते हैं : "यह बात पारखी नज़रवालों से छिपी हुई नहीं है कि आदमी हमेशा वासना और क्रोध का दास होता है .... कमानदार को जो कुछ दरबार से मिला है उसे वह अपने अनुयायियों से छिपाता है तथा और भी लोभी बन जाता है और अनुयायी उसकी क़िस्मत के सर पर बेवफ़ाई की धूल बिखेरता है और सभी मौक़ों पर ऐसा व्यवहार करता है जैसे वह अपना मालिक आप हो।"[68]

अनेक मुआमलों में अबुल फ़ज़्ल ने एक ही घटना की अनेक व्याख्याएँ दी हैं। मिसाल के लिए हेमू की घेराबंदी के दौरान दिल्ली के क़िले से तर्दी बेग़ के भागने का हवाला देते हुए लेखक कहता है : "कर्मों के खाते का हिसाब रखनेवाले कुछ लोग तर्दी बेग़ के इस कलंक को उस बेवफ़ाई का ख़ामियाज़ा मानते हैं जो उसने जहाँपनाह जहाँबानी जन्नत आशियानी (हुमायूँ) के ईरान की यात्रा पर रवाना होते समय उनके प्रति दिखाई थी! ख़ुदा न करे कि बेवफ़ाई का ख़ामियाज़ा सिर्फ़ यही हो। क्या इस तरह के कलंक को इंसाफ़ की तराज़ू में उस शरमिंदगी के अमल का हमपल्ला ठहराया जा सकता है? चूँकि उसने गोचर-अगोचर सबके विकास के लिए पैदा होनेवाले ज़माने के गालिब को बचपन के भेष में देखा था, इसलिए उसने उसका आदर नहीं किया और मग़रूर होने

के नाते अपनी ही महानता जताने पर तुला रहा। दुनिया की शोभा बढ़ानेवाले अल्लाह ने उस ख़ुदबीन पर इतनी बड़ी सज़ा नाज़िल थी। अफ़सोस कि यह कितनी कमअंदेशी की बात थी! इसकी बजाय हुआ यह कि ख़ुदाई हुक्म को लागू करनेवालों ने हेमू के गुरूर और नशे को और बढ़ाया ताकि ख़ुदफ़रेबी का वह मस्त पुजारी उन कमअंदेशों की नज़रों में महान नज़र आए जिनसे दुनिया भरी हुई है, और इस तरह बादशाह की शान सबको दिखाई दे। इसके बाद वह पकड़ा गया और शरमिंदगी की धूल चाटने लगा ताकि उसका कलंक कमअंदेशों की आँखों के लिए सुरमा बन सके।"[69]

या फिर बैरम ख़ान के क़त्ल पर टिप्पणी करते हुए अबुल फ़ज़्ल कहते हैं : "यह वाक़या उसके पिछले कारनामों का इंतक़ाम है या उसका ज़ेह्न अभी भी बुरे ख़यालात से भरा हुआ था, या उसकी इबादत सुनी गई या यह कि ख़ुदा की मेह्रबानी ने उस नेक इनसान को शरमिंदगी के भारी बोझ से निजात दिलाई, मुझे नहीं पता।"[70]

ऐसी व्याख्याएँ अधिकांश स्थितियों में संभवतः ऐतिहासिक घटनाओं के ठोस अंतर्तत्त्व के साहित्यिक अलंकरण मात्र होती हैं। लेकिन जैसा कि ऊपर की पहली मिसाल से ज़ाहिर है, कभी-कभी असुखकर घटनाओं या संवृत्तियों की पर्दापोशी के लिए भी उनका इस्तेमाल किया जा सकता है। इसकी पुष्टि ख़ासकर इस तथ्य से होती है कि प्रस्तुत की गई व्याख्याएँ आमतौर पर ऐतिहासिक नहीं, थोड़ी-बहुत रहस्यवादी हैं। मिसाल के लिए वे निष्ठापूर्वक और सुसंगत रूप से अपने गढ़े हुए एक सिद्धांत से चिपके रहते हैं कि अपने शासन के पहले चार वर्षों के दौरान अकबर ने अपने चेहरे पर एक पर्दा डाल रखा था जिसके पीछे से वह चुपचाप हर व्यक्ति के चरित्र को परखता था।[71] इस काल में उसकी आभासी राजनीतिक निष्क्रियता की व्याख्या इसी से होती है। एक और जगह अबुल फ़ज़्ल एक वाक़या बयान करते हैं कि अकबर जिस हाथी पर सवार था वह एक गड्ढे में जा गिरा। ख़ुद को बचाने के चक्कर में उस जानवर ने बादशाह की 'मुक़द्दस ज़ात' से निजात पाने की कोशिश की। कुछ "हिम्मती, वफ़ादार और चौकन्ने" लोगों ने अकबर को बचाया। इस घटना पर अबुल फ़ज़्ल की पक्की राय इस प्रकार है : "मुझे नहीं पता कि क्या आतंक के पहलू में छिपे इस सौंदर्य ने इस चुनिंदा शख़्स के इरादे के बग़ैर ख़ुद का इज़हार किया ताकि बुरे के दूरगामी विचार ऐसी (दैवी) संरक्षकता के कारण हीन बन जाएँ, या यह कि खुले और छिपे का वह स्वामी, गोचर-अगोचर का वह बादशाह दैवी सहायता और प्रेरणा पाकर जाने-बूझे ढंग से और एक इरादे के साथ ऐसी आन-बान-शान दिखाए कि बुरा चाहनेवालों का अंधापन और वफ़ादारों का रौशन काम एक ही साथ सामने आ जाएँ।"[72]

जैसा कि कहा गया है, अबुल फ़ज़्ल ऐतिहासिक सामान्यीकरण की कोई बुनियादी धारणा विकसित नहीं करते। फिर भी वे अलग-अलग ऐतिहासिक घटनाओं की व्याख्या ऐसी कुछ मान्यताओं के ढाँचे में ज़रूर करते हैं जिनको उन्होंने स्वतःसिद्ध और परमसत्य मान रखा है। वे किसी विशेष घटना की व्याख्या के लिए एक मान्यता बनाते हैं और

फिर उस घटना को उसी का दृष्टांत बनाकर पेश करते हैं जिसे वे उसका प्रमाण भी समझते हैं। या फिर वे एक मान्यता बनाते और उसको स्पष्ट करते हैं और यही स्पष्टीकरण उनके नज़दीक उस मान्यता के सच होने का प्रमाण है। कुछ मिसालें लीजिए।

कहते हैं : "चूँकि इंसाफ़ करने के ढंग और इलाक़ों को फ़तह करने के नियम के लिए ज़रूरी है कि जब भी किसी देश का शासक या किसी सूबे का सूबेदार मस्तियों में डूबे और अपना बेशक़ीमती वक़्त अपनी अय्याशियों को पूरा करने में गँवाए और अपनी रैयत की भलाई पर और दबे-कुचले लोगों से हमदर्दी जताने पर और ज़ालिमों को उखाड़ फेंकने पर ध्यान न दे तो बादशाह-ए वक़्त को, जिसे ख़ुदा-तआला ने फ़तह की कुव्वत सौंपी है और दुनिया और उसके अवाम का बादशाह बनाया है, चाहिए कि ख़ुदा-ताला का शुक्रिया अदा करने के लिए वह उस ज़ालिम को उखाड़ फेंकने और उस मुल्क के बाशिंदों को इंसाफ़पसंदों और होशियारमंदों के हवाले सौंपने की कोशिश करे और इसे ही अपनी इबादत की शुरुआत माने। इसी उसूल पर अमल करते हुए, जो सच्चाई पर आधारित है, इस ख़ुशनसीब साल (अकबर के शासन के पाँचवें साल) में, जब साज़िशी कश्मीरियों की गड़बड़ियों और हलचलों की और कश्मीर के सूबेदार ग़ाज़ी ख़ान की बेइंसाफ़ियों की ख़बरें उन मुबारक (अकबर के) कानों तक पहुँचीं, तो एक हुक्म जारी किया गया कि मिर्ज़ा क़रा बहादुर की कमान में एक फ़ौज .... कश्मीर को फ़तह करने के लिए .... दी जाए.... "[73]

या फिर यह : "यक़ीनी है कि इलाक़े उन हुक्मरानों को बिन माँगे मिलते रहते हैं जिनके तहत इलाक़े में बढ़ोत्तरी इबादत और इंकशारी (विनम्रता) में इज़ाफ़ा करती है। और राह में हज़ारों रुकावटों के होते हुए भी उनकी ख़्वाहिश तकमील को पहुँचती है। इस अज़ीम फ़तह का बयान इसी की एक और मिसाल है।"[74]

या फिर : "अगर बादशाहत की आन-बान न होती तो तरह-तरह की गड़बड़ियाँ शांत कैसे होतीं? और स्वार्थ का ख़ात्मा कैसे होता? काम और वासना के बोझ तले मानवता विनाश के गड्ढे में गिर जाती; हर जगह दुनिया की चमक-दमक जाती रहती और थोड़े ही अरसे में ख़ुशहाल दुनिया वीरान बन जाती। लेकिन बादशाह के इंसाफ़ की रौशनी पाकर कुछ लोग ख़ुशदिली और ताज़गी के साथ आज्ञापालन का रास्ता अख़्तियार करते हैं और दूसरे लोग सज़ा के डर से हिंसा से दूर रहते हैं और चाहे या अनचाहे फ़र्ज़ की राह की ओर पलट आते हैं।"[75]

मोटे तौर पर अबुल फ़ज़्ल दो तरह की मान्यताएँ लेकर चलते हैं। इनमें पहली मान्यता यह है कि अकबर एक अर्धदैवी व्यक्तित्व है; कम से कम उसे देवत्व की सहायता प्राप्त है, चाहे कुछ करने के बारे में हो या न करने के बारे में; कि अकबर के प्रति वफ़ादारी का गुण सबमें होना आवश्यक है; और यह कि इस कारण अकबर से बेवफ़ाई या दुश्मनी करके बग़ावत की जाए तो उसकी हार पहले से निश्चित है। यह

तीसरी मान्यता वास्तव में पहली दो मान्यताओं का निष्कर्ष है।

अबुल फ़ज़्ल देवत्व से अकबर की निकटता से लगभग अभिभूत हैं। वे हुमायूँ की मौत पर दुखी नहीं होते क्योंकि "पुरानी दुनिया में नई रूह फूँकने और इनसानियत को एक नई व्यवस्था सौंपने"[76] की ख़ातिर अर्थात् अकबर को तख़्त सौंपने की ख़ातिर ईश्वर ने यही तय कर रखा था। जब अकबर ने इलाही संवत् का ऐलान किया तो अबुल फ़ज़्ल के नज़दीक यह "दैवी प्रेरणा" का परिणाम था।[77] जब कमज़ोर दिल के लोग इसलिए दुखी थे कि "एक ख़ास वक्त पर बारिश नहीं हुई थी तब अकबर ने इबादत का सहारा लिया और फिर कुछ ही समय बाद टूटकर पानी बरसा।"[78] जब अकबर ने एक चढ़े हुए दरिया (गुजरात की महेंद्री नदी) में अपना घोड़ा डाल दिया "तो उसकी मुक़द्दस ज़ात की क़िस्मत और चमत्कार के कारण" नदी पार करने योग्य बन गई।[79]

अबुल फ़ज़्ल अकबर के प्रति मुकम्मल वफ़ादारी की माँग करते हैं। वास्तव में जो भी काम पूरी तरह वफ़ादारी से भरा न हो और यक़ीनन जो काम इसके उलटे हो उसका ख़ामियाज़ा लाज़मी तौर पर भुगतना पड़ेगा।[80] यहाँ तक कि वफ़ादारों में भी दो तरह के लोग होते हैं—वे जो किसी मस्लहत के तहत वफ़ादार हैं और वे जो "सच्चाई के परम प्रेमी हैं जो अपने परमार्थप्रेमी हृदय को प्रेम की रौशनी से रौशन रखते हैं और ख़ुदा के चुने हुए बंदों की क़तार में आगे खड़े रहते हैं।"[81] ये दूसरे तरह के लोग स्वाभाविक है कि दोनों तरह के व्यक्तियों में बेहतर होते हैं और इसलिए उनको बिना माँगे कामयाबी मिलती रहती है। ध्यान रहे कि अबुल फ़ज़्ल के नज़दीक वफ़ादारी तभी एक गुण होगी जब वह अकबर के प्रति होगी, भले ही इसके लिए पुराने दोस्तों और सहयोगियों को छोड़ना पड़े। मिसाल के लिए 1580-81 में बिहार के बाग़ियों से हाथ मिलानेवाले शाहम ख़ान ने "अपना वादा भुला दिया और हाजीपुर में (बादशाह के प्रति) वफ़ादारी का परचम बुलंद किया" और ऐसा उसने अपनी "जन्मजात शुभता" के कारण किया।[82]

अकबर के ख़िलाफ़ बग़ावत या बेवफ़ाई या दुश्मनी के किसी काम की यक़ीनी शिकस्तवाली तीसरी मान्यता *अकबरनामा* के बाद के दो खंडों में लगभग हर पन्ने पर लिखी नज़र आती है। महत्त्व की बात यह है कि अबुल फ़ज़्ल की राय में सिर्फ़ अकबर के ख़िलाफ़ बग़ावत की शिकस्त ही यक़ीनी है, किसी और बादशाह, मसलन हुमायूँ के ख़िलाफ़ नहीं। अबुल फ़ज़्ल का शेरशाह के बारे में आग्रह है कि उसे सिर्फ़ एक बाग़ी माना जाए और इसी कारण वे उसे कभी शेरशाह न कहकर हमेशा शेर ख़ान कहते हैं। उसकी सफलता हुमायूँ पर इस धारणा को लागू करने की इजाज़त नहीं देती। लेकिन जिस अकबर को "ख़ुदा-तआला ने महान और ऐसा हुक्मराँ बनाया है कि गोचर और अगोचर जगत के प्राणी उसका हर हुक्म बजा लाएँ," उसके ख़िलाफ़ बग़ावत करना "गोया कि अपने हाथों अपनी ही छाती में मौत का ख़ंजर भोंकना है।"[83] चूँकि अकबर को दैवी सहायता प्राप्त है और उसके प्रति वफ़ादारी पूरी तरह ज़रूरी है, इसलिए शुद्ध रूप से तार्किक निष्कर्ष भी यही है कि जो भी काम इसके ख़िलाफ़ होगा उस पर यक़ीनन

ख़ुदा का क़हर टूटेगा। और इस बारे में वफ़ादारी का महज़ दिखावा कुछ ज़्यादा मददगार नहीं होगा क्योंकि आख़िरकार एक दिन यह दिखावा बेनक़ाब होगा और फिर उस शख़्स को उसका नतीजा भुगतना पड़ेगा।[84]

अबुल फ़ज़्ल की मान्यताओं की दूसरी बुनियादी श्रेणी का सरोकार मनुष्यों की प्रकृति से है जिसे वे उनके व्यवहार का कारण बताते हैं और फिर उनके व्यवहार को ही वे इतिहास की अलग-अलग घटनाओं का कारण ठहराते हैं। जब ख़ुद अकबर सीधे-सीधे किसी घटना में शामिल हो तो आमतौर पर इसको अपवाद बतलाया गया है क्योंकि वह तो एक अर्धदैवी व्यक्ति है। इसलिए उसकी भूमिका साधारण मानव-बुद्धि के दायरे में नहीं आती। यहाँ यह बात कहनी होगी कि किसी घटना के घटित होने में अकबर की भूमिका की बिना अपवाद हर मुआमले में ऐसी व्याख्या नहीं की गई है। ऐसी मिसालें भी हैं जिनमें उसकी भूमिका की व्याख्या उसकी प्रकृति या संकल्प-शक्ति की दृष्टि से की गई है।[85]

लेकिन किसी घटना के घटित होने में जहाँ भी पराप्राकृतिक व्याख्या का सहारा लिया गया है, केवल अकबर की भूमिका के बारे में लिया गया है। जहाँ भी सवाल किसी साधारण मानव का है, वहाँ अबुल फ़ज़्ल की राय में उसका व्यवहार उसकी प्रकृति का सीधे-सीधे प्रक्षेपण है। किसी व्यक्ति की प्रकृति उसके जन्मजात गुणों और उसकी संकल्प-शक्ति से बनी होती है। कुछ मिसालों से यह बात स्पष्ट हो जाएगी।

"उस वक़्त .... इस ख़ुशक़िस्मत इनसान (सुलतान आदम गक्खड़) के मन में भी दहलीज़ चूमने की ख़्वाहिश जागी। लेकिन अपनी स्वाभाविक बर्बरता के चलते उसने गुज़ारिश की कि जब उसे ख़िदमत का मौक़ा देकर नवाज़ा जाए तो उसे परम अनुयायियों के साथ हिंदुस्तान न ले जाया जाए और यह कि प्रजा के पालनहार की कृपास्वरूप उसे अपने ख़ुद के मुल्क से जिलावतन न किया जाए।"[86]

या यह : "उस वक्त (अकबर के तीसरे शासनवर्ष में) दिल्ली में जो सल्तनत को फैलानेवाली घटनाएँ हुईं उनमें मुसाहिब बेग़ वल्द ख़्वाजा कलाँ बेग़ की फाँसी भी शामिल थी। इस मुआमले की मुख़्तसर तफ़सीलें ये हैं कि उसकी रूह हमेशा पाखंड से भरी रहती थी और तबीयत में कमीनापन था। जहाँपनाह जहाँबानी जन्नत आशियानी (हुमायूँ) के और दुनिया को रौशन करनेवाले सूरज (अकबर) के उदय, दोनों ज़मानों में उसके नापसंदीदा कारनामे सामने आए।"[87]

या फिर यह : "जब बादशाह की ख़ुशनसीबी से आदम ख़ान को फ़तह मिली तो उसकी जन्मजात अय्याशी का नशा बढ़ चला और उसके फ़ख़्र का दस्तार (पगड़ी) गुरूर की हवा उड़ाकर ले गई जो जहालत और बेवक़ूफ़ी से पैदा होती है। उसका दिमाग़ बिगड़ गया और उसके बेलौस उस्ताद पीर मुहम्मद ख़ान ने जो सलाह भी दी, वह ज़ाया गई।"[88] (इसके बाद अबुल फ़ज़्ल बतलाते हैं कि मालवा की विजय के बाद ख़ुद को स्वतंत्र शासक ठहराने के लिए उसने क्या क़दम उठाए।)

अकबरनामा में मानव-प्रकृति के आधार पर ऐतिहासिक घटनाओं की हेतुकता की यह व्याख्या ऊपर वर्णित दूसरी श्रेणी की मान्यताओं पर आधारित है। मनुष्यों के व्यवहार के अनुसार अबुल फ़ज़्ल उन्हें तीन श्रेणियों में बाँटते हैं :

1. वे लोग जो हर प्रकार से नेक हैं।
2. वे लोग जो कमीने हैं और हमेशा कमीनगी का व्यवहार करते हैं।
3. वे जो बुनियादी तौर पर नेक हैं पर बुरे प्रभावों से घिरे हैं या आसानी से उनके शिकार हो जाते हैं।

ज़ाहिर है कि यह एक नैतिक वर्गीकरण है। मतलब यह कि अबुल फ़ज़्ल व्यक्ति के कर्मों को नैतिक कर्मों के रूप में परखते हैं। लेकिन इस वर्गीकरण के आधार की गहरी छानबीन से पता चलेगा कि बुनियादी तौर पर अबुल फ़ज़्ल राजनीतिक कर्म को नैतिक कर्म के बराबर ठहराते हैं।

अबुल फ़ज़्ल ने सिर्फ़ उन राजनीतिक घटनाओं के बारे में लिखा है जो अकबर के शासन के लिए प्रत्यक्ष या अप्रत्यक्ष रूप से प्रासंगिक हैं। राजनीतिक घटनाओं के दायरे से बाहर का कोई हवाला शुद्ध आकस्मिक है और इन्हीं घटनाओं के अधीन है। इसीलिए उन्होंने उन व्यक्तियों के बारे में लिखा है जिनकी इन घटनाओं में कोई सकारात्मक या नकारात्मक भूमिका है। अप्रत्यक्षतः यह अकबर और उसकी सल्तनत के प्रति किसी व्यक्ति का संबंध या दृष्टिकोण भी हो सकता है। इस प्रकार व्यक्तियों का राजनीतिक व्यवहार और बादशाह (अकबर) और उसकी सल्तनत के प्रति उनका दृष्टिकोण अबुल फ़ज़्ल द्वारा तीन नैतिक श्रेणियों में उनके विभाजन का आधार है।

यह बात कही जा सकती है कि भले ही अबुल फ़ज़्ल ने अपनी मान्यताओं को तार्किक रूप से सत्य सिद्ध न किया हो, मगर फिर भी भारत में सोलहवीं सदी के उत्तरार्ध के संदर्भ में उनकी एक व्यावहारिक, ऐतिहासिक वैधता है। यह वह काल था जब मुग़ल साम्राज्य के क्षेत्रफल में ही नहीं, उसमें अंतर्निहित शक्ति में भी वृद्धि हो रही थी। पुरानी प्रशासनिक और राजनीतिक संस्थाओं में ऐसे फेर-बदल किए जा रहे थे कि मुग़ल साम्राज्य को एक "फ़ौलादी ढाँचा"—अर्थात् मंसबदारी की प्रथा—मिले जिसने साम्राज्य के आरंभ काल में उसे आंतरिक और बाह्य, दोनों तरफ़ से सहारा दिया। उपरोक्त संस्थागत ढाँचे से सहारा पानेवाली संवृद्धि की यह प्रक्रिया तभी जारी रखी जा सकती थी जब राजनीतिक शक्ति एकछत्र सम्राट के हाथों में केंद्रित होती। इसके विपरीत, शक्ति का केंद्रीकरण इस प्रक्रिया का परिणाम भी था।

अबुल फ़ज़्ल बौद्धिक और व्यावहारिक, दोनों दृष्टियों से अकबर के पक्ष में खड़े हों, इसके लिए उनके पास पर्याप्त कारण थे। इसलिए जब वे उपरोक्त संदर्भ में जान-बूझकर अकबर के अर्धदेवत्व पर ज़ोर देते हैं तो यह समझ में आनेवाली बात है। कारण कि यह मूलतः राजनीतिक शक्ति के अबाध धारण का सुझाव था। यह बात भी समझ में आती है कि अबुल फ़ज़्ल अकबर के प्रति निष्ठा को अनिवार्य और नैतिक तथा

उसके प्रति शत्रुता को विध्वंसक और अनैतिक समझते थे। और यही वह आधार है जिस पर उन्होंने किसी व्यक्ति के राजनीतिक व्यवहार को उसके नैतिक व्यवहार की श्रेणी में रखा।

शैली

अबुल फ़ज़्ल का विश्वास था कि उन्होंने पहले के अधिकांश और अपने समय के अनेक लेखकों के अलंकृत शब्द-चमत्कार और उनकी हवाई साहित्यिक धारणाओं से अलग हटकर इतिहास-लेखन की एक नई शैली का सूत्रपात किया है।[89] इस दावे का समर्थन *मआसिरुल उमरा* के लेखक ने किया है।[90]

अकबरनामा को चलताऊ ढंग से पढ़ने पर भी स्पष्ट हो जाता है कि उसके लेखक का भाषाई सरलता और आसान शैली का दावा ठहरने योग्य नहीं है। अगर अलंकृत शब्द-चमत्कार नाम की कोई चीज़ है तो यह पुस्तक उसकी मिसाल है। अपनी रचना के पाँच बार संशोधन के दौरान[91] लगता है कि अबुल फ़ज़्ल ने एक-एक शब्द को बड़ी होशियारी से चुना है और भारी मेहनत करके एक विस्तृत साहित्यिक ढाँचा खड़ा किया है। उसके बाद गोया कि वे आराम से बैठकर अपनी रचना को प्रशंसात्मक दृष्टि से देखने लगते हैं।

अबुल फ़ज़्ल की शैली कुल मिलाकर बहुत ही अवैयक्तिक, अपरिष्कृत और अरोचक है। मध्यकालीन शैली में बीच-बीच में कविताओं के टुकड़े भी केवल पाँचवें (और अंतिम) मसविदे में लाए गए और वह भी संभवतः दूसरों के आग्रह या कम से कम सुझाव पर।[92] इसलिए इन कविताओं में बाहर से थोपे जाने की विशेषता मौजूद है और वे वृत्तांत के ताने-बाने का अंग नहीं बन पाई हैं।

क्रमशः *अकबरनामा* और *आईन-ए अकबरी* के दोनों अनुवादक अबुल फ़ज़्ल की शैली के बारे में एकमत हैं। समझ में आनेवाली बात यह है कि बेवरिज *अकबरनामा* की रचना में लगे श्रम और उसकी सूचनाओं की सटीकता से प्रभावित हैं। फिर भी वे लिखते हैं : "अबुल-फ़ज़्ल कोई चित्रकार-लेखक नहीं हैं और न ही उनके विचार गंभीर या भावोत्पादक हैं। कभी-कभी ही वे कोई दिलचस्प बात कहते हैं। उनमें हेरोदोतस का आकर्षण नहीं है और न ही कर्कश, मतांध और पापी बदायूनी की स्पष्टवादिता और सरसता है। शायद ही कभी वे कोई कहानी उसकी टाँग तोड़े बग़ैर कहते हैं।"[93] इसी तरह की भाषा में जैरेट ने कहा है कि अबुल फ़ज़्ल के "वृत्तांतों में ऐसा कोई गहरा अर्थ और भाव नहीं है जो थोड़े-बहुत सिद्धहस्त ढंग से किसी नाम को हमेशा के लिए चमका दे या दाग़दार बना दे और उनके नाटक के पात्रों को इस तरह के जीवंत दृश्यों में पेश करे कि स्मृति में वे हमेशा जीवित रहें .... उनके विवरण में एक ऐसा निर्जीव और जड शब्द-चमत्कार है जो अकसर उसे अस्पष्ट बना देता है और एक समान नीरस ढंग से जारी रहता है, जिसमें कोई उतार-चढ़ाव, बादशाह के हवालों को छोड़ दें तो कभी नहीं

होता; इसी बादशाह की हल्की से हल्की हरकत भी उनकी क़लम को नतमस्तक बना देती है और उसी के गिर्द उनके पात्रों और उनकी घटनाओं की दुनिया ऐसे ही घूमती है जैसे पृथ्वी सूरज के गिर्द घूमती हो। एक सीमित अर्थ में ऐसे शासन की एक निष्ठापूर्ण प्रस्तुति के रूप में उसके चाहे जो गुण हों जिसमें उसकी हैसियत एक समर्थ और यशस्वी पात्र की थी, मगर उसमें राष्ट्र के जीवन और तौर-तरीक़ों के वे दिलचस्प ब्यौरे और चित्रण नहीं मिलते जो आम तौर पर इतिहास की गरिमा से वंचित माने जाते हैं मगर फिर भी जो उनसे कम प्रतिष्ठित पूर्वी इतिहासकारों की रचनाओं को जगमग करते हैं और जो एक मुकम्मल तसवीर की सफ़ेदी और सियाही के लिए आवश्यक हैं।"[94]

फिर भी *अकबरनामा* का दो भागों में अर्थात् एक वृत्तांतवाले भाग में और एक *आईन* के गज़ेटियरवाले भाग में विभाजन इतिहास-लेखन की एक नई शैली का सूचक है। बदनसीबी से बाद के इतिहासकारों ने एक प्रतिरूप के तौर पर *आईन* को ज़्यादातर अनदेखा ही किया। लेकिन *अकबरनामा* का वृत्तांतवाला भाग बाद की अनेक रचनाओं के लिए एक मिसाल का काम करता रहा।[95]

संतों की प्रशंसा का पूरा-पूरा अभाव इस रचना की एक महत्त्वपूर्ण विशेषता है। अबुल फ़ज़्ल उनका सम्मान करने की प्रथा से परिचित हैं और फिर भी वे इस प्रथा के पालन से बचते हैं। ज़ाहिरा तौर पर इसका कारण यह है कि समस्त श्रेयस्कर और दैवी तत्त्वों के मूर्तिमान रूप अर्थात् अकबर की प्रशंसा करके गोया उन्होंने पहले गुज़र चुके तमाम संतों की प्रशंसा कर दी।[96] फिर भी यह व्याख्या विश्वासोत्पादक नहीं लगती। यह मुमकिन है कि अकबर ने अपने शासन के उत्तरार्ध में अर्थात् उनकी पुस्तक के लिखे जाने के समय भी अनेक कर्मकांडों को छोड़ दिया था, बल्कि अजमेर-शरीफ़ की लगभग सालाना यात्राएँ तक बंद कर दी थीं[97], इसलिए इसी से हमारे लेखक को कोई संकेत मिला हो और उसने फिर संतों की प्रशंसा में कुछ दर्ज करने से परहेज़ किया हो।

किसी धार्मिक कट्टरता या आज की भाषा में सांप्रदायिक दुर्भावना का पूरा अभाव इस पुस्तक की एक और महत्त्वपूर्ण विशेषता है। इसकी आंशिक व्याख्या यह है कि जब अबुल फ़ज़्ल अपनी पुस्तक लिख रहे थे तब तक धर्म के बारे में राजसत्ता की नीति में परिपक्वता आ चुकी थी और इसमें खुद उनकी कोई कम भूमिका नहीं थी। आज के इतिहासकार की बदनसीबी यह है कि अबुल फ़ज़्ल ने इस नीति के परिपक्व रूप को ही स्वीकार किया और इसे अकबर के पूरे शासन पर एकसमान ढंग से लागू किया है, और इस कारण उसके विकास की प्रक्रिया की पुनर्रचना बाधित होती है।[98]

अबुल फ़ज़्ल के 'धर्मनिरपेक्ष' रवैये में योगदान देनेवाले एक और तत्त्व के बारे में थोड़ी-सी कल्पना क्षम्य है। दिलचस्प बात यह है कि मध्यकालीन भारत के दूसरे इतिहासकार जहाँ पुस्तक का आरंभ ईश्वर-वंदना, पैग़ंबर की नात और ख़लीफ़ों की स्तुति से करते हैं और फिर धीरे-धीरे समकालीन सुल्तान तक आते हैं, वहीं अबुल फ़ज़्ल ने अकबर की वंशावलि का आरंभ आदम से करके उसे एक धर्मनिरपेक्ष वंश अर्थात्

मध्य एशिया के शासकों के वंश के माध्यम से नीचे तक ले आते हैं।[99] यह बात इस तथ्य को देखते हुए ख़ासतौर पर अहम लगती है कि अकबर के काल में ही इस्लाम की सहस्राब्दी पूरी हुई थी जिसके कारण अकबर को मज़हब के पुनरुत्थान से जोड़ने का लोभ कुछ कम नहीं रहा होगा। अबुल फ़ज़्ल इस लोभ का प्रतिरोध करते हैं, यही तथ्य उनकी इस चेतना का प्रमाण है कि इस्लाम संस्कृति का एकमात्र स्रोत नहीं है और यह कि इस्लामी हो या कोई और, धर्म के अलावा मानव-चिंतन और सभ्यता में दूसरे, धर्मनिरपेक्ष स्रोतों का भी योगदान है। मुमकिन है कि समकालीन यूरोप में उभर रही धर्मनिरपेक्ष संस्कृति से उनके कुछ हद तक परिचित होने के कारण ही उनकी अपनी सोच प्रभावित हुई हो। वे यूरोपीय लोगों द्वारा नई दुनिया (आलम-ए नौ) की खोज और उस पर उनके क़ब्ज़े के तथा यूरोपीय चित्रकला[100] के हवाले भी देते हैं।

फिर भी अकबर के शासन के बारे में अबुल फ़ज़्ल की व्याख्या में काफ़ी-कुछ अर्ध-रहस्यवादी तत्त्व मौजूद था, यही तथ्य अकबर के दरबार की नई बौद्धिक जागरूकता की सीमाओं को अच्छी तरह स्पष्ट कर देता है। इस्लामी धरोहर की कमज़ोरियों को स्वीकार किया गया, मगर समाज में किसी सुस्पष्ट वैज्ञानिक और प्रौद्योगिक विकास[101] के अभाव में किसी वैकल्पिक विचारधारा के घटक के रूप में भौतिक विज्ञान की भूमिका पूरी तरह ग़ायब रही।

बेवरिज ने इस भाव से *अकबरनामा* का अनुवाद शुरू किया कि अबुल फ़ज़्ल अकबर के एक 'बेशर्म खुशामदी' थे और यह भाव अंत तक उनके साथ रहा।[102] अबुल फ़ज़्ल ऐसे किसी आरोप की संभावना के प्रति सचेत थे, यह उनके बार-बार के खंडन के प्रयासों से स्पष्ट होता है।[103] स्वयं *अकबरनामा* की शैली, जिसमें अबुल फ़ज़्ल ने प्रत्येक घटना का वर्णन करते हुए एक साहित्यिक चरमोत्कर्ष दिखाने का प्रयास किया है, अकबर के पक्ष में अतिशयोक्तियों के संकेत देती है। बाग़ियों या दूसरे विरोधियों के ख़िलाफ़ अकबर या उसके लोगों की अधिकांश लड़ाइयों के वर्णन में (जो *अकबरनामा* का एक विशाल भाग है), अबुल फ़ज़्ल ने बादशाह या उसके कारकुन की विजय की महत्ता और गरिमा को बढ़ा-चढ़ाकर दिखाने के उद्देश्य से इन बाग़ियों की शक्ति और दृढ़ता को अतिशयोक्ति के साथ प्रस्तुत किया है। लेखक का अपना मुआमला एक और भी रोचक दृष्टांत है। अकबर से प्राप्त बुद्धि और मार्गदर्शन को बढ़ाकर दिखाने के मक़सद से वे बादशाह के संपर्क में आने से पहले के काल में अपने दंभ और अपनी अमिलनसारिता पर हद से ज़्यादा ज़ोर देते हैं।[104]

फिर भी अबुल फ़ज़्ल के पक्ष में यह बात कही जाएगी कि *अकबरनामा* की रचना के लिए उन्होंने जो विस्तृत शोधकार्य किया है वह भारत में उनके समय तक एक व्यापक प्रामाणिक इतिहास लिखने का संभवतः सबसे उन्नत प्रयास था। भले ही उनकी धारणाएँ बेहद अनगढ़ और उनकी मान्यताएँ पूरी तरह अवैध लगें, आज तक उनकी रचना मध्यकालीन भारतीय इतिहास-लेखन में मील के पत्थर की हैसियत रखती है।

संदर्भ और टिप्पणियाँ

1. *अकबरनामा (अ ना)*, खंड 1, बिब्लियोग्रैफ़िया इंडिका, पृ. 52.
2. उपरोक्त, खंड 3, पृ. 82.
3. उपरोक्त, खंड 1, पृ. 48-49; अहम बात यह है कि अबुल फ़ज़्ल ने इस वंशावलि को पैग़ंबर और ख़लीफ़ों के नहीं, मध्य एशिया के शासकों से होकर आगे बढ़ते दिखाया है।
4. उपरोक्त, पृ. 62-63, 324.
5. उपरोक्त, पृ. 120, 323-34, 358-69.
6. मसलन अबुल फ़ज़्ल (*अ ना*, खंड 2, पृ. 50) अकबर के दूसरे शासन-वर्ष में मनकोट की घेराबंदी का वर्णन शुरू करते हैं। वे क़िले आदि का एक संक्षिप्त वर्णन (पृ. 51) करते हैं। जब क़िले की घेराबंदी हो जाती है तो अबुल फ़ज़्ल इस घटना के वृत्तांत को रोककर बतलाते हैं कि ख़ान-ए ज़माँ, 'जिसने ज़मींदावर में राजद्रोह और मारकाट फैलाया था,' का भाई बहादुर ख़ान आकर सलाम बजा लाया और मुआफ़ कर दिया गया (पृ. 52-54)। फिर वे क़ाबुल से मरियम मकानी और हरम की दूसरी महिलाओं के आने (पृ. 54-56) के ब्यौरे देते हैं। उसके बाद वे हसन ख़ान बचकोटी के मुक़ाबले ख़ान-ए ज़माँ की विजय (पृ. 56-57) का वर्णन करते हैं। उसके बाद ग्वालियर में क़िया ख़ान की विजय का विवरण (पृ. 57) आता है। अंत में लेखक हमें अब्दुल्ला ख़ान मुग़ल की बेटी से अकबर की शादी की जानकारी (पृ. 57) देता है। यह सब तब हुआ जब मनकोट का क़िला घेरे में था। पृ. 58 से अबुल फ़ज़्ल मनकोट की घटनाओं का वर्णन फिर शुरू करते हैं। इसी तरह वे अकबर से बैरम ख़ान के मनमुटाव (पृ. 60) का वर्णन शुरू करते हैं। फिर वे इसे रोककर एक बिगड़ैल घोड़े की कहानी सुनाने लगते हैं जो दैवी सहायता पानेवाले अकबर के नियंत्रण से बाहर (पृ. 60-61) नहीं था। फिर बैरम ख़ान के कारनामों का वर्णन (पृ. 62) दोबारा शुरू होता है जिसे रोककर वे हमें अपनी जागीर सँभालने के मक़सद से बहादुर ख़ान के मुल्तान जाने की बात (पृ. 62) बताते हैं। फिर लेखक एक बार फिर बैरम ख़ान की तरफ़ पलटते हैं (पृ. 62) और यहाँ आकर वे थोड़ा ठहर जाते हैं क्योंकि जो घटनाएँ बाद में घटित हुई उनका वर्णन यहाँ करना समय-पूर्व होता।

   पृ. 90 से 99 तक अबुल फ़ज़्ल उन घटनाओं के तथा अकबर और बैरम ख़ान की सोच के ब्यौरे देते हैं जो बैरम के पतन का कारण बनीं। एकाएक वे वृत्तांत को रोककर (पृ. 99) साम्राज्य के कल्याण के लिए माहम अनगा के उठाए हुए क़दमों का वर्णन करने लगते हैं और पृ. 100 तक करते चले जाते हैं। फिर वे पहले के वृत्तांत को दोबारा (पृ. 100) उठाते हैं। पृ. 101 से 103 तक वे यह बतलाते हैं कि लाहौर से भागने के बाद शाह अबुल मआली का क्या हाल हुआ, और फिर बैरम ख़ान से संबंधित घटनाओं की ओर पलटते हैं।

   इसी तरह अबुल फ़ज़्ल हमें राणा प्रताप से अंतिम युद्ध लड़ने के लिए राजा मानसिंह और दूसरों के नामज़द किए और भेजे जाने की बात बताते हैं (खंड 3, पृ. 161-67), फिर वृत्तांत को रोककर दूसरी अनेक घटनाओं का बयान करते हैं और उसके बाद पृ. 173 पर टूटे हुए सिरे को फिर पकड़ लेते हैं।
7. उपरोक्त, खंड 2, पृ. 26, 34-35, 44-45, 48-49, 56-57, 84-85; खंड 3, पृ. 173, 264 आदि।
8. उपरोक्त, पृ. 8.
9. उपरोक्त, पृ. 56-57.
10. *अ ना*, खंड 2, पृ. 111-13, 124-125, 134-35; खंड 3, पृ. 165-66, 425-26, 430.

11. उपरोक्त, खंड 3, पृ. 224-27 और 587-92 (फ़ारस), 553-56 (मध्य एशिया), 662-65 (तुर्की), 716-17 (कूचबिहार) वग़ैरह।
12. उपरोक्त, खंड 2, पृ. 21; खंड 3, पृ. 553 वग़ैरह।
13. उपरोक्त, खंड 2, पृ. 208; खंड 3, पृ. 432, 512-13 वग़ैरह।
14. उपरोक्त, खंड 2, पृ. 222.
15. उपरोक्त, पृ. 2, 6, 7-9, 345-46.
16. उपरोक्त, पृ. 74-75.
17. उपरोक्त, पृ. 346-47, 354-55, 374-75; खंड 3, पृ. 524 आदि।
18. उपरोक्त, खंड 1, पृ. 9-10.
19. इसके फलस्वरूप कम से कम चार पुस्तकें लिखी गईं जो आज भी हमारी सूचना के स्वतंत्र स्रोतों की हैसियत रखती हैं। ये हैं : बायज़ीद बियात *कृत तज़्किर-ए हुमायूँ व अकबर,* अब्बास सरवानी कृत *तुहफ़-ए अकबरशाही* या *तारीख़-ए शेरशाही,* जौहर आफ़ताबची कृत *तज़्किरतुल वाक़यात,* और गुलबदन बेगम कृत *हुमायूँनामा*। मैंने *हिस्टारियंस एंड हिस्टारियोग्रैफी ड्यूरिंग द रेन ऑफ़ अकबर,* विकास पब्लिशर्स, नई दिल्ली, 1976, अध्याय 5 में पहले तीन के एक सामान्य अध्ययन का प्रयास किया है।
20. *आईन,* खंड 2, पृ. 255.
21. *अ ना,* खंड 2, पृ. 153.
22. उपरोक्त, पृ. 145-46, 152, 164, 201-2, 233 आदि।
23. उपरोक्त, पृ. 118, 126, 208, 215, 266 आदि।
24. *आईन* (अनुवाद), खंड 2, पृ. सात
25. कार्ल याह्न (सं.), *रशीदुद्दीस हिस्ट्री ऑफ़ इंडिया* (पाठ समेत), हेग, 1965.
26. *आईन,* खंड 2, पृ. 130-34.
27. *साहित्यदर्पण,* हिंदी में विमला के अनुवाद और टीका सहित, दिल्ली, 1961, अध्याय 3.
28. *आईन,* खंड 2, पृ. 146-53.
29. *मनुस्मृति,* बुहलर का अनुवाद, ऑक्सफर्ड, 1886, ग्रंथ 8, श्लोक 1-420, और ग्रंथ नौ, श्लोक 1-250, 270.
30. *आईन,* खंड 1, पृ. 590-91.
31. ए. एस. बेवरिज, *बाबरनामा* (अनुवाद), खंड 1, पृ. 310-11.
32. *अ ना,* खंड 1, पृ. 302.
33. जौहर, *तज़्किरतुल वाक़यात,* ब्रिटिश म्यूज़ियम पांडुलिपि ऐड 16711, रोटोग्राफ, अनुसंधान पुस्तकालय, इतिहास विभाग, अलीगढ़ मुस्लिम विश्वविद्यालय, फोलियो 113 बी
34. *अ ना,* खंड 1, पृ. 282.
35. बायज़ीद, *तज़्किर-ए हुमायूँ व अकबर,* बिब्लियोग्रैफ़िया इंडिका, पृ. 100.
36. *अ ना,* खंड 3, पृ. 67; फिर भी संदर्भ से लगता है कि या तो लेखक ने ख़्वाफ़ी से पूछताछ की और उसके साक्ष्यों को क़लमबंद किया या फिर उसने अबुल फ़ज़्ल के इस्तेमाल के लिए किसी क़िस्म का ज्ञापन लिखा था। उपरोक्त, पृ. 301-2 पर अबुल फ़ज़्ल फिर उसे उत्तम पुरुष में उद्धृत करते हैं।
37. उपरोक्त, खंड 1, पृ. 206-13.
38. पूर्वोक्त, पृ. 12-31; किसी और लेखक ने इस फ़रमान की नक़ल नहीं दी है। अगर अबुल फ़ज़्ल के पास इसकी कोई आधिकारिक प्रति नहीं होगी तो उन्होंने इसे *तज़्किरा* से नक़ल किया होगा।

कुछ भी हो, बायज़ीद की नक़ल प्रामाणिक लगती है और इसलिए अबुल फ़ज़्ल की नक़ल की उससे आसानी से तुलना की जा सकती है।

39. इन हिस्सों को निकालने की बात समझ में आती है। 'जन्नत आशियानी' हुमायूँ की मृत्यु के बाद भारत में उसके लिए प्रयोग की जानेवाली आधिकारिक उपाधि थी, और 'साहिब-ए देव व परी' को संभवतः मुग़ल बादशाह की गरिमा के लिए कम समझा जाता होगा। बेवरिज, *अ ना,* खंड 1. (अनुवाद), पृ. 431, पाद-टिप्पणी 2 देखें।
40. *अ ना,* खंड 2, पृ. 31; खंड 3, पृ. 351-52.
41. उपरोक्त, खंड 3, पृ. 268-70.
42. उपरोक्त,खंड 2, पृ. 271-72.
43. उपरोक्त, पृ. 345-46.
44. बदायूनी, *मुंतख़बुत-तवारीख़,* खंड 2, पृ. 271.
45. *अ ना,* खंड 3, पृ. 270.
46. बदायूनी, पूर्वोक्त, खंड 2, पृ. 286-87; अबुल फ़ज़्ल ज़ाहिर है कि ऐसा कोई बयान नहीं देते मगर उनका आशय स्पष्ट रूप से यही है। इस नुक्ते के लिए मैं इक्तिदार आलम ख़ान, 'द नोबिलिटी अंडर अकबर एंड द डवलपमेंट ऑफ़ हिज़ रिलिजस पालिसी (1560-80)', *जर्नल ऑफ़ रॉयल एशियाटिक सोसायटी,* 1968, भाग 1 और 2 का आभारी हूँ।
47. बायज़ीद, पूर्वोक्त, पृ. 291.
48. *अ ना,* खंड 2, पृ. 259
49. मूल ज्ञापन को *अकबरनामा* के पहले मसविदे, ब्रिटिश म्यूज़ियम पांडुलिपि ऐड 27, 247 (रियो, *कैटेलॉग ऑफ़ द पर्शियन मैनस्क्रिप्ट्स इन द ब्रिटिश म्यूज़ियम,* खंड 1, लंदन, 1879, पृ. 247 बी), फ़ोलियो 332 बी में शब्दशः नक़ल किया गया है। अनुसंधान पुस्तकालय, इतिहास विभाग, अलीगढ़ मुस्लिम विश्वविद्यालय में पहले और आख़िरी मसविदों के अंतर की प्रति देखें। अंतिम मसविदे, *अ ना,* खंड 3, पृ. 382-83 में एक अधिक साहित्यिक भाषा में यह भावानुवाद मिलता है।
50. *अ ना,* खंड 1, पृ. 9-10.
51. *आईन,* खंड 2, पृ. 255.
52. उपरोक्त।
53. *अ ना,* खंड 1, पृ. 10.
54. *आईन,* खंड 2, पृ. 255.
55. *अ ना,* खंड 2, पृ. 392.
56. *आईन,* खंड 1, पृ. 280.
57. मसलन *अ ना,* खंड 1, पृ. 65 पर अकबर की 22वीं पूर्वजा अलाँक़ूवा के एक पवित्र प्रकाश-किरण से गर्भवती होने की कहानी। अबुल फ़ज़्ल का आग्रह है कि ऐसी कोई घटना उन लोगों की समझ से परे नहीं है "जो भौतिक कारणों की पूजा के चरण से गुज़र चुके हैं मगर उन लोगों के लिए अबोधगम्य है जिन्होंने अभी उस चरण से आगे अपने क़दम नहीं बढ़ाए हैं।" आगे लेखक का कथन है, "वह दिन ज़िल्ले-सुब्हानी बादशाह (अकबर) के प्रकट होने का आरंभ था...."। असुविधाजनक घटनाओं की व्याख्या के क्रम में इस तरह के तर्क और विचार (निम्नोक्त, पृ. 17) अबुल फ़ज़्ल की विशेषता हैं।

    इसी तरह अबुल फ़ज्ल ने आदम, शीस, युनूस आदि से जुड़े मिथकों को भी सच माना है (क्रमशः *अ ना,* खंड 1, पृ. 52-53, 53-54, 54), और वे आदम का जन्म 7000 वर्ष पहले बतलाते हैं। (यह उनके अपने इस बयान की काट है कि जो परंपरा मानव के उद्‌गम को 7000 वर्ष पहले की

चीज़ बतलाती है, ग़लत है; उपरोक्त, पृ. 49 देखें।)

अकबर आदम का, बीच की 52 पीढ़ियों के बाद का वंशज था, यह वास्तव में ऐसी अनगढ़ धारणा है जो उनके लिए एक स्वयंसिद्ध ऐतिहासिक तथ्य है। इसी तरह, जैसा कि कहा गया है, उन्होंने अकबर के 120 वर्षों का इतिहास चार खंडों में लिखने का मंसूबा बनाया था (*आईन,* खंड 2, पृ. 257), और उनकी मान्यता यह थी कि अकबर इतने काल तक जीवित रहेगा और यह कि वे, यानी खुद अबुल फ़ज़्ल उसका साथ देंगे। वे अपनी मान्यता को झूठा साबित होते देखने के लिए जीवित नहीं रहे।

58. कभी-कभी यह दृष्टिकोण इतिहास की एक परम कारणमूलक धारणा का इस अर्थ में संकेत देता है कि अबुल फ़ज़्ल के नज़दीक मानव का इतिहास अपने आरंभ से ही अकबर के शासन पर आकर समाप्त होने के लिए बाध्य दिखाई देता है। लेकिन वास्तव में उनकी पद्धति परम कारणमूलक नहीं है। कारण कि वे मानव इतिहास का अध्ययन करके इस नतीजे पर नहीं पहुँचते बल्कि इसे मानकर 'मानव इतिहास' को पीछे मुड़कर देखते हुए इस विश्वास के साथ इसकी विवेचना करते हैं कि यही विवेचना इस मान्यता को सही साबित करेगी।

59. *अ ना,* खंड 1, पृ. 120, 323-24, 369-70.

60. *अ ना,* खंड 3, पृ. 224-27 में 1576 में शाह तहमस्प की मृत्यु के बाद फ़ारस के दरबार में होनेवाली साज़िशों के कुछ अंतरंग ब्यौरे मिलते हैं।

यह सूचना वहाँ शामिल की गई है जहाँ उस साल तक पुच्छल तारे के दिखाई देने का हवाला आता है। दैवी सहायता-प्राप्त अकबर की मौजूदगी के कारण यह तारा भारत पर कोई अशुभ प्रभाव नहीं डाल सका लेकिन यह फ़ारस में भी देखा गया था और वहाँ उसने बेपनाह तबाही मचाई।

अकबर के 36वें शासन-वर्ष में उसके दरबार में फ़ारस के राजदूत शाह अब्बास के आगमन के साथ फिर सफ़विदी राजवंश का एक संक्षिप्त विवरण (उपरोक्त, पृ. 588-92) दिया गया है।

इसी तरह अकबर के 34वें शासन-वर्ष में उसके दरबार में काशग़र के सुल्तान क़ुरैश के आगमन के बाद चंगेज़ ख़ान के समय से मध्य एशिया में होनेवाली घटनाओं का विवरण (उपरोक्त, पृ. 553-56) दिया गया है।

तुर्की के सुल्तान मुराद की मौत तथा उसके बाद अपने 19 भाइयों को मारकर उसके बेटे मुहम्मद की तख़्तनशीनी के बाद अबुल फ़ज़्ल तुर्की की घटनाओं का एक संक्षिप्त वर्णन (उपरोक्त, पृ. 662-65) शुरू कर देते हैं। सुल्तान की मृत्यु की घटना अकबर या उसके शासन से मूलतः संबंधित नहीं है; सिर्फ़ इतनी बात है कि इस घटना से वह दुखी हो जाता है। अबुल फ़ज़्ल तुर्की के इस विवरण को अपने वृत्तांत से 'विचलन' (उपरोक्त, पृ. 665) मानते हैं।

61. *आईन,* खंड 1, पृ. 159.

62. *अ ना,* खंड 2, पृ. 157.

63. उपरोक्त, खंड 3, पृ. 90.

64. उपरोक्त, पृ. 90-91.

65. उपरोक्त, खंड 1, पृ. 118.

66. उपरोक्त, खंड 2, पृ. 285.

67. उपरोक्त, पृ. 382.

68. उपरोक्त, खंड 3, पृ. 116.

69. उपरोक्त, खंड 2, पृ. 30-31.

70. उपरोक्त, पृ. 130.

71. उपरोक्त, पृ. 74.
72. उपरोक्त, पृ. 128-29.
73. उपरोक्त, खंड 3, पृ. 774; इस विजय से तात्पर्य 45वें शासन-वर्ष में अहमदनगर के क़िले पर क़ब्ज़ा है।
74. *आईन,* खंड 1, पृ. 2.
75. *अ ना,* खंड 1, पृ. 362.
76. उपरोक्त, खंड 2, पृ. 9.
77. उपरोक्त, खंड 3, पृ. 578.
78. उपरोक्त, पृ. 14.
79. उपरोक्त, पृ. 20.
80. उपरोक्त, पृ. 449-50.
81. उपरोक्त, पृ. 306.
82. उपरोक्त, खंड 2, पृ. 84.
83. उपरोक्त, पृ. 69, 97-98, 138.
84. *अ ना,* खंड 2, पृ. 68, 97, 141, 234-35; उपरोक्त, खंड 3, पृ. 50 जहाँ वास्तव में लेखक ने यह सिद्धांत गढ़ा है कि दैवी सहायता के बावजूद बादशाह को (यहाँ अकबर की ओर संकेत है) "सही योजना, न्यायपूर्ण चिंतन और उपयुक्त कर्म" पर भरोसा करना चाहिए।
85. उपरोक्त, खंड 2, पृ. 63.
86. उपरोक्त, पृ. 69-70.
87. उपरोक्त, पृ. 137-38.
88. उपरोक्त, खंड 2, पृ. 382.
89. खंड 2, पृ. 622.
90. *आईन,* खंड 2, पृ. 256.
91. उपरोक्त।
92. बेवरिज की प्रस्तावना, *अ ना,* खंड 2 (अनुवाद), पृ. दस-ग्यारह।
93. जैरेट की भूमिका, *आईन,* खंड 2 (अनुवाद), जदुनाथ सरकार की टीका सहित, बिब्लियोग्रैफ़िया इंडिका, पृ. छः-सात।
94. मेरी रचना *हिस्टारियंस एंड हिस्टारियाग्रैफ़ी,* पृ. 71, पाद-टिप्पणी 3 देखें।
95. *अ ना,* खंड 1, पृ. 8-9.
96. अकबर के 18वें शासन-वर्ष की घटनाओं का बयान (पूर्वोक्त, खंड 2, पृ. 173) करते हुए बदायूनी कहते हैं : "चूँकि वह (बादशाह) अपनी अत्यधिक श्रद्धा के कारण हर साल अजमेर की ज़ियारत करना ज़रूरी समझता था ···· " फिर 24वें शासन-वर्ष के बारे में लिखते हुए वे कहते हैं : "8 सितंबर 1559 को वह, अकबर, अजमेर के लिए चला। उसके बाद से आज तक (बदायूनी के लिखने तक), जबकि चौदह वर्ष बीत चुके हैं, उसने अपनी बाग उस दिशा में नहीं मोड़ी है (उपरोक्त, पृ. 272)। 25वें शासन-वर्ष के बारे में लिखते हुए अबुल-फ़ज़्ल यह बतलाते हैं कि अकबर के परोक्षी के रूप में शाहज़ादा दानियाल को अजमेर क्यों भेजा गया था। कहते हैं : "रौशनख़याल दिलवाले गुज़र चुके हज़रात के मक़बरों की ज़ियारत करने को वे (अकबर) छिछलेपन ···· की मिसाल मानते हैं" (*अ ना,* खंड 3, पृ. 316-17 देखें।)
97. इक़्तिदार आलम ख़ान ने 'द नोबिलिटी अंडर अकबर' ···· में अकबर की धार्मिक नीति के विकास के विभिन्न चरणों का एक ताज़गी भरा, नया किंतु अंतिम निष्कर्ष से पूर्व की प्रकृति की

व्याख्या करने का प्रयास किया है।

98. *अ ना,* खंड 1, पृ. 48-49.

99. *आईन,* खंड 2, पृ. 26.

100. उपरोक्त, खंड 1, पृ. 116; यह नुक़्ता मुझे इरफ़ान हबीब के साथ एक विचार-विमर्श के दौरान प्राप्त हुआ।

101. मध्यकालीन भारत में प्रौद्योगिक विकास की रफ़्तार के बारे में इरफ़ान हबीब का अध्यक्षीय भाषण, दूसरा खंड, *प्रोसीडिंग्स ऑफ़ द इंडियन हिस्ट्री कांग्रेस* (वाराणसी सत्र, 1969), पटना, 1970, और 'द टेक्नोलॉजी एंड इकॉनमी ऑफ़ मुग़ल इंडिया,' देवराज चानना स्मृति व्याख्यान, दिल्ली, 1970 (अनुलेखित) देखें।

102. बेवरिज की भूमिका, *अ ना* (अनुवाद), खंड 3, पृ. नौ।

103. *अ ना,* खंड 1, पृ. 348; खंड 2, पृ. 114; खंड 3, 259.

104. उपरोक्त, खंड 2, पृ. 388-92; खंड 3, पृ. 83-84, 113-14.

सांप्रदायिकता और मध्यकालीन भारत का इतिहास-लेखन : एक पुनर्मूल्यांकन

अभी हाल तक मध्यकालीन भारत का इतिहास-लेखन ज़्यादातर महान सम्राटों के मुखर गुणगान तक सीमित था और उनकी नाकामियों का वर्णन भी उतना ही मुखर होता था। इस तरह से हो या उस तरह से, जो कुछ इतिहासकार के लिए ध्यान देने योग्य समझा जाता था, उसका केंद्र सम्राट ही होता था।

कुछ हद तक यह सरोकार उन बहुत सारे भारतीय इतिहासकारों से विरासत में मिला जिन्होंने खुद मध्यकाल में अपनी किताबें लिखीं। इन इतिहासकारों ने जिन घटनाओं का वर्णन किया है वे खुद उनके समकालीन या लगभग समकालीन थे; ये वही थे जिनको हम तत्कालीन इतिहासकार कहते हैं। ये तत्कालीन इतिहासकार हर दृष्टांत में शाही या सूबाई दरबार के दरबारी रहे और अकसर साज़िशों से भरी राज-व्यवस्था में इस या उस गुट के समर्थक रहे। ऐसा भी कुछ कम नहीं हुआ कि उन्होंने जिन घटनाओं का बयान किया है उनमें खुद वे हिस्सा लेते रहे; उनके दोस्त या रिश्तेदार भी उसी क़दर उन घटनाओं के चश्मदीद गवाह रहे। इसका लाज़मी नतीजा यह हुआ कि प्रत्येक इतिहासकार के रुझान के आधार पर घटनाओं के बारे में उसका वर्णन उन्हीं घटनाओं का वर्णन करनेवाले दूसरे इतिहासकारों से काफ़ी कुछ भिन्न रहा।[1]

फिर भी उनमें बहुत कुछ साझा भी रहा। दरबारी होने के नाते उनका ध्यान उनके इर्द-गिर्द तक ही सीमित रहा। उन्होंने जिन घटनाओं का वर्णन किया वे ऐसी घटनाएँ थीं जिनमें दरबार की भागीदारी फ़ौरी और सीधे-सीधे थी। जैसे : किसी शासक का सत्तारोहण, उसके ख़िलाफ़ हुई बग़ावतें, उसके विजय-अभियान, प्रशासनिक उपाय, उसके पक्ष या विपक्ष में की गई साज़िशें, उसका सत्ताच्युत होना और उसकी मृत्यु, आदि।[2] इन इतिहासकारों की हमदर्दियाँ भले ही अलग-अलग रही हों, वे सभी राज-व्यवस्था के स्थायित्व के प्रति चिंतित थे हालाँकि हो सकता है कि उनमें से हरेक उसे थोड़ा-सा ही सही, अपने पक्ष में झुकाने का इच्छुक रहा हो।

ज़ाहिर है कि सम्राट ही वह धुरी होता था जिसके इर्द-गिर्द यह पूरी राज-व्यवस्था घूमती थी। वह पूरे शासकवर्ग की ओर से हुकूमत करता था, सभी गुटों को साथ रखता था, एकता को भंग करने की कोशिश करनेवाले अति-महत्त्वाकांक्षी व्यक्तियों या समूहों

से सख़्ती से निपटता था, और जो लोग वैध सीमाओं में रहते थे उनसे नर्मी से पेश आता था। इसलिए यह बात बख़ूबी समझ में आती है कि मध्यकालीन भारत में सम्राटों के कार्यकलाप ही ज़्यादातर इतिहासकारों के ध्यान का केंद्र होते थे, चाहे वे उनके आलोचक रहे हों या प्रशंसक रहे हों।

मध्यकालीन भारत के इतिहासकार ऐतिहासिक कारण-कार्य-संबंध को भी मानव-इच्छा या ज्यादा-से-ज्यादा मानव-प्रकृति या रुझान के दृष्टिकोण से देखते थे। एक तरह से यह समझ भी इन इतिहासकारों के अपने रोज़मर्रा के अनुभवों से निर्धारित होती थी। दरबार में अपनी स्थिति के कारण वे जिन घटनाओं का वर्णन करते थे उनमें अकसर भागीदार या उनके गवाह होते थे। उनका अनुभव कहता था कि बग़ावत इसलिए हुई कि फ़लाँ या फ़लाँ ने सोच-समझकर बग़ावत का फ़ैसला किया, या किसी राजा का तख़्त इसलिए छिन गया कि सरदारों के एक दल ने मिलकर उसकी हुकूमत को ख़त्म करने का फ़ैसला किया, या किसी बादशाह ने अपनी शूरवीर प्रकृति के कारण बड़े पैमाने पर विजय-अभियान शुरू किया, या किसी और बादशाह ने मज़हब का ख़याल किए बिना अपनी पूरी प्रजा के साथ एक समान व्यवहार की नीति अपनाई क्योंकि उसकी प्रवृत्ति बहुत ही प्रबुद्ध थी। जिन घटनाओं से इतिहासकारों का सरोकार होता था उनमें संलग्न मनुष्यों की प्रकृति से निर्धारित सायास निर्णय हमारे इन इतिहासकारों की राय में उन घटनाओं का बुनियादी कारण होता था। 14वीं सदी के मध्य में इतिहास के दो अत्यंत श्रेयस ग्रंथ लिखनेवाले[3] ज़ियाउद्दीन बरनी ने तो इस समझ को एक सूक्ष्म सिद्धांत का रूप तक दे दिया। बरनी के अनुसार हर व्यक्ति की प्रकृति परस्पर-विरोधी गुणों से बनी होती है और एक व्यक्ति जिन घटनाओं में भागीदार होता है वे उन्हीं गुणों की अभिव्यक्ति होती हैं। इन परस्पर-विरोधी गुणों का एक संतुलित तालमेल सफलता दिलाता है जबकि एक असंतुलित तालमेल हमेशा ही जीवन में असफलता का कारण होता है।[4]

ज़ाहिर है कि अगर इतिहासकारों का अपना अनुभव उनके संदर्भ में ऐतिहासिक कारण-कार्य-संबंध के बारे में ऐसे पाठ पढ़ाता था तो उनके लिए दूर या पास के अतीत की ऐसी ही घटनाओं की इसी प्रकार से व्याख्या करना आसान ही होता था।

मानव-इच्छा के आधार पर ऐतिहासिक कारण-कार्य-संबंध की व्याख्या का मतलब यह भी था कि उनकी रचनाओं में प्रत्येक ऐतिहासिक घटना को दूसरी घटनाओं से असंबद्ध, एक अकेली, वैयक्तिक और स्वतंत्र घटना के रूप में विवेचित किया गया है।[5] कारण कि एक ढाँचागत विश्लेषण के अभाव में सभी घटनाओं को संयुक्त करके एक ढर्रे का रूप देनेवाला और उनकी अलग-अलग पहचानों से उनको वंचित करनेवाला, ऐतिहासिक व्याख्या का एकमात्र दूसरा ढाँचा केवल वह ढाँचा था जिसमें दैवी इच्छा के हस्तक्षेप से ही घटनाएँ घटित होती हैं। मध्यकालीन यूरोप के इतिहासकारों का ढाँचा व्याख्या का सचमुच ऐसा ही नमूना था। चूँकि वे इतिहासकार पादरी-पुरोहित

होते थे, इसलिए जीवन और रचना-कर्म के प्रति उनका पूरा दृष्टिकोण उस धर्मशास्त्रीय सिद्धांत से प्रभावित होता था जिसमें जो कुछ अतीत में हुआ, जो कुछ आज हो रहा है और जो कुछ भविष्य में होगा वह सब दैवी इच्छा के द्वारा पहले से निर्धारित होता है। फिर इसका मतलब यह भी होता है कि अतीत, वर्तमान और भविष्य की घटनाएँ ईश्वर की बुद्धिमत्ता को व्यक्त करनेवाली एक सुगठित इकाई होती हैं क्योंकि कोई भी घटना निश्चित ही तब तक घटित नहीं हो सकती जब तक कि ईश्वर की सर्वव्यापी योजना में उसका कोई स्थान निर्धारित न किया गया हो।[6] लेकिन मध्यकालीन भारत के दरबारी इतिहासकारों की समझ यह नहीं थी, भले ही उनमें से कुछ दरबारी और इतिहासकार होने के साथ ही साथ धर्मशास्त्री भी रहे हों।[7]

अगर मध्यकालीन भारतीय इतिहासकारों ने अपना ध्यान दरबार से प्रत्यक्ष या परोक्ष रूप से जुड़ी घटनाओं पर केंद्रित किया और अगर उन्होंने उन घटनाओं की व्याख्या मानव-इच्छा या प्रकृति के आधार पर की तो ज़ाहिर है कि शासक की केंद्रीय स्थिति को देखते हुए व्याख्या में उसकी इच्छा या प्रकृति को एक महत्त्वपूर्ण तत्त्व का दर्जा प्राप्त होता था। शासक के निजी गुण-दोष हमेशा ही व्याख्या के पूरे ढाँचे का सबसे महत्त्वपूर्ण तत्त्व बन जाते थे। सच तो यह है कि किसी के शासनकाल में घटित घटनाओं को शासक के व्यक्तित्व की अभिव्यक्ति समझा जाता था।[8]

सांप्रदायिक और साम्राज्यवादी इतिहास-लेखन

इस ढाँचे में एक मंद सांप्रदायिक स्वर भी निहित होता था। अगर इतिहास के सृजन में शासक की प्रवृत्ति, उसके गुण-दोष का इतना ही महत्त्व था तो इतिहास के पूरे आकलन-कार्य में इस तथ्य को निश्चित ही एक महत्त्वपूर्ण कारक का दर्जा हासिल था कि वह व्यापक हिंदू जनता पर शासन करनेवाला एक मुस्लिम शासक था। निश्चित ही मध्यकालीन सदियाँ ऐसी सदियाँ नहीं थीं जब दुनिया के किसी भी भाग में मानवजाति की सोच पर धर्म का प्रभाव नष्ट हो चुका हो। इसी कारण मध्यकालीन भारत के कुछ इतिहासकारों के लिए तत्कालीन इतिहास को भारत में मुस्लिम शासन का इतिहास मानना आसान था।[9]

फिर भी मानव-इच्छा या प्रकृति पर आधारित ऐतिहासिक व्याख्या के ढाँचे में मूलतः उभयवृत्ति का एक प्रखर तत्त्व भी पाया जाता था जिसमें, मध्यकालीन सदियों की दृष्टि से, अबुल फ़ज़्ल के चिंतन जैसे आश्चर्यजनक धर्मनिरपेक्ष इतिहास-चिंतन के लिए भी जगह थी और मुल्ला अब्दुल क़ादिर बदायूनी के वक्तव्य जैसे काफ़ी-कुछ कठमुल्लावादी मुस्लिम वक्तव्य के लिए भी। सच तो यह है कि मध्यकालीन भारत में लिखे गए इतिहास-ग्रंथों में चिंतन एक से दूसरे छोर तक झूलता हुआ नज़र आता है और फिर भी कभी मानव-इच्छा या प्रकृति के दायरे से बाहर नहीं निकलता।

तो उभयवृत्ति का यही वह ढाँचा था जो ब्रिटिश उपनिवेशवादी इतिहासकारों को

मध्यकालीन भारत से विरासत में मिला। फिर भी यह औपनिवेशिक इतिहास-लेखन की ख़ास विशेषता है कि उसने इस ढाँचे से उभयवृत्ति के तत्त्व को समाप्त करने, निहित सांप्रदायिक स्वर को दिलेरी के साथ स्पष्ट करने तथा भारत के अतीत के एकरैखिक सांप्रदायिक अध्ययन को प्रमुख बल्कि लगभग अकेला रुझान बनाने का प्रयास किया। जेम्स स्टुअर्ट मिल ने भारतीय इतिहास का हिंदू, मुस्लिम और ब्रिटिश कालों में जो विभाजन[10] किया उसका यही अंतिम परिणाम था; यही काल-विभाजन आगे की डेढ़ सदियों में भारतीय इतिहास के अध्ययन के लिए सार्वभौम रूप से स्वीकृत काल-विभाजन बन गया, और आज भी एक नए नामकरण के अर्थात् प्राचीन, मध्यकालीन और आधुनिक कालों के नामकरण के साथ ही सही, भारतीय विश्वविद्यालयों में इसे सार्वभौम स्वीकृति प्राप्त है। इससे भी ज़्यादा दिलेर और ज़्यादा सोचा-विचारा प्रयास इलियट और डासन के आठ जिल्दोंवाले ग्रंथ *ए हिस्ट्री ऑफ़ इंडिया ऐज़ टोल्ड बाई इट्स ओन हिस्टारियंस*[11] ने किया; यह मध्यकालीन भारत के फ़ारसी में लिखे गए इतिहास-ग्रंथों के अंशों का अनुवाद था। इन अंशों के चयन में पाठक की कल्पनाशक्ति के लिए कुछ बचा ही नहीं; ये अनूदित अंश हमेशा ही सांप्रदायिक भावनाओं को उकसाते रहे। लगता है इलियट को पता था कि वे क्या कर रहे हैं। कारण कि उनके पूरे बौद्धिक श्रम का घोषित उद्देश्य 'भारत के तीसमार ख़ाँ बाबुओं को उन्हें प्राप्त उस सुशासन के अच्छे गुणों की शिक्षा देना था' जो उन्हें मुस्लिम शासन में उनकी बदहाल क़िस्मत की तुलना में ब्रिटिश राज्य में प्राप्त था। अगर भावनाओं को भड़काने के मक़सद में इलियट को पर्याप्त सफलता मिली तो ज़्यादातर उसका कारण यही था कि उन्होंने एक लंबे काल से सुपरिचित और टिकाऊ ढाँचा अपनाया था लेकिन उसमें स्थापित वज़नों को ग़ज़ब की हद तक बदल डाला था।

मगर यह ढाँचा फिर भी क़ायम रहा। बीसवीं सदी के आरंभ में और ख़ासकर उसकी दूसरी चौथाई में कुछ इतिहासकारों ने मध्यकालीन भारतीय इतिहास की उस विवेचना का ज़ोरदार खंडन किया जिसमें केवल मुस्लिम शासकों के हाथों हिंदुओं के दमन की और उसके ख़िलाफ़ हिंदुओं के बहादुराना प्रतिरोध की बातें कही गई थीं; यह विवेचना ब्रिटिश इतिहासकारों की तथा भारतीय राष्ट्रीय आंदोलन के सांप्रदायिक धड़े को प्रतिबिंबित करनेवाले संप्रदायवादी इतिहासकारों द्वारा विकसित की हुई थी। सांप्रदायिक इतिहास-लेखन के दृष्टिकोण में कुछ अंतर भी पाए जाते थे : हिंदू संप्रदायवाद मध्यकालीन सदियों को हिंदुओं (देश की व्यापक मूल निवासी जनता) पर विजातीय मुसलमानों के प्रभुत्व की, हिंदुओं को इस्लाम में दीक्षित करने या उनको समाप्त करने के प्रति मुसलमान शासकों द्वारा बार-बार किए गए प्रयासों की, तथा अपने धर्म और देश के सम्मान की रक्षा के लिए हिंदुओं के दृढ़ प्रतिरोध की बातें करता था। कुछ दूसरे रूढ़ विचार भी गढ़े गए : अगर हिंदू लड़ाइयों में मुसलमानों से मात खाते रहे तो अपनी आपसी फूट के कारण;[12] अगर मध्यकालीन भारत का इतिहास दो प्रमुख

संप्रदायों के बीच अनवरत संघर्ष की गाथा था तो इसका कारण यह था कि मुस्लिम अपनी अलग पहचान बनाए रखने और जताने के लिए कृतसंकल्प थे जबकि उनसे पहले के यूनानी, शक और हूण आदि भी दूरदराज़ के पराए देशों से आए थे मगर एक बार इस देश में बसने के बाद उन्होंने भारतीय (अर्थात् हिंदू) जीवन की मुख्यधारा में मिलकर अपनी स्वतंत्र पहचान का त्याग कर दिया था; भारतीय (अर्थात् हिंदू) सभ्यता हमेशा अपनी उदारता के लिए विख्यात रही और जो भी तत्त्व सामने आया उसे उसने बाँहें फैलाकर दोस्ताना ढंग से कुबूल किया; ये तो मुसलमान ही हैं जो भारतीय (अर्थात् हिंदू) जीवन की मुख्यधारा में अपनी पहचान को तिरोहित करने से इनकार करते रहे हैं; बल्कि उन्होंने तो बलपूर्वक इस धारा की दिशा को ही बदलने की कोशिश की। भारत में संप्रदायवाद का मूल यही था, वग़ैरह वग़ैरह।[13] दूसरी तरफ़ मुस्लिम संप्रदायवाद उन शासकों के कालों को इस्लाम की महिमा का चरमोत्कर्ष मानता रहा जिन्होंने अपनी इस्लामी पहचान को खुलकर जताने की कोशिश की। फिर भी हिंदू और मुस्लिम, दोनों प्रकार के संप्रदायवादी (और साथ ही ब्रिटिश) इतिहास-लेखन की बुनियादी मान्यता में विचारों की एकता पाई जाती थी : वे सभी मध्यकालीन भारत के हिंदुओं और मुसलमानों को निरंतर संघर्षरत मानते थे और इसके लिए भारत के राजनीतिक बल्कि राजवंशीय इतिहास से साक्ष्य प्राप्त करते थे।

मध्यकालीन भारत के इस अनवरत सांप्रदायिक संघर्ष के विचार का राष्ट्रवादी इतिहासकार खंडन करते थे। वे मध्यकालीन भारत के मुस्लिम शासकों की धार्मिक प्रेरणाओं की सच्चाई पर सवालिया निशान लगाते थे; उन्होंने मध्यकालीन भारत में सांप्रदायिक सद्भाव दिखाने के लिए साक्ष्य प्रस्तुत किए; उन्होंने विगत शताब्दियों में विचारों के, संस्कृति के, जीवनशैली के क्षेत्रों में दोनों बड़े संप्रदायों के बीच पर्याप्त आपसी अंतःक्रिया पर ज़ोर दिया। 'समन्वित संस्कृति' की धारणा का विकास इसी ज़ोर से हुआ।[14]

मध्यकालीन भारतीय इतिहास के अध्ययन को धर्मनिरपेक्ष स्वरूप देने में राष्ट्रवादी इतिहासकारों का योगदान किसी भी पैमाने पर नापें, अत्यंत महत्त्वपूर्ण था। फिर भी वे सांप्रदायिक इतिहास-लेखन का मुक़ाबला वास्तव में उसी की ज़मीन पर कर रहे थे। अगर सांप्रदायिक इतिहासकार हिंदू प्रजा पर मुसलमानों के अत्याचार दर्शाने के लिए साक्ष्य प्रस्तुत करते थे तो राष्ट्रवादी इतिहासकार मुस्लिम शासकों की सहिष्णुता के दृष्टांत देते थे; अगर सांप्रदायिक इतिहासकार संप्रदायों के टकरावों को उजागर करते थे तो राष्ट्रवादी इतिहासकार दोनों का सहयोग दर्शानेवाले अन्य उदाहरण देते थे। दोनों प्रकार के इतिहासकारों ने मुख्य रूप से राजनीतिक और प्रशासनिक इतिहास का अध्ययन किया और अपने-अपने साक्ष्य ज़्यादातर दरबारी वृत्तांतों से निकाले। अगर सांप्रदायिक इतिहासकार एक प्रकार के साक्ष्यों पर ज़रूरत से ज़्यादा ज़ोर देते और दूसरे साक्ष्यों को छिपाते थे तो राष्ट्रवादी इतिहासकारों ने भी काफ़ी-कुछ ऐसा ही किया

हालाँकि एक विपरीत और सच मानें तो अधिक प्रशंसनीय उद्देश्य से किया।

ज़ाहिर है कि यह सांप्रदायिक (और साम्राज्यवादी) इतिहास-लेखन पर एक लचर क़िस्म का हमला था। कारण कि शासक की धार्मिक नीति के आधार पर मध्यकालीन भारतीय इतिहास का अध्ययन करना स्वीकार कर लेने के बाद साक्ष्य एक बड़ी हद तक सांप्रदायिक दृष्टिकोण के पक्ष में झुकते चले गए। इस मान्यता के आधार पर अकबर की उपलब्धियों का गुणगान करते हुए राष्ट्रवादी इतिहासकारों ने 'मुस्लिम' शासन की बाक़ी पाँच सदियों को सांप्रदायिक इतिहासकारों के हवाले कर दिया। दिलचस्प बात तो यह है कि जब अकबर का सवाल आता है तो राष्ट्रवादी और सांप्रदायिक इतिहासकारों की भाषा पूरी तरह एक हो जाती है। यह मूलतः सांप्रदायिक दृष्टि है क्योंकि अकबर की धार्मिक उपलब्धियों का गुणगान करते समय उस ऐतिहासिक पद्धति की वैधता स्थापित हो जाती है जिसका उद्देश्य मध्यकालीन भारत के सभी शासकों का मूल्यांकन उनके धार्मिक रवैयों के आधार पर करना है। अकबर इसमें स्पष्ट रूप से ऐसा अपवाद बन जाता है जो नियम की पुष्टि ही करता है।

इस तरह मूल रूप से राष्ट्रवादी इतिहास-लेखन में भी ऐतिहासिक विश्लेषण के प्रवर्ग सांप्रदायिक ही रहे। कोई इतिहासकार चाहे सांप्रदायिक टकराव के तर्क देता रहा हो या सांप्रदायिक सद्भाव के, हिंदू और मुसलमान जब तक उसके विश्लेषण के प्रवर्ग बने रहे तब तक उसका चिंतन सांप्रदायिक प्रवर्गों के दायरे में ही बँधा रहा। सांप्रदायिक औव राष्ट्रवादी, दोनों श्रेणियों के इतिहासकारों का तर्कशास्त्र अलग-अलग सांप्रदायिक पहचानों के अस्तित्व की साझी मान्यता पर आधारित था; जब तक चिंतन सांप्रदायिक प्रवर्गों पर आधारित था, इस मान्यता से दामन बचाना असंभव था।

अगर इस मान्यता से बचना असंभव था तो इसका कारण यह था कि वास्तव में यह स्वयं राष्ट्रीय आंदोलन की मान्यता थी और उसके राष्ट्रवादी और सांप्रदायिक, दोनों धड़ों की साझी मान्यता थी। राष्ट्रीय आंदोलन के दोनों प्रमुख प्रतिद्वंद्वी अर्थात् कांग्रेस और मुस्लिम लीग की नीतियाँ हिंदू और मुस्लिम समुदायों के अलग-अलग अस्तित्व की स्वीकृति पर आधारित थीं। एक की राजनीति दोनों के मेल-मिलाप पर तो दूसरे की राजनीति उनके बीच मेल-मिलाप के संभव न होने पर ज़ोर देती थी। इस साझी बुनियादी मान्यता के कारण अकसर एक से दूसरे रवैये पर आसानी से पहुँचना भी संभव होता था; एक-दूसरे की दिशा में ज़रा-सा झुकने पर मुलाक़ात की साझी ज़मीन भी तैयार हो जाती थी; और इसके कारण व्यक्तिगत निष्ठाओं में भी आसानी से परिवर्तन होते रहते थे। इस बुनियादी मान्यता पर, सामाजिक विश्लेषण और राजनीतिक आंदोलन के सांप्रदायिक प्रवर्गों पर आधारित कांग्रेसी राजनीति में संप्रदायवाद 'अंश' से बहुत ज्यादा होता था[15]; सच तो यह है कि संप्रदायवाद उस राजनीति का, उसकी मूक, अहिंसक अभिव्यक्ति के माध्यम से, एक अभिन्न अंग था। विश्लेषण के इन्हीं प्रवर्गों को लेकर चलनेवाली मुस्लिम लीग ने उसे ऐसी अभिव्यक्ति दी जो उतनी मूक भी नहीं थी।

अवधारणा के स्तर पर भारत में राष्ट्रवाद और संप्रदायवाद के बीच बहुत-कुछ साझा था, भले ही वे ऐतिहासिक दृष्टि से एक-दूसरे का निषेध रहे हों।

अवधारणात्मक रूप से संदिग्ध पर ऐतिहासिक रूप से महत्त्वपूर्ण यही वह द्विभाजन था जो मध्यकालीन भारत के सांप्रदायिक और राष्ट्रवादी इतिहास-लेखन के द्विभाजन में प्रतिबिंबित हुआ।

ध्यानकेंद्र में नया परिवर्तन

पचासोत्तरी दशक के आख़िरी वर्षों में यह दुष्चक्र टूट गया। यह वह काल था जब ऐसे एकदम नए विषयों पर अनुसंधान आरंभ हुए जिनमें सांप्रदायिक प्रवर्गों का कोई दख़ल नहीं था। ये विषय थे : ग्रामीण वर्गीय संरचना, मध्यकालीन भारतीय किसान वर्ग के शोषण के रूप और परिमाण, एक वर्ग के रूप में ज़मींदारों का महत्त्व, उत्पादन की टैक्नोलॉजी, व्यापार और वाणिज्य संगठन आदि। ध्यानकेंद्र के इस परिवर्तन में एक अहम भूमिका उन अनुसंधानों ने निभाई जो प्रोफ़ेसर रामशरण शर्मा के शब्दों में 'प्रारंभिक मध्यकालीन भारत' के बारे में थे। इस अनुसंधान ने दो महत्त्वपूर्ण योगदान दिए। एक, इसने निहित रूप से उस पहले के सुस्पष्ट काल-विभाजन पर प्रश्नचिह्न लगाया जिसमें 1206 ईसवी को प्राचीन और मध्यकालीन भारत का विभाजन-काल माना गया था जब दिल्ली सल्तनत की स्थापना हुई थी। कारण कि उसने लगभग सातवीं या आठवीं सदी से लेकर 13वीं या 14वीं सदी तक के सामाजिक और आर्थिक इतिहास में एक व्यापक निरंतरता देखने की संभावना पैदा की, हालाँकि यह संभावना भी निहित रूप में ही उत्पन्न हुई। यह और बात है कि इस निरंतरता के दायरे के अंदर कुछ महत्त्वपूर्ण परिवर्तन भी घटित हुए। दूसरे, इसने निर्णायक रूप से राजनीतिक-प्रशासनिक की बजाए सामाजिक-आर्थिक इतिहास को महत्त्व का केंद्र बना दिया जिसमें सांप्रदायिक प्रवर्गों का बहुत-कुछ महत्त्व बहरहाल जाता रहा।

नए-नए क्षेत्रों में और अधिक अनुसंधान होने के कारण स्वयं सांप्रदायिक विषय अर्थात् मुस्लिम राजवंशों और हिंदू प्रजा के या मध्यकालीन भारत में राज्य की धर्म-आधारित प्रकृति की सीमा आदि के विषय हाशिये पर पड़ते जा रहे हैं। पिछले कुछ समय से मध्यकालीन भारत के इतिहास का अध्ययन समाज के निचले स्तरों की तरफ़ बढ़ रहा है : अब खेत या कारख़ाने में किसान और दस्तकार के श्रम की वास्तविक प्रक्रियाओं का अध्ययन किया जाने लगा है। इसमें अध्ययन के क्षेत्रों की एक पेचीदा अंतःक्रिया भी शामिल है : इसमें आरंभ किसी क्षेत्र के पर्यावरण, उसकी मिट्टी की प्रकृति और उपजाऊपन, सिंचाई के लिए पानी की उपलब्धता, धूप की अवधि आदि के अध्ययन से होता है। इसमें विद्यमान प्रौद्योगिकी, हल की आकृति और आकार, दूसरे औज़ारों का उपयोग और ज़ाहिर है कि फ़सल-चक्र या खाद की तैयारी या पौधों की बीमारियों का इलाज जैसी खेतिहर तकनीकों का ज्ञान और व्यवहार भी शामिल है। सबसे बड़ी बात

यह कि इसमें श्रम के उपयोग के सामाजिक संगठन का अध्ययन करने की माँग की जाती है : जैसे श्रमिक किसी का दास है या स्वतंत्र है, व्यवस्था में वास्तविक उत्पादक अपनी उत्पादन की प्रक्रिया पर किसी बाहरी नियंत्रण से मुक्त है या नहीं है, व्यवस्था में किसान के लिए गतिशीलता संभव है या नहीं है। इसमें उत्पादन-व्यवस्था का अध्ययन उसकी बहुमुखी प्रकृति की समग्रता में करने का प्रयास किया जाता है। इसी तरह दस्तकार के श्रम की पड़ताल की जा रही है।

इस अध्ययन की जटिलता के ही कारण इसमें धर्म को उतना ही महत्त्व प्राप्त होता है जितने का वह सामाजिक जीवन में अधिकारी है। साथ में दूसरे तत्त्वों को भी महत्त्व दिया जाता है, और धर्म को वह असीम महत्त्व प्राप्त नहीं होता जो उसे लंबे अरसे तक मध्यकालीन भारत के इतिहास-लेखन में प्राप्त रहा है। इतिहास-लेखन ठीक इसी अर्थ में अब बुनियादी तौर पर धर्मनिरपेक्ष बनता जा रहा है।

(यह लेख रोमिला थापर, विपिनचंद्र और हरबंस मुखिया कृत *सांप्रदायिकता और भारतीय इतिहास-लेखन*, पीपुल्स पब्लिशिंग हाउस, नई दिल्ली, 1969 में संकलित लेख 'मध्यकालीन भारतीय इतिहास और सांप्रदायिक दृष्टिकोण' के पुनर्मूल्यांकन का प्रयास है।)

संदर्भ और टिप्पणियाँ

1. अबुल फ़ज़्ल और अब्दुल क़ादिर बदायूनी, दोनों अकबर के दरबारी थे और उनकी रचनाओं जैसे प्रमुख उदाहरण समान घटनाओं पर उनकी व्याख्याओं में अंतर के दो छोर जैसे हैं। दूसरी रचनाएँ अपेक्षाकृत मध्यमार्गी उदाहरणों में गिनी जा सकती हैं।
2. इन रचनाओं की अंतर्वस्तु में ज़्यादा से ज़्यादा एक ऊर्ध्व विकास दिखाई देता है। जैसे मिनहाजुस्सिराज की रचना *तब्क़ात-ए नासिरी* में मात्र शासकों के सत्तारोहण और उनकी लड़ाइयों की कहानियाँ बयान की गई हैं; जैसे अब उनसे आगे बढ़कर संबद्ध विषयों पर अधिकाधिक सूचनाएँ प्राप्त होने लगती हैं; जैसे अब उनकी रचनाओं में प्रशासन व्यवस्था, शाही नीतियों, कुलीनों की संरचना आदि को स्थान प्राप्त होता हुआ दिखाई देता है। दिल्ली सल्तनत के बारे में ज़ियाउद्दीन बरनी की रचना *तारीख़-ए फ़ीरोज़शाही* और अकबर के शासनकाल के बारे में अबुल फ़ज़्ल की रचना *अकबरनामा* इस श्रेणी के दो सबसे प्रसिद्ध उदाहरण हैं। मगर इन रचनाओं की अंतर्वस्तु में ऐसा क्षैतिज विकास बहुत ही कम है जो शासकवर्ग के लिए तात्कालिक महत्त्व न रखनेवाले विषयों को समेट सके।
3. *फ़तावा-ए जहाँदारी*, मुहम्मद हबीब और श्रीमती अफ़सर ख़ान कृत अंग्रेज़ी अनुवाद *पोलिटिकल थ्योरी ऑफ़ द देहली सल्तनत*, इलाहाबाद, तिथि अज्ञात, और सैयद अहमद खान द्वारा संपादित *तारीख़-ए फ़ीरोज़शाही*, कलकत्ता, 1862 देखें। अभी भी इस तारीख़ का फ़ारसी से किसी और भाषा में पूरा-पूरा अनुवाद नहीं हुआ है हालाँकि इलियट और डाउसन ने अंग्रेज़ी में और एस.ए.ए

रिज़्वी ने हिंदी में इसके कुछ अंशों के अनुवाद किए हैं।

4. बरनी, *फ़तावा-ए जहाँदारी* (अनुवाद), पृ. 85-89.
5. इस वक्तव्य की पुष्टि मध्यकालीन भारत के सभी इतिहासकारों की लेखन-शैली से ही होती है। वे अपने इतिहास-वर्णन को शासनकालों पर आधारित इकाइयों में विभाजित करते हैं और समकालीन शासक का राज्यकाल ज्यादातर और आगे बढ़कर वार्षिक वृत्तांतों में बँटा हुआ दिखाई देता है। इस शासनकाल या वार्षिक वृत्तांतवाले रूप के अंदर प्रत्येक घटना का वर्णन इस प्रकार शुरू होता है : "और एक और वाक़या जो इस दौर में (या इस साल में) हुआ, यह था कि .... " या फिर "इस साल का एक और वाक़या यह था कि .... ।" एक घटना का बयान कर लेने के बाद वे अगली घटना का बयान भी ऐसी ही भूमिका के साथ करने लगते हैं।
6. कोलिंगवुड, *द आइडिया ऑफ़ हिस्ट्री*, ऑक्सफ़र्ड, 1946, पृ. 55 देखें।
7. पीटर हार्डी (*हिस्टारियंस ऑफ़ मेडिवल इंडिया*, लंदन, 1960) का कथन है कि मध्यकालीन भारत के इतिहासकार इतिहास को धर्मशास्त्र की एक शाखा मानते थे और उनकी राय में ऐतिहासिक कारण-कार्य संबंध ईश्वर की इच्छा में निहित था। मध्यकालीन भारतीय और मध्यकालीन यूरोपीय इतिहासकारों के ऐतिहासिक दृष्टिकोण में एकरूपता दर्शाने के प्रयास में हार्डी ने लगता है कि उनके सामाजिक, बौद्धिक और राजनीतिक संदर्भों और उनकी सामाजिक स्थितियों के बहुत ही ठोस अंतर को नज़रअंदाज़ ही कर दिया है।
8. अभी तक दिए गए तर्कों और उनके अनुभवाश्रित आधार के ब्यौरों के बारे में हरबंस मुखिया कृत *हिस्टारियंस एंड हिस्टारियोग्राफ़ी ड्यूरिंग द रेन ऑफ़ अकबर*, विकास, नई दिल्ली, 1976 देखें।
9. मिसाल के लिए बदायूनी ने भारत के इतिहास का वर्णन उस दिन से शुरू किया है जिस दिन यहाँ इस्लाम का राजनीतिक उदय हुआ। अहम बात यह है कि उन्होंने अपनी पुस्तक का आरंभ सिंध पर मुस्लिम विजय से शुरू नहीं किया क्योंकि मुहम्मद बिन क़ासिम की मौत के बाद "उस क्षेत्र में इस्लाम को स्थायित्व प्राप्त नहीं हुआ।" दूसरी ओर चूँकि "नसीरुद्दीन सुबुक्तगीन ने ही, जिसका बेटा ग़ज़नी का सुल्तान महमूद था, जेहाद के इरादे से भारत के ख़िलाफ़ हर साल मुहिम छेड़ी, और लाहौर उसके वंशजों के शासनकाल में राजधानी बना, और इससे भी बड़ी बात यह है कि (चूँकि) इस्लाम (उसके बाद) कभी इस मुल्क से फ़ना नहीं हुआ," इसलिए बदायूनी ने अपने इतिहास का आरंभ सुबुक्तगीन से ही करने को उचित माना है। उनकी रचना *मुंतख़बुत् तवारीख़*, खंड 1, पृ. 8 देखें।
10. जेम्स स्टुअर्ट मिल, *हिस्ट्री ऑफ़ ब्रिटिश इंडिया*।
11. ट्रब्नर एंड कंपनी, लंदन, 1867-1877.
12. मुहम्मद ग़ोरी के ख़िलाफ़ तराई की दूसरी जंग में पृथ्वीराज चौहान की मदद करने से क़न्नौज के जयचंद का तथाकथित इनकार इस सर्वग्रासी सिद्धांत का एकमात्र उपलब्ध साक्ष्य है। कोई अकेला साक्ष्य सच हो तो भी ऐसे आकार-प्रकार के सिद्धांत की पुष्टि नहीं करता—इस तथ्य से बिलकुल अलग, यह सिद्धांत इस तथ्य की अनदेखी भी करता है कि पृथ्वीराज को दूसरे शासकों से मदद हासिल हुई थी। दूसरे, इस सिद्धांत में यह मान्यता निहित है कि अलग-अलग करके भारतीय शासक विदेशी शत्रुओं के आगे बेहद कमज़ोर थे, पर मिलकर वे अजेय बन सकते थे। यह मान्यता सभी उपलब्ध साक्ष्यों के विपरीत है जो हमेशा ही मैदाने-जंग में तुर्कों के मुक़ाबले कई गुना भारतीय सैनिकों की उपस्थिति दर्शाते हैं। ज़ाहिर है कि सैनिकों में और वृद्धि होने पर भी विजय की संभावनाएँ शायद ही बढ़तीं। पराजय के कारण कम मानव-बल नहीं, कुछ और थे; इस मानव-बल के उपयोग के पुराने-धुराने तरीक़े ही पराजय के कारण थे।
13. देखने में यह वक्तव्य पर्याप्त बुद्धिसंगत लगता है। मगर इसमें एक पद्धतिशास्त्रीय दोष और

सांप्रदायिक तर्क भी निहित है। दोष यह है कि दो अतुलनीय संवृत्तियों की तुलना की गई है। जहाँ यूनानियों, हूणों आदि की पहचान उनके मूल देश या नस्ल जैसे धर्मनिरपेक्ष आधार पर की गई है वहीं मुसलमानों की पहचान उनके धर्म के आधार पर की गई है। ज़ाहिर है कि पहचान के ये दोनों आधार क़तई एकसमान नहीं हैं और इसलिए यह तुलना संदिग्ध है। लेकिन अगर उन सबकी पहचान के एकसमान आधार अपनाए गए होते तो समस्या को इस प्रकार रखा गया होता : यूनानी, हूण, शक, सीथियाई आदि भारत में आए और कालांतर में भारतीय जीवन की मुख्यधारा में मिलकर अपनी पहचान खो बैठे : अब ममलूकों, ख़िलजियों, तुग़लक़ों, बल्कि मुग़लों के बारे में क्या कहेंगे ? क्या आज तक उनकी अलग पहचान क़ायम है या वह भारतीय जीवन की मुख्यधारा में तिरोहित हो चुकी है ? ज़ाहिर है कि जवाब एकदम दोटूक होगा क्योंकि शायद ही कोई ऐसा होगा जो मध्यकाल में भारत में आनेवाले और कई सदियों तक यहाँ राज करनेवाले उन सब राजवंशों के वंशज होने का दावा करेगा। उन सब राजवंशों के वंशज और कुलीन गए कहाँ ? निश्चित ही अपने पूर्वज आप्रवासियों की तरह उन्होंने भी अपनी पहचान भारतीय जीवन की मुख्यधारा में मिला दी है और इस तरह उसे समृद्ध किया है।

पर इस असमान तुलना का तो पूरा तर्क ही सांप्रदायिक है; न सिर्फ़ यह कि यह मुसलमानों की पहचान उनके धर्म के आधार पर करता है बल्कि यह भारतीय मुख्यधारा को हिंदू मुख्यधारा का पर्याय ठहराता है। इस प्रकार यह तर्क प्रच्छन्न सांप्रदायिक प्रवर्गों की भाषा में रखा गया है।

14. समन्वित संस्कृति की धारणा इतिहासकारों के इलाहाबाद संप्रदाय और ख़ासकर प्रोफ़ेसर ताराचंद, प्रोफ़ेसर आर पी. त्रिपाठी और प्रोफ़ेसर बी. पी. सक्सेना का विशिष्ट योगदान था। हालाँकि प्रोफ़ेसर मुहम्मद हबीब अलीगढ़ मुस्लिम विश्वविद्यालय में कार्यरत थे पर इतिहास-दृष्टि के आधार पर वे भी इसी संप्रदाय के सदस्य थे।

15. विपिनचंद्र, 'हिंदू टिंज इन द नेशनल मूवमेंट', अनुलेखित।

रामजन्मभूमि-बाबरी मस्जिद विवाद : मध्यकालीन स्रोतों के साक्ष्य

यह लेख पूरी तरह केवल इस प्रश्न पर केंद्रित है : आज जिसे बाबरी मस्जिद कहा जाता है, क्या उसके ढाँचे के नीचे कोई राम-मंदिर था? इस विवेचना का संदर्भ-बिंदु मध्यकालीन भारतीय स्रोतों से प्राप्त प्रमाण है।

आज के विवादग्रस्त स्थल पर मौजूद ढाँचे के निर्माण का सबसे पुराना साक्ष्य उस इमारत की दीवारों पर पाई जानेवाली इबारत है। यह इबारत फ़ारसी ज़ुबान में लिखी गई दो कविताओं के रूप में है जिनमें से हरेक में तीन अशआर हैं। इनमें से एक तो नमाज़ के अहाते को घेरनेवाली बाहरी दीवार पर है और दूसरी अंदर, ताक़ के पास, अंदरूनी दीवार पर है।

जिन अशआर से हमारा सबसे पहले सामना होता है वे मेहराब के ऊपर हैं और दालान की ओर बढ़ने पर दिखाई देते हैं। उनके लिखे जाने की जगह की ऊँचाई के कारण आँखों का वहाँ तक पहुँचना आसान नहीं है। लेकिन बाबर के संस्मरणों अर्थात् *बाबरनामा* के अंग्रेज़ी अनुवाद में शामिल अनेक परिशिष्टों में से एक में श्रीमती ए. एस. बेवरिज ने उनके पाठ को उद्धरित किया है। उन्होंने इन अशआर की साहित्यिक गुणवत्ता बतलाने के अलावा उनका एक सारांश भी दिया है हालाँकि उन्होंने इनका पूरा-पूरा अनुवाद नहीं किया है जैसा कि दूसरी कविता के अशआर का किया है। इस कविता का हिंदी भावार्थ इस प्रकार है :

> उस अल्लाह के नाम पर जो सबकुछ जाननेवाला है,
> जो दोनों जहान का ख़ालिक़ है मगर ख़ुद ला-मकान है,
> सलाम उस पैग़ंबर पर जिसकी तारीफ़ मुमकिन नहीं,
> जो दोनों जहान के पैग़ंबरों में सबसे श्रेष्ठ है,
> कहते हैं दुनिया से उस बाबर क़लंदर की दास्तान
> जिसने दुनियावी कामयाबियों के उरूज को छू लिया है ....

जैसा कि श्रीमती बेवरिज कहती हैं, यह कविता पूरी नहीं है, फिर भी उन्होंने इन कविताओं में 'कोई और अर्थ न ढूँढ़ने' की चेतावनी दी है कि "भाषा इसकी इजाज़त

नहीं देती।"

बाक़ी तीन अशआर का पाठ अब पढ़ना मुमकिन नहीं है क्योंकि वहाँ राम, सीता और लक्ष्मण की मूर्तियाँ लग चुकी हैं जिन्होंने पीछे की दीवार का अच्छा-ख़ासा हिस्सा ढँक लिया है। फिर भी श्रीमती बेवरिज एक बार फिर हमारी मदद करती हैं; उन्होंने इस कविता के पाठ को उद्धृत किया है और उसका पूरा-पूरा अनुवाद प्रस्तुत किया है। थोड़े-से फेर-बदल के साथ इसका भावार्थ इस प्रकार है :

> शहंशाह बाबर के हुक्म पर जिनके इंसाफ़ की इमारत आसमान
> की बुलंदियों को छूती है,
> नेकदिल मीर बाक़ी ने
> फ़रिश्तों के उतरने की यह जगह बनवाई,
> उनकी नेकदिली हमेशा के लिए क़ायम रहे
> इस तामीर का साल इस 'तारीख़' में दर्ज है :
> 'बुवद ख़ैर बाक़ी' (उनकी नेकदिली हमेशा के लिए क़ायम रहे।)[1]

इस तरह मीर बाक़ी ने स्पष्ट रूप से कहा है कि इस ढाँचे की तामीर उन्होंने शहंशाह बाबर के हुक्म से कराई है; इसी ढाँचे के लिए 'मस्जिद' शब्द की बजाय 'फ़रिश्तों के उतरने की जगह' जैसे क़सीदानुमा जुमले का इस्तेमाल किया है। इस जुमले से उनकी मुराद ख़ुदा के घर से थी और ख़ुदा का वर्णन 'ला-मकान' (अर्थात् सीमाओं से मुक्त) जैसे ख़ूबसूरत जुमले में किया गया है जो खुद मीर बाक़ी की शायराना तबीयत के साथ इंसाफ़ करता है भले ही खुद मस्जिद के ढाँचे में कोई सौंदर्यशास्त्रीय आकर्षण न हो। ज़ाहिर है कि मीर बाक़ी एक वास्तुकार से ज़्यादा एक शायर थे। मगर खुद ढाँचा इसमें कोई शक नहीं रहने देता कि वह एक तीन गुंबदोंवाली मस्जिद का ढाँचा है, हर गुंबद के नीचे एक दालान है, इबादत की जगह डूबते सूरज की दिशा में है और फ़र्श नमाज़ियों के खड़े होने के लिए अलग-अलग चौख़ानों में बँटा हुआ है। लेकिन ये इबारतें ऐसा कुछ नहीं कहतीं बल्कि ऐसा कोई इशारा भी नहीं देतीं कि यह मस्जिद एक ऐसी जगह पर बनाई गई जहाँ किसी मंदिर की बात तो जाने दें, कभी कोई ढाँचा रहा होगा। न ही वे कोई ऐसा इशारा देती हैं कि जनता का कोई भाग उस स्थान को कभी पवित्र समझता रहा होगा।

बाबर ने खुद अपने संस्मरणों में एक ही पृष्ठ पर 1528 में दो बार अयोध्या जाने का ज़िक्र किया है और कहा है कि वह "अवध (मध्यकालीन फ़ारसी ग्रंथों में अयोध्या के लिए प्रयुक्त शब्द) के मुआमले निपटाने के लिए ···· वहाँ कुछ दिन ठहरा था।" वह शिकार जैसे ब्यौरों को दर्ज करना भी नहीं भूलता जिसके लिए उसकी तरफ़ से उसके एक चाकर ने इलाक़े की खोज-ख़बर की थी। लेकिन उसे वहाँ किसी राम-मंदिर के होने का ज्ञान रहा हो, ऐसा ज़ाहिर नहीं होता। इसलिए ताज्जुब नहीं कि वह उसे गिराने और

उसकी जगह एक मस्जिद बनवाने के किसी हुक्म का या इस मुआमले से जुड़ी किसी और बात का कोई ज़िक्र नहीं करता।[2]

मध्यकालीन स्रोतों से प्राप्त अगला प्रमाण अबुल फ़ज़्ल कृत *आईन-ए अकबरी* में मिलता है जिसे 16वीं सदी के अंतिम वर्षों में रचा गया था। अबुल फ़ज़्ल अयोध्या को राम की नगरी मानते हैं पर उनके जन्मस्थल की कोई निशानदेही नहीं करते, ऐसे किसी स्थल पर बने किसी मंदिर की बात तो दूर रही। वे किसी बाबरी मस्जिद का ज़िक्र तक नहीं करते। कहते हैं, "अयोध्या हिंदुस्तान के सबसे बड़े शहरों में एक है", और आगे लिखते हैं कि 'पिछले ज़मानों में यह घना आबाद इलाक़ा 148 कोस लंबा और 36 कोस चौड़ा था, और इसे ज़माना क़दीम के सबसे मुक़द्दस मुक़ामात में एक शुमार किया जाता है। शहर के गिर्दो-नवाह में लोग मिट्टी को चालते हैं तो सोना मिलता है। यहाँ भगवान रामचंद्र का बास था जो त्रेतायुग में मज़हबी पेशवा और शहंशाह, दोनों थे।"[3]

अगर शहंशाह के रूप में बाबर और इतिहासकार के रूप में अबुल फ़ज़्ल किसी मंदिर की जगह पर एक मस्जिद की तामीर का ज़िक्र नहीं करते तो यह ख़ामोशी सिर्फ़ उन्हीं की ख़ामोशी नहीं है। बाबर के शाही वंशजों में किसी ने भी बल्कि धर्मांध औरंगज़ेब तक ने भी, जो खुद मथुरा और काशी समेत कई मंदिरों के विध्वंस और उनमें से कई के स्थान पर मस्जिदों के निर्माण के लिए उत्तरदायी था, कभी उस स्थल पर बाबरी मस्जिद के निर्माण की बात नहीं कही। इतना तो ज़ाहिर है कि यह स्थान हिंदुओं के लिए अति-पवित्र रहा होगा और किसी और नहीं तो कम से कम इसी वजह से वहाँ एक मस्जिद की तामीर से औरंगज़ेब को दिली सुकून मिलता। साथ ही मथुरा और काशी में उसकी कार्रवाइयों को वैधता भी प्राप्त होती। पर उसने इसके बारे में कभी एक शब्द तक नहीं कहा। न ही जो इतिहासकार शाही दरबार के दरबारी थे उनमें से किसी ने खुद इस मस्जिद का कोई ज़िक्र किया है, उसकी तामीर के लिए एक पवित्र मंदिर के गिराए जाने की बात तो जाने दें। ज़ाहिर है कि एक प्राचीन और अति-पवित्र पूजा-स्थल की जगह बनी किसी मस्जिद को कट्टर मुसलमानों की निगाहों में जो अहमियत हासिल होती, वैसी कोई अहमियत इस मस्जिद की नहीं रही है। शाही दरबार में मौजूद इतिहासकारों में भाँति-भाँति के लोग थे; इनमें एक ख़ासा हिस्सा कट्टर मुसलमानों का था, जैसे मुल्ला अब्दुल क़ादिर बदायूनी जो अकबरी दरबार में बुध की नमाज़ों के इमाम हुआ करते थे। सच तो यह है कि मुल्ला ने तीन ज़िल्दों में अपनी रचना *मुंतख़बुत्-तवारीख़* बड़े दुखी मन से लिखी थी कि उनकी राय में अकबर और अबुल फ़ज़्ल के हाथों इस्लाम की शान ग़ारत हो रही थी। इसीलिए उन्होंने पिछली हुकूमतों को बड़ी ललक के साथ याद फ़रमाया है जब इस्लाम अपनी पूरी आन-बान के साथ सामने आया। क़ाफ़िरों के एक पवित्र और पूजा-स्थल की जगह पर बाबरी मस्जिद के निर्माण से तो उनका दिल बाग़-बाग़ हो जाना चाहिए था। पर अजीबो-ग़रीब बात यह है कि वे भी ऐसी किसी घटना से अनजान लगते हैं।

यह अगर ताज्जुब का मुक़ाम है तो इससे भी ज़्यादा ताज्जुब की बात यह है कि हिंदी कवियों की रचनाओं में भी इस घटना का एक सिरे से कोई ज़िक्र नहीं मिलता जबकि उनमें से ज्यादातर हिंदू थे। उनमें से एक थे अयोध्यावासी गोस्वामी तुलसीदास ज़िन्होंने अपना महाकाव्य *रामचरितमानस* और दूसरी सभी रचनाएँ अपनी स्थानीय अवधी बोली में लिखी हैं। यह महाकाव्य 1570 के दशक में अर्थात् मस्जिद के निर्माण के बाद की पाँच दहाइयों के अंदर लिखा गया था। दूसरे शब्दों में यह मस्जिद कवि की याददाश्त के ज़माने में ही बनी थी।[4] राम के प्रति तुलसी की भक्ति को देखते हुए तो इस घटना से उन्हें पागल हो जाना चाहिए था। पर उनके यहाँ तो मुकम्मल ख़ामोशी मिलती है! बल्कि सच तो यह है कि शाही हुक्मनामों में, आधिकारिक इतिहास-ग्रंथों और दस्तावेज़ों में, सभी विधाओं की साहित्यिक रचनाओं में, यूरोपीय यात्रियों के वृत्तांतों में हमें सिर्फ़ ख़ामोशी ही देखने को मिलती है।

मस्जिद का निर्माण राम की जन्मभूमि पर हुआ था, इसका पहला सुस्पष्ट और अविवादित उल्लेख एक दस्तावेज़ में मिलता है जिसे फ़ैज़ाबाद की अदालत में उसके दारोग़ा-ए अदालत, किसी हफ़ीज़ुल्लाह ने 1238 हिजरी (1822 ईसवी) में पेश किया था। गूढ़ क़ानूनी भाषा में लिखे गए इस दस्तावेज़ की एक प्रति को कमालुद्दीन हैदर ने अपनी रचना *क़ैसरुत्-तवारीख़* में उद्धृत किया है।[5] मैं यहाँ उसका हिंदी अनुवाद प्रस्तुत कर रहा हूँ : "शहंशाह बाबर की बनवाई हुई जामा मस्जिद जन्मस्थान अर्थात् राजा दशरथ के फ़रज़ंद राम के जन्म की जगह पर स्थित है (और) उपरोक्त राम की पत्नी सीता की रसोई से लगी हुई है ....।" यह दस्तावेज़ मस्जिद और रामजन्मभूमि के संबंध के बारे में कोई शुब्हा नहीं रहने देती; फिर भी इसमें ऐसा कोई ज़िक्र नहीं मिलता कि उस जगह पर कभी कोई मंदिर था जिसे मस्जिद की तामीर के लिए गिरा दिया गया।

उन्नीसवीं सदी के बाक़ी वर्षों में घटनाएँ बड़ी तेज़ी से घटीं और राम-मंदिर को विवाद के अनेक क़िस्सों में एक स्थान प्राप्त हुआ। ऐसे विवाद भी अनेक थे और सभी पक्षधर अहिंसा के पुजारी भी नहीं थे।[6] फिर भी यह कहानी 1860 के दशक तक भी कोई दम-ख़म नहीं रखती थी जब पी. कार्नेगी अभी जन्मभूमि के स्थल पर एक मंदिर के होने का अनुमान ही लगा रहे थे। उन्होंने अपने अनुमानों के लिए मस्जिद में लगे काले पत्थर के खंभों को आधार बनाया पर फिर भी उन्हें यक़ीन नहीं था कि यह मंदिर राम का था या बुद्ध का, हालाँकि एक और जगह पर उन्होंने लिखा भी था कि मस्जिद पहले के एक राम-मंदिर की जगह बनाई गई थी; अपने वक्तव्य का आधार उन्होंने 'स्थानीय स्तर पर प्राप्त' सूचनाओं अर्थात् लोक-परंपरा को बनाया है।[7] बीसवीं सदी के आरंभ में और ठीक-ठीक कहें तो 1905 तक यह कहानी फ़ैज़ाबाद ज़िले के गज़ेटियर में भी शामिल की जा चुकी थी हालाँकि अभी भी उसमें अस्पष्ट ढंग से ध्वंस किए गए 'एक प्राचीन मंदिर' की बात ही कही गई थी।[8] फिर गज़ेटियर से यह कहानी श्रीमती बेवरिज

ने उठा ली और इसे राम-मंदिर के ध्वंस और उसकी जगह बाबरी मस्जिद के निर्माण के एक असंदिग्ध वृत्तांत का रूप दे दिया। इसे यह निर्णायक मोड़ देने के लिए उन्होंने किसी प्रमाण का नहीं, सिर्फ़ इस मान्यता का सहारा लिया कि मुस्लिम होने के ही कारण बाबर दूसरे धर्मों के प्रति असहिष्णु रहा होगा और उसने एक हिंदू पूजा-स्थल को एक मस्जिद में बदलना अपना पुनीत कर्तव्य समझा होगा!

अपने परिशिष्ट की एक पाद-टिप्पणी में वे कहती हैं : "समझा जाता है कि मस्जिद की तामीर का हुक्म 934 हिजरी में अवध (अयोध्या) में बाबर के क़याम के दौरान दिया गया जब वह प्राचीन हिंदू पूजा-स्थल की गरिमा और पवित्रता से प्रभावित हुआ होगा। (जिसे कम से कम आंशिक रूप से गिराया गया था) और चूँकि वह मुहम्मद का पक्का अनुयायी होने के नाते किसी और धर्म के प्रति असहिष्णु था, इसलिए उसने एक मंदिर की जगह एक मस्जिद की तामीर को अपना फ़र्ज़ और सवाब का काम समझा होगा।"[9]

इस तरह राम-मंदिर के विध्वंस और बाबरी मस्जिद के निर्माण **अनुमान हैं, तथ्य** नहीं हैं! यह अनुमान बाबर के मुसलमान होने के तथ्य से निकाला गया है। अफ़सोस तो यह है कि यह निष्कर्ष तमाम लोगों के बीच अकेली श्रीमती बेवरिज ने निकाला, और वह भी उस शहंशाह के संस्मरणों का इतना सुंदर अनुवाद करने और उसके जीवन और कार्यों के एक-एक ब्यौरे को परखने के बाद। कारण कि जहाँ मध्यकालीन भारत के मुस्लिम शासकों में तरह-तरह के लोग थे और उनके स्वभावों और रुझानों के बीच बेपनाह अंतर थे, जैसे एक तरफ़ प्रवर्तनकारी और साहसी अकबर था और दूसरी तरफ़ शुष्क और धर्मांध औरंगज़ेब, वहीं उनके बीच बाबर किसी धार्मिक उत्साह या मूर्तिभंजक स्वभाव के कारण नहीं जाना जाता था। एक मस्तमौला इंसान के रूप में बाबर जीवन की तमाम नेमतों का—जैसे संगीत, शायरी, फूलों, औरतों और साथ ही शराब के प्यालों का भी—शौक़ीन था, इतना शौक़ीन कि मंदिरों को गिराने और मस्जिदें बनवाने की मतांधता तक जाता ही नहीं था। सच तो यह है कि सितंबर 1529 में ग्वालियर की यात्रा के बाद उसने कुछ कामोत्तेजक मूर्तियों को नष्ट करने का हुक्म जारी किया था कि वह उन्हें देखकर भौंचक रह गया था, पर साथ ही उसने मंसूबा बनाकर नगर के दूसरे 'मूर्तिघरों' का दौरा किया था और लिखा था कि वह "इन इमारतों को देखकर आनंदविभोर हो उठा था।"[10] यह दिलचस्प बात है कि बाबर जहाँ जाता था, बाग़ लगाने से शायद ही चूकता था और उसे अपने संस्मरणों में दर्ज करने से भी नहीं चूकता था, पर शायद ही कहीं उसने अयोध्या की मस्जिद समेत किसी भी मस्जिद या किसी और धार्मिक स्मारक के निर्माण का उल्लेख किया हो।

कुछ भी हो, अगर हम श्रीमती बेवरिज की इस तर्कपद्धति का अनुकरण करें कि मुस्लिम होने का मतलब ही दूसरे धर्मों के पूजा-स्थलों का ध्वंसकर्ता होना है तो हम बाबर से यही आशा करेंगे कि, जैसा कि श्रीमती बेवरिज कहती हैं, राम-मंदिर के स्थल

की प्राचीनता और गरिमा का ख़याल करते हुए उसने पूरे जोश-ओ-ख़रोश के साथ उसके विध्वंस का और उसकी जगह मस्जिद के निर्माण का आदेश दिया होता और उसकी शेखी बघारी होती। औरंगज़ेब निश्चित ही उस साँचे में ढला हुआ था जिसमें श्रीमती बेवरिज तमाम मुसलमानों को ढला हुआ बतलाती हैं; उसने मंदिर गिराए, उनकी जगह मस्जिदें बनवाईं और किसी को इसके बारे में शुबहा में नहीं रखा कि वह इसे अपना क़ाबिले-ज़िक्र कारनामा समझता था। इसलिए बाबर की और उसके वंशजों की ख़ामोशी यहाँ तक कि 19वीं सदी की पहली चौथाई तक किसी भी अन्य व्यक्ति की ख़ामोशी, चाहे वह किसी भी पाले में क्यों न रहा हो, श्रीमती बेवरिज की तर्कपद्धति की धज्जियाँ उड़ा देती है।

यह तर्क उचित ही है कि 1822 के एक क़ानूनी दस्तावेज़ में इस कहानी के समावेश से पहले एक पूर्ववर्ती इतिहास के होने का संकेत मिलता है, कि इस कहानी को जड़ें जमाने में भी समय लगा होगा। उस इलाक़े में सचमुच एक शक्तिशाली लोक-परंपरा है जिसके अनुसार बाबरी मस्जिद राम के जन्मस्थान की जगह स्थित है और उसका निर्माण राम को समर्पित एक मंदिर की जगह हुआ था। इतिहासकारों को भी चाहिए कि वे लोक-परंपरा को दस्तावेज़ों से भिन्न एक और श्रेणी का साक्ष्य मानकर उसे समुचित महत्त्व दें। लेकिन लोक-परंपरा या तो जन-मानस के सूचक के रूप में, एक लंबे कालखंड में विकसित एक सांस्कृतिक संवृत्ति के रूप में इतिहासकार के अध्ययन का विषय हो सकती है, और यह खुद भी ऐतिहासिक गवेषणा का एक आकर्षक क्षेत्र है, या फिर किसी विशेष ऐतिहासिक घटना के साक्ष्य का काम देने के लिए इसका सटीक इतिहासीकरण किया जाना चाहिए। 1528 में एक राम-मंदिर के विध्वंस और बाबरी मस्जिद के निर्माण के प्रमाण के रूप में लोक-परंपरा पर ज़ोर देना परंपरा की प्रकृति को तोड़-मरोड़कर इतिहास के रूप में प्रस्तुत करना है क्योंकि उनकी समय की धारणाओं में व्यापक अंतर पाए जाते हैं। यहाँ तो यह बात और भी लागू होती है क्योंकि, जैसा कि हमने देखा, 17वीं सदी के दौरान और 18वीं सदी के एक अच्छे-ख़ासे हिस्से में भी ऐसा कोई संकेत नहीं मिलता कि तब ऐसा कोई विश्वास प्रचलित रहा होगा। 1822 के दस्तावेज़ के साक्ष्य से संकेत मिलता है कि राम की जन्मस्थली पर मस्जिद के बनाए जाने की लोक-गाथा कुछ ही पहले, संभवतः 18वीं सदी के उत्तरार्ध में पनपना शुरू हुई, और यह कि 19वीं सदी में किसी समय खुद यह स्थल एक राम-मंदिर से जा जुड़ा। धार्मिक विश्वासों के परिवेश के अलावा सामाजिक, राजनीतिक और मनोवैज्ञानिक परिवेशों में इस लोक-गाथा के विकास की रूपरेखा प्रस्तुत करना बेहद दिलचस्पी-भरा गवेषणा-विषय हो सकता है। पर यह शायद ही उस विशेष घटना का अकाट्य प्रमाण समझा जाए जो इससे पहले की दो या तीन सदियों के बीच कभी घटित हुई थी!

काले पत्थर के जो खंभे मौजूदा ढाँचे में लगे हुए हैं उनका हिसाब अभी बाक़ी

है। इन खंभों को 1870 में पी कार्नेगी ने देखा था और जैसा कि हमने देखा, इनके आधार पर एक मंदिर के अस्तित्व का अनुमान लगाने की कोशिश की थी। अगर कार्नेगी को इस बारे में भरोसा नहीं था कि ये नक्क़ाशीदार खंभे एक राम-मंदिर के सूचक हैं या एक बुद्ध-मंदिर के, तो वहीं डॉक्टर एस. पी. गुप्त को ऐसा कोई संदेह नहीं सताता।[11] उन्हें पूरा विश्वास है कि ये खंभे एक राम-मंदिर का बोझ उठाए हुए थे; यानी कि ये खंभे अपनी मूल जगह पर थे। फिर भी इस निष्कर्ष पर थोड़ा-सा शक इसलिए होता है कि दालान से बाहर बने प्रवेशद्वार पर ऐसे ही दो खंभे दीवार के हिस्से हैं और उनकी नक्क़ाशियाँ एक-दूसरे से पूरी तरह भिन्न हैं। सच तो यह है कि दीवारों में प्रयुक्त 14 खंभों में से 10 की नक्क़ाशियाँ अलग-अलग हैं और उनके लगाए जाने में कोई क्रम भी नहीं दिखाई पड़ता। इस तरह ज़ाहिर है कि ये खंभे अपनी मूल जगहों पर नहीं हो सकते, और अगर वे किसी मंदिर के हिस्से होंगे तो भी आसपास कहीं से लाए गए होंगे, हालाँकि इसके बारे में साक्ष्य अभी भी अधूरे हैं। कुछ भी हो, डॉक्टर गुप्त का यह निश्चयवाद थोड़ा-बहुत विश्वसनीय होता अगर वे इस बारे में कोई निश्चित राय बना पाते कि ये पत्थर के खंभे बने किस पदार्थ से हैं।

कारण कि उन्होंने 2 दिसंबर, 1990 को बड़े भरोसे के साथ ऐलान किया था कि 'यह काला पत्थर काले स्लेट पत्थर का शिस्टाभ (शिस्टोज़) है जो, जहाँ तक उत्तरप्रदेश का सवाल है, सिर्फ गढ़वाल-कुमायूँ क्षेत्र में पाया जाता है,' मगर फिर एक पखवाड़ा भी नहीं बीता था कि 13 दिसंबर को उन्होंने भरोसे में कोई कमी लाए बग़ैर यह घोषित किया कि "जहाँ बेसाल्ट एक आग्नेय चट्टान है जो ज्वालामुखियों के लावा से बनता है, वहीं ये खंभे जिस शिस्टाभ से बने हैं वह एक अवसादी चट्टान है जो समुद्र की तलहटी में पाया जाता है।"[12]

संदर्भ और टिप्पणियाँ

1. बाबर पादशाह, *बाबरनामा,* अंग्रेज़ी अनुवाद : ए. एस. बेवरिज, दिल्ली, पुनर्मुद्रण, 1970 (प्रथम प्रकाशन, 1922), अनुवादिका का परिशिष्ट 'यू'। 'बुवद ख़ैर बाक़ी' से निर्माण की तिथि, 935 हिजरी अर्थात् 1528 ईसवी का पता चलता है।
2. उपरोक्त, पृ. 602; मगर सुशील श्रीवास्तव बाबर की अयोध्या-यात्रा का खंडन करने के लिए साक्ष्यों को कुछ ज़्यादा ही खींच देते हैं। उनकी रचना द *डिस्प्यूटेड मास्क : ए हिस्टारिकल इन्क्वायरी,* नई दिल्ली, 1991, पृ. 71-75 देखें।
3. अबुल फ़ज़्ल, *आईन-ए अकबरी,* अंग्रेज़ी अनुवाद : एच. एस. जैरेट, खंड 2, कलकत्ता, 1949, पृ. 182.
4. रामकुमार वर्मा, *हिंदी साहित्य का आलोचनात्मक इतिहास,* इलाहाबाद, 1971, पृ. 348.
5. खंड 2, लखनऊ, 1898, पृ. 117.

6. सुशील श्रीवास्तव ने द *डिस्प्यूटेड मास्क* में पृ. 43-47 पर इस प्रमाण का उपयोगी और निष्पक्ष वर्णन किया है।
7. पी कार्नेगी, *हिस्टारिकल स्केच ऑफ़ फ़ैज़ाबाद तहसील, इनक्लूडिंग द फ़ार्मर कैपिटल्स ऑफ़ अयोध्या एंड फ़ैज़ाबाद*, लखनऊ, 1870, पृ. 21 और 17.
8. एच आर नेविल (सं.), *डिस्ट्रिक्ट गज़ेटियर ऑफ़ द यूनाइटेड प्राविंसेज़ ऑफ़ आगरा एंड अवध*, फ़ैज़ाबाद, इलाहाबाद, 1905, पृ. 173.
9. *बाबरनामा*, परिशिष्ट 'यू'। उपरोक्त, पृ. 656, पाद-टिप्पणी 3 भी देखें जहाँ उन्होंने नेविल का यह वक्तव्य उद्धृत किया है कि 'बाबर ने इस प्राचीन मंदिर को ध्वस्त किया' और फिर '(रामजन्मस्थान का सूचक)' बीच में जोड़ दिया है।
10. *बाबरनामा*, पृ. 611-13.
11. 'रामजन्मभूमि-बाबरी मस्जिद : आर्कियोलॉजिकल एविडेंस,' इंडियन एक्सप्रेस, 2 दिसंबर, 1990.
12. पत्र, द *टाइम्स ऑफ़ इंडिया*, 13 दिसंबर, 1990.

भक्ति आंदोलन की विचारधारा : दादूदयाल का दृष्टांत

भक्ति आंदोलन की अनेक इतिहासकारों ने तरह-तरह से व्याख्याएँ की हैं। ज़्यादातर इस आंदोलन का अध्ययन उसके सिद्धांतों के आधार पर किया गया है; या बहुत हुआ तो मध्यकालीन भारत में हिंदू-मुस्लिम संबंधों पर, या जाति-प्रथा पर उसके प्रभावों की छानबीन करने की कोशिश की गई है। मगर यह छानबीन भी ज़्यादातर आंदोलन की अग्रणी हस्तियों द्वारा प्रतिपादित कुछ विचारों पर आधारित रही है, न कि मध्यकालीन भारत की जातियों और समुदायों पर इन विचारों के कारण पड़नेवाले प्रभावों के समाजशास्त्रीय अध्ययन पर। वैसे मैक्लियड ने गुरु नानक के काल के सिखों के एक समाजशास्त्रीय अध्ययन का प्रयास किया है, और इरफ़ान हबीब ने 15वीं से 17वीं सदी तक के एकेश्वरवादी आंदोलन का मूल 13वीं और 14वीं सदी में होनेवाले कुछ प्रौद्योगिक और आर्थिक परिवर्तनों में ढूँढ़ने की कोशिश की है।[1]

प्रस्तुत लेख में आगे राजसत्ता और विभिन्न सामाजिक वर्गों के प्रति दादूदयाल के रवैयों की छानबीन करने का प्रयास किया गया है जो 16वीं सदी के उत्तरार्ध में भक्ति आंदोलन की एक अत्यंत महत्त्वपूर्ण हस्ती थे। ऐसे किसी अध्ययन की सार्थकता संभवतः इस तथ्य में निहित है कि आंदोलन की दूसरी हस्तियों की तरह दादूदयाल का दृष्टिकोण, अगर हम इन हस्तियों के अनुयायी जनसाधारण को ज़ेह्न में रखें तो राजसत्ता और समाज के प्रति प्रचलित जनचेतना का प्रतिबिंब और निर्धारक, दोनों दिखाई देता है। प्रसंगवश यह लेख मध्यकालीन भारतीय समाज को समझने के लिए सूचनाओं के एक स्रोत के रूप में मध्यकालीन हिंदी साहित्य—इस दृष्टांत में दादूदयाल की ग्रंथावली—को खँगालने का प्रयास भी है।[2] ऐसे किसी अध्ययन के लिए इस स्रोत को जितना ही ज़्यादा महत्त्व दिया जाए, कम है। कारण कि इसका एक बड़ा भाग और ख़ासकर हिंदी साहित्य के भक्तिकाल से संबंधित भाग, न सिर्फ़ एक ग़ैर-सरकारी स्रोत है, बल्कि मध्यकालीन भारतीय राजसत्ता और समाज के प्रति जनता के रवैयों की एकमात्र अभिव्यक्ति भी है।

आध्यात्मिक दृष्टि से दादू कबीर के वंशज थे।[3] वे 1544 ई. में पैदा हुए, संभवतः अहमदाबाद में, और परंपरा के अनुसार उनकी मृत्यु 1603 ई. में राजस्थान के नारायणा (नरैना) गाँव में हुई। इस तरह वे अकबर के एक समकालीन थे।[4]

लगता है कि दादू ने अहमदाबाद से राजस्थान तक और फिर बनारस, बिहार और फिर बंगाल तक लगभग पूरे उत्तरी भारत की यात्रा की थी। तो भी संभवतः उनका अधिकांश जीवन राजस्थान में बीता।[5] मगर उनके जीवन के कालक्रम का निश्चय कर पाना कठिन है, क्योंकि वे अपने बारे में बात करने से बहुत गुरेज़ करते हैं जबकि उनके शिष्यों ने उनके जीवन का जो विवरण दिया है उसमें बहुत-कुछ मनगढ़ंत है।[6]

तो भी इतना तय है कि दादू एक निम्नवर्ग में पैदा हुए थे। वे एक धुनिया थे।[7] अभी तक दादूदयाल की रचनाओं के अनेक संस्करण प्रकाशित हो चुके हैं।[8] लेकिन परशुराम चतुर्वेदी द्वारा संकलित और 2023 विक्रमी (1966 ई.) में नागरी प्रचारिणी सभा, वाराणसी द्वारा प्रकाशित संस्करण 1710 वि. (1653 ई.) की एक पांडुलिपि पर आधारित है, जिसे संभवतः दादू की पचासवीं बरसी मनाने के लिए तैयार किया गया होगा। ये काव्य किस क्रम में लिखे गए या किन-किन स्थानों पर लिखे गए और गाए गए, इसका निश्चय करना लगभग असंभव है। दादू एक प्रचारक थे जिन्होंने उत्तर भारत के एक बड़े हिस्से का दौरा किया था। इसलिए उनकी कविताओं की भाषा उनके सामने मौजूद श्रोताओं के अनुसार बदलती रही होगी। यह बात इससे ज़ाहिर है कि दादू ने खड़ी बोली, राजस्थानी, पंजाबी, गुजराती और फ़ारसी भाषाओं का इस्तेमाल किया है; अकसर एक ही कविता में इनकी खिचड़ी भी मिलती है। दूसरे, प्रचार में सहायक के रूप में ये कविताएँ बरजस्ता तौर पर दादू के होंठों तक आती रहती थीं, और इस कारण एक ही श्रोतावर्ग की मौजूदगी में अलग-अलग कविताओं का कथ्य अलग-अलग हो जाता होगा। लेकिन पांडुलिपि में कविताओं का वर्गीकरण उनके कथ्य के आधार पर किया गया है।

दादू की कविताएँ दो रूपों में सुरक्षित हैं—मौखिक (मग़्ज़िया) और लिखित (काग़ज़िया)।[9] मौखिक रूप से चली आ रही कविताओं का अभी तक संकलन नहीं हुआ है। क्षितिमोहन सेन का अनुमान है कि केवल मौखिक परंपरावाले पदों की संख्या 20,000 है (एक पद में 6 से लेकर 160 पंक्तियाँ होती हैं),[10] जबकि साखियों (अलग-अलग दोहों) की संख्या और भी बड़ी है। चतुर्वेदी ने इस अनुमान पर गंभीर प्रश्नचिह्न लगाया है।[11] लेकिन लिखित परंपरा को लें तो अपेक्षाकृत अच्छी पांडुलिपियों में कविताओं की संख्याओं में बहुत अधिक भिन्नता नहीं है क्योंकि इनमें से अनेक तो दूसरों की नक़ल मात्र हैं। न ही उनके कथ्य और उनकी भाषा में कोई ख़ास अंतर है सिवाए इसके कि अर्थ में कोई बड़ा परिवर्तन किए बिना कुछ शब्दों की जगह दूसरे शब्द रख दिए गए हैं।

दादू की *ग्रंथावली* से जो अत्यंत महत्त्वपूर्ण धारणाएँ उभरकर आती हैं, उनमें एक धारणा गुरु की है। मनुष्य गुरु के माध्यम से ईश्वर को पाता है :

इकलष चंदा आणि घर सूरज कोटि मिलाइ।
दादू गुर गोव्यंद बिन, तोभी तिमर न जाइ॥[12]

सरवर भरिया दहदिसा, पंषी प्यासा जाइ।
दादू गुर परसाद बिन, क्यूँ जल पीवै आइ ॥[13]

इस तरह मनुष्य पर गुरु की शक्ति असीम होती है। गुरु के प्रति मनुष्य की भक्ति वैयक्तिक[14] और संपूर्ण, दोनों होती है। इसी के साथ गुरु भी मनुष्य पर कृपादृष्टि रखता है। सच तो यह है कि अंतिम लक्ष्य अर्थात् निर्वाण की प्राप्ति में वह मात्र मार्गदर्शक[15] का काम करता है।[16]

एक तरफ शिष्यों पर असीम अधिकार रखनेवाले और दूसरी तरफ़ उनके प्रति कृपालु गुरु की यह धारणा उल्लेखनीय सीमा तक, मिसाल के तौर पर, अबुल फ़ज़्ल की शासक की धारणा से मेल खाती है।[17]

दादू ने ईश्वर का और एक महान् सम्राट की तमाम शान-शौकत से भरपूर उसके दरबार का जो सजीव वर्णन किया है, उससे इस धारणा की अपेक्षाकृत पुष्टि ही होती है।

दादू ने ईश्वर का हवाला तरह-तरह से दिया है, जैसे साहिब,[18] सुल्तान,[19] महाराज,[20] रावों के राव,[21] आदि। ईश्वर के दरबार में तमाम शाही ठाठ-बाट मौजूद हैं—कनीज़ें, शायर, नर्तकियाँ, ढोलची, ख़ज़ांची,[22] दूत,[23] आदि। ईश्वर के दरबार में जाने-पहचाने अफ़सरान भी मौजूद हैं—जैसे दीवान,[24] वाक़ियानवीस,[25] हाथ बाँधे खड़े दरबारी[26] और सिपाही[27]। (आध्यात्मिक) उपलब्धि से रहित व्यक्ति के लिए ईश्वर के दरबार में पहुँच पाना कठिन है जहाँ लाखों-करोड़ों देवता हाथ बाँधकर खड़े रहते हैं।[28] उसमें पहुँचने पर व्यक्ति को सज़्दा करना पड़ता है।[29]

ईश्वर और मानव का संबंध स्वामी-दास-संबंध जैसा होता है। ईश्वर पूरी भूमि (मुल्क)[30] का स्वामी (मालिक) होता है और मनुष्य उसका दास होता है जिसे मालिक के प्रति असंदिग्ध निष्ठा रखनी होती है।[31] सच तो यह है कि ईश्वर का सच्चा दास वही है जो उसके हाथों से मौत की सज़ा को, नदी में डूबकर या पहाड़ से फेंके जाकर मरने की सज़ा को भी हँस-हँसकर स्वीकार करे।[32] बड़े-से-बड़े अफ़सर भी उसके आगे जवाबदेह हैं, यहाँ तक कि 'ख़ान' भी।[33] उसके 'फ़रमान' की हुक्म-उदूली नहीं की जा सकती क्योंकि वह इतना शक्तिशाली होता है कि पल-भर में पहाड़ को राई और राई को पहाड़ बना सकता है।[34]

दूसरी तरफ़ दासों के प्रति ईश्वर की दया भी असीम होती है। वह अपने दासों का रखवाला है,[35] और उनकी तमाम कमज़ोरियों को मुआफ़ करता है।[36]

सम्राट के बारे में अबुल फ़ज़्ल के विचारों से इन विचारों की तुलना करना दिलचस्पी से ख़ाली नहीं होगा।

अबुल फ़ज़्ल के नज़दीक बादशाहत ख़ुदा का तोहफ़ा,[37] ख़ुदा की शक्ति का प्रतीक-चिह्न है।[38] उन्होंने अपने आदर्श शासक अकबर का हवाला 'ज़माने के मालिक' के रूप में दिया है जिसे "अल्लाह-तआला ने फ़तहयाब और दुनिया और उसके अवाम

का शहंशाह बनाया है।"[39] बादशाह अल्लाह का साया (ज़िल्ले-इलाही) होता है, और इस कारण सिर्फ़ अल्लाह को जवाबदेह होता है, मर्त्य मानव पर उसका शासन निरपेक्ष होता है। अबुल फ़ज़्ल 'एक बादशाहत, एक बादशाह, एक रहबर, एक मक़सद और एक ख़याल"[40] की धारणा प्रस्तुत करके बादशाह की निरपेक्ष शक्ति की और पुष्टि करते हैं। इसका संबंध बादशाह की निरपेक्ष शक्ति के बारे में अबुल फ़ज़्ल द्वारा प्रस्तुत प्रमुख औचित्य से भी है—वह औचित्य है समाज में टकराव के किसी भी कारण को समाप्त करना या, दूसरे शब्दों में, किसी विशेष सामाजिक और राजनीतिक ढाँचे में क़ानून और व्यवस्था बनाए रखना। "अगर बादशाहत की अज़्मत न हो तो मुख़्तलिफ़ गड़बड़ियाँ कैसे दबाई जा सकती हैं?"[41] जैसा कि हम आगे देखेंगे, यह विचार दादू के विचार से बहुत मेल खाता है।

अबुल फ़ज़्ल बादशाह, ख़ासकर अकबर के प्रति अटूट वफ़ादारी का तक़ाज़ा करते हैं। वास्तव में जो भी काम ऐसी वफ़ादारी से पूरा-पूरा मेल नहीं खाता, और ज़ाहिर है कि जो भी काम इसके ख़िलाफ़ जाता है, लाज़मी तौर पर उसकी सज़ा मिलेगी।[42] यहाँ तक कि वफ़ादार व्यक्तियों में भी दो तरह के लोग होते हैं—वे जो किसी मस्लहत के तहत वफ़ादार होते हैं, और वे जो 'सच्चाई के पुजारी हैं, जो अपने परोपकारी दिलों को मुहब्बत की रौशनी से जगमग रखते हैं और अल्लाह के प्यारों की क़तार में सबसे आगे पाए जाते हैं।'[43]

गरिमा और निरपेक्ष शक्ति के अलावा भारी दरियादिली भी अबुल फ़ज़्ल के बादशाह की विशेषता है। बाग़ी दाऊद को मुआफ़ी देते हुए अकबर ने जो कुछ कहा था, उसे अबुल फ़ज़्ल ने दर्ज किया है : "ज़िल्ले-इलाही होने के नाते हम पाते बहुत कम और देते बहुत ज़्यादा हैं। हमारी मुआफ़ी इंतक़ाम की भूखी नहीं है।"[44] खुद अबुल फ़ज़्ल बादशाह से दूसरी बातों के अलावा 'रिआया से पिदराना (पिता समान) मुहब्बत' और 'एक फ़राख़ दिल' जैसे गुणों को जोड़ते हैं।[45]

सामाजिक स्तर पर दादू की एक गरिमामय और सर्वशक्तिमान मगर कृपालु ईश्वर/गुरु की धारणा तथा राजनीतिक स्तर पर बादशाह के बारे में अबुल फ़ज़्ल की ऐसी ही धारणा के बीच ऐसी समानता को देखें तो दादू का एक निरपेक्ष राजनीतिक सत्ता की आवश्यकता स्वीकार करना पूरी तरह तार्किक है। दादू कहते हैं :

दादू नगरी चैन तब, जब इकराजी होइ।
दोई रजो दुष दंद मैं, सुषी न वैसे कोई॥

इकराजी आनंद है, नगरी निहचल वास।
राजा प्रजा सुषि बसै, दादू जोति प्रकास॥[46]

ग्रंथावली में जिन दूसरे सामाजिक वर्गों और समूहों के हवाले मिलते हैं वे हैं राजा, रावत, साहू, सर्राफ़, बंजारा यानी घुमंतू व्यापारी, किसान और बुनकर।

दादू अपने समय के समाज में इन सभी वर्गों और समूहों के सामाजिक वर्गों को पूरी तरह स्वीकार करते हैं। सच तो यह है कि अलग-अलग पद्यों में वे इनमें से लगभग हरेक के लिए ईश्वर की उपमा का उपयोग करते हैं और इस तरह समाज में उनका दर्जा ऊपर उठाते हैं। कहीं भी वे इनमें से किसी के काम के बारे में कोई ख़ास शिकायत नहीं करते। कभी-कभी वे कुछेक के बारे में छोटा-मोटा विरोध ज़रूर प्रदर्शित करते हैं पर बहुत आम ढंग से और वह भी इशारतन। मसलन, वह चाहते हैं कि राणा, राव और साथ ही ख़ान भी अपनी महत्त्वाकांक्षाओं (शब्दशः माया-मोह) को हद से आगे बढ़ने और 'पूरी धरती-आकाश को घेरने से' रोकें।[47] या फिर वे स्वयं को राजा राम का रावत कहकर रावतों की सम्मानित सामाजिक स्थिति को स्वीकार करते हैं पर वे उन्हें आत्मनियंत्रण की सलाह भी देते हैं ताकि गाँवों का प्रशासन कारगर ढंग से चलता रहे। "दादू रावत राजा राम का, कदे न बिसारी नाँव। आतम राम संभालिये, तो सूवस काया गाँव।"[48] ज़ाहिर है इस सलाह में यह बात भी निहित है कि किसानों से साबक़ा पड़ने पर रावत अपनी हद से आगे ही नहीं बढ़ते थे, बल्कि इस तरह उनके हद से आगे बढ़ने के नतीजे के तौर पर दीर्घकालिक परिप्रेक्ष्य में किसान तथा साथ ही रावत समेत प्रशासनतंत्र भी तबाह हो जाते थे।

दादू ने व्यापार और वित्त से संबंधित सामाजिक समूहों अर्थात् व्यापारी, साहू वग़ैरह के जो हवाले दिए हैं, उससे लगता है कि दादू उनको बहुत ऊँचा दर्जा देते थे। वे उनके कारोबारी तौर-तरीक़ों की वैधता स्वीकार करते हैं पर स्वयं उनके व्यापार के हित में उनसे ईमानदारी का तक़ाज़ा करते हैं। व्यक्ति को अपने मालों की ज़्यादा से ज़्यादा क़ीमतें पाने की कोशिश करनी चाहिए[49] और क़ीमत बढ़वाने के लिए सट्टा में भी सक्रिय भाग लेना चाहिए—इस विचार पर दादू ने एक से ज़्यादा जगहों पर ज़ोर दिया है। "सोई सास सुजांण नर, साँई सेती लाइ। करि साटा सिरजनहार सौं, ज्यूँ महँगे मोल बिकाइ।"[50] "इक सिरसौं साटा कीजै, तब आबानासी पद लीजै।"[51] सही तो यह है कि जो भी अपने मूल का और सूद का ध्यान नहीं रखता वह मिट्टी का माधो है। "दादू राम कहें सब रहत है, लाहा मूल सहेत। राम कहें बिन जात है, मूरिष मनवाँ चेत।"[52] इसी तरह वे साहू यानी सूदख़ोर को शोषक नहीं, रक्षक समझते हैं जिसका क़र्ज़दार नैतिक रूप से एहसानमंद होता है। "साहिब देवै राषणाँ, सेवग दिल चोरै। दादू सब धन साह का, भूला मन भोरै।"[53] "जो सिर सौंप्या राम कौं, सो सिर भया सनाथ। दादू दे उरणि भया, जिसका तिसकैं हाथ। जिसका है तिसकौं चढ़े, दादू उरणि होई। पहली देवे सो भला, पीछैं तो सब कोई।"[54]

दादू अकसर आध्यात्मिक सिद्धियों को शुद्ध रूप से संपत्ति और ख़ासकर जवाहर-मोती वग़ैरह के पैमाने पर नापने लगते हैं—इससे इशारा मिलता है कि वे समाज में धन-दौलत को कितना महत्त्व देते थे। ईश्वर और साधु-संतों को अकसर उन्होंने जौहरी कहा है, जबकि इसके विपरीत आम आदमी जवाहर-मोती (जीवन) को कौड़ी

समझता है और हीरा-जवाहर (आदर्श, आध्यात्मिक जीवन) के धोखे में कंकड़-पत्थर (रोज़मर्रा का जीवन) को बटोरता चलता है।[55] दादू का विश्वास तो बल्कि यह है कि कलियुग की विशेषता यही है कि अमीर ग़रीब बनेंगे और ग़रीब अमीर बनेंगे, शुद्ध प्राणी दूषित होंगे और दूषित शुद्ध बनेंगे।[56]

फिर भी दादू व्यापारी को—और हम मान सकते हैं कि दूसरों को भी—संयम बरतने और अपने कारोबार में झूठ का सहारा न लेने की, अपने मालों की गुणवत्ता (और मात्रा) के बारे में ईमानदार रहने की सलाह देते हैं। इससे उसका अपना व्यापार बल्कि बढ़ेगा ही बढ़ेगा।[57] यहाँ ज़रा-सा यह इशारा मौजूद है कि व्यापारी अपने लेन-देन में हमेशा खरा नहीं होता था।

जिस एकमात्र साखी में सर्राफ़ का ज़िक्र आया है, वह बहुत महत्त्वपूर्ण नहीं है, सिवाय इसके कि इस शब्द के उपयोग का पता चलता है।[58] इसी तरह खेती और काश्तकार के बारे में दादू के हवाले थोड़े चलताऊ क़िस्म के ही हैं—इस अर्थ में कि वे काश्त के लिए सिंचाई और बीजों की ज़रूरत का हवाला मात्र देते हैं।[59] कुछ हाशियाई बिंदुओं को छोड़ दें तो ये हवाले खेती के तौर-तरीक़ों, बल्कि ग्रामीण समाज के विभिन्न अंगों की सामाजिक दशाओं तक के बारे में कोई सटीक जानकारी नहीं देते। अपनी ज़मीन की उत्पादकता बढ़ाने के लिए काश्त पर भूस्वामी निजी तौर पर ध्यान दे, इसकी आवश्यकता पर दादू ने बार-बार ज़ोर दिया है। इससे संभवतः यह संकेत मिलता है कि खेतिहर मज़दूरों के ज़रिये बड़े पैमाने की काश्त के कारण जिन ज़मीनों पर इस तरह ध्यान नहीं दिया जाता था उनकी उत्पादकता अपेक्षाकृत कम हो जाती थी। सच तो यह है कि जो काश्तकार अपनी ज़मीन पर इस तरह खुद ध्यान देता था उसके लिए दादू ने ईश्वर और सत्गुरु की उपमाओं का प्रयोग किया है, और यह सुझाया है कि ऐसी मेहनत से उपजी फ़सल सदाबहार रहेगी।[60]

एक अन्य संदर्भ में लगता है दादू ने यह संकेत दिया है कि बीस बिस्वा ज़मीन से ही इतनी समृद्धि आ जाती है कि उसका मालिक ईश्वर को भुला दे।[61] मगर यह संभवतः भूमि की नाप की इकाई का एक रूपक मात्र है।

बंजारा[62] और बुनकर[63] के बारे में दादू के हवालों से पहले की रोज़मर्रा की ज़िंदगी और दूसरे की उत्पादन की कुछ तकनीकों पर ज़रा-सी जानकारी मिलती है। मगर इनमें से किसी भी हवाले का कोई सामाजिक महत्त्व नहीं है। बंजारा रात को जल्द घर पहुँचता है, पत्नी के पास रात का दूसरा पहर गुज़ारता है, तीसरे पहर में, थैला-भर सामान उठाकर चल पड़ता है और अंतिम पहर में 'पीर' बन जाता है। रात यहाँ जीवन-चक्र का सूचक है और 'पीर' का इस्तेमाल व्यंग्यमय ढंग से बंजारे के बुढ़ापे के बारे में किया गया है जब वह अपना कारोबार करने में असमर्थ हो जाता है।

डॉ. ताराचंद ने दादू के जीवन और कृतित्व के एक और पहलू की, अर्थात् हिंदू और मुस्लिम संस्कृतियों के समन्वय[64] के बारे में उनकी पैरवी की थोड़ा विस्तार से

विवेचना की है, और उस बहस में अब दोबारा पड़ने की ज़रूरत नहीं है। तो भी संक्षेप में यह बात कही जा सकती है कि राजनीतिक स्तर पर दादू जहाँ अपने ईश्वर की कल्पना शासक की छवि के अनुसार करते हैं, वहीं सामाजिक स्तर पर वे हिंदू और मुस्लिम, दोनों समुदायों के रूढ़िवादी तत्त्वों के पोंगापंथ पर तीखा हमला करते हैं।[65] सच तो यह है कि किसी में कुछ विशेष गुण हैं या नहीं हैं, इसी आधार पर वे उसे मुसलमान या काफ़िर कहते हैं।

कुफर जे के मनि मैं, मीयाँ मुसलमान।
दादू पेआ झंझ मैं, बिसारै रहिमान॥[66]
दादू काफिर जे बोले काफ दिल आपणी नहीं रावै साफ।
साँई कूँ पहिचाणै नाहिं कूड़ कपट सब उसही माहिं॥[67]
दादू मिहरि महवति मन नहीं, दिल के बजर कठोर।
कलि काफिर ते कहिए, मोमिन मालिक और॥[68]

इस तरह ऐसा लगता है कि दादू ने सामाजिक स्तर पर, आमतौर पर शासक वर्गों के आदर्शों और संस्थाओं को ही स्वीकार किया था। वे समाज के उन दिनों मौजूद वर्गीय ढाँचे को भी स्वीकार करते थे। वे सिर्फ़ यह चाहते थे कि विभिन्न वर्ग और भी ईमानदारी और तत्परता से अपना काम करें।[69] उनका चिंतन विरोध का नहीं, अधिक से अधिक उदासीनता का,[70] समाज के टकरावों से बचने का चिंतन है।[71] इसलिए दादू का चिंतन शासक वर्गों की विचारधारा के खड़े किए अवरोधों को नहीं तोड़ता; इसके विपरीत यही विचारधारा रिसकर नीचे समाज के स्तर तक पहुँचती है और मूक ढंग से वहाँ आत्मसात की जाती है। जैसा कि मार्क्स ने कहा है, "हर युग में शासकवर्ग के विचार ही शासक विचार होते हैं",[72] सिवाय उस स्थिति के जब कोई विशेष वर्ग पूरे विद्यमान सामाजिक ढाँचे को उखाड़ फेंकने का प्रयत्न करता है और ऐसे परिवर्तन के लिए हालात मौजूद होते हैं। पर कभी वह समय नहीं आया था कि दादू से, या ऐन उसी कारण से पूरे भक्ति आंदोलन के अगुवों से ऐसे परिवर्तन के अलमबरदार बनने की आशा की जाती, भले ही जनता के बीच उनके अनुयायी भारी तादाद में क्यों न रहे हों।[73]

पंद्रहवीं और सोलहवीं सदियों में भक्ति आंदोलन में जनता की भागीदारी की व्याख्या जाति-प्रथा के ही अंदर ऐसे तालमेल की आवश्यकता के आधार पर की जा सकती है जिसकी ज़रूरत भारत में तुर्क शासन की स्थापना के बाद हुए कुछ विशेष आर्थिक और प्रशासनिक परिवर्तनों के कारण पैदा हुई थी। इरफ़ान हबीब ने भारत में 13वीं और 14वीं सदी में आए कुछ प्रौद्योगिक परिवर्तनों और नए हस्तकौशलों के आरंभ की विवेचना की है जिनके कारण उत्पादन के विभिन्न क्षेत्रों में श्रम की उत्पादकता में पर्याप्त वृद्धि हुई थी।[74] इसी काल में हुए भारी प्रशासनिक केंद्रीकरण से अपेक्षाकृत

स्थिरता और व्यापार की वृद्धि, दोनों का सुनिश्चय हुआ। फलस्वरूप कुछ निचली जातियों तक को अपेक्षाकृत समृद्धि का लाभ मिला और वे उसी से मेल खाती सामाजिक स्थिति पाने का प्रयास करने लगे।[75] यह तलाश एक बड़ी हद तक जाति-प्रथा पर होनेवाले ज़ोरदार हमलों में प्रतिबिंबित हुई; बल्कि नानक ने तो एक जातिविहीन समुदाय के विचार को असली शक्ल देने की कोशिश की। लेकिन जाति-प्रथा जिस आसानी से सिखों तक में दोबारा स्थापित हो गई, उससे संकेत मिलता है कि उसकी बुनियाद कभी पूरी तरह नष्ट नहीं की गई थी; ज़्यादा से ज़्यादा उसमें थोड़े-से लोच का समावेश हुआ था। उत्तर भारत में 15वीं और 16वीं सदियों में भक्ति आंदोलन को भारी जन-समर्थन मिला था, और इस काल में उसके अगुवों के जातिगत और वर्गीय मूल की विवेचना करना दिलचस्पी से ख़ाली नहीं होगा। कबीर एक बुनकर थे, नानक छोटे व्यापारी थे, दादू एक धुनिया थे, साथ में धन्ना, पीपा वग़ैरह बहुत सारे दूसरे भक्त भी इसी तरह की पृष्ठभूमियों से आए थे। लेकिन इससे भी अहम बात यह है कि उनकी रचनाओं में भिन्न जातियों और वर्गों की जनता की समस्याएँ ही प्रतिबिंबित होती हैं।

लेकिन महत्त्वपूर्ण बात यह है कि जाति-प्रथा पर हुए इन हमलों को छोड़ दें तो भक्ति आंदोलन के अगुवों द्वारा आर्थिक उत्पीड़न की जो शिकायतें की गईं वे सिर्फ़ प्रशासन के सिर्फ़ निचले स्तरों के ख़िलाफ़ थीं—ख़ासकर गाँव के मुखिया के ख़िलाफ़, या फिर पटवारी वग़ैरह के ख़िलाफ़।[76] साथ ही, वे लोग ये शिकायतें किसी और के नहीं, राजा या दीवान के सामने या फिर राजा के आदर्शीकृत रूप अर्थात् ईश्वर के सामने दर्ज कराते हैं। कभी-कभी उन्हें यह ख़ौफ़ भी सताता है कि दीवान भी बेईमान हो सकता है, पर राजा के ख़िलाफ़ शायद ही कभी वे कुछ कहते हों। स्थानीय स्तर पर ही सही, जो चीज़ उन्हें जाति-प्रथा और आर्थिक उत्पीड़न के ख़िलाफ़ प्रतिरोध का आंदोलन लगती थी उसमें जनता की भागीदारी, और इसी के साथ उस समय मौजूद बुनियादी आर्थिक, राजनीतिक, यहाँ तक कि सामाजिक ढाँचे की स्वीकृति, तथा साथ में निरंकुशतंत्र का आदर्शीकरण—संभवतः इन्हीं ने आगे चलकर 17वीं सदी में मुग़ल हुकूमत के ख़िलाफ़ हुए किसान विद्रोहों को जन्म दिया और दूसरी तरफ़ बाद की हुकूमतों के आंतरिक गठन को ऐसा रूप दिया कि वे छोटे पैमाने पर मुग़लों की मिसाल की नक़ल लगने लगीं।

संदर्भ और टिप्पणियाँ

1. युसुफ़ हुसैन (*ग्लिम्सेज़ ऑफ़ मेडिवल इंडियन कल्चर*, मुंबई, दूसरा संस्करण, 1959, पृ. 1-31) के विचार में भक्ति आंदोलन हिंदू बहुदेववाद पर ईश्वर के एकत्व की इस्लामी धारणा के प्रभाव से उपजा। ए बी. पांडे (*द फ़र्स्ट अफ़ग़ान इंपायर इन इंडिया*, कलकत्ता, 1956, पृ. 256-90) इसे हिंदू समुदाय के आत्मसुधार का प्रयास मानते हैं ताकि वह मुस्लिम राजनीतिक सत्ता से पैदा चुनौतियों का और सामाजिक-धार्मिक क्षेत्रों में हिंदुओं पर श्रेष्ठता पाने के मुस्लिम प्रयासों का सामना कर

सके। आई. एच. क़ुरैशी (द *मुस्लिम कम्युनिटी ऑफ़ द इंडो-पाकिस्तान सबकंटीनेंट* (610-1947), हेग, 1962, पृ. 104-24) के नज़दीक भक्ति आंदोलन मुसलमानों को अपने में समोने के बारे में हिंदुओं का एक मिसाली तौर पर सूक्ष्म प्रयास था।

के. एस. लाल (*ट्विलाइट ऑफ़ द सल्तनत,* मुंबई, 1963, पृ. 291-315) 15वीं सदी के दौरान इस आंदोलन को 'भारतीय समाज की ख़ामोश क्रांति' मानते हैं जो इस्लामी, ख़ासकर सूफ़ीवादी, और हिंदू विचारों की क्रिया-प्रतिक्रिया से उपजी थी। अपने शास्त्रीय अध्ययन द *इंफ़्लुएंस ऑफ़ इस्लाम ऑन इंडियन कल्चर* (दूसरा संस्करण, इलाहाबाद, 1963) में ताराचंद ने इस आंदोलन में धार्मिक चिंतन के दो परस्पर-विरोधी संप्रदाय (पृ. 145) देखे—एक तो मूलगामी संप्रदाय जिसके प्रतिनिधि कबीर थे और एक रूढ़िवादी संप्रदाय जिसके प्रतिनिधि तुलसी थे। इसके प्रति दो भिन्न-भिन्न दृष्टिकोणों के लिए एच. मैक्लियाड, *गुरु नानक एंड द सिख रिलीजन* (ऑक्सफ़र्ड, 1968) तथा इरफ़ान हबीब, *'द हिस्टारिकल बैकग्राउंड ऑफ़ द पॉपुलर मोनोथिस्टिक मूवमेंट ऑफ़ द फ़िफ़्टींथ-सेवेंटींथ सेंचुरीज़'* (अनुलेखित, मध्यकालीन भारतीय विचारधारा पर आयोजित संगोष्ठी, दिल्ली विश्वविद्यालय, नवंबर, 1965) देखें।

2. *ग्रंथावली* में मिसाल के लिए कृषि संबंधों पर बहुत कम वैसी सटीक जानकारी मिलती है जैसी जानकारी का इस्तेमाल प्रोफ़ेसर इरफ़ान हबीब ने *गुरुग्रंथ साहिब* को अपना आधार बनाकर किया है। (उनका लेख 'एविडेंस फ़ार सिक्स्टींथ सेंचुरी एग्रेरियन कंडीशंस इन द गुरुग्रंथ साहिब,' *इंडियन इकॉनॉमिक एंड सोशल हिस्ट्री रिव्यू,* वर्ष एक, अंक 3, जनवरी-मार्च 1964, पृ. 64-72 देखें।) इस कारण प्रस्तुत आलेख में ज़्यादातर समाज के उन विभिन्न पक्षों के बारे में दादू के सामान्य दृष्टिकोणों के अध्ययन का प्रयास किया गया है जिनके बारे में *ग्रंथावली* में सूचनाएँ मिलती हैं। मध्यकालीन भारत में भक्ति आंदोलन ने एक जन-आंदोलन का रूप ले लिया था तथा दादू इसके एक अनुयायी भी थे और एक अगुवा भी जिनके अपने अनुयायियों की एक बड़ी संख्या थी। इसलिए यह स्पष्ट है कि उनके विचार नितांत निजी नहीं थे, बल्कि उनका एक जनाधार भी था।
3. परशुराम चतुर्वेदी (सं.) *दादूदयाल ग्रंथावली,* नागरी प्रचारिणी सभा, वाराणसी, विक्रमी 2023 (ई. 1966), पृ. 12, पद 9.
4. उपरोक्त, प्रस्तावना, पृ. 1-2 देखें। रामकुमार वर्मा उनका जन्म 1658 वि. (1601 ई.) में बताते हैं पर यह भी कहते हैं कि वे अकबर के समकालीन थे। दादू के शिष्य जनगोपाल की बात के आधार पर रामकुमार वर्मा यह दावा भी करते हैं कि "अकबर और दादू के बीच धार्मिक बातें चलती रहती थीं।" उनकी रचना *हिंदी साहित्य का आलोचनात्मक इतिहास,* छठा संस्करण, इलाहाबाद, 1971, पृ. 273 देखें। लेकिन अकबर की 1605 में मृत्यु हो चुकी थी और अगर अकबर से दादू ने ये बहसें चार साल की उम्र में नहीं की थीं, तो वर्मा ने दादू के जन्म की जो तिथि बतलाई है वह क़ायल करनेवाली नहीं लगती हालाँकि उन्होंने इस तिथि का एक ही अनुच्छेद में दो बार ज़िक्र किया है।
5. परशुराम चतुर्वेदी, पूर्वोक्त, प्रस्तावना, पृ. 5-6.
6. दादू के शिष्य जनगोपाल की रचना *श्रीदादू जन्मलीला परची* और उनके एक अन्य अनुयायी राघोदास की रचना *भक्तमाल,* दोनों में दादू के जीवन के बारे में बहुत संदिग्ध सूचनाएँ दी गई हैं। इसलिए उनके जीवनचरित को प्रस्तुत करने के लिए जो यहाँ-वहाँ बिखरी सूचनाएँ मिलती हैं, हमें उन्हीं पर भरोसा करना होगा।
7. *ग्रंथावली* में दादू ने खुद को पिंजारा (पृ. 455, पद 9) और धुनिया (पृ. 477, पद 1) कहा है। *वृहत् हिंदी शब्दकोश* (ज्ञानमंडल, वाराणसी, वि. 2009/ई. 1952) के अनुसार पिंजारा का अर्थ धुनिया है। दबिस्ताने-मज़ाहिब (संपादक : नज़र अशरफ़, कलकत्ता, 1809, पृ. 267) में भी उनको नद्दाफ़ कहा गया है।

8. दूसरों के अलावा अभी तक निम्नलिखित संस्करण प्रकाशित हुए हैं : सुधाकर द्विवेदी (सं.), *श्रीदादूदयाल की वाणी*, काशी नागरी प्रचारिणी सभा, 1906; सुधाकर द्विवेदी (सं.), *दादूदयाल का सबद*, काशी नागरी प्रचारिणी सभा, 1907; चंद्रिका प्रसाद त्रिपाठी (सं.), *श्री स्वामी दादूदयाल की वाणी*, अजमेर, वि. 1964 (ई. 1907); *दादू पदसंग्रह*, लाहौर, 1917 आदि। मैंने इस लेख के लिए परशुराम चतुर्वेदी के संस्करण का उपयोग किया है जिसमें छः पांडुलिपियों की तुलना की गई है, और सबसे पुरानी पांडुलिपि को प्रकाशन के लिए तैयार करते हुए संपादक ने दूसरी पांडुलिपियों के तमाम पाठांतरों को पाद-टिप्पणियों में रखा है।

9. चतुर्वेदी, पूर्वोक्त, प्रस्तावना, पृ. 17.

10. उपरोक्त, प्रस्तावना, पृ. 17 पर उद्धृत।

11. उपरोक्त।

12. *ग्रंथावली*, पृ. 7/58.

13. उपरोक्त, पृ. 5/44.

14. उपरोक्त, पृ. 2/4 :
दादू सतगुरु सौं सहजैं मिल्या, लीया कंठि लगाइ।
दया भई दयाल को, तब दीपक दीया जगाइ॥

15. उपरोक्त, पृ. 2/10 :
साचा सतगुरु जे मिले, सब साज सवारै।
दादू नाँव चढाई कारि, ले पार उतारै॥
या फिर उपरोक्त, पृ. 3/17 :
भौं सागर मैं डूबताँ, सतगुरु काढ़े आइ।
दादू षेवट गुरु मिल्या, लीये नाँव चढ़ाइ॥

16. परमानंद की अवस्था का दादू ने जो वर्णन किया है उससे उसके निर्वाण जैसा होने का संकेत मिलता है; उपरोक्त, पृ. 392/35 देखें। एक अन्य स्थान (पृ. 360/पद 15, दोहा 3) पर उन्होंने निर्वाण (नृवाँन) शब्द का ही उपयोग किया है।

17. इसकी विवेचना आगे की जाएगी।

18. ग्रंथावली, पृ. 148/11, 148/15, 18, 152/37, 38 आदि।

19. उपरोक्त, पृ. 406/पद 20, दोहा 3, 434/1.

20. उपरोक्त, पृ. 465/पद 3, दोहा 2.

21. उपरोक्त, पृ. 348/पद 4, दोहा 1.

22. उपरोक्त, पृ. 474-75/पद 19.

23. उपरोक्त, पृ. 341/पद 8, दोहा 1.

24. उपरोक्त, पृ. 488/पद 10, दोहा 3.

25. उपरोक्त, पृ. 474/पद 19, दोहा 3.

26. उपरोक्त, पृ. 470/पद 9, दोहा 2.

27. उपरोक्त, पृ. 238/14, 239/19 जहाँ दादू ने ईश्वर के सेवकों का वर्णन बहादुर और वफ़ादार सैनिकों के रूप में किया है जो ईश्वर के मार्ग में सर भी देने को तैयार रहते हैं।

28. उपरोक्त, पृ. 470-71/पद 9.

29. उपरोक्त, पृ. 35/67, 67/209, 180/41 आदि।

30. उपरोक्त, पृ. 428/पद 6, दोहा 2.

31. उपरोक्त, पृ. 340/पद 6 : 'सईया तूहे साहिब मेरा, मैं हौं बंदा तेरा।' सच तो यह है कि *ग्रंथावली* में

ऐसे संदर्भ भरे पड़े हैं जिनमें मनुष्य को ईश्वर का दास कहा गया है।

32. उपरोक्त, पृ. 478/पद 28.
33. उपरोक्त, पृ. 360/पद 15, दोहा 3.
34. उपरोक्त, पृ. 221/2.
35. उपरोक्त, पृ. 294/33.
36. उपरोक्त, पृ. 293/26, 312/पद 11, दोहा 1, 454/पद 2.
37. अबुल फ़ज़्ल, *अकबरनामा* (*अ ना*), बिब्लियोग्राफ़िया इंडिका (बि इ), खंड दो, पृ. 285.
38. अबुल-फ़ज़्ल, आईन-ए-अकबरी (आईन) अनुवाद : ब्लाख़मान, खंड एक, बि इ, 1927, पृ. 167.
39. *अ ना,* खंड दो, पृ. 128-29.
40. उपरोक्त, खंड तीन, पृ. 4.
41. *आईन,* खंड एक, संपादन : ब्लाख़मान, पृ. 2; ब्लाख़मान के अनुवाद, पृ. 2 पर पाठ थोड़ा-सा भिन्न है।
42. *अ ना,* खंड तीन, पृ. 20.
43. उपरोक्त, पृ. 449-50.
44. उपरोक्त, पृ. 97.
45. *आईन,* अनुवाद : ब्लाख़मान, पृ. 3.
46. *ग्रंथावली,* पृ. 130-31/31-32.
47. उपरोक्त, पृ. 253/68.
48. उपरोक्त, पृ. 19/36.
49. उपरोक्त, पृ. 170/6, 266/34 जहाँ मानव को सलाह दी गई है कि वह अपने (आध्यात्मिक) मालों को ऊँचे दामों बेचे।
50. उपरोक्त, पृ. 19/34.
51. उपरोक्त, पृ. 386/पद 22, दोहा 4 : अमरत्व वह सबसे ऊँचा दाम है जिसे पाने के लिए सट्टा ही सबसे अच्छा उपाय है और इसलिए बोली ऊँची लगाई जानी चाहिए।
52. उपरोक्त, पृ. 20/40.
53. उपरोक्त, पृ. 101/41.
54. उपरोक्त, पृ. 241/38-39; राम को सूदख़ोर और रक्षक (नाथ), दोनों कहा गया है।
55. उपरोक्त, पृ. 162/122; पृ. 265/25, 26, 27, पृ. 266/31 आदि भी देखें।
56. उपरोक्त, पृ. 386/पद 23, दोहा 1.
57. उपरोक्त, पृ. 266/34.
58. उपरोक्त, पृ. 174/38.
59. उपरोक्त, पृ. 303-5.
60. उपरोक्त, पृ. 303/3 : "जे साहिब सींचै नहीं, तौ बेली कुमिलाई/दादू सींचै साँईयाँ, तौ बेली बधती जाई।" पृ. 393/5, 6, 395/19 आदि भी देखें।
61. उपरोक्त, पृ. 210/15 : "तनमन सौंत्र सवाँरि सब राषे बिसवा वीस। सो साहिब सुमिरै नहीं, दादू भानि हदीस।"
62. उपरोक्त, पृ. 504-5.
63. उपरोक्त, पृ. 438/पद 1.
64. ताराचंद, पूर्वोक्त, पृ. 185-86.
65. *ग्रंथावली,* पृ. 23-24, 153/43-44, 160/102-3, 459/पद 3, दोहा 2, पृ. 460/पद 14, दोहा 3

आदि।

66. उपरोक्त, पृ. 149/19.

67. उपरोक्त।

68. उपरोक्त, पृ. 275/34.

69. उपरोक्त, पृ. 151/28 :
दादू सो मोमिन मोम दिल होइ, साँई कूँ पहिचानै सोइ।
जोर न करै हराम न षाइ, सो मोमिन भिस्ति मैं जाइ ॥
उपरोक्त, पृ. 182/50 भी देखें :
जिसका तिसकौं दीजिए, सुक्रित पर उपगार।
दादू सेवग सो भले, सिरि नहीं लेवे भार ॥

70. उपरोक्त, पृ. 422/पद 4 में और अनेक दूसरे स्थलों पर। संसार में रहकर कीचड़ के कमल की तरह उससे पूरी तरह विरक्त प्राणी दादू का आदर्श है।

71. उपरोक्त, पृ. 171-77 जहाँ दादू ने समाज के वर्गों और व्यक्तियों के बीच हर प्रकार के टकराव का ज़ोरदार निषेध किया है।

72. कार्ल मार्क्स, *जर्मन आइडियोलॉजी*; मार्क्स और एंगेल्स, *सेलेक्टेड वर्क्स*, खंड एक, मास्को, 1969, पृ. 47 से उद्धृत।

73. महाराष्ट्र में भक्ति-आंदोलन के प्रभाव की चर्चा करते हुए डी. डी. कोशांबी लिखते हैं : "सुधार और उसके लिए चलनेवाला संघर्ष कभी भी चेतन रूप से सामंतवाद के ख़िलाफ़ नहीं था और इस कारण उसकी सफलता का अर्थ था सामंती संरक्षण और, अंततः फ़तह और लूट-खसोट की मनहूस दिशाओं में एक जनवादी आंदोलन के भटकाव के कारण, सामंती पतन। (*मिथ एंड रियालिटी*, मुंबई, 1962, पृ. 35 देखें।) कुछ हेरफेर के साथ यहाँ भी यही बात कही जा सकती है।

74. 'अध्यक्षीय भाषण', मध्यकालीन भारत खंड, *प्रोसीडिंग्स ऑफ़ इंडियन हिस्ट्री कांग्रेस*, वाराणसी सत्र (1969), पटना, 1970, पृ. 139-61.

75. इरफ़ान हबीब, *'द हिस्टारिकल बैकग्राउंड ऑफ़ द पॉपुलर मोनोथिस्टिक मूवमेंट'* (अनुलेखित), 1965.

76. मधु टंडन, *'हिस्टारिकल एनालिसिस ऑफ़ कबीर्स पोएट्री'*, जवाहरलाल नेहरू विश्वविद्यालय में प्रस्तुत अप्रकाशित एम. फ़िल. लघुप्रबंध, 1974, पृ. 79-80; दादूदयाल, ग्रंथावली, पृ. 19/36, 253/68.

उपनिवेश-पूर्व भारत के बारे में मार्क्स के विचार : एक मूल्यांकन

यूरोप के मुक़ाबले में एशियाई विशिष्टवाद के बारे में मार्क्स और एंगेल्स की समझ के बुनियादी तत्त्व इस प्रकार थे : भारतीय कृषि में सिंचाई के कृत्रिम उपायों की केंद्रीय भूमिका और उसकी ज़रूरत का पैमाना जिसके कारण यह ज़िम्मेदारी सिर्फ़ राज्य ही उठा सकता था; इससे अलग मगर इसी से घनिष्ठ रूप से जुड़ी विशेषता यह थी कि भूमि में निजी संपत्ति का अस्तित्व नहीं था; इसके अलावा अनेक ग्राम समुदाय थे जिनमें से हरेक समुदाय एक अलग-थलग और आर्थिक रूप से आत्मनिर्भर इकाई था जिसमें कृषि और दस्तकारी के उत्पादन की एकता के रूप में एक 'प्राकृतिक अर्थव्यवस्था' पाई जाती थी; गाँव से बाहर नगरों में मालों का परिचालन होता था और ये नगर ज़्यादातर परजीवी ही बने रहे; और इस पूरे परिदृश्य पर वर्चस्व था ऊपर मँडरा रही निरंकुश राजसत्ता का जो ख़िराज या कर के रूप में खेतिहर अधिशेष वसूल करती थी जिसमें मार्क्स के चिंतन में एक समय लगान की विशेषताएँ पाई जाती थीं।

इन सभी तत्त्वों के सम्मिलित प्रभाव के कारण सदियों तक उत्पादन व्यवस्था या सामाजिक संगठन में किसी बुनियादी परिवर्तन की संभावना नहीं बची जब तक कि भारत ब्रिटेन का उपनिवेश नहीं बन गया।

इन्हीं विशेषताओं से मिलकर वह चीज़ बनती थी जिसे मार्क्स ने एशियाई उत्पादन-पद्धति का नाम दिया था।[1] मार्क्स ने 'एशियाई उत्पादन पद्धति' की शब्दावली का प्रयोग केवल दो अवसरों पर किया था और एंगेल्स ने कभी नहीं किया, मगर फिर भी ऐसा नहीं लगता कि इस उत्पादन पद्धति की विशेषताओं के बारे में उन्होंने अपनी राय कभी बदली हो। सच तो यह है कि अंत तक एशियाई विशिष्टवाद पर उनकी राय क़ायम रही।

एशिया के इतिहास के बारे में मार्क्स और एंगेल्स की समझ जिन तत्त्वों से बनी थी उनमें से अधिकांश तत्त्व यूरोप में कमोबेश समय से प्रचलित थे। मिस्र, भारत और चीन में सिंचाई और जहाज़रानी के लिए जल-निर्माण कार्यों की देखरेख में राजसत्ता की भूमिका पर एडम स्मिथ ने ज़ोर दिया था।[2] एशियाई निरंकुशतंत्र के कारण के रूप में एशिया में निजी भू-संपत्ति के अभाव की धारणा यूरोप में 14वीं सदी में ही प्रचलित हो

चुकी थी,[3] हालाँकि 17वीं सदी में भारत आनेवाले अनेक यूरोपीय यात्रियों और ख़ासकर बर्नियर ने इस धारणा को लोकप्रिय बनाने में काफ़ी योगदान दिया था कि पूर्व का शासक अपने शासन-क्षेत्र में पूरी भूमि का स्वामी होता है।[4] अपने अनेक समकालीनों की तरह मार्क्स ने भी यह धारणा बर्नियर से स्वीकार की थी,[5] हालाँकि वे भारत में भूमि-संबंधी अधिकारों की प्रकृति को लेकर ब्रिटिश प्रशासकों और इतिहासकारों के बीच चल रहे विवाद से परिचित थे।[6]

अलग-अलग तथा आर्थिक और प्रशासनिक रूप से आत्मसंचालित तथा कृषि और दस्तकाराना उत्पादन की एकता से विभूषित[7] ग्राम समुदायों की धारणा का भी मार्क्स से पहले एक लंबा इतिहास रहा।[8] राज्य किसानों से कर वसूल करता था और ये कर समस्त भूमि पर राज्य के वर्चस्व के कारण लगान जैसे भी नज़र आते थे—इस धारणा को पहले-पहले एडम स्मिथ ने प्रस्तुत किया और फिर जोन्स[9] और मार्क्स[10] ने विकसित किया था, हालाँकि मार्क्स ने गाँवों की प्राकृतिक अर्थव्यवस्था के साथ-साथ नगरों में मालों के परिचालन के सह-अस्तित्व पर भी ज़ोर दिया था।[11] एक हज़ार वर्षों से विश्व के पूर्वी भाग की जड़ता का विचार 19वीं सदी में यूरोपीय चिंतन का एक प्रमुख विचार था और उतना ही प्रमुख उससे जुड़ा यह विचार था कि पूर्वी जगत में प्रगति की शक्तियों को पश्चिमी हाथों ने बंधन-मुक्त किया था।[12]

मार्क्स ने विभिन्न स्रोतों से उपजे इन सभी विचारों को ग्रहण करके उनका समन्वय किया और उन्हें एक सुस्पष्ट उत्पादन पद्धति का रूप दिया। इस लेख का उद्देश्य एशियाई उत्पादन पद्धति के बारे में मार्क्स की धारणा की वैधता की पड़ताल करना नहीं है और न ही यह विवेचना करना है कि मार्क्स और एंगेल्स ने अपने जीवन के किसी चरण में इस धारणा का त्याग किया था या नहीं। इसके विपरीत हमारा प्रयास उपनिवेश-पूर्व भारत के बारे में मार्क्स की कुछ टिप्पणियों के महत्त्व की पड़ताल करने और वस्तुपरक तथ्यों के आधार पर उन्हें व्याख्यायित करने का है, चाहे मार्क्स के अपने विचारों की वैधता कुछ भी हो। यह कार्य इस मान्यता के साथ किया गया है कि मार्क्स की टिप्पणियों का महत्त्व हर मुआमले में उनके सही होने का मुहताज नहीं है; जहाँ उनके अपने निष्कर्ष पूरी तरह संदिग्ध हैं वहाँ भी उनके विचारों ने जो दिशा दिखाई है उसका महत्त्व इतिहास को समझने के एतबार से कुछ कम नहीं होता।

एक

भारत का खेतिहर उत्पादन बड़े पैमाने पर कृत्रिम सिंचाई व्यवस्था के द्वारा ही संभव है और इसी के कारण राज्य का हस्तक्षेप आवश्यक हो जाता है—मार्क्स को सबसे पहले यह विचार एंगेल्स ने सुझाया था।[13] अपने लेख 'भारत में ब्रिटिश राज' में मार्क्स ने उत्साह के साथ इस सुझाव का इस्तेमाल किया।[14] यह विचार मार्क्स और एंगेल्स, दोनों की रचनाओं में आगे भी आता रहा। जैसे *ग्रुंडरीस*, *पूँजी* और *ड्यूहरिंग-मत-खंडन* में।[15]

मार्क्स और एंगेल्स का ज़ोर इस पर था कि भारत में कितने बड़े पैमाने पर कृत्रिम सिंचाई की व्यवस्था आवश्यक थी—जिसे सोचें तो लगता है कि उनके मन में नहरों और बड़े तालाबों से सिंचाई की बात रही होगी जिसके लिए राज्य का हस्तक्षेप आवश्यक होता। मार्क्स ने अपने लेख 'भारत में ब्रिटिश राज' में और *पूँजी*, खंड 1 में सचमुच विशेष रूप से नहरों का उल्लेख किया है। मगर एंगेल्स केवल 'नदी घाटियों में सिंचाई की सामूहिक देखरेख' के प्रति राज्य की ज़िम्मेदारी का हवाला देते हैं, और इससे नहरें भी मुराद हो सकती हैं और जलाशय भी जहाँ नदियों का पानी जमा किया जाता था। बहरहाल, उन्हें तालाबों से सिंचाई की बात मालूम रही होगी क्योंकि मार्क्स ने हाउस ऑफ़ कामंस की एक आधिकारिक रिपोर्ट का हवाला दिया है, जिसमें तालाबों और नहरों आदि के दारोग़ा का ज़िक्र आता है। यह रिपोर्ट 1812 में प्रकाशित हुई थी और कैंपबेल की रचना *मॉडर्न इंडिया* (1852) में शामिल थी।[16]

सिंचाई और पूर्वीय निरंकुशतंत्र के बीच जो कारण-कार्य-संबंध मार्क्स और एंगेल्स ने स्थापित किया था उसका दुरुपयोग कार्ल विट्फ़ोगेल के हाथों हुआ, और इस दुरुपयोग की बात सुस्वीकृत है।[17] फिर भी इसी स्वीकृति के चलते अकसर इतिहासकारों ने भारतीय कृषि में कृत्रिम सिंचाई की बेहद आवश्यकता या उसमें राज्य के योगदान से भी इनकार किया है।[18] भारत के आर्थिक और सामाजिक इतिहास के लिए कृत्रिम सिंचाई के महत्त्व पर हम आगे विचार करेंगे। फ़िलहाल तो हम यही कहेंगे कि भारत में सिंचाई की व्यवस्था करने में राज्य ने अच्छे-ख़ासे पैमाने पर हस्तक्षेप ज़रूर किया। दक्षिण गुजरात की सुप्रसिद्ध सुदर्शन झील को चौथी सदी ईसा-पूर्व में मौर्य राजाओं ने बनवाया था, दूसरी सदी ईसवी में एक शक राजा ने उसकी मरम्मत कराई थी, और फिर पाँचवीं सदी ईसवी में एक गुप्त राजा ने उसकी मरम्मत कराई थी। इस तरह कृषि के प्रति इस झील की सेवा का 800 साल का लंबा इतिहास रहा है। उड़ीसा में एक नहर के निर्माण का श्रेय नंद राजाओं को जाता है। यह नहर भी पाँच सदियों तक अस्तित्व में रही और स्थानीय शासक इसकी देखरेख करते रहे। प्राचीन भारत के विभिन्न क्षेत्रों में या तो शाही या प्रांतीय राजवंश सिंचाई के लिए जलाशयों या नहरों के निर्माण और रख-रखाव के काम करते रहे—इसके बारे में पर्याप्त साक्ष्य मौजूद हैं : जैसे दक्षिण भारत के कावेरी क्षेत्र में, पंजाब, राजस्थान, उत्तरप्रदेश, बिहार और बंगाल में, पूर्वी दकन में और कश्मीर में।[19] नहरी पानी के वितरण को नियंत्रित करने के लिए सरकारी अधिकारियों की नियुक्ति की जानकारी मेगास्थनीज ने भी दी है।[20] और सिंचाई के लिए 14वीं सदी के उत्तरार्ध में फ़ीरोज़ तुग़लक़ और 17वीं सदी में शाहजहाँ द्वारा नहरों के निर्माण से तो हम सब परिचित ही हैं।[21]

तो ज़ाहिर है कि कृत्रिम सिंचाई की व्यवस्था में राज्य की भूमिका के प्रति मार्क्स और एंगेल्स का सरोकार बेबुनियाद नहीं था। मगर उनकी ग़लती यह थी कि उन्होंने ऐसी सिंचाई की व्यवस्था के लिए राज्य को एकमात्र उत्तरदायी ठहराया, और इस प्रक्रिया

में अपनी फ़सल की देखभाल के प्रति अलग-अलग किसानों की पहलक़दमी को अनदेखा किया। सिंचाई और पूर्वीय निरंकुशता की धारणा के बीच एक दुर्भाग्यपूर्ण कारण-कार्य-संबंध का जन्म इसी बुनियादी ग़लती से हुआ।

कारण कि कृत्रिम सिंचाई की व्यवस्था नहरों और कृत्रिम झीलों जैसी भारी-भरकम परियोजनाओं से ही नहीं बल्कि गाँवों के छोटे (ग्राम सभाओं या व्यक्तियों की देखरेख वाले) तालाबों या फिर कुँओं से भी की जाती थी। मामूली-सी ढेंकुली को लीजिए जिसमें एक तरफ़ एक रस्सी होती है और दूसरी तरफ़ एक बोझ बँधा होता है और जो उत्तोलक के सिद्धांत पर काम करती है। यह दो सीधे खड़े खंभों या एक दुशाख़ के बीच टिकी होती है और थोड़ी-सी गहराई से पानी निकालती है। तो निश्चित ही उसके लिए पूँजी या श्रम रूप में किसी भारी निवेश की आवश्यकता नहीं थी।[22] इसके अलावा पाँचवीं या छठी सदी ईसवी के आसपास से लेकर 13वीं सदी तक के बीच पश्चिमोत्तर और उत्तर भारत में तीन चरणों में रहट का प्रभावशाली विकास भी हुआ,[23] और यह प्रगति वैयक्तिक उद्यम का एक उल्लेखनीय प्रमाण है। ध्यान में रखने की बात यह है कि एक ही कुएँ पर चल रही रहट आसपास के अनेक खेत सींच सकती थी। जब उसके अपने मालिक के अपने खेत सिंच जाते थे तो उसकी रहट से निकल रहे पानी को घंटे के आधार पर साथ लगे खेतों में इस्तेमाल के लिए बेचा जा सकता था—बहुत-कुछ वैसे ही जैसे आज पंजाब में ट्यूबवेलों के बारे में होता है।[24]

बदनसीबी की बात यह है कि जहाँ हमारे ऐतिहासिक दस्तावेज़, चाहे वे शिला-लेख हों या ग्रंथ हों, शासकों के हाथों नहरों या झीलों या बड़े जलाशयों के निर्माण की कथा को अमरत्व प्रदान करने के लिए बेचैन हैं, वहीं वे किसी कुएँ या छोटे से तालाब या नदी से खेत तक पानी लानेवाली किसी छोटी-सी मोरी पर कुछ ख़ास ध्यान देने को तैयार नहीं होते, और ये निर्माण वे हैं जो गुमनाम किसानों या फिर गाँवों के अधिकारियों द्वारा किए गए थे। इनका अपवादस्वरूप उल्लेख तभी हुआ जब उन्हें ज़मीन के बैनामों में दर्ज किया गया जिसमें चौहद्दियों का सटीक निश्चय होता था या फिर पानी के इस्तेमाल को लेकर भारी तनाव पैदा होने पर। मगर सिंचाई के ऐसे छोटे साधनों के दुर्लभ हवालों का मतलब वास्तव में उन साधनों का अभाव नहीं था। यूँ तो 18वीं या 19वीं सदी से पहले के काल का एक कामचलाऊ परिमाणीकरण करना भी असंभव है, पर यह कहना कोई बड़ी अतिशयोक्ति नहीं होगी कि उपनिवेश-पूर्व भारत में कृत्रिम रूप से सिंचित खेती की ज़िम्मेदारी एक बड़ी हद तक वैयक्तिक उद्यमशीलता पर थी। देश में उपनिवेशी शासन की स्थापना से पहले फ़सलों की संख्या में हुई प्रभावशाली वृद्धि भी वैयक्तिक उद्यम का एक प्रमाण है।[25]

तो हुआ यह कि सिंचाई की व्यवस्था में वैयक्तिक पहलक़दमी को स्वीकार करने में मार्क्स और एंगेल्स की असफलता के कारण उन्होंने सिंचाई और निरंकुशतंत्र के बीच एक ऐसा कारण-कार्य-संबंध स्थापित किया जो अपरिहार्य नहीं था। साथ ही इसके

चलते उन्होंने और उनके समकालीनों ने इस तथ्य को भी अनदेखा किया कि ग्रामीण भारत में दो हज़ार वर्ष से अधिक समय में अधिकाधिक स्तरीयकरण हो रहा था[26] और खुद कृत्रिम सिंचाई उस स्तरीयकरण के साधनों में एक थी। कारण कि एक कुआँ बनवाने या एक रहट लगवाने के लिए या फिर मोरीदार तालाब बनवाने के लिए ज़रूरी था कि जो परिवार ऐसा करना चाहता हो उसके पास कुछ संसाधन मौजूद हों। दूसरी तरफ़ उसके खेतों के लिए पानी की फ़ौरी उपलब्धता उसके वास्ते प्रतिफल सुनिश्चित करती थी जबकि ऐसे संसाधनों से वंचित दूसरे लोग शायद ही इसकी उम्मीद कर सकते थे। इससे किसी कुएँ या तालाब के मालिक और उसके कम खुशनसीब पड़ोसियों के बीच लाज़मी तौर पर अंतर बढ़ता था।

तो मार्क्स और एंगेल्स की ग़लती यह थी कि उन्होंने कृत्रिम सिंचाई के लिए पूरी तरह राज्य को उत्तरदायी ठहराया। पर फिर भी ऐसी सिंचाई की भूमिका के महत्त्व को उन्होंने समझा—यह तथ्य भारत के सामाजिक और आर्थिक इतिहास को समझने के लिए बेपनाह अहमियत रखता है। खेतिहर उत्पादन की किसी भी व्यवस्था के निर्धारण में क्षेत्र के पर्यावरण (मिट्टी की क़िस्म, पानी की उपलब्धता, धूप की उपलब्धता की मुद्दत आदि), उस समय प्राप्य तकनोलाजी और श्रम के उपयोग के सामाजिक संगठन के बीच घात-प्रतिघात आवश्यक है। मध्यकालीन यूरोप के आरंभकाल में जब खाद खेतिहर-उत्पादन की प्रमुख बाधा थी और तकनोलाजी घटिया दर्जे की थी, मिट्टी के उपजाऊपन का फैलाव में उपयोग आवश्यक हो गया।[27] इसके कारण हर बीज को एक-दूसरे से ख़ासी दूरी पर बोना आवश्यक हो गया और फलस्वरूप मामूली-सी पैदावार के लिए बड़े-बड़े खेतों की आवश्यकता होती थी। मसलन, यह माना जाता है कि 9वीं सदी तक यूरोप के एक किसान परिवार के जीवनयापन के लिए सौ एकड़ ज़मीन की ज़रूरत होती थी।[28] इसलिए उत्पादन की प्रक्रिया अत्यंत श्रम-सघन होती थी। धूप मिलने की सीमित अवधि के कारण श्रम की माँग कुछेक हफ़्तों तक सीमित रहती थी। मध्यकालीन यूरोप ने किसानों के श्रम को भूस्वामियों पर उनकी *ढाँचाबंद निर्भरता* से बाँधकर इन समस्याओं को हल करने की कोशिश की। भूदासता इसी का एक रूप थी हालाँकि सबसे महत्त्वपूर्ण रूप थी।[29]

दूसरी ओर, भारत में पानी की उपलब्धता के कारण मिट्टी की भारी प्राकृतिक उर्वरता ने यहाँ एक अलग तरह की खेतिहर व्यवस्था को जन्म दिया। यहाँ यूरोप के मुक़ाबले काफ़ी छोटा खेत, जो 9 से 13.5 एकड़ के बीच हो, एक भारतीय किसान परिवार के जीवन-निर्वाह के लिए काफ़ी था।[30] श्रम के दिनों में भी अंतराल रखे जा सकते थे। इसलिए श्रम की नहीं, बल्कि सिंचाई के साधनों या भारी मूल्यवाली नक़दी फ़सलों के रूप में पूँजी-निवेश की सघनता ही किसी की उपज का मूल्य बढ़ाती थी। इसलिए इस प्रक्रिया में जो सामाजिक टकराव उत्पन्न हुए उनकी प्रकृति मध्यकालीन यूरोप के सामाजिक टकरावों से काफ़ी-कुछ भिन्न होती थी। यूरोप में सामाजिक टकरावों

के कारण खुद उत्पादन के साधनों का पुनर्वितरण हुआ; फिर इसके कारण उत्पादन की सामंती पद्धति की जगह पर एक नई, बूर्जुवा उत्पादन पद्धति का जन्म हुआ। भारत में ये टकराव स्वयं उत्पादन पद्धति को नुक़सान पहुँचाए बिना खेतिहर अधिशेष के पुनर्वितरण तक सीमित रहे हालाँकि इस व्यवस्था में निरंतर महत्त्वपूर्ण परिवर्तन होते रहे।

दो

अपने से पहले के दूसरे अनेक लोगों की तरह मार्क्स ने भी अपरिवर्तनशील पूर्व की धारणा को अपेक्षाकृत जल्दबाज़ी में स्वीकार किया।[31] बुनियादी तौर पर भूमि में निजी संपत्ति के अभाव और भारतीय गाँवों की आत्मपोषक, 'प्राकृतिक अर्थव्यवस्था' ने ही, जो खेती और दस्तकारी की एकता से सहारा पाती थी, 'अप्रतिरोधक और अपरिवर्तनशील समाज' की यह दशा पैदा की थी। मार्क्स निजी संपत्ति के अस्तित्व के पक्ष में दिए गए विचारों से परिचित थे, पर वे खुद उनके क़ायल थे, यह मानने का शायद ही कोई कारण हो।[32] निजी संपत्ति के अभाव की धारणा से चिपके रहकर भी मार्क्स यह तय नहीं कर सके कि भूमि का स्वामी राज्य था या यह स्वामित्व गोत्र (क्लान) या समुदाय में निहित था।[33] *ड्यूहरिंग-मत-खंडन* में एंगेल्स ने भी एक जगह 'भूमि के साझे स्वामित्व' की बात कही है, और एक और जगह पर 'पूरे पूर्वी जगत में' भूमि पर ग्राम समुदाय या राज्य के स्वामित्व का चलताऊ-सा हवाला देते हैं।[34] उन्होंने 1888 में 'भूमि के सामुदायिक स्वामित्ववाले ग्राम समुदायों' की बात कही थी और उनको 'भारत से लेकर आयरलैंड तक समाज का आदिम रूप' ठहराया था।[35] अगर *परिवार की उत्पत्ति* में वे एशियाई उत्पादन पद्धति का एक सिरे से कोई हवाला नहीं देते, बल्कि 'सभ्यता के तीन युगों' अर्थात् दास-समाज, सामंतवाद और आधुनिक पूँजीवाद का उल्लेख करते हैं तो संदर्भ से इसका ज़ोरदार इशारा मिलता है कि वे अभी भी एशियाई इतिहास को वर्गों के जन्म और टकराव की दृष्टि से प्रागैतिहास-दशा का इतिहास मानते हैं। उनका उद्धरण इस प्रकार है :

> दास-प्रथा के साथ, जिसका भरपूर विकास सभ्यता के युग में हुआ, एक शोषक और एक शोषित वर्ग में समाज का पहला बड़ा विभाजन हुआ। यह विभाजन सभ्यता के पूरे काल में जारी रहा है। दास-प्रथा जो प्राचीन जगत का विशिष्ट तत्त्व थी, शोषण का पहला रूप थी; उसके बाद मध्यकाल में भूदास-प्रथा और आधुनिक काल में उजरती मज़दूरी का आगमन हुआ। ये ही पराधीनता के तीन बड़े रूप हैं जो सभ्यता के तीन महान युगों से जुड़े हुए हैं ....[36]

ज़ाहिर है कि एंगेल्स भारत को अभी भी अगर ऐसा समाज समझते थे जिसमें 'एक शोषक और एक शोषित वर्ग का बड़ा विभाजन' अभी नहीं हुआ था, तो उसके इतिहास

को वे सभ्यता के तीन महान् युगों में कैसे गिनते?[37]

फिर भी मार्क्स और एंगेल्स चाहे राजकीय संपत्ति के क़ायल रहे हों या सामुदायिक संपत्ति के, उनका बुनियादी रवैया अंत तक भूमि में निजी संपत्ति को नकारनेवाला ही रहा। इसके साथ खेती और दस्तकारियों की एकता और इकाई के रूप में गाँव की आत्मनिर्भरता की धारणा भी जुड़ी रही।[38] यूरोप में ऐतिहासिक विकास के तेज़ी से बदलते चरणों अर्थात् दास-प्रथा, सामंतवाद और आधुनिक पूँजीवाद के मुक़ाबले भारत के उपनिवेश-पूर्व इतिहास की अपरिवर्तनशीलता की धारणा का कारण यही था।

उपनिवेश-पूर्व भारत की अर्थव्यवस्था और समाज में महत्त्वपूर्ण परिवर्तनों के होने की धारणा भारतीय इतिहास-लेखन में हाल में जुड़ी है, और उसके प्रति मार्क्स के अज्ञान की व्याख्या के लिए कुछ ज़्यादा मेहनत की ज़रूरत नहीं पड़ेगी। स्पष्ट है कि मार्क्स और एंगेल्स की भारतीय समाज की अपरिवर्तनशीलता की धारणा आधुनिक अनुसंधानों के आगे शायद ही ठहर सकेगी। फिर भी, आधुनिक-पूर्व यूरोप के सापेक्ष उपनिवेश-पूर्व भारत के परिवर्तनों की गति और प्रकृति में मार्क्स ने जो महत्त्वपूर्ण अंतर किया है वह विकास के उन भिन्न मार्गों का महत्त्वपूर्ण सूचक है जो इन समाजों ने आधुनिक विश्व में प्रवेश करने के लिए अपनाए।

यूरोप में ऐतिहासिक विकास के चरणों—दास-प्रथा, सामंतवाद और पूँजीवाद—में पर्याप्त स्पष्ट अंतर हैं और लगभग सार्वभौम रूप से स्वीकारे जाते हैं। इस बात को भी लगभग सार्वभौम स्वीकृति प्राप्त है कि भारत में उत्पादन पद्धति और सामाजिक संगठन में जो परिवर्तन आए वे चाहे जितने महत्त्वपूर्ण हों, उस क़दर सुस्पष्ट क्रमभंग के सूचक नहीं हैं। भारत में परिवर्तन लंबे खिंचे और आहिस्ता-आहिस्ता हुए; उत्पादन की पहले से मौजूद तकनीकों और उत्पादन के सामाजिक संगठन पर उनका प्रभाव फेर-बदल करनेवाला रहा; और उन्होंने शायद ही किसी विद्यमान सामाजिक और आर्थिक ढाँचे को उखाड़कर उसकी जगह एक नए ढाँचे की, एक नई उत्पादन पद्धति की स्थापना की हो। सातवीं सदी ईसवी के बाद के लिए यह बात ख़ासकर सही है।

आज यह बात आम तौर पर मानी जाती है कि वैदिकोत्तर काल में उत्तर भारत में एक तरफ़ खेती का पर्याप्त प्रसार हुआ और दूसरी तरफ़ तीखा सामाजिक विभेदीकरण उत्पन्न हुआ। हालाँकि परिवार के श्रम से जोती-बोई जानेवाली खेती लगता है कि प्रमुख प्रतिमान बन चुकी थी,[39] मगर बौद्ध साहित्य में हमें बड़े फ़ार्म भी दिखाई देते हैं जिनमें से कुछ में तो 500 हलों से जुताई होती थी और उजरती मज़दूरों के एक दल से काम कराया जाता था।[40] *अर्थशास्त्र* में भी 'दास-श्रमिकों और बंदियों' द्वारा जोती-बोई जानेवाली राजकीय जोतों की बात कही गई है।[41] मौर्यों के बाद के काल में लगता है श्रम के बुनियादी रूपों के तौर पर बँटाईदारी और क़र्ज़-बँधुओं की मज़दूरी का महत्त्व बढ़ा।[42] गुप्त और गुप्तोत्तर कालों में बड़े फ़ार्मों का शायद ही कोई उल्लेख मिले, चाहे व्यक्तियों की संपत्ति के रूप में हो या राज्य की संपत्ति के रूप में। दूसरी तरफ़ शूद्र

धीरे-धीरे छोटे उत्पादकों में रूपांतरित हो रहे थे। 7वीं सदी के पूर्वार्ध तक सभी नहीं तो अधिकांश शूद्र किसान बन चुके थे।[43] एक बेहद संस्तरित ग्रामीण समाज के बीच लघु कृषक उत्पादन को मिली इस मज़बूती से ही वह सामाजिक संदर्भ उत्पन्न होता है जिसमें अलग-अलग किसानों की पहलक़दमी ने सिंचाई के साधनों का विकास करके और नई-नई फ़सलों को अपनाकर, जिसका हवाला हम दे चुके हैं, कृषि का प्रसार किया।

इस मज़बूती के साथ शोषण के रूप में एक महत्त्वपूर्ण परिवर्तन आया। इसके बाद से जहाँ किसानों के श्रम सहित उनकी उत्पादन प्रक्रिया पर उनका अपना नियंत्रण रहा वहीं राज्य को दी जानेवाली मालगुज़ारी के रूप में उनका अधिशेष उनसे ले लिया जाता रहा। शोषण का यह संबंध अतिरिक्त उत्पादन पर केंद्रित था और इसलिए अधिग्रहण किए जानेवाले अधिशेष की मात्रा को लेकर लाज़मी तौर पर किसानों और राज्य के बीच टकराव पैदा हुए। उत्पादन पद्धति पर इन टकरावों का कम ही प्रभाव पड़ा। इन टकरावों के कारण उत्पादन के साधनों का कोई पुनर्वितरण नहीं हुआ जब तक कि उपनिवेशवाद स्थापित नहीं हो गया। वितरण और पुनर्वितरण अगर होता था तो किसानों की अतिरिक्त पैदावार का होता था। यही कारण है कि जब मुग़लिया हुकूमत के पतन जैसी महती घटनाओं के कारण 18वीं सदी के आरंभकाल में एक संकट पैदा हुआ तब भी हर जगह साम्राज्य की क़ीमत पर ज़मींदार वर्ग का उत्थान हुआ। दूसरे शब्दों में इस संकट के कारण संपत्ति के किसी नए स्वरूप के उदय की जगह एक पुराने स्वरूप का पुनरुत्थान हुआ।

इसलिए यह कहा जा सकता है कि यूरोपीय उपनिवेशवाद के हस्तक्षेप के बिना मध्यकालीन भारतीय अर्थव्यवस्था के अंतिम दिनों में पूँजीवाद के विकास की संभावना कम ही थी।[44] मध्यकालीन भारतीय अर्थव्यवस्था की विशेषताएँ इस प्रकार थीं—ज़मीन की भारी उर्वरता, उत्पादकों के जीवनयापन का नीचा स्तर, फलस्वरूप किसानों का बहुत अधिक शोषण जिससे शासकवर्ग को बहुत बड़ी मात्रा में अधिशेष प्राप्त होता था; और अंत में, अपने उत्पादन की प्रक्रिया पर किसानों के नियंत्रण की स्वतंत्रता। इन विशेषताओं और ख़ासकर अंतिम विशेषता के कारण उत्पादन शक्तियों का कमोबेश स्थिर विकास सुनिश्चित हुआ; साथ ही उन्होंने उत्पादन पद्धति में एक सापेक्ष स्थायित्व सुनिश्चित किया जो हिंसक उथल-पुथल से अप्रभावित रहता था। अधिशेष के अधिग्रहण तक सीमित रहने के कारण सामाजिक टकरावों की प्रकृति ऐसी होती थी कि उनके समाधान के लिए विद्यमान ढाँचे को तहस-नहस करना आवश्यक नहीं होता था।[45]

मध्यकालीन यूरोप और उपनिवेश-पूर्व भारत के विकास के मार्गों का यही मूलभूत अंतर था जिस पर मार्क्स ने ज़ोर बल्कि शायद ज़रूरत से ज़्यादा ज़ोर दिया था। इस आलोचनात्मक दृष्टि के महत्त्व को समझने के लिए मार्क्स की अपनी मान्यताओं को स्वीकार करना या उनकी अपनी दलीलों का अनुसरण करना शायद ही ज़रूरी हो।

निश्चित ही यह एक ऐसा विषय है जिस पर अभी तक जितनी छानबीन हुई है उससे कहीं बहुत अधिक विस्तृत छानबीन की आवश्यकता है।

तीन

पिछली विवेचना में हम भारत में निजी भू-संपत्ति के अभाव की धारणा के प्रति मार्क्स के आग्रह को देख चुके हैं। मार्क्स ने भूमि के मात्र स्वामित्व से हटकर उसके उपयोग पर ध्यान केंद्रित किया तो उन्होंने समस्या से जूझने की वास्तव में एक नई ज़मीन तैयार की। मार्क्स की समझ में भूमि का यह उपयोग सामूहिक खेती से लेकर वैयक्तिक स्वामित्व और खेती तक के रूपों में होता था। 1853 में उन्होंने कहा था : "इनमें से कुछ समुदायों में गाँव की ज़मीनें मिलकर जोती-बोई जाती हैं; ज़्यादातर मुआमलों में हर दख़लदार अपना खेत जोतता है।"[46]

ग्रुंडरीस में मार्क्स सामूहिक संपत्ति के वास्तव में श्रम में साकार होने की बात करते हैं। या तो इसका रूप यह होता था कि "व्यक्ति अपने परिवार के साथ अपने को मिली ज़मीन पर स्वतंत्र रूप से काम करता था या फिर स्वयं श्रम की सामूहिकता होती थी जैसा कि भारत के कुछेक गोत्रों में दिखाई देता है।"[47] *पूँजी* में वे कहते हैं :

> वे छोटे-छोटे और अत्यंत प्राचीन भारतीय समुदाय, जिनमें से कुछ तो आज तक अस्तित्व में हैं, भूमि के साझे स्वामित्व पर आधारित हैं .... भारत के अलग-अलग भागों में इन समुदायों की संरचना अलग-अलग है। सबसे सरल रूपवाले समुदायों में ज़मीन पर साझी काश्त होती है और पैदावार उसके सदस्यों में बाँट दी जाती है।[48]

भूमि के उपयोग का यह सवाल निश्चित ही अत्यधिक अहमियत रखता है; यह स्वामित्व के सवाल से कहीं बहुत अधिक महत्त्वपूर्ण है। स्वामित्व मूलतः एक विधिशास्त्रीय प्रवर्ग है, ख़ासकर इसलिए कि इसकी अभिव्यक्ति भूमि की हस्तांतरणीयता में होती है। अगर किसी को अपनी भूमि को हस्तांतरित करने का अधिकार प्राप्त है तो यह उस पर उसके स्वामित्व का प्रमाण है। पर फिर भूमि का हस्तांतरण एक ऐसी स्थिति का सूचक है जिसमें भूमि की माँग उसकी आपूर्ति से अधिक हो; जिसमें दूसरे शब्दों में कुछ सीमा तक भूमि-बाज़ार का विकास हो चुका हो।

जहाँ भूमि की उपलब्धता पर्याप्त हो (जैसे उपनिवेश-पूर्व भारत में) और फलस्वरूप विकसित भूमि-बाज़ार का अभाव हो, वहाँ हस्तांतरण के अधिकार की दृष्टि से भूमि में व्यक्ति के संपत्ति-संबंधी अधिकारों की अभिव्यक्ति की माँग ही अटपटी लगेगी। ऐसे किसी संदर्भ में भूमि के उपयोग की प्रकृति और उत्पादन के लिए श्रम के संगठन के स्वरूप की छानबीन करना कहीं बहुत अधिक उपयोगी होगा।[49] जब मार्क्स ने ज़मीन की सामूहिक या वैयक्तिक काश्त की समस्या को उठाया तो उनका मक़सद

ऐसी ही छानबीन करना था।

भूमि की काश्त कैसे की जाती है, यह अनेक तत्त्वों पर निर्भर होता है : पर्यावरण, प्रौद्योगिकी, किसी क्षेत्र में श्रमशक्ति की उपलब्धता, और सबसे बढ़कर, श्रम के उपयोग के रूपों का आयोजन करने में सामाजिक या मानवीय हस्तक्षेप। अगर पर्यावरणों और प्रौद्योगिकियों में समानताएँ हों तब भी एक समाज में उत्पादक श्रम के संगठन का ढर्रा किसी दूसरे समाज से मूलभूत रूप से भिन्न हो सकता है।

उपनिवेश-पूर्व भारत में सातवीं सदी ईसवी के बाद खेतिहर उत्पादन में श्रम का संगठन प्रमुखतः पारिवारिक श्रम के रूप में होता रहा है, जैसा कि हम देख चुके हैं। बड़े भूस्वामियों की जोतों पर श्रमिक किराये पर रखे जाते थे[50] और कभी-कभी ज़बरन उनसे काम कराया जाता था।[51] किसानों के खेतों और बड़ी-बड़ी जोतों, दोनों में इस श्रम का पूरक भृत्य जातियों का श्रम होता था जिनको बदले में पैदावार का बेहद छोटा-सा हिस्सा दिया जाता था।[52] अपने ख़ुद के विभेदीकरण के बावजूद पूरे काश्तकार समुदाय के हाथों में निचली जातियों के श्रम का यह सामूहिक नियंत्रण उत्पादन-पद्धति में श्रम की माँग की समस्या का विशिष्ट भारतीय समाधान था।

श्रम पर यह नियंत्रण जाति-व्यवस्था के माध्यम से लागू होता था जो भृत्य जातियों को स्वयं भूमि के स्वामित्व और जुताई-बुवाई के अधिकार से वंचित रखती थी, और वह भी भूमि की पर्याप्त उपलब्धता के संदर्भ में। ग़ैर-आर्थिक बल-प्रयोग के विशिष्ट भारतीय रूप में सामाजिक विधान और रीति-रिवाज खेतिहर श्रम की उपलब्धता का निर्धारण इसी प्रकार करते थे।

मार्क्स ने जब सामुदायिक या वैयक्तिक काश्त की बात की तो निचली जातियों के श्रम पर समुदाय का यह नियंत्रण शायद उनकी निगाह में नहीं था। फिर भी इस समस्या के लिए हम उन्हीं की अंतःदृष्टि के, भू-संपत्ति के मात्र स्वामित्व के प्रश्न के बजाय खेतिहर उत्पादन की कार्यपद्धति को समझने के बारे में उनके ही प्रयास के ऋणी हैं। यह समस्या सचमुच ऐसी है जिसकी विस्तृत छानबीन अभी भी आवश्यक है। इसके लिए क्षेत्रीय आधार पर खेतिहर उत्पादन में लगे श्रम का आकलन आवश्यक है; यह निचली जातियों के उस प्रतिरोध के रूपों को समझने के प्रयासों का तक़ाज़ा भी करती है जो उनके लिए भूमि की सुलभता पर लगे घोर अन्यायपूर्ण सामाजिक प्रतिबंधों के ख़िलाफ़ हुआ जबकि भूमि की उपलब्धता बहुत अधिक थी। इसके अलावा जाति-प्रथा की स्थिरता और उत्पादन की पद्धति और श्रम के उपयोग के रूपों में होनेवाले परिवर्तनों से उसके संबंध भी ऐसे पहलू हैं जिनकी कुछ ख़ास छानबीन अभी नहीं की गई है हालाँकि भारत में उपनिवेश-पूर्व अर्थव्यवस्था और समाज को समझने के लिए वे स्पष्ट रूप से महत्त्वपूर्ण हैं।

ऐसी जिन समस्याओं से गावर्स का सरोकार रहा उनमें से अगर कुछ को भी अभी तक की गई छानबीन से कहीं बहुत अधिक विस्तृत छानबीन का विषय बनाया जाए, भले

ही अंत में मार्क्स की अपनी टिप्पणियों में संशोधन करने या उन्हें एक सिरे से त्याग देने की नौबत आ जाए, तो मार्क्सवाद और भारतीय इतिहास-लेखन, दोनों ही समृद्ध होंगे। कारण कि मार्क्स बहरहाल इतने महान विचारक थे कि हर सवाल पर उनका सही होना लाज़िम नहीं होता।

संदर्भ और टिप्पणियाँ

1. कार्ल मार्क्स, *ए कंट्रीब्यूशन टु द क्रिटीक ऑफ़ पोलिटिकल इकानमी* (आगे से *एम. सी. सी. पी. ई,* मास्को, 1970), 'भूमिका', पृ. 21; और कार्ल मार्क्स, *कैपिटल,* खंड 1 (मास्को, 1954), पृ. 79.
2. पेरी एंडरसन, *लीनियजेज़ ऑफ़ द आब्सोल्यूटिस्ट स्टेट* (लंदन, 1975), पृ. 466 और आगे; और मेरियन सायर, *मार्क्सिज़्म एंड द क्वेश्चन ऑफ़ द एशियाटिक मोड ऑफ़ प्रोडक्शन* (हेग, 1977), पृ. 29.
3. उपरोक्त, पृ. 6 और आगे।
4. टामस रो, *जर्नल, चर्चिल्स कलेक्टिव वोयेजेज़,* खंड 1 (लंदन, 1732) में संकलित, पृ. 729; ट्रैबर्नियर, *ट्रैवेल्स इन इंडिया,* खंड 1 (नई दिल्ली, 1977), पृ. 260; मानुची, *स्तोरिया दा मोगोर,* खंड 2 (लंदन, 1907), पृ. 44; और बर्नियर, *ट्रैवेल्स इन द मुग़ल एंपायर* (नई दिल्ली, 1972), पृ. 204
5. एफ़. एंगेल्स के नाम कार्ल मार्क्स का पत्र, 2 जून, 1853; मार्क्स-एंगेल्स, *सेलेक्टेड करेस्पांडेंस* (आगे से एम ई एस सी, मास्को, 1975) में संकलित, पृ. 75.
6. देखें एंगेल्स के नाम मार्क्स का पत्र, 14 जून, 1853, उपरोक्त, पृ. 80; "जहाँ तक **संपत्ति का प्रश्न** है, यह भारत पर लिखनेवाले अंग्रेज़ लेखकों के बीच एक बहुत विवादित प्रश्न है। कृष्णा से दक्षिण के ऊबड़-खाबड़ पहाड़ी इलाक़े में भूमि में संपत्ति का अस्तित्व दिखाई देता है।" (ज़ोर लेखक का।)

   भारत में इस सवाल पर जो विवाद चल रहे थे उनकी जानकारी का परिचय उन्होंने 1858 में भी दिया था; उनका लेख 'लॉर्ड कैनिंग्स प्रोक्लेमेशन एंड लैंड टेन्योर इन इंडिया', मार्क्स और एंगेल्स, *द फ़र्स्ट इंडियन वार ऑफ़ इनडिपेंडेंस* (आगे से एफ़ आई डब्ल्यू आई, मास्को, तिथि अज्ञात) में संकलित, पृ. 161-63 देखें। इस विवाद के ब्यौरों के लिए लारेंस क्रेडर, *द एशियाटिक मोड ऑफ़ प्रोडक्शन : सोर्सेज़, डेवेलपमेंट एंड क्रिटीक इन द राइटिंग्स ऑफ़ कार्ल मार्क्स* (आसेन, 1975), पृ. 37-85 देखें।
7. एंगेल्स के नाम मार्क्स का पत्र, *एम. ई. एस. सी,* पृ. 79 और आगे; कार्ल मार्क्स, 'द फ़्यूचर रेज़ल्ट्स ऑफ़ ब्रिटिश रूल इन इंडिया', *एफ़. आई. डब्ल्यू. आई,* पृ. 36 और आगे; कार्ल मार्क्स, *ग्रुंडरीस,* (हारमंड्सवर्थ, 1975), पृ. 473, 485 व आगे, और 493; *कैपिटल,* खंड 1, पृ. 375 और आगे; *कैपिटल,* खंड 3 (मास्को, 1971), पृ. 333 तथा 786 और आगे; और एफ़. एंगेल्स, *ओरिजिन्स ऑफ़ द फ़ैमिली, प्राइवेट प्रापर्टी एंड द स्टेट* (मास्को, 1968), पृ. 156.
8. वैसे तो आत्मनिर्भर ग्राम समुदाय की धारणा का प्रतिपादन मार्क विल्क्स ने *हिस्टारिकल स्केचेज़ ऑफ़ द साउथ ऑफ़ इंडिया* (लंदन, 1810), खंड 1, पृ. 117 और आगे में किया था और इसे 1812 में *द फ़िफ़्थ रिपोर्ट ऑफ़ द सेलेक्ट कमेटी ऑन द अफ़ेयर्स ऑफ़ द ईस्ट इंडिया कंपनी* में भी दर्ज किया गया था, मगर कृषि और दस्तकारियों की एकता की धारणा का विकास पहले-पहल

रिचर्ड जोन्स ने किया था। लारेंस क्रेडर, पूर्वोक्त, पृ. 53-55 देखें। उसके बाद इस विषय को मार्क्स ने *कैपिटल* में विकसित किया था।

9. एल. क्रेडर, पूर्वोक्त, पृ. 39 व आगे और 41.
10. *कैपिटल*, खंड 3, पृ. 790 और आगे।
11. *कैपिटल*, खंड 1, पृ. 375 और आगे।
12. जी. डब्ल्यू. एफ़. हेगेल, *द फ़िलॉसफ़ी ऑफ़ हिस्ट्री* (न्यूयार्क, 1944), पृ. 142, 161 और 163; एम. सायर, पूर्वोक्त, पृ. 26 व 30 और आगे। भारत की प्रगति की शर्त के तौर पर उस पर यूरोप के प्रभुत्व की अपरिहार्यता के लिए जी. डब्ल्यू. एफ़. हेगेल, पूर्वोक्त, पृ. 142; कार्ल मार्क्स, 'द फ़्यूचर रेज़ल्ट्स ऑफ़ ब्रिटिश रूल इन इंडिया', *एफ़. आई. डब्ल्यू. आई*, पृ. 33-40; और एम सायर, पूर्वोक्त, पृ. 26 देखें।
13. मार्क्स के नाम एंगेल्स का पत्र, 6 जून, 1853, *एम. ई. एस.सी*, पृ. 76.
14. मार्क्स, 'द ब्रिटिश रूल इन इंडिया', *न्यूयार्क डेली ट्रिब्यून*, 25 जून, 1853; मार्क्स ने इसे 10 जून 1853 को लिखा था। *एफ़. आई. डब्ल्यू. आई* में पृ. 16 पर पुनरुद्धृत।
15. *ग्रुंडरीस*, पृ. 473 व आगे; *कैपिटल*, खंड 1, पृ. 514; एंगेल्स, *एंटी-ड्यूहरिंग* (मास्को, 1954), पृ. 249.
16. *एफ़. आई. डब्ल्यू. आई*, पृ. 19.
17. पेरी एंडरसन, पूर्वोक्त, पृ. 487-91; मेरियन सायर, पूर्वोक्त, पृ. 49; इरफ़ान हबीब, 'ऐन इक्ज़ामिनेशन ऑफ़ विटफ़ोगेल्स थ्योरी ऑफ़ ओरिएंटल डिस्पाटिज़्म', *इनक्वायरी* (नई दिल्ली), 6, पृ. 54-73.
18. आर एस. शर्मा, 'स्टेजेज़ इन द इवाल्यूशन ऑफ़ अर्ली इंडियन सोसायटी', जी. वी. सिन्हा (सं.) *द मैन एंड द साइंटिस्ट* (दिल्ली, 1979) में संकलित, पृ. 205.
19. नंदकिशोर कुमार, 'हाइड्रालिक एग्रीकल्चर इन पेनिनसुलर इंडिया' (सर्का 300 बी. सी. टु 1300 ए डी.), *प्रोसीडिंग्स ऑफ़ द इंडियन हिस्ट्री कांग्रेस*, 1979 (दिल्ली, 1980), पृ. 211-14.
20. आर सी. जैन (सं.) *मैकक्रिंडिल्स एंशिएंट इंडिया ऐज़ डिस्क्राइब्ड बाई मेगास्थनीज़ एंड एरियन* (नई दिल्ली, 1972), पृ. 86; इस संदर्भ के लिए मैं अपने सहयोगी डॉ. बी. डी. चट्टोपाध्याय का ऋणी हूँ।
21. तपन रायचौधुरी और इरफ़ान हबीब (सं.), *कैंब्रिज इकानमिक हिस्ट्री ऑफ़ इंडिया*, (आगे से *सी. ई. एच. आई*; कैंब्रिज, 1982), खंड 1, पृ. 49 और 216.
22. हेनरी यूल और ए सी. बर्नेल, *हाब्सन-जाब्सन* (नई दिल्ली, 1979), देखिए शब्द 'पिकोट्टा'।
23. बी. डी. चट्टोपाध्याय, 'इरिगेशन इन अर्ली मेडिवल राजस्थान', *जर्नल ऑफ़ द इकानमिक एंड सोशल हिस्ट्री ऑफ़ द ओरिएंट*, खंड 16 (2 और 3), पृ. 298-316; इरफ़ान हबीब, 'अध्यक्षीय भाषण', मध्यकालीन भारत खंड, *प्रोसीडिंग्स ऑफ़ द इंडियन हिस्ट्री कांग्रेस*, 1969 (दिल्ली, 1970).
24. कुएँ के पानी में साझा होता था और रहट 'किराए पर दे दी जाती' थी, यह बात आरंभिक मध्यकालीन साक्ष्यों से स्पष्ट है। इनमें से एक साक्ष्य के अनुसार भूमि का पट्टा पानेवाला व्यक्ति साथ में लगे कुएँ का एक-तिहाई पानी लेने का हक़दार था; ऐसे ही एक और व्यक्ति को किराए पर रहट लेने का अधिकार प्राप्त था। (बी. डी. चट्टोपाध्याय, पूर्वोक्त, पृ. 311 और 314 व आगे देखें।)
25. हरबंस मुखिया, 'वाज़ देयर फ़्यूडलिज़्म इन इंडियन हिस्ट्री ?', *द जर्नल ऑफ़ पेज़ेंट स्टडीज़*, वर्ष 8, अंक 3, 1981, टिप्पणी 213.

26. उमा चक्रवर्ती, 'ऑफ़ दासाज़ एंड कर्मकाराज़ः सर्वाइल लेबर इन एंशियंट इंडिया', उत्सा पट्टनायक और मंजरी दिंगवानी (सं.), *चेन्स ऑफ़ सर्वीच्यूड : बॉन्डेज एंड स्लेवरी इन इंडिया,* (मद्रास, 1985), पृ. 35-75; इरफ़ान हबीब, 'द पेज़ेंट इन इंडियन हिस्ट्री' सोशल चेंज इन इंडिया (सोशल साइंटिस्ट मार्क्स सेंटेनरी वाल्यूम, खंड 1, त्रिवेंद्रम, 1983), पृ. 40 और आगे, और *सी. ई. एच. आई,* खंड 1, पृ. 54 और आगे, 174-77, 221 व आगे, 240 और 247.

27. चार्ल्स पेरें, 'द इवाल्यूशन ऑफ़ एग्रिकल्चरल टेकनीक', *कैंब्रिज इकानमिक हिस्ट्री ऑफ़ यूरोप,* खंड 1 (कैंब्रिज, 1966), पृ. 133 व आगे तथा 145 व आगे; मार्क ब्लाख़, *फ्रेंच रूरल हिस्ट्री* (लंदन, 1976), पृ. 25; जी. दूबी, *रूरल इकानमी एंड कंट्री लाइफ़ इन द मेडिवल वेस्ट* (लंदन, 1968), पृ. 24 व आगे; लिन व्हाइट जूनियर, *मेडिवल टेक्नोलॉजी एंड सोशल चेंज* (लंदन, 1973), पृ. 41-43 और 53.

28. आर. एच. हिल्टन, *बांड मेन मेड फ्री* (लंदन, 1973), पृ. 28.

29. हरबंस मुखिया, पूर्वोक्त, पृ. 274-77.

30. आर. एस. शर्मा, *लाइट ऑन इंडियन सोसायटी एंड इकानमी* (मुंबई, 1966), पृ. 62 और 73; पुष्पा नियोगी, *कंट्रीब्यूशंस टु द इकानमिक हिस्ट्री ऑफ़ नार्दर्न इंडिया* (कलकत्ता, 1962), पृ. 97 व टिप्पणी।

31. मार्क्स, 'द फ़्यूचर रेज़ल्ट्स ऑफ़ ब्रिटिश रूल इन इंडिया', *एफ़. आई. डब्ल्यू. आई,* पृ. 33 और आगे। मांटेस्क्यू के वक्तव्य (एंडरसन, पूर्वोक्त, पृ. 464 पर उद्धृत) से तुलना करें : "पूर्व के विधान, रीति-रिवाज और तौर-तरीक़े—चाहे वे अत्यंत क्षुद्र क्यों न हो, जैसे वस्त्र आदि—वैसे ही हैं जैसे वे एक हज़ार साल पहले थे।" जेम्स मिल के इस विचार (मेरियन सायर, पूर्वोक्त, पृ. 30 व आगे) से भी तुलना करें कि एशियाई समाज-व्यवस्था "वह थी जिसमें समस्त प्रगति हज़ारों वर्ष पहले ही बंद हो चुकी थी।" फिर हेगेल (पूर्वोक्त, पृ. 163) को भी सुनिए : "वार्षिकी (*हिस्टोरिया*) के रूप में हिंदुओं के पास कोई इतिहास नहीं है ···· कार्यकलाप (*रेजेस्ट्राई*) के रूप में उनका कोई इतिहास नहीं है; अर्थात् ऐसी कोई संवृद्धि नहीं जो प्रसारमान होकर एक भरी-पूरी राजनीतिक दशा का रूप ले।"

32. हम पहले ही देख चुके हैं कि मार्क्स ने 1853 और 1855 में यह विचार दर्ज किया था कि भूमि में निजी संपत्ति का अस्तित्व है। फिर 1879 में एम. कोवालेव्स्की की पुस्तक *कम्यूनल लैंडहोल्डिंग* का सारांश तैयार करते समय मार्क्स ने 'आधुनिक अर्थों में' व्यक्ति की निजी पारिवारिक संपत्ति के उदय पर ध्यान दिया था। पर फिर जैसा कि डेनियल थार्नर बड़े सँभलकर कहते हैं, "इस समय हमें उपलब्ध सामग्री के आधार पर हम यह नहीं कह सकते कि क्या मार्क्स कोवालेव्स्की का मात्र सार-संक्षेप तैयार कर रहे थे या साथ ही उनसे सहमति व्यक्त कर रहे थे कि भारतीय ग्राम समुदाय में अनेक रूपांतरण हुए हैं।" डेनियल शार्नर, 'मार्क्स ऑन इंडिया एंड द एशियाटिक मोड ऑफ़ प्रोडक्शन', *कंट्रीब्यूशंस टु इंडियन सोशियोलॉजी,* वर्ष 9, दिसंबर 1966, पृ. 61 और आगे देखें।

33. एंगेल्स को 2 जून, 1853 को लिखे गए पत्र में मावर्स ने बर्नियर के इस विचार का पूरी तरह अनुमोदन किया कि भारत में सम्राट ही 'पूरी भूमि का एकमात्र और अकेला स्वामी' होता था; *एम. ई. एस. सी,* पृ. 76 व आगे देखें। पर लगता है मार्क्स ने 1857-58 में निर्णायक रूप से विचार बदलकर 'गोत्र या समुदाय की संपत्ति' की बात स्वीकार कर ली थी; *ग्रुंडरीस,* पृ. 472 व आगे तथा 484 देखें। इसी विचार को उन्होंने 1859 और 1867 में फिर दोहराया; *एम. सी. सी. पी. ई,* पृ. 33 और *कैपिटल,* खंड 1, पृ. 77 व आगे देखें। *कैपिटल* के तीसरे खंड में, जो 1863 और 1867 के बीच लिखा गया था, मार्क्स निहित रूप से फिर उसी विचार की ओर पलट गए कि भारत में सम्राट ही भूमि का स्वामी होता था; *कैपिटल* खंड 3, पृ. 791 देखें।

34. एफ़. एंगेल्स, *एंटी-ड्यूहरिंग,* क्रमशः पृ. 224 और 244 व आगे।
35. द *कम्युनिस्ट मैनिफ़ेस्टो* के अंग्रेज़ी संस्करण (1888) में एंगेल्स द्वारा जोड़ी गई पाद-टिप्पणी, डेनियल थार्नर, पूर्वोक्त, पृ. 59 व आगे में उद्धृत।
36. एंगेल्स की *द ओरिजिन ऑफ़ द फ़ैमिली, प्राइवेट प्रापर्टी एंड द स्टेट* सबसे पहले 1884 में प्रकाशित हुई थी। स्वयं एंगेल्स द्वारा संशोधित एक और संस्करण 1891 में प्रकाशित हुआ। यहाँ इसी संस्करण के मास्को पुनर्मुद्रण (1968) का हवाला दिया गया है; पृ. 172 देखें।
37. एरिक हाब्सबाम को भी लगता है कि अगर एंगेल्स ने *ओरिजिन ऑफ़ द फ़ैमिली* में एशियाई उत्पादन-पद्धति का कोई हवाला नहीं दिया तो संभवतः इसकी व्याख्या यह हो सकती है कि एंगेल्स ने "इसे 'सभ्यता' के प्रागैतिहास से संबंधित मानकर" छोड़ दिया होगा। कारण कि एंगेल्स का विचार था कि दास-प्रथा, भूदास-प्रथा और आधुनिक उजरती मज़दूरी "पराधीनता के तीन बड़े रूप हैं जो सभ्यता के तीन युगों से जुड़े हुए हैं।" ई. जे. हाब्सबाम (सं.), 'इंट्रोडक्शन', *कार्ल मार्क्स : प्रि-कैपिटलिस्ट इकानमिक फ़ार्मेशंस* (प्रथम प्रकाशन : 1964; पुनर्मुद्रण : न्यूयार्क, 1971), पृ. 51 की टिप्पणी देखें। इरफ़ान हबीब ने हाब्सबाम की इस व्याख्या को थोड़े सख़्त ढंग से 'अपेक्षाकृत खींचातानी' कहा है; इरफ़ान हबीब, 'मार्क्सेस परसेप्शन ऑफ़ इंडिया', द *मार्क्सिस्ट,* वर्ष 1, अंक 1, जुलाई-सितंबर 1983, पृ. 115 की टिप्पणी देखें।
38. एंगेल्स के नाम मार्क्स का पत्र, 14 जून, 1853, *एम. ई. एस. सी.,* पृ. 80; 'द फ़्यूचर रेज़ल्ट्स ऑफ़ ब्रिटिश रूल इन इंडिया', *एफ़. आई. डब्ल्यू. आई,* पृ. 36 व आगे; *ग्रुंडरीस,* पृ. 473, 486 व 493; *कैपिटल,* खंड 1, पृ. 357 व आगे; *कैपिटल,* खंड 3, पृ. 333 और 786 व आगे; एंगेल्स, द *ओरिजिन ऑफ़ द फ़ैमिली,* पृ. 156.
39. उमा चक्रवर्ती, पूर्वोक्त, पृ. 47.
40. पी. सी. जैन, *लेबर इन एंशिएंट इंडिया* (नई दिल्ली, 1971), पृ. 44 व आगे।
41. आर. सामाशास्त्री (अनु.), *कौटिल्याज़ अर्थशास्त्र* (मैसूर, 1967), पृ. 129.
42. उमा चक्रवर्ती, पूर्वोक्त, पृ. 51 व आगे।
43. आर. एस. शर्मा, *इंडियन फ़्यूडलिज़्म* (कलकत्ता, 1965), पृ. 61-63.
44. इरफ़ान हबीब, 'पोटेंशियालिटीज़ ऑफ़ कैपिटलिस्टिक डिवलेपमेंट इन द इकॉनमी ऑफ़ मुगल इंडिया', *इनक्वायरी,* शरद, 1971, पृ. 1-56.
45. हरबंस मुखिया, पूर्वोक्त, पृ. 293.
46. एंगेल्स के नाम मार्क्स का पत्र, 14 जून, 1853, *एम. ई. एस. सी,* पृ. 80.
47. *ग्रुंडरीस,* पृ. 473 व 477.
48. *कैपिटल,* खंड 1, पृ. 357.
49. हरबंस मुखिया, पूर्वोक्त, पृ. 290.
50. दिलबाग़ सिंह, 'टेनेंट्स, शेयरक्रापर्स एंड एग्रिकल्चरल लेबरर्स इन एटींथ सेंचुरी ईस्टर्न राजस्थान',' *स्टडीज़ इन हिस्ट्री,* वर्ष 1, अंक 1979, पृ. 39.
51. हरबंस मुखिया, 'इल्लीगल एक्सटार्शंस फ्राम पेज़ेंट्स, आर्टिज़ंस एंड मीनियल्स इन एटींथ सेंचुरी ईस्टर्न राजस्थान', *इंडियन इकानमिक एंड सोशल हिस्ट्री रिव्यू,* वर्ष 14, अंक 2, अप्रैल-जून, 1977, पृ. 231-45.
52. पूर्वी राजस्थान से संबंधित, 1752 और 1766 के दो दुर्लभ दस्तावेज़ों में उनका भाग क्रमशः 0.6 और 0.9 प्रतिशत बतलाया गया है; दिलबाग़ सिंह, 'लोकल एंड लैंड रेवेन्यू एडमिनिस्ट्रेशन ऑफ़ द स्टेट ऑफ़ जयपुर (सर्का 1750-1800)', नई दिल्ली : जवाहरलाल नेहरू विश्वविद्यालय, अप्रकाशित पी. एच. डी. शोधप्रबंध, पृ. 53 देखें।

अर्थव्यवस्था और समाज

क्या भारतीय इतिहास में फ़्यूडलिज़्म रहा है ?*

क्या भारतीय इतिहास में फ़्यूडलिज़्म था? इस सवाल पर विचार करने से पहले कुछ ख़ास शब्दों की परिभाषा तय कर लेना उचित होगा। दूसरे शब्दों में फ़्यूडलिज़्म क्या है, इसे साफ़ कर लेना चाहिए। बदक़िस्मती से इस आसान सवाल का जवाब भी इतिहासकारों ने अलग-अलग ढंग से दिया है।[1] अगर फ़्यूडलिज़्म की कोई ऐसी परिभाषा नहीं मिलती जिसे समान रूप से पूरी दुनिया पर लागू किया जा सके, तो इसका वस्तुगत कारण है जिसका हमारी बात के लिए ख़ास महत्त्व हैः फ़्यूडलिज़्म कोई विश्व-व्यवस्था नहीं था, पूँजीवाद ही सबसे पहली विश्व-व्यवस्था बना।[2] इसका मतलब यह हुआ कि फ़्यूडलिज़्म का कोई ऐसा सारतत्त्व नहीं रहा है जो पूरी दुनिया पर लागू हो

* अपने मूल रूप में यह लेख भारतीय इतिहास कांग्रेस के 40वें सत्र (1979) में मध्यकालीन भारत खंड में अध्यक्षीय भाषण के रूप में पढ़ा गया था। बाद में इस पर तीन संगोष्ठियों में बहसें चलीं जिन्हें क्रमशः समाजविज्ञान संस्थान, जवाहरलाल नेहरू विश्वविद्यालय, नई दिल्ली; इतिहास विभाग, इरैस्मस विश्वविद्यालय, रोटरडम, और सोसायटी फ़ार द स्टडी ऑफ़ फ़्यूडलिज़्म, सोरबोन, पेरिस ने आयोजित किया था। यह मेरा सौभाग्य था कि इसके बारे में मुझे मॉरिस आयमार्द, गाई बोइस, वरुण डे, इरफ़ान हबीब, आर. एच. हिल्टन, इक़्तदार आलम ख़ान, फ्रैंक पर्लिन, बर्टन स्टाइन और इमैनुएल वालरस्टाइन की लिखित या मौखिक टिप्पणियाँ प्राप्त हुईं। उनके प्रति आभार व्यक्त करके मुझे प्रसन्नता होगी।

विशेष नोट : अंग्रेज़ी राज से पहले के प्राचीन और मध्यकालीन भारतीय इतिहास में फ़्यूडलिज़्म का अध्ययन हमेशा से यूरोपीय फ़्यूडलिज़्म के मॉडल को सामने रखकर होता रहा है। इस निबंध में मुख्यतः यह कहा गया है कि यूरोपीय फ़्यूडलिज़्म के साथ भारतीय फ़्यूडलिज़्म की किसी भी प्रकार की समानता नहीं है। इसके दो मूल कारण हैं—एक तो यह कि सैद्धांतिक रूप से फ़्यूडलिज़्म कभी भी विश्व-व्यवस्था नहीं बन सकता था, वह हमेशा ही एक आंचलिक या क्षेत्रीय व्यवस्था होता था। दूसरा यह कि यूरोप की भौगोलिक एवं पर्यावरण-संबंधी स्थिति, उत्पादन तकनीक एवं श्रम-संगठन प्रक्रिया हमेशा ही भारत से भिन्न रही है।

इस निबंध में कुछ अंग्रेज़ी शब्दों के हिंदी प्रतिरूप नहीं दिए गए हैं क्योंकि लेखक के विचार से उन शब्दों में जो धारणाएँ निहित हैं, वे हिंदी के शब्दों में नहीं मिलतीं और न ही उन धारणाओं से संबंधित वस्तु-स्थितियाँ समाज में मिलती हैं। उदाहरण के लिए फ़्यूडलिज़्म शब्द का हिंदी अनुवाद अकसर 'सामंतवाद' के रूप में किया जाता रहा है, लेकिन 'सामंतवाद' एक न्यायिक-प्रशासनिक कोटि रही है, जबकि फ़्यूडलिज़्म के संदर्भ में हमारा फ़ोकस उत्पादन व्यवस्था, विशेषकर भौगोलिक एवं पर्यावरण-संबंधी परिस्थितियों में श्रम-संगठन, की प्रक्रिया पर रहता है। इसलिए यहाँ फ़्यूडलिज़्म शब्द का ही प्रयोग किया गया है।

सके, जैसा कि पूँजीवाद का है। जब हम पूँजीवाद की चर्चा अमूर्त रूप में, सार रूप में, माल की सामान्यीकृत उत्पादन प्रणाली के रूप में करते हैं जिसमें श्रमशक्ति ख़ुद भी एक माल होती है[3] तो हमें इसका एहसास रहता है कि 19वीं और 20वीं सदी के दौरान पूरा मानव समाज अपने विकास के किसी न किसी स्तर पर इस उत्पादन प्रणाली की गिरफ़्त में आ चुका है। दूसरी ओर, फ़्यूडलिज़्म पूरे इतिहास के दौरान पूरी दुनिया पर एक साथ कभी भी क़ाबिज़ नहीं रहा। यह किसी ख़ास काल और ख़ास इलाक़ों में, जहाँ उत्पादन के ख़ास तरीक़े और संगठन मौजूद थे, सामाजिक-आर्थिक संगठन का एक ख़ास रूप था।[4]

इस मुद्दे पर हम इसलिए ज़ोर दे रहे हैं कि जब फ़्यूडलिज़्म को एक 'ग़ैर-आर्थिक अनिवार्यता' पर आधारित व्यवस्था के रूप में परिभाषित किया जाता है, अथवा 'पुनर्वितरणात्मक विश्व व्यवस्था' के रूप में अथवा और भी सामान्य शब्दावली में खुले और छुपे हुए बल-प्रयोग के ज़रिये अतिरिक्त खेतिहर उपज को हड़प लेनेवाले एक स्पष्ट शासकवर्ग की आर्थिक व्यवस्था के रूप में परिभाषित किया जाता है, तो अकसर उपरोक्त विशेषता को ध्यान में नहीं रखा जाता है।[5] ये सभी परिभाषाएँ मूल उत्पादक (किसान) के शोषण के राजनीतिक या न्यायिक आधार पर समूचे सामाजिक-आर्थिक ढाँचे को पहचानने की कोशिश करती हैं, वे उत्पादन व्यवस्था की समग्रता पर ध्यान नहीं देतीं। ये सिर्फ़ शोषण के संबंधों के आधार पर उत्पादन प्रणाली को परिभाषित करने की कोशिश करती हैं। दूसरे, ये परिभाषाएँ इतनी व्यापक हैं कि सभी प्राक्-पूँजीवादी व्यवस्थाओं को एक ही बार में समेट लेती हैं, क्योंकि मुख्यतः कृषि-उत्पादन, सम्पति का बँटवारा और शासकवर्ग के द्वारा ग़ैर-आर्थिक बल-प्रयोग के ज़रिये किसान की अतिरिक्त उपज को विभिन्न रूपों में—जैसे भाड़ा (श्रम, नक़द या जिंस के रूप में) या राजस्व अथवा दासता या बँधुआ श्रम के रूप में—हड़प लेने की विशेषताएँ सभी प्राक्-पूँजीवादी व्यवस्थाओं में मिलती हैं। 'फ़्यूडल' शब्द के ऐसे व्यापक इस्तेमाल से सामाजिक-आर्थिक संगठन की उन विशेषताओं का पता नहीं चलता जो उसे यूरोप के प्राक्-फ़्यूडल तथा ग़ैर-यूरोपीय मध्यकालीन सामाजिक-आर्थिक व्यवस्थाओं से अलगाती हैं।[6] इसलिए इनसे फ़्यूडलिज़्म की पर्याप्त व्याख्या नहीं होती।

इसी तरह एक शब्द है **एलौडियलिस्ट**। एलौडियलिस्ट यूरोपीय फ़्यूडल समाज में भू-दासों और फ़्यूडल लॉर्ड से भिन्न भू-सम्पत्ति रखनेवाला एक ऐसा वर्ग था जो अपने परिवार तथा भाड़े के श्रम से खेती कराकर उपज को बेचता था और जो फ़्यूडल उत्पादन व्यवस्था का विकल्प था। फ़्यूडल उत्पादन व्यवस्था के बाहर एलौडियलिस्ट का कोई अर्थ नहीं हो सकता। मेनर या एस्टेट के तीन भाग होते हैं—(1) डिमेन, (2) टेनीमेंट, (3) जंगल या चारागाह। डिमेन और टेनीमेंट, दोनों, पर भू-दास ही खेती करते थे लेकिन डिमेन की पैदावार फ़्यूडल लॉर्ड या मालिक के घर में जाती थी और टेनीमेंट की उपज टेनेंट (असासी या भू-दास) के घर में। **मैन्स** ज़मीन का उतना हिस्सा कहलाता था जिसे एक किसान-परिवार के श्रम से जोता जा सकता हो। इस ज़मीन का स्वामी कोई भी हो सकता है। बहुत प्राचीन ग्रीक-रोमन समाज में ज़मीन के बहुत बड़े-बड़े फ़ार्म लैटिफुंडिया कहलाते थे जिन पर दासों से खेती कराई जाती थी।

अगले परिच्छेद में मैं पाँचवीं-छठी से लेकर 15वीं सदी तक के पश्चिमी यूरोप के फ़्यूडलिज़्म को दूसरी व्यवस्थाओं से अलगानेवाली विशेषताओं को बतलाने की कोशिश करूँगा। फ़्यूडलिज़्म का अपने क्लासिकल रूप में विकास पूर्वी यूरोप में 16वीं से 18वीं सदी के बीच और संभवतः जापान में, ख़ासकर तोकगावा शासनकाल में, हुआ था। यहाँ इन क्षेत्रों के विकास को इस अध्ययन से बाहर रखा जा रहा है, इससे प्रस्तुत प्रश्न के अध्ययन को कोई नुकसान नहीं होगा। चूँकि भारत में या और कहीं फ़्यूडलिज़्म की विवेचना करते समय हमेशा ही पश्चिमी यूरोप का उल्लेख किया जाता है, इसलिए मैं यहाँ मध्यकालीन भारत और मध्यकालीन पश्चिमी यूरोप के बीच ही तुलना करूँगा। इस तुलना का मुख्य मुद्दा दोनों जगहों पर श्रम की तुलनात्मक स्थिति होगी जो प्रकृति और सामाजिक संगठन की आपसी क्रिया-प्रतिक्रिया से निर्धारित होती है और फिर सामाजिक गठन की मुख्य विशेषता बनकर उभरती है।

एक

पहले या बाद के दूसरे सामाजिक संगठनों की ही तरह फ़्यूडलिज़्म भी एक संक्रमणकालीन व्यवस्था थी। इस रूप में यह दास-प्रथा पर आधारित खेतिहर व्यवस्था[7] से कुलक के और भूमिहीन खेतिहर मज़दूरों के पूरक वर्ग की व्यवस्था में बदलनेवाली पश्चिमी यूरोपीय आर्थिक व्यवस्था के बीच संक्रमणकाल की व्यवस्था थी। इस व्यवस्था में स्वतंत्र किसानों का एक महत्त्वपूर्ण तत्त्व भी मौजूद था। यह बता देना ज़रूरी है कि इस निबंध में 'स्वतंत्र किसान' शब्द से मेरा मतलब किसान की अपनी ज़मीन या उसकी उपज अपनी मर्जी से बेचने या किसी को देने की कानूनी स्वतंत्रता से नहीं है। एक जगह छोड़कर दूसरी जगह जाने की उसकी स्वतंत्रता से तो और भी नही ज़मीन को बेचने की स्वतंत्रता का सवाल तो सिर्फ़ तब उठता है जब ज़मीन की बिक्री के लिए बाज़ार पर्याप्त विकसित हो। ठीक इसी तरह किसानों के आने-जाने पर पाबंदी लगाने का महत्त्व भी तभी होता है जब श्रम-बाज़ार विकसित हो जिसमें किसान के आने-जाने पर पाबंदी लगाकर उसे उसके श्रम के प्रतियोगी मूल्य से वंचित किया जा सकता हो। ज़मीन और श्रम-संबंधी विकसित बाज़ार की इन विशेषताओं—जो निश्चय ही पूँजीवाद के विकास से पैदा हुईं और उससे पहले अनुपस्थित थीं—के अभाव में दूसरी क़ानूनी स्वतंत्रताओं से किसान की नियति में कोई फ़र्क नहीं पड़ता। इसलिए 'स्वतंत्र किसान' के अर्थ का क़ानूनी नहीं बल्कि आर्थिक महत्त्व है और इसका मतलब उस किसान से है जो अपनी सामाजिक या क़ानूनी हैसियत से स्वतंत्र हो और अपने और अपने परिवार के लिए आजीविका ख़ुद अपने और अपने परिवार के श्रम तथा भौतिक साधनों से हासिल करता हो। दूसरे शब्दों में, वह या उसके परिवार के सदस्य किसी भी दूसरे के यहाँ न मजूरी करते हों, न अपना श्रम (खेती के लिए) देते हों। इसका मतलब यह नहीं है कि उसे अपनी उपज का अतिरिक्त अंश टैक्स के रूप में राज्य को अथवा राज्य के बदले में

किसी अधिकारी को देने की ज़िम्मेदारी से छूट मिल गई है। वह टैक्स देता है; इसके बावजूद वह अपनी ज़मीन पर होनेवाले उत्पादन की पूरी प्रक्रिया पर अपने तथा परिवार के श्रम के ज़रिये पूरा नियंत्रण रखता है[8] और दूसरे परतंत्र किसानों के मुक़ाबले अपनी आजीविका के लिए अपेक्षाकृत ज़्यादा निश्चिंत रहता है भले ही वह शुद्ध जीवन-निर्वाह के स्तर से ऊपर की हैसियत रखता हो।

उत्तरकालीन ग्रीक-रोमन उत्पादन की प्रक्रिया में[9], जब दास-प्रथा लगातार एक अलाभकारी तत्त्व बनती गई, यूरोपीय दास, स्वतंत्र कर दिए गए दास और कई कारणों से असुरक्षा के शिकार एलौडियलिस्ट भी अपने भिन्न-भिन्न साधनों के साथ पराधीन किसानों के तबक़ों में बदलते गए।[11] इस बदलाव से किसानों के वर्ग के अंदर सामाजिक-आर्थिक भेद कभी ख़त्म नहीं हुए[12] और न ही किसी भी काल में, किसी भी इलाक़े में एलौडियलिस्ट पूरी तरह ख़त्म हुए।[13]

जब दास-प्रथा काफ़ी अनुत्पादक हो गई और कुलक तथा भूमिहीन खेतिहर मज़दूर के साथ-साथ स्वतंत्र किसानोंवाली अर्थव्यवस्था का विकास अभी भविष्य के गर्भ में था, उस समय फ़्यूडल अर्थव्यवस्था उनके बीचवाली और संक्रमणशील विशेषताओं को लेकर आई जिसने शुरुआती दौर में फ़्यूडल उत्पादन प्रणाली का बुनियादी तत्त्व क़ायम किया।

प्रारंभिक फ़्यूडल अर्थव्यवस्था में किसानों को, चाहे उनकी सामाजिक या क़ानूनी स्थितियाँ कुछ भी रही हों, ज़मीन के उपयोग और दूसरे साधनों पर, उन पर मालिक का क़ब्ज़ा रहने पर भी, कुछ परंपरागत अधिकार हासिल हुए। दूसरी ओर उनके तथा उनके परिवार की श्रमशक्ति उस ज़मीन या साधनों के मुकाबले में—जिन पर उनका इस्तेमाल होता था—हमेशा कहीं अधिक होती थी। जैसा कि जॉर्ज ड्यूबी ने कहा है, एलौडियलिस्ट वर्ग के एक तबक़े को छोड़कर, आमतौर पर रैयत किसानों द्वारा जोते जाने वाली खेतिहर ज़मीन का रक़बा, "अलग-अलग होते हुए भी एक किसान परिवार की श्रमशक्ति को खपाने के लिए जितना होना चाहिए, उससे हमेशा कम होता था।"[14] यह बात उन छोटे किसान परिवारों के लिए भी सच थी जो क़ानूनी रूप से स्वतंत्र होने पर भी ज़मीन से होनेवाली अपनी आय की कमी को पूरा करने के लिए अपने श्रम को बेचने के कारण आर्थिक रूप से परतंत्र थे और ज़मीन के साथ-साथ उनके साधन भी खेतिहर औज़ारों तथा पशुओं समेत, सीमित थे।

किसान परिवार की संभावित श्रमशक्ति और (उत्पादन के लिए आवश्यक) उसके साधनों के बीच की इस खाई ने फ़्यूडल उत्पादन प्रणाली के गठन के शुरुआती दौर में कुछ ख़ास विशेषताओं को जन्म दिया। इन विशेषताओं के आधार पर हम फ़्यूडल उत्पादन प्रणाली का यूरोपीय दास-प्रथा और पूँजीवादी प्रणाली[15] से फ़र्क़ कर पाते हैं[16] और विश्व के दूसरे हिस्सों की मध्यकालीन अर्थव्यवस्थाओं से इसे अलगा पाते हैं।[17] प्राचीन ग्रीक-रोमन खेतिहर अर्थव्यवस्था अधिकांशतः दास-प्रथा की परिस्थितियों के

अधीन उत्पादक और उत्पादन के साधनों के बीच अलगाव पर निर्भर थी जिसमें दासों के सारे श्रम को लैटिफुंडिया के मालिक हड़प जाते थे। दूसरी ओर पूँजीवादी खेती उभरती श्रम-बाज़ार की परिस्थितियों के अधीन उत्पादक और उत्पादन के साधनों के अलगाव पर आधारित है जिसमें कुलक वर्ग (पूँजीवादी भू-स्वामी) अतिरिक्त मूल्य को उपज बेचकर हड़पता है। इसी के साथ-साथ, न कि इसके प्रतिद्वंद्वी के रूप में, स्वतंत्र किसानों का उत्पादन था जिसके विभिन्न क्षेत्रीय और सामाजिक रूप मिलते थे। अपने क्लासिकल रूप में फ़्यूडल व्यवस्था में उत्पादक न तो अपने उत्पादन-साधनों से पूरी तरह कभी अलग होता है, न पूरी तरह साधनों पर उसकी स्वतंत्र सत्ता होती है। अपनी इसी मध्यवर्ती विशेषता के साथ पश्चिमी यूरोप की अर्थव्यवस्था ने दास-प्रथा से पूँजीवाद में संक्रमण पूरा किया। यही विशेषता वह वस्तुगत आधार बनी जिस पर खेतिहर उत्पादन के उद्देश्य से फ़्यूडल मालिकों ने किसानों के अतिरिक्त श्रम को हड़पा।

इस तरह फ़्यूडल मालिकों द्वारा ग़ैर-आर्थिक बल-प्रयोग अतिरिक्त श्रम के या अपने साधनों के मुक़ाबले किसान परिवारों की सुलभ श्रमशक्ति के शोषण की एक व्यवस्था बन गया। इसके साथ बेगार के श्रम या कुछ भाड़े के श्रम के ज़रिये भू-स्वामी की ज़मीन जोतने के लिए श्रम उपलब्ध हो गया। बल-प्रयोग का यह रूप श्रम और आजीविका की परिस्थितियों का अंग बन गया, इसलिए किसी भी खुली ताक़त के बजाय यह ज़्यादा प्रभावकारी साबित हुआ। भू-स्वामी पर (भू-दासों समेत, पर सिर्फ़ कुछ एलौडियलिस्टों को छोड़कर) सारे किसानों की निर्भरता इस तरह उत्पादन प्रक्रिया के ढाँचे में बदल गई क्योंकि भू-स्वामी ही, चाहे अंशतः ही सही, किसानों के **मैन्स** पर भी उत्पादन के लिए श्रम के समय को नियंत्रित करते थे।

स्वतंत्र एलौडियलिस्टों को छोड़कर *भू-स्वामियों पर सभी किसानों की संरचनाबद्ध निर्भरता* पर आधारित फ़्यूडलिज़्म के इस दृष्टिकोण से हम फ़्यूडल समाज की गतिशीलता को और 11वीं-12वीं तथा 13वीं सदी में हुए उसके विकास को, और 14वीं सदी में हुए उसके उस पतन को समझने में समर्थ होते हैं जो पिछली शताब्दियों में खेतों में रोज़ाना श्रम के दौरान किसानों के प्रतिरोध में परिणत हुआ था। उस व्यवस्था की गतिशीलता भी उत्पादन के साधनों और किसान-परिवार की श्रमशक्ति के बीच की खाई में संरचनाबद्ध थी।

किसान-परिवार के अतिरिक्त श्रम और भू-स्वामी की श्रम-संबंधी माँग का आपसी अनुपात बराबर नहीं था। श्रम के गहन उपयोग (दूर के खेतों तक पहुँचने में लगे श्रम सहित) पर आधारित खेतिहर उत्पादन व्यवस्था में, जहाँ श्रम पर मिलनेवाला फल बहुत कम होता था और खेतिहर कामों की अवधि संक्षिप्त और निश्चित होती थी, वहाँ, चाहे भू-स्वामी की ज़मीन हो या किसान की, लगाया जानेवाला श्रम थोड़ा-सा भी कम रह गया तो इससे परिणाम में काफ़ी फ़र्क़ पड़ जाता था। इसलिए अतिरिक्त श्रम को

किस हद तक किस क्षेत्र में लगाया जाए, इसे लेकर भू-स्वामी और किसानों के बीच एक अघोषित संघर्ष शुरू हो जाता था। यह अघोषित संघर्ष खेतों की जुताई के दौरान शुरू हुआ। जब भू-स्वामियों ने अपनी ओर से किसानों के श्रम पर कड़ी निगरानी रखी तो किसानों ने भी अपनी ओर से आलस और धोखाधड़ी की; साथ ही निगरानी रखनेवाले कर्मचारियों की अयोग्यता और भ्रष्टाचार का भी फ़ायदा उठाया। अगर भू-स्वामी ने किसान के अपने खेत जोतने का समय पीछे धकेलकर अपनी जमीन पर उससे पूरा श्रम लेने की कड़ाई बरती तो किसान ने भी लगातार मौक़ा मिलते ही मालिक के काम से समय चुराकर अपने खेत में श्रम लगाया। ऐसे मौक़े कम नहीं होते थे, ख़ासकर भू-स्वामी की ज़मीन के उस छोर पर जहाँ निगरानी व्यवस्था की कड़ाई कम रहती थी या जहाँ किसान की ज़मीन भी मालिक की ज़मीन के साथ ही सटी होती थी।[18]

मुख्यतः श्रम पर आधारित उत्पादन की परिस्थितियाँ कई बातों से तय होती हैं। मध्यकालीन यूरोपीय खेती में एक ख़ास बात खाद की कमी थी।[19] खेती के औज़ार भी पिछड़े क़िस्म के थे।[20] यहाँ तक कि पशुओं के भार खींचने की क्षमता भी, हल के साथ उन्हें बाँधने के पिछड़े ढंग की वजह से, कम होती थी;[21] इससे ज़मीन की जुताई का समय कम पड़ जाता था। इसके फलस्वरूप अच्छी उपज के लिए खेती का फैलाव ज़्यादा करना पड़ता था और दो बीजों के बीच काफ़ी अंतर रखना पड़ता था। इसमें मिट्टी की निचली तहों की उर्वरता का उपयोग नहीं हो पाता था। फैलाकर खेती करने का मतलब जमीन पर दूर-दूर तक खेतों में पहुँचने और गाँव से सीमांत के खेतों तक चलकर जाने में समय और श्रम का नष्ट होना था।[22]

इस तरह असली जुताई के लिए मिलनेवाले कुछ सप्ताहों में श्रम की माँग बहुत ज़्यादा हो जाती थी क्योंकि खेती का ढंग उसी पर ज़्यादा निर्भर करता था।[23] इससे ही संभवतः 8वीं-9वीं और 10वीं सदी के दौरान पश्चिमी यूरोप में गाँवों के अपेक्षाकृत स्थायी रूप से बसे रहने के कारण समझ में आते हैं[24] क्योंकि खेतिहर काम के हर स्तर पर भू-स्वामी से लेकर ग़रीब किसान तक को श्रम की स्थायी रूप से पूर्ति की ज़रूरत पड़ती थी।

शारीरिक श्रम की इतनी ज़्यादा ज़रूरत ने प्रारंभिक फ़्यूडल समाज के कुछ और पक्षों को भी निर्धारित कर दिया था—श्रम सेवाओं को इस ढंग से संगठित किया गया कि सबसे ज़्यादा भार उन लोगों पर पड़ा जिनके पास सबसे कम साधन थे यानी जिनके पास अपना श्रम छोड़कर और कुछ भी नहीं था।[25] इसी संदर्भ में आबादी के सवाल ने भी एक ख़ास जटिल रूप ग्रहण किया। मध्यकालीन यूरोप में, जिसे मार्क ब्लॉक ने 'प्रथम फ़्यूडल युग' कहा, एक ही समय में जनसंख्या की कमी और जनसंख्या की अतिवृद्धि, दोनों दिखाई दीं। साल के अधिकतर भाग में जनसंख्या की अतिवृद्धि रहती थी जब किसानों के पास करने को काम बहुत थोड़ा होता और उन्हें जंगल की उपज जैसे फल, मधु और जानवरों पर जीवित रहना पड़ता और समय-समय पर पड़नेवाले अकालों

में उनकी बड़ी संख्या लुप्त हो जाती।[26] लेकिन थोड़े समय के लिए, जब खेतिहर काम-काज जारी रहते, काम करनेवालों का मिलना मुश्किल हो जाता।[27]

इस मुश्किल को दूर करने के लिए यह ज़रूरी था कि मिट्टी की उर्वरता का और गहरा इस्तेमाल किया जाए और श्रम को बचानेवाले कुछ उपाय किए जाएँ। इस तरह पूरा पश्चिमी यूरोपीय समाज एक ऐसे तकनीकी विकास के लिए तैयार हो गया जिसका खेती पर सीधा प्रभाव पड़नेवाला था।[28]

1000 ईसवी के बाद की शताब्दियों में खेती के तौर-तरीक़ों और औज़ारों में तकनीकी विकास देखने में आया। खाद का इस्तेमाल अब भी पहले की तरह कम ही रहा। पहली तीन शताब्दियों के दौरान जो तकनीक और औज़ार प्रचलित हुए, उनमें से ज़्यादातर की सैद्धांतिक या व्यावहारिक जानकारी यूरोप में पहले से थी, हालाँकि इनका इस्तेमाल काफ़ी सीमित होता था। सिर्फ़ इसी दौर में परिस्थितियों ने उनके इस्तेमाल को काफ़ी व्यापक बना दिया।[29] कुल मिलाकर इस युग में 'तकनीकी गतिशीलता' दिखलाई दी।[30]

इन शताब्दियों में, खासकर 12वीं और 13वीं शताब्दी में खेती का विकास हुआ। बेहतर औज़ारों, बेहतर तौर-तरीक़ों तथा मनुष्य और पशुओं के श्रम के ज़्यादा कारगर इस्तेमाल के फलस्वरूप ज़मीन और श्रम की उत्पादकता में वृद्धि दिखाई दी। बीज और फ़सल का अनुपात जो 9वीं-10वीं सदी में 1:1.6 या बहुत हुआ तो 1:2.5 पर ही रुका हुआ था, अब 13वीं सदी में 1:4 हो गया।[31] इस प्रगति के फलस्वरूप खाने के लिए उपलब्ध अनाज दुगुना हो गया। यह औसत अनुपात पश्चिमी यूरोप के कुछ हिस्सों में 16वीं सदी तक और कहीं-कहीं तो 19वीं सदी तक बरक़रार रहा।[32]

ज़मीन की उत्पादकता में हुई इस वृद्धि के फलस्वरूप एक किसान-परिवार को पालने के लिए आवश्यक ज़मीन का रक़बा अब काफ़ी कम हो गया। नौवीं सदी में यह आवश्यक रक़बा 100 एकड़ था, जो 13वीं सदी में 20 और 30 एकड़ के बीच आ गया।[33] नौवीं सदी में हम हर जगह पूरा **मैन्स** देखते हैं। मगर 12वीं सदी में जोत की आदर्श इकाई एक चौथाई—**मैन्स** हो गया।[34]

जोत की इकाई छोटी हो जाने से कृषि उत्पादन में श्रम की बरबादी कम हो गई; दूसरी ओर उत्पादकता में वृद्धि जनसंख्या को बढ़ाने में सहायक हुई। कृषि विकास से उपलब्ध ज़्यादा खाद्यान्न से (ख़ासकर प्रोटीनवाली सब्ज़ियों से) समाज के निचले तबक़ों की जनसंख्या को बढ़ाने में ज़रूर मदद मिली होगी, जहाँ पहले खाद्यान्न और प्रोटीन की कमी से जनसंख्या कम रहती थी। 1000 ईसवी के बाद की तीन शताब्दियों में अकाल की बारंबारता और विभीषिका कम हो जाने से किसानों के बीच जनसंख्या की वृद्धि में मदद मिली। बाद में, 14वीं सदी के दौरान जब खाद्यान्न में फिर कमी आई और अकाल भी फिर से पड़ने लगे, तब सबसे ज़्यादा मौतें इन्हीं किसानों के बीच हुईं।[35] 13वीं सदी में प्रत्याशित आयु में भी वृद्धि हुई—रोमन साम्राज्य में यह औसतन 25 वर्ष थी जो इंग्लैंड में औसतन 35 वर्ष हो गई।[36] फिर भी जनसंख्या की वृद्धि या गिरावट का

संबंध सिर्फ़ ज़मीन की उत्पादकता से नहीं था; उत्पादन की अनिश्चितता और इससे भी ज़्यादा उत्पादन के (और आमतौर पर साधनों के) असमान वितरण ने इसमें ज़्यादा निर्णायक भूमिका निभाई।[37]

हालाँकि उत्पादकता में वृद्धि का लाभ समान रूप से नहीं बाँटा जाता था। फिर भी, वह जिस भी दर से बँटा हो, देहात के ग़रीबों को भी उसमें हिस्सा मिला और वे किसी हद तक पौष्टिक आहार के लिए निश्चिंत हुए। यह जनसंख्या-वृद्धि का एक कारण ज़रूर था जिसे नज़रअंदाज़ नहीं किया जा सकता। ड्यूबी ने नोट किया था कि कृषि में प्रगति वाली शताब्दियों के दौरान ज़्यादा अच्छी फ़सलों के फलस्वरूप गावों से शहरों में जानेवाली जनसंख्या में भी वृद्धि हुई।[38] इतिहासकारों में इस बात पर सहमति दिखाई देती है कि 1000 ई. से 1300 ई. के बीच जनसंख्या में एक निश्चित वृद्धि हुई थी।[39]

किसान-परिवार की आजीविका के लिए आवश्यक ज़मीन की इकाई के छोटे होने, बेहतर औज़ारों तथा बेहतर तकनीक के ज़रिए मिट्टी की उर्वरता का ज़्यादा कारगर इस्तेमाल करने तथा जनसंख्या में वृद्धि होने—इस तरह के विकास के फलस्वरूप यूरोप में काफ़ी व्यापक रूप से जंगल काटकर ज़मीन साफ़ की गई। दसवीं सदी के अंत या 11वीं सदी के आरंभ में शुरू हुआ यह काम 12वीं सदी तक अपने उत्कर्ष पर पहुँच गया। तेरहवीं सदी में गह ख़त्म होता नज़र आया और इसकी जगह पशुपालन कार्यों में वृद्धि होने लगी।[40] शुरू में किसानों ने अपने बंधन कम करने के उद्देश्य से ज़मीन की सफ़ाई शुरू की।[41] पुराने गाँवों से कई जत्थों में उत्प्रवास के कारण ज़मीन की सफ़ाई के अभियान का नतीजा निजी जोत और निजी खेती के रूप में हुआ।[42] वैयक्तीकरण की यह प्रक्रिया बड़े कुटुम्बों के छोटी पारिवारिक इकाइयों में बँटने में भी दिखलाई दी।[43]

जल्द ही ज़मीन की सफ़ाई का अभियान भू-स्वामियों ने अपने हाथों में ले लिया और इसे संगठित रूप दे दिया।[44] इन दो तरह की साफ़ की हुई ज़मीनों पर किसानों की स्थिति में भेद था। जिस ज़मीन को किसानों ने ख़ुद साफ़ किया था वहाँ उनकी स्वायत्तता ज़्यादा थी और इसलिए उन पर भार कम था। दूसरी भू-स्वामियों द्वारा साफ़ कराई गई ज़मीन पर किसानों की निर्भरता और भार ज़्यादा था हालाँकि छोड़कर आए पुराने गाँवों के मुक़ाबले यहाँ भार फिर भी कम था।[45]

पश्चिमी यूरोप के देहातों में श्रम की परिस्थितियाँ अब बदल चुकी थीं। अपेक्षाकृत ज़्यादा पूँजीवाली तकनीक के इस्तेमाल से ज़मीन की उत्पादकता में जब वृद्धि हुई तो ज़मीन तथा साधनों की क़ीमतें भी बढ़ गईं; दूसरी ओर हाथ से होनेवाले श्रम की माँग कम हो गई। इसके नतीजे में बेगार का बोझ अब हाथ से काम करने वालों पर से हटकर हलवाहों के समूहों पर आ गया।[46] दूसरे शब्दों में, अब भार समाज के सबसे नीचे के तबके से कुछ ऊपर उठ गया। किसान भी अपनी ज़मीन से ज़्यादा फ़सल उगाने की स्थिति में होने के कारण अब बेगार देने में ज़्यादा से ज़्यादा अनिच्छुक होने लगे।[47]

इस तरह पश्चिमी यूरोप में बेगार एकबार फिर आर्थिक दृष्टि से लाभकारी नहीं रह गई जैसा कि वह पहले भी दास-प्रथा के अंतिम काल में हो गई थी। दूसरी ओर, किसानों की बढ़ती हुई आबादी से श्रम-बाज़ार में श्रम उपलब्ध हुआ। इससे बेगार को नग़दी या वस्तुओं के रूप में देने की प्रथा शुरू हुई। (इस प्रथा को अंग्रेज़ी में *कम्यूटेशन* कहते हैं।) इसके अलावा स्वाधिकार की प्रक्रिया भी थी जिससे किसान भू-स्वामी मालिक से अपनी स्वतंत्रता को ख़रीद सकता था। वास्तव में भू-स्वामियों ने बेगार को नग़दी में बदलने तथा स्वाधिकार की प्रक्रियाओं को बढ़ावा दिया क्योंकि इससे उन्हें तुरंत आमदनी हो जाती थी जिससे वे अपने इस्टेट में खेती कराने के लिए ज़रूरत के श्रमिक श्रम-बाज़ार से भाड़े पर ले सकते थे। किसान भी अपने हित की दृष्टि से इन प्रक्रियाओं के पक्ष में थे।[48] जहाँ भी ज़मीन का भाड़ा स्थिर था, वहाँ नग़द या वस्तुओं के रूप में इसे चुकाकर वे अपने **मैन्स** में ज़्यादा ध्यान दे पाते थे और अपनी फ़सल की वृद्धि अथवा उसकी बढ़ी हुई क़ीमत का लाभ एकमात्र वे ही उठाते थे। स्वाधिकार ख़रीदने से उन्हें एक ही बार में हमेशा के लिए स्वतंत्रता मिल जाती थी जिससे वे अपनी ज़मीन की देखभाल करने, या जहाँ उनके श्रम की क़ीमत सबसे अधिक मिले वहाँ जाने, में समर्थ हो जाते थे। फिर भी भाड़े के रूपांतरण और स्वाधिकार की प्रक्रियाओं के प्रभाव के मूल्यांकन में कुछ सावधानी बरतने की ज़रूरत है। ये प्रक्रियाएँ लगातार आगे की ओर ही नहीं बढ़ती रहीं, रास्ते में कई बार पीछे भी हटीं।[49] इसके बावजूद, किसानों का भार निश्चित रूप से कुछ कम हुआ।

भाड़े के रूपांतरण और स्वाधिकार की ख़रीदारी ने फ़्यूडल मालिकों के विभिन्न तबक़ों पर अलग-अलग असर डाला। ऊँचे तबक़े के सेन्योर (सामंत)[50] की आमदनी के साधन् अब भी अटूट ही बने रहे। सिक्के ढालने का उनका अधिकार, उनकी कचहरियाँ[51] जिनमें वे ज़्यादा से ज़्यादा जुर्माना ठोंककर कमाते थे और आटे की चक्की, रोटी पकाने की भट्ठी, अंगूर पेरने की मशीन तथा साँड और सूअरों पर एकाधिकार[52] – यह सभी कुछ बरक़रार रहा। लेकिन छोटे मालिकों को, जिन्हें सेन्योर जैसे अधिकार प्राप्त नहीं थे, अपनी आजीविका के लिए दूसरे साधन ढूँढ़ने पड़े। वे अपने **डिमेन** ख़ुद अपने श्रम और भाड़े के श्रम से जोतने लगे और उपज को बाज़ार में बेचने लगें[53] जिसका खेतिहर उत्पादन के ढाँचे पर प्रभाव पड़ा। 11वीं, 12वीं और 13वीं सदी में कृषि विकास से देहातों के बाज़ार में बिंकनेवाली चीज़ों की वृद्धि हो गई और इसके फलस्वरूप इस काल में व्यापार और शहरीकरण का उल्लेखनीय विकास हुआ। दूसरी ओर व्यापार और शहरी केंद्रों से देहातों के उत्पादन का ढाँचा भी किसी हद तक निर्धारित होने लगा। निश्चय ही ग्रामीण इलाक़ों में भी कृषि उपज की माँग बढ़ गई थी और जहाँ भी भूमिहीन खेतिहर मज़दूरों को नग़द मुद्रा में मजूरी मिलती थी, उन्हें बाज़ार से ही खाने का सामान ख़रीदना पड़ता था। यही हाल ग्रामीण दस्तकारों का भी हुआ।

इतिहासकारों ने यूरोप में फ़्यूडलिज़्म के पतन में व्यापार और शहरों की भूमिका के प्रश्न पर काफ़ी जाँच-पड़ताल की है और यहाँ उस विवाद में उलझने की ज़रूरत नहीं है।[54] यह साफ़ दिखलाई देता है कि 1000 ईसवी के बाद की पहली पाँच शताब्दियों तक यूरोप में जनसंख्या की जो आवा-जाही हुई, वह मुख्यतः ग्रामीण इलाक़ों के अंदर ही हुई। कम बंधनों और कम शर्तों पर मिलनेवाली ज़मीन के आकर्षण से ही ज़्यादातर किसान अपने पुराने गाँवों को छोड़कर दूर-दराज़ के इलाक़ों में जाकर बसने के लिए प्रेरित हुए। उनकी इस गतिशीलता में शहरों की भूमिका बहुत कम थी। 14वीं शताब्दी में जब पश्चिमी यूरोप के किसान ज़बर्दस्त पैमाने पर विद्रोह करने के लिए उठ खड़े हुए, तब उनकी एक मुख्य माँग कहीं भी जाकर बसने की स्वतंत्रता की थी। शहरों में, विद्रोह को दबाने के लिए मालिकों की कभी-कभार मदद कर देने के अलावा, निष्क्रिय ख़ामोशी छाई रही।[55]

प्रथम फ़्यूडल युग में उपलब्ध उत्पादन के साधनों और विकसित हो रहे सामाजिक ढाँचे, इन दोनों की आपसी क्रिया-प्रतिक्रिया से पश्चिमी यूरोप के ग्रामीण इलाक़ों में जो परिवर्तन हुए, उन्होंने फ़्यूडल समाज की बुनियाद को काफ़ी कमज़ोर किया। इन परिवर्तनों से देहाती इलाक़ों में स्तरीकरण (यानी विभिन्न वर्गों और तबक़ों के बनने) की प्रक्रिया का विकास हुआ और कुलक तथा भूमिहीन खेतिहर मज़दूरों के रूप में परस्पर पूरक वर्गों के साथ-साथ स्वतंत्र किसानों का वर्ग भी उभरकर आया जो एक गौण तत्त्व था और इसकी अलग-अलग क्षेत्रों में अलग-अलग स्थिति थी।[56]

देहातों में बाज़ार के लायक़ अतिरिक्त उत्पादन की वृद्धि से पश्चिमी यूरोप में व्यापार ने 11वीं सदी से महत्त्वपूर्ण रूप ग्रहण करना शुरू कर दिया था[57], हालाँकि यह पहले भी अनुपस्थित नहीं था।[58] इस युग में घोड़े की नाल के प्रयोग से परिवहन काफ़ी उन्नत हो गया जिससे व्यापारिक कामों को बढ़ावा मिला।[59] हालाँकि क्षेत्रीय और स्थानीय क़ीमतों में अंतर था और स्थानीय क़ीमतों में उतार-चढ़ाव होता रहता था, फिर भी, कीमतों में अल्पकालीन उतार-चढ़ाव दीर्घकालीन औसत मूल्य-वृद्धि की पृष्ठभूमि में ही होता था। 12वीं-13वीं सदियों में उत्पादन में वृद्धि हुई, लेकिन कीमतों में भी वृद्धि हुई।[60] ज़ाहिर है कि पूर्ति के मुक़ाबले माँग ज़्यादा तेज़ी से बढ़ रही थी।

इस तरह बाज़ार के लिए उत्पादन करने लायक़ परिस्थितियाँ बहुत अनुकूल थीं। उत्पादकता और क़ीमतें, दोनों बढ़ रही थीं। श्रम भाड़े पर मिल सकता था। जनसंख्या में वृद्धि के कारण अगर खाद्यान्न की कीमत बढ़ती तो मजूरी घटती थी। कुछ **मेनर्स** में दासों के बेगार से भी बाज़ार के लिए उत्पादन संभव था।[61] इन परिस्थितियों में खेतिहर उत्पादन वाणिज्य के ढाँचे की ओर बढ़ा और इससे समाज में स्तरीकरण की प्रक्रिया और मज़बूत हुई।

कुलकों के वर्ग के उभार के कई स्रोत थे। सबसे महत्त्वपूर्ण स्रोत बड़े मालिकों के एजेंट थे।[62] ये एजेंट अकसर समाज के निचले तबक़ों से आने के कारण[63] खेतिहर

कामों का सीधा तजुर्बा रखते थे। वे हल को छूना अपनी मर्यादा को गिराना नहीं समझते थे और हर मौक़े पर पैसा कमाने—चाहे किसान से, या मालिक से, व्यापारी से या भगवान के ख़ज़ाने से—की तिकड़म भिड़ाते थे।[64] किसानों पर उनकी सत्ता मालिक की सत्ता के मुताबिक होती थी।[65] पर उनके और मालिकों के बीच विरोध के बीज भी थे। जब खेती का व्यवसायीकरण बढ़ा, तो ये एजेंट अपने मालिकों के **डिमेन** को ठेकों पर लेने लगे या ज़मीनें ख़रीदने लगे। इन पर वे अपना और अपने परिवार का श्रम लगाकर, कुछ भाड़े के श्रमिकों की मदद से, बाज़ार में बिक्री के लिए फ़सल उगाने लगे। इस तरह वे फ़्यूडल समाज में आर्थिक सत्ता के एक वैकल्पिक आधार के रूप में उभरने लगे। नए अमीरों का उभरता हुआ यह वर्ग समाज के निचले तबक़ों से आया था। इसकी सांस्कृतिक अभिरुचियाँ घटिया थीं और ये पुराने रईसों की हँसी के पात्र भी बने।[66] लेकिन मुनाफ़े की प्रवृत्ति से प्रेरित होकर इन्होंने पश्चिमी यूरोप की उत्तर-मध्यकालीन आर्थिक व्यवस्था में एक बहुत ही गतिशील तत्त्व विकसित किया।

इन एजेंटों के अलावा ऐसे छोटे मालिक थे जिन्हें बाज़ार में फ़सल बेचने की ज़रूरत पड़ रही थी लेकिन उनके साधन सीमित थे। ये भी एजेंटों के साथ हो गए।[67] शहर और देहात के व्यापारी भी मुनाफ़े की खोज में चलते हुए इस अखाड़े में आ पहुँचे।[68] फ़्यूडल भाड़े में गिरावट आने से मालिक अपने बड़े-बड़े **डिमेन** के हिस्से ठेके पर देना चाहते थे और इन व्यापारियों ने उन ज़मीनों को पहले ठेके पर लिया, फिर धीरे-धीरे ख़रीद लिया और इन पर भाड़े के मज़दूर लगाकर बाज़ार में बेचने के लिए खेती करने लगे।[69] मुनाफ़े को फिर से खेती में लगाकर उन्होंने उत्पादन को बढ़ाने का प्रयास किया।[70]

कुछ किसान भी ऊपर उठने में समर्थ हुए। ऐसे किसानों की संख्या कम थी और वे शुरू से ही अपने तबक़े के किसानों के बीच अपेक्षाकृत कुछ अच्छी हालत में थे। कुछ ऐसे उदाहरण भी मिलते हैं जहाँ किसानों ने अपने मालिकों के **डिमेन** के कुछ हिस्सों को ठेकों पर लिया।[71]

दूसरी ओर, छोटे और सीमांत किसान क़मोबेश भूमिहीन मज़दूर बन गए। नई, पूँजी-सघन तकनीक के इस्तेमाल के लिए छोटे और सीमांत किसानों को क़र्ज़ लेना पड़ता था। उन्हें अपने स्वाधिकार ख़रीदने के लिए या कहीं और जाकर बसने के लिए भी क़र्ज़ लेना पड़ता था। इस तरह वे हर हालत में कर्ज़े की कठोर परिस्थितियों में फँसे होते थे—ये क़र्ज़े चाहे वे व्यापारियों-महाजनों से लें अथवा अपने मालिकों से। व्यापारी-महाजन उनके क़र्ज़े की वसूली के तौर पर उनकी सारी अतिरिक्त उपज या उसका कुछ भाग पहले ही ले लेता था और इस तरह उन्हें अनाज की बढ़ी हुई क़ीमतों के लाभ से वंचित कर देता था। दूसरी ओर, मालिक क़र्ज़ के बदले उन पर कड़ी शर्तें लादता था जिसमें कभी-कभी बेगार देना भी शामिल होता।[72] असली स्वतंत्रता सिर्फ़ उन्हीं किसानों को नसीब हुई जिनके पास अपनी स्वतंत्रता ख़रीदने लायक़ साधन थे।[73]

मालिकों ने भी अपने युग के आर्थिक लाभों के साथ तालमेल बैठा लिया। उन्होंने मौरूसी जोत को निश्चित मीयादवाली जोत में बदल दिया और यहाँ तक कि धीरे-धीरे निश्चित मीयादवाली जोत को भी ग़ैर-दख़लदार असामी की जोत में बदल दिया ताकि हरबार जोत का पट्टा नया करते समय वे उत्पादकता में या अनाज की क़ीमतों में हुई वृद्धि का लाभ उठा सकें।[74]

इस तरह छोटे और सीमांत किसानों पर कई तरह के दबाव पड़ रहे थे। भू-स्वामी के, ग्रामीण समुदाय के, अपने कुटुंबियों तक के संरक्षण से वंचित यह छोटा या सीमांत किसान उत्पादन या क़ीमतों में ज़रा-सा भी प्रतिकूल फ़र्क़ पड़ते ही अपनी गिरवी रखी ज़मीन और औज़ार बेचने या उनसे हाथ धोने की हालत में पहुँच जाता और भूमिहीन खेत-मज़दूरों के साथ काम की खोज में भटकने लगता। ज़मीन खोकर उसे अपनी सामाजिक हैसियत में आई गिरावट की पीड़ा झेलनी पड़ती, लेकिन भूमिहीन खेत-मज़दूर होकर आर्थिक दृष्टि से वह शायद एक छोटे किसान के बजाय बेहतर हालत में होता था।[7] लेकिन, यह स्थिति भी तभी तक बरक़रार रह सकती थी जब तक पूरा समाज आर्थिक दृष्टि से प्रगति कर रहा हो। आर्थिक व्यवस्था में थोड़ा-सा धक्का लगते ही व्यवस्था के सबसे निचले स्तर पर खड़े लोगों को भारी चोट पहुँचती थी। अकाल अपनी विभीषिका दिखलाता और साधनहीन किसानों की बड़ी संख्या ख़त्म हो जाती।[76]

फ़्यूडल समाज का विकास इसी तरह हो रहा था, और इस प्रक्रिया में दो परस्पर जुड़े वर्गों का जन्म हुआ और एक पुराने वर्ग का पुनरुत्थान हुआ जो इस बार पहले से भी ज़्यादा शक्तिशाली बनकर उभरा। इन वर्गों ने विभिन्न चरणों में अपने संघर्ष से इस ढाँचे को तोड़ डाला। पूँजीवादी विकास की प्रारंभिक गतिविधियाँ देहाती इलाक़ों में ही पैदा हुईं।

12वीं-13वीं सदी में कृषि विकास मुख्यतः जंगल और चारागाहवाली ज़मीन पर खेती के विस्तार के रूप में हुआ था। इसने मिट्टी की उर्वरता का गहन इस्तेमाल करके खेत को ख़ाली रखने की अवधि को भी घटा दिया था। लेकिन यह कृषि विकास सिर्फ़ एक हद तक ही संभव हो सकता था क्योंकि चारागाहों के घट जाने से पशुओं की संख्या में गिरावट आ सकती थी और गोबर की जो खाद पहले ही कम उपलब्ध थी, और भी दुर्लभ हो जाती। दूसरी ओर, जंगल भी एक ऐसा प्राकृतिक संतुलन बनाए रखते थे जो बड़ी संख्या में पेड़ों के कट जाने से भंग हो सकता था। लकड़ी आपूर्ति के अलावा, जिसकी माँग बढ़ रही थी,[77] जंगल पशुओं और मनुष्यों दोनों के खाने लायक़ कुछ चीज़ें भी देते थे।

इतिहासकार आमतौर पर इस बात पर सहमत हैं कि 14वीं शताब्दी के शुरू से पूरे पश्चिमी यूरोप में कृषि के विकास में गिरावट आने लगी थी, हालाँकि इस गिरावट की रफ़्तार अलग-अलग क्षेत्रों में अलग-अलग थी क्योंकि पिछली शताब्दियों में ज़मीन साफ़ करने का अभियान अपनी हदें पार कर चुका था।[78] साधनों के असमान वितरण

के कारण साफ़ की हुई ज़मीन के सीमांत भागों में उपज में आई गिरावट से ग़रीब तबक़े के किसानों की हालत कमज़ोर होने लगी और उनकी संख्या घटती गई।[79] श्रम की उपलब्धता ख़ुद ही शायद आगे के तकनीकी विकास के लिए रुकावट बन गई थी।

14वीं सदी में महान उथल-पुथल देखी गई। पर्यावरण का संतुलन भी निश्चय ही भंग हुआ जिससे तापक्रम गिर गया। 1315–17 ई. जैसी लंबी अवधियों में लगातार वर्षा होती रही। अकाल पड़ने फिर शुरू हुए और एक के बाद एक महामारियाँ फैलीं। 1315–17 के अकाल में यूरोप की आबादी का दसवाँ हिस्सा ख़त्म हो गया।[80] 1348–50 ई. की काली मौत नामक महामारी प्राकृतिक विपदाओं में सिर्फ़ एक थी, पर सबसे विकराल थी[81] जिसने एक-चौथाई से लेकर क़रीब आधी आबादी को ख़त्म कर दिया। इस भयंकर नर-संहार के बाद भी महामारियाँ थमी नहीं। 1350 ई. में हुई मृत्यु-दर 25% मान लें तो भी 14वीं सदी के अंत तक यूरोप की आबादी का 40 प्रतिशत भाग ख़त्म हो गया।[82] बचे हुए लोगों को ही काम करने लायक़ समझा जा सकता है हालाँकि वे कुपोषण के शिकार थे।[83]

इन विपदाओं का दोहरा असर हुआ। एक ओर अनाज की क़ीमत में माँग के मुताबिक़ गिरावट आई, दूसरी ओर औद्योगिक सामान की क़ीमतों और मज़दूरी में वृद्धि होती रही।[84] यह स्थिति भू-स्वामियों के रहन-सहन के स्तर के लिए एक चुनौती जैसी थी क्योंकि ज़मीन से उनकी आमदनी बहुत घट गई थी जबकि खेतिहर उत्पादन और ऐशो-आराम की चीज़ों का ख़र्च बढ़ता ही रहा। इससे भू-स्वामी वर्ग के अंदर स्तरीकरण की प्रक्रिया फिर से चलना लाज़मी थी क्योंकि छोटे भू-स्वामी, जिनके पास ज़मीन के अलावा आमदनी का और कोई स्रोत न था, बड़े भू-स्वामियों की तुलना में आसानी से बरबाद हो गए। बड़े भू-स्वामियों के पास कचहरी के ज़ुर्मानों और एकाधिकार आदि की आमदनी का अब भी भरोसा था।[85] ज़मीन अब अधिक आसानी से उपलब्ध होने लगी और इस तरह स्वतंत्र किसानों की शक्ति में एक नया उभार आया।[86]

दूसरी ओर आभिजात्य वर्ग ने युद्ध और लूट-पाट का रास्ता अपनाया। पश्चिमी यूरोप में हर कहीं यह समय घमासान युद्ध का समय था—फ्रांस में सौ-वर्षीय युद्ध, इंग्लैंड में 'गुलाबों का युद्ध'; इसी तरह जर्मनी, इटली, स्पेन और फ्लैंडर्स में भी लड़ाइयाँ हुईं। इस अवधि में राज्य का पुनर्जन्म हुआ, तो उसने भी टैक्सों की माँग में वृद्धि करके युग के संकट को और गहरा बना दिया।[87]

लेकिन, जिसे हम फ़्यूडलिज़्म का 'आम संकट' कहते हैं, वह इन प्रक्रियाओं से पैदा नहीं हुआ। फ़्यूडल समाज के इतिहास में जनसंख्या में अतिवृद्धि, युद्ध, अकाल और मृत्यु की विभीषिकाएँ पहले भी घटित हुई थीं। आम संकट तो समाज में विभिन्न वर्गों द्वारा अपनी-अपनी स्थिति और हितों के मुताबिक इन हालात पर क़ाबू पाने के दृढ़ संकल्प के परिणामस्वरूप पैदा हुआ।[88] फ़्यूडल मालिकों का वर्ग, जिसकी आमदनी गिर रही थी और ख़र्चें बढ़ रहे थे, अब भी राज्य की शक्ति का संचालक था और अपनी

समस्या के हल के लिए उसने इस शक्ति का खुला इस्तेमाल किया। इस काल में पूरे पश्चिमी यूरोप में फिर से गठित हुए राज्यों ने फ़्यूडल मालिकों के पक्ष में हस्तक्षेप करते हुए खेत-मज़दूरी की दर काली मौत से पहले के स्तर पर तय कर दी और क़ानून बनाकर किसानों के गाँव छोड़ने पर पहले जैसी पाबंदी लगा दी जब किसानों का एक जगह रहना उत्पादन व्यवस्था का अनिवार्य अंग होता था। यह क़ानून उन छोटे किसानों तथा खेतिहर मज़दूरों के लिए चुनौती बन गया जो अपनी आजीविका यहाँ-वहाँ श्रम बेचकर हासिल करते थे, और उन कुलकों के लिए भी चुनौती बंना जो भाड़े के मज़दूर लगाते थे और इसीलिए जिन्हें स्वतंत्र श्रम-बाज़ार की ज़रूरत थी। संकट की परिस्थिति के प्रति यही 'फ़्यूडल प्रतिक्रिया' और जगहों पर भी दिखाई दी।

दूसरी ओर, किसान अपने हितों की रक्षा पहले से भी अधिक दृढ़ता से करने की स्थिति में थे क्योंकि श्रम की माँग आपूर्ति से कहीं अधिक थी। ख़ाली हो गई ज़मीनों से भी स्वतंत्र किसान के रूप में उभरने का मौक़ा वैसे किसानों को मिला जिनके पास दूसरे साधन भी थे। इस तरह पश्चिमी यूरोप में 'फ़्यूडल प्रतिक्रिया' के ख़िलाफ़ किसानों की प्रतिक्रिया हर जगह विद्रोह के रूप में फूट पड़ी।

14वीं सदी में पूरे सौ वर्षों तक कई छोटे-छोटे किसान-विद्रोह तथा कुछ बड़े व्यापक विद्रोह जारी रहे। इनकी एक उल्लेखनीय विशेषता यह थी कि ये महान विद्रोह पश्चिमी यूरोप के सबसे समृद्ध देहाती इलाक़ों में और किसानों के सबसे समृद्ध तबक़ों के नेतृत्व में हुए : 1323–27 का फ्लैंडर्स विद्रोह, पेरिस के उत्तर में 1358 की *ग्रैंड जैकरी* (महान उथल-पुथल), 1360 से लेकर 1400 ई. तक केंद्रीय फ्रांस में हुआ तुचिन आंदोलन और इंग्लैंड के पूर्वी एंगेलिया क्षेत्र में 1381 में हुआ महान किसान आंदोलन। 15वीं सदी में कैटेलोनिया का महान विद्रोह हुआ।[90] जर्मनी में भी 14वीं-15वीं सदी में किसान विद्रोहों का सिलसिला लगातार चलता रहा।[91]

यह भी ग़ौर करने लायक़ है कि जो इलाक़े ग़रीब थे, वहाँ किसान निष्क्रिय रहे। केंद्रीय इटली में ज़मीन के भाड़े में बढ़ोतरी की गई थी जिसके फलस्वरूप किसानों की जनसंख्या की वृद्धि-दर में गिरावट आई थी, फिर भी यहाँ किसान-विद्रोह नहीं हुआ।[92] पेरिस के उत्तरी भाग में, जो यूरोप का सबसे समृद्ध देहाती इलाक़ा था, जब महान उथल-पुथल चल रही थी, उसी समय पेरिस के दक्षिण-पश्चिम में, जो ग़रीब इलाक़ा था, जड़ता छाई रही।[93]

इस तरह किसानों ने असल में देहाती इलाक़ों में नई उत्पादन प्रणाली के फलस्वरूप प्राप्त हुए अपने लाभ की रक्षा के लिए विद्रोह किया था क्योंकि विद्रोह कमोबेश उन्हीं इलाक़ों में हुए जहाँ नई उत्पादन प्रणाली ज़्यादा प्रचलित थी और किसानों में एक ऐसा आत्म-विश्वास आ गया था जो विद्रोही कार्रवाइयों के लिए ज़रूरी होता है। विद्रोह आख़िरकार एक महान मानवीय करतब ही है।

14वीं सदी के अंत तक फ़्यूडल प्रतिक्रिया की असफलता ज़ाहिर हो गई।[95] 15वीं

सदी के शुरू से पश्चिमी यूरोप की ताक़त का आधार फिर से क़ायम होना शुरू हुआ। इस नई प्रक्रिया का आधार पिछली दो सदियों से पनप रहे उस आम संकट ने तैयार किया जिसने उस सामाजिक-आर्थिक व्यवस्था को हिलाकर रख दिया था जो अपने पर्याप्त विकास के बाद अब पिछड़ रही थी। पूँजीवाद के सारतत्त्व तक पहुँचने में अभी देर थी।[96] लेकिन गति की दिशा इसी ओर थी।

दो

प्राचीन और मध्यकालीन भारत के बारे में किसी भी ऐतिहासिक शोधकार्य को प्रारंभ करते हुए शुरू में ही यह देखकर अफ़सोस होता है कि इस काल के सामाजिक इतिहास के लगभग सभी मुद्दों पर पर्याप्त सूचनाओं का बेहद अभाव है। यह अभाव तब और भी ज़्यादा खलता है जब इसके मुक़ाबले इस काल के यूरोप के बारे में हम ऐतिहासिक सबूतों की भरमार देखते हैं। इसलिए अगर इस खंड में आगे कहीं-कहीं तथ्यों को अनुमान से और जोड़-जोड़कर एक धागे में पिरोया गया लगता हो, तो इसका एक कारण शायद सभी इतिहासकारों का यह सामान्य दुर्भाग्य है कि इस काल के भारत के बारे में साक्ष्य बहुत कम बचे हैं।

अगर विभिन्न इतिहासकारों के लिए 'फ़्यूडलिज़्म' के विभिन्न अर्थ हैं, जैसा कि हमने पहले भी कहा है, तो इसका मतलब यह हुआ कि किसी देश के (यहाँ भारत के) इतिहास का वह काल भी, जिसे फ़्यूडल चरित्र का बताया जाता है, इतिहासकारों की फ़्यूडलिज़्म-सम्बन्धी समझ के मुताबिक़, अलग-अलग होगा। जैसे भारत पर शोध करने वाले कुछ सोवियत इतिहासकार कौटिल्य के अर्थशास्त्र में फ़्यूडलिज़्म देखते हैं[97] जबकि आर. एस. शर्मा के लिए फ़्यूडलिज़्म ईसा की चौथी शताब्दी में शुरू हुआ और 11वीं और 12वीं शताब्दी तक अपने उत्कर्ष पह पहुँच गया।[98] बी. एन. एस. यादव के विचार से दिल्ली सल्तनत के क़ायम होने के साथ, आर्थिक-राजनीतिक कारणों से, फ़्यूडलिज़्म का पतन शुरू हो गया।[99] दूसरी ओर 19वीं सदी के यशस्वी रूसी इतिहासकार एम. एम. कोवालेवस्की मानते हैं कि भारत में फ़्यूडलिज़्म के उभरने की प्रक्रिया 'मुसलमानों की विजय' के साथ शुरू हुई।[100] भारतीय इतिहास लेखन में विशेष मान्यता पानेवाले डी. डी. कोसाम्बी के मत से 17वीं सदी के बीच में, औरंगज़ेब के शासनकाल में भारतीय फ़्यूडल व्यवस्था टूट गई।[101] दूसरी ओर कर्नल जेम्स टॉड ने 19वीं शताब्दी के शुरू में भी राजस्थान में फ़्यूडलिज़्म को अपने क्लासिकल रूप में चलते हुए देखा।[102]

इन सभी इतिहासकारों तथा भारतीय फ़्यूडलिज़्म के प्रश्न पर विचार करनेवाले दूसरे लेखकों की रचनाओं में तुलना का मुद्दा कमोबेश मध्यकालीन पश्चिमी यूरोप ही बनता है। यह बात समझ में आने लायक़ है क्योंकि जब तक हम 'क्या भारत में फ़्यूडलिज़्म था?' सवाल पर सोचेंगे तो बेशक हमें इसका जवाब फ़्यूडल सामाजिक संगठन के सबसे विकसित रूपवाले पश्चिमी यूरोप के संदर्भ में ही खोजना होगा।

लेकिन यह तुलना यहाँ उठाए गए सवाल के जवाब से बिलकुल अलग चीज़ है। उदाहरण के लिए, टॉड ने 19वीं सदी की शुरुआत के समय के राजस्थान की तुलना हॉलम के (1824 में प्रकाशित) *मिडिल एजेज़* में वर्णित पश्चिमी यूरोपीय फ़्यूडल व्यवस्था से की[103] और पाया कि फ़्यूडल व्यवस्था के छह तत्त्वों में से चार तत्त्व राजस्थान में मौजूद थे।[104] डी. डी. कोसाम्बी ने भी मारियाँ गिब्ब के *फ़्यूडल आर्डर* तथा मॉरिस डॉब के *स्टडीज़*[105] को आधार बनाया तो बी. एन. एस यादव ने तुलना करते हुए कई बार पश्चिमी यूरोप का ज़िक्र किया।[106] सतीशचंद्र को भू-स्वामित्व की भारतीय मान्यता 'कई मामलों में' मध्यकालीन यूरोप जैसी लगी।[107]

डी. डी. कोसाम्बी ने भारतीय फ़्यूडलिज़्म के अध्ययन के लिए एक नई रूपरेखा पेश की जो *फ़्यूडलिज़्म ऊपर से और फ़्यूडलिज़्म नीचे से* की उनकी प्रसिद्ध मान्यता में मिलती है।[108] दुर्भाग्य से यह रूपरेखा कुछ इतिहासकारों को अपर्याप्त लगी।[109] आर. एस. शर्मा पहले इतिहासकार हैं जिन्होंने अपनी किताब में और दूसरे निबंधों में भारतीय फ़्यूडलिज़्म के बारे में एक सुव्यवस्थित अध्ययन पेश किया।[110] बी. एन. एस. यादव ने आरंभिक मध्यकाल का, ख़ासकर 12वीं सदी के उत्तरी भारत का, अध्ययन करके प्रो. शर्मा के अध्ययन में और भी कई महत्त्वपूर्ण ब्यौरे जोड़े।[111]

शर्मा और यादव का मुख्य कथन दो मान्यताओं पर टिका हुआ है : एक तो यह कि व्यापार और शहरी जीवन का फ़्यूडलिज़्म से अंतर्विरोध था[112] और दूसरी यह कि राज्य द्वारा अपने पदाधिकारियों तथा ब्राह्मणों को अनुदान के रूप में ज़मीन के पट्टे लगातार अधिक से अधिक देते रहने के कारण बिचौलियों का महत्त्व बढ़ गया, जिसका नतीजा इन बिचौलियों पर किसानों की बढ़ती हुई निर्भरता और इनकी अधीनता के रूप में हुआ। आर. एस. शर्मा यूरोपीय फ़्यूडलिज़्म के लगभग हर एक घटक का भारत में भी विकास होता हुआ देखते हैं—भू-दासता,[113] *मेनर*,[114] आत्मनिर्भर आर्थिक इकाइयाँ,[115] हस्तशिल्प (दस्तकारी) और वाणिज्य का फ़्यूडलाइज़ेशन;[116] और हाँ, वे व्यापार और शहरों के पतन को तो निश्चय ही देखते हैं। जिन प्रक्रियाओं के कारण यूरोप में फ़्यूडलिज़्म का पतन हुआ माना जाता है, जैसे व्यापार और शहरों का अभ्युदय, लॉर्ड्स के अधीन अत्यधिक दरिद्रता से बचने के लिए किसानों का शहरों की ओर पलायन तथा उपज-लगान को नग़द-लगान में बदलना—शर्मा के अनुसार भारत में भी फ़्यूडलिज़्म के पतन के पीछे इन्हीं प्रक्रियाओं ने काम किया।[117] यूरोप में फ़्यूडलिज़्म को क़ायम करनेवाले सिर्फ़ एक महत्त्वपूर्ण निर्धारक तत्त्व—विदेशी आक्रमण—को ही शर्मा भारत में नहीं खोज सके।[118] मगर यादव ने गुप्त साम्राज्य को ढहाकर फ़्यूडलिज़्म का विकास करने में बर्बरों के, ख़ासकर हूणों के आक्रमण के योगदान की ओर ध्यान दिलाकर इस कमी को भी पूरा कर दिया। यादव ने लिखा "उत्तरी भारत में गुर्जर-प्रतिहार साम्राज्य उसी तरह उभर आया जैसे फ़्यूडल फ्रैंकिश कैरोलीजियन साम्राज्य।"[119] भारतीय फ़्यूडलिज़्म के इन सभी तत्त्वों में सबसे महत्त्वपूर्ण तत्त्व, शर्मा और यादव की दृष्टि में,

राज्य द्वारा बिचौलियों को अनुदान के रूप में अधिक से अधिक अधिकार प्रदान करना था जिनके ऊपर किसान ज़्यादा से ज़्यादा निर्भर होते गए। यह निर्भरता किसानों पर एक से दूसरी जगह जाने पर लगी बढ़ती हुई पाबंदियों तथा बेगार के लिए बढ़ते हुए उत्पीड़न के रूप में दिखाई दी।[120]

शर्मा और यादव ने यूरोपीय तथा भारतीय फ़्यूडलिज़्म के बीच समानता क़ायम करने के लिए जितने मुद्दे दिखलाए, यहाँ उन सब पर विचार करना संभव नहीं। बहरहाल, इन मान्य इतिहासकारों के अध्ययन से असहमति प्रकट करते हुए—जो एक अप्रिय कार्य प्रतीत होता है—हम यहाँ भारतीय फ़्यूडलिज़्म के समर्थन में दिए गए कुछ एक महत्त्वपूर्ण तर्कों पर ही टिप्पणी करेंगे।

फ़्यूडलिज़्म और व्यापार-शहरीकरण के बीच जो विरोध बतलाया जाता है, वह हेनरी पिरेन के समय से ही इतिहासकारों के बीच भारी विवाद का मुद्दा रहा। तब से इन्हें एक-दूसरे का परस्पर इतना विरोधी मानना, जितना कि 1930–40 के दशकों में माना जाता था, लगातार कम होता गया है। यह बात हम पहले भी कह चुके हैं। बहरहाल, जहाँ तक ऐतिहासिक सबूतों का सवाल है, संबंधित काल में व्यापार और शहरीकरण का जिस हद तक पतन बताया जाता रहा है, डी. सी. सरकार ने तथा बी. डी. चट्टोपाध्याय ने बड़े कारगर ढंग से उनकी प्रामाणिकता पर सवाल उठाया है।[121]

लेकिन, इससे भी महत्त्वपूर्ण तथ्य यह है कि हालाँकि आर. एस. शर्मा और बी.एन.एस. यादव ने भारतीय तथा यूरोपीय फ़्यूडलिज़्म की विशेषताओं के बीच काफ़ी हद तक समानताएँ दिखलाई हैं मगर एक बुनियादी भिन्नता को उन्होंने नज़रअंदाज़ कर दिया है। यूरोप में फ़्यूडलिज़्म का अभ्युदय एक ओर दासता पर आधारित उत्पादन संबंधों के संकट के फलस्वरूप और दूसरी ओर जर्मन क़बीलों के बीच बढ़ते हुए स्तरीकरण के फलस्वरूप हुए परिवर्तनों के आपसी टकराव से हुआ था, और इन दोनों के बीच पेरी एंडरसन के शब्दों में कहें तो "आदिम और प्राचीन, दो मिट रही पूर्ववर्ती उत्पादन पद्धतियों का एक विनाशकारी टकराव हुआ।"[122] दूसरे शब्दों में, यूरोपीय फ़्यूडलिज़्म समाज की बुनियाद में होनेवाले परिवर्तनों से विकसित हुआ था। दूसरी ओर भारत में फ़्यूडलिज़्म की स्थापना, इसके प्रवक्ताओं के मुताबिक़, राज्य द्वारा वेतन के बदले या अनुदान के रूप में दिए गए भूमि-पट्टों से और पट्टेदारों द्वारा राज्य से मिले क़ानूनी अधिकारों के बल पर किसानों को अधीन करने के ज़रिये हुई। ऐसी जटिल सामाजिक संरचना प्रशासनिक और क़ानूनी विधियों के ज़रिये हो सकती है, निश्चय ही यह विचार विवादास्पद है।

सर्वोपरि, यहाँ किसानों की 'निर्भरता' की धारणा—जिस संदर्भ में इसका इस्तेमाल होता रहा है—अनिश्चित-सी लगती है। शर्मा और यादव द्वारा जुटाए गए प्रमाण ज़्यादा से ज़्यादा किसानों के बढ़ते हुए शोषण को साबित करते हैं। दूसरी ओर, निर्भरता के मामलों में किसानों की उत्पादन प्रक्रिया पर बाहरी नियंत्रण का होना ज़रूरी है और भारत

के संदर्भ में ऐसे किसी नियंत्रण को साबित करना अभी बाक़ी है। अगर कोई यूरोपीय किसान की उसके लॉर्ड पर निर्भरता की बात करता है तो इसका मूल कारण यह होता है कि उसकी निर्भरता उसके श्रम की परिस्थितियों में जड़बद्ध थी—जैसा कि हम पहले देख आए हैं। उस निर्भरता का एक महत्त्वपूर्ण पहलू उत्पादन की प्रक्रिया में किसान के श्रम के एक हिस्से का लॉर्ड के यहाँ लग जाना था। इसमें शक है कि भारत के बारे में भी यही बात कही जा सकती है। भारत में बेगार के सबूत पूरे इतिहास में मिलते हैं, लेकिन इसकी प्रकृति बुनियादी तौर से यूरोप के बेगार से भिन्न थी क्योंकि भारत में इसका इस्तेमाल उत्पादन के कामों में शायद ही कभी होता था।[123] भारत में भू-दासत्व नहीं होने के वस्तुगत कारण रहे हैं क्योंकि भारत में उत्पादन की परिस्थितियाँ ऐसी रही हैं कि उसमें भू-दास के श्रम की ज़रूरत नहीं रही। इसे हम आगे भी दिखाने की कोशिश करेंगे। भारत में बेगार-प्रथा कमोबेश रही है ज़रूर, लेकिन उत्पादन प्रक्रिया के अंग के रूप में उतनी नहीं, जितनी कि शासकवर्ग की राजनीतिक और प्रशासनिक सत्ता की एक अभिव्यक्ति के रूप में।

भारतीय कृषि इतिहास की कुछ ख़ास विशेषताओं को पर्याप्त स्पष्टता के साथ स्थापित किया गया है, हालाँकि उनमें से बहुत कम का अध्ययन हो पाया है। 19वीं सदी तक भारतीय मिट्टी की उर्वरता आमतौर पर यूरोपीय मिट्टी से कहीं अधिक रही है।[124] दूसरी ओर प्राकृतिक कारणों से यूरोपीय किसान के मुक़ाबले भारतीय किसान बहुत कम संसाधनों से आजीविका प्राप्त कर लेता था। इसके अलावा, अंशतः ऊपर बताए गए कारणों से भी, भारतीय खेतिहर इतिहास के चरित्र को निर्धारित करनेवाली एक मुख्य विशेषता स्वतंत्र किसान समुदाय रहा है—स्वतंत्र आर्थिक दृष्टि से, न कि क़ानूनी दृष्टि से।

भारत में भूमि की अत्यधिक उर्वरता को सूचित करनेवाली कई बातें हैं हालाँकि इसमें क्षेत्रीय भिन्नताएँ मिलती हैं।[125] हर साल खेत में एक फ़सल पैदा करना भारतीय कृषि के इतिहास में वैदिक काल से मिलता है और उपज की ऐसी सुनिश्चितता का मुक़ाबला 10वीं-11वीं सदी के बाद यूरोप में तीन खेतों में बारी-बारी से फ़सल उगाने के चलन से भी नहीं हो सकता।[126] हमारे कुछ स्रोतों में तीन फ़सलें उगाने का भी उल्लेख मिलता है जो अपवाद-सा नहीं लगता। यह दिखा सकना मुश्किल है कि हर खेत में प्रतिवर्ष दो या तीन फ़सलें उगाई जाती थीं। कुछ उल्लेखों में स्पष्ट रूप से ऐसा कहा गया है हालाँकि हर तरह की मिट्टी के लिए इसे मान लेना जल्दबाज़ी की बात होगी। ज़ाहिर है कि कुछ ज़मीनों पर साल में दो या तीन बार भी फ़सल उगाई जाती होगी।[127]

लेकिन, अगर हम इस उल्लेख को नज़रअंदाज़ भी कर दें, तब भी यह तथ्य अपनी जगह पर क़ायम है कि कोई भी खेत साल की कुछ अवधि से ज़्यादा समय तक ख़ाली नहीं रखा जाता था। खेती का ऐसा स्तर मध्यकालीन यूरोप के उत्तरार्ध में तीन

बार वाली खेती से भी हासिल नहीं हो सका। ज़मीन को कुछ समय के लिए ख़ाली छोड़ देने का चलन भी प्राचीन या मध्यकालीन भारत में बहुत कम मिलता है और यह मिट्टी की उर्वरता का एक महत्त्वपूर्ण सबूत है। भारतीय इतिहासकारों ने *फ़ैलो* ज़मीन का उल्लेख या तो बिलकुल कुँआरी धरती के लिए या परित्यक्त भूमि के लिए किया है और अधिक से अधिक ऐसी भूमि के लिए जिस पर खेती को कुछ समय के लिए मुल्तवी कर दिया गया हो।[128] *फ़ैलो* भूमि कुँआरी या परित्यक्त भूमि नहीं होती, बल्कि वह खेती की ही ज़मीन होती है जिसके बोने की बारी क्रम से आएगी। बुआई की ज़मीन के मुक़ाबले ऐसी ज़मीन पर हल कहीं ज़्यादा बार चलाया जाता है ताकि मिट्टी के ढेले चूर हो जाएँ और उगी हुई घास-पात खेत के अंदर सड़कर हरी खाद बन जाए अथवा उसे जलाकर पोटाश बना दिया जाए। *फ़ैलो* का रिवाज वैसी ज़मीन के लिए होता है जिसकी उर्वरता जल्द ही चुक जाती है जबकि भारत में मिलनेवाली पड़ौती ज़मीन पर सिर्फ़ कुछ समय के लिए बीज नहीं बोया जाता (इसे चौमास छोड़ना भी कहते हैं) और *फ़ैलो* के मुक़ाबले इसकी उर्वरता कम चुकती है। 18वीं सदी के अंत में विलियम टेनेंट ने ग़ौर किया था कि "हिन्दुस्तानी अपने खेत को पड़ौती के रूप में तो ज़रूर छोड़ते हैं लेकिन *फ़ैलो* के रूप में कभी नहीं रखते", हालाँकि टेनेंट इसकी वजह हिन्दुस्तानी खेती का पिछड़ापन समझते थे।[129] ज़मीन पड़ौती छोड़ने का तो रिवाज था, पर *फ़ैलो* छोड़ने का नहीं, इसके कुछ और भी सबूत मिलते हैं। *आईने-अकबरी* में ज़मीन की चार श्रेणियों में से दूसरी श्रेणी की ज़मीन के लिए यह कहा गया है कि किसान कुछ वक़्त के लिए इस पर खेती नहीं करता था और इस तरह उसकी ताक़त को बढ़ाता था।[130] *रिसाल-ए ज़िराअत* में भी बंगाल में 18वीं सदी के उत्तरार्ध में एक-एक साल छोड़कर ज़मीन पर खेती करने के चलन का उल्लेख मिलता है।[131] बेशक, यह बिलकुल मुमकिन है कि ज़मीन कुछ वक़्त *फ़ैलो* छोड़ने के रिवाज के बदले ज़्यादा आसान यह रहता होगा कि ताक़त खो चुकी ज़मीन को त्यागकर नई ज़मीन पर खेत बना लिए जाएँ क्योंकि आख़िरकार ज़मीन की कोई कमी तो थी नहीं।[132] लेकिन यह प्रथा व्यापक थी या नहीं, इसका संकेत नहीं मिलता। यूँ भी नई ज़मीन पर खेती करना ख़र्चीला काम होता है और किसान इस तरीक़े को तब तक नहीं अपनाता जब तक पुराने खेत में खाद डालकर उर्वरता बढ़ाने का ख़र्च इससे ज़्यादा न हो। इरफ़ान हबीब ने सही कहा है कि 20वीं सदी के मुक़ाबले इससे पहले की शताब्दियों में खाद कहीं बहुत अधिक मात्रा में उपलब्ध होती रही होगी।[133]

अगर हम विभिन्न पौधों के लिए खाद बनाने के तरीक़ों के ब्यौरों को और इसमें इस्तेमाल की जानेवाली चीज़ों को देखें तो लगता है कि खाद बनाना काफ़ी हुनरमंद काम हो गया था। इसमें शक है कि वैदिक हिन्दुस्तानी खाद का इस्तेमाल करते रहे हों।[134] दूसरे स्रोतों के अलावा *अर्थशास्त्र*[135], *बृहत् संहिता*, *अग्निपुराण*,[136] *कृषि पराशर*[137] और *उपवन विनोद*[138] में उन चीज़ों का लम्बा ब्यौरा मिलता है जिनसे खाद तैयार की

जाती थी। इन चीज़ों में गाय के गोबर और बकरियों तथा भेड़ों की लेड़ियों से लेकर सुअर की चर्बी[139] तक शामिल है और गाय के मांस,[140] हरी खाद, मधु तथा मक्खन के साथ कुछ दूसरी चीज़ों को मिलाकर तैयार किए जाने वाले मिश्रण तक का उल्लेख मिलता है। इनमें से कुछ मिश्रण बीज बोने से पहले काम में लाए जाते थे ताकि बीजों की प्रजनन शक्ति बेहतर हो सके।

उस युग के लिहाज से उनकी खेती के औज़ार और खेती के तौर-तरीक़े भी पिछड़े हुए नहीं थे। हड़प्पा और राजस्थान के कालीबंगन में हल के प्रचलन के निश्चित सबूत मिलते हैं जिनका समय ईसापूर्व तीसरी सहस्राब्दी का पूर्वार्ध है।[141] निश्चय ही वैदिक काल में हल का प्रयोग होता था[142] और तब से वह आज तक जारी है। हल का आकार-प्रकार और उसका भार विभिन्न क्षेत्रों और किसानों के विभिन्न वर्गों के मुताबिक़ अलग-अलग होता था।[143] यह सच है—जैसा कि इलियट ने मज़ाक़ उड़ाते हुए लिखा—कि हिंदुस्तानी हल 'अपनी बनावट में बिल्कुल सरल और बेकार' होता था और सिर्फ़ मिट्टी की ऊपरी सतह को खुरच पाता था,[144] लेकिन ऐसा लगता है कि इसका प्राथमिक कारण यह था कि भारत में मिट्टी की उर्वरता सतह पर होती थी।[145] खुद इलियट ने नोट किया था कि "ढेलों को फोड़ने के लिए अगर किसी *मोल्ड बोर्ड* की ज़रूरत होती तो हिंदुस्तानी इतने कुशल ज़रूर थे कि वे इसे बना लेते।"[146] इसलिए अगर गहरी जुताई करनेवाले हल की उन्हें ज़रूरत होती तो उसे बनाना उनके बूते के बाहर नहीं रहा होगा।

बाद के साहित्य में हल के अलावा खेतिहर उत्पादन के काम आनेवाले दूसरे औज़ारों का भी ज़िक्र मिलता है। वैदिक साहित्य में हँसुए और छलनी[147] का ज़िक्र हुआ है और *वाल्मीकि-रामायण* में कुदाल का उल्लेख आया है।[148] *अमरकोश* में खुरपी और दंदानी के अलावा धान कूटने के लिए ऊखल और मूसल का तथा धान के छिलके उड़ाने के लिए सूप का ज़िक्र मिलता है।[149] *कृषि पराशर* में हल के विभिन्न अंगों के नाम और आकार-प्रकार का ब्यौरेवार वर्णन मिलता है।[150] ईसापूर्व क़रीब छः सौ वर्षों से खेतिहर औज़ारों में लोहे का इस्तेमाल बढ़ता नज़र आता है।[151] लेकिन *सीड-ड्रिल* (निश्चित दूरी रखते हुए खेत में बीज डालने का यंत्र) का आरंभ कब हुआ, यह पता लगाना मुश्किल है। यह एक महत्त्वपूर्ण यंत्र था जिसके बारे में इलियट ने लिखा कि वह इंग्लैंड में "महज़ पिछली शताब्दी के दौरान शुरू हुआ, भारत में इसका इस्तेमाल न जाने कितने पुराने समय से होता आ रहा है।"[152]

खेती के विशेषज्ञ सुझाते थे कि खेत को एक से ज़्यादा बार जोतना चाहिए, कभी-कभी पाँच बार तक।[153] यह सुझाव अमल में किस हद तक आता था, यह जानना आसान नहीं, लेकिन ग्रियर्सन ने आधुनिक बिहार में पाँच बार तक जुताई होते देखा था।[154] मुमकिन है कि जुताई का यह तरीक़ा हाल का हो। निराई दो बार होती थी।[155] साल में दो या तीन बार फ़सल का होना "प्राकृतिक वरदान था और यह अनुभवों से तय

होता था कि किस मिट्टी में कौन-सी फ़सल उगानी चाहिए।"[156] उन्हें रोपने की विधि भी मालूम थी[157] और पौधों के रोगों का इलाज करना भी आता था।[158]

प्राचीन और मध्यकालीन भारत में सबसे महत्त्वपूर्ण तकनीकी विकास सिंचाई के मामले में देखा गया। *ऋगवेद* में (शायद किसी तालाब से) पानी को ऊपर खींचने की विधि का उल्लेख मिलता है, पर इस विधि का ब्यौरा अभी तक अज्ञात है।[159] *अर्थशास्त्र* में भी नदियों, तालाबों, झीलों और कुओं से पानी लेकर सिंचाई करने की कई पद्धतियों का उल्लेख मिलता है।[160] मौर्यकाल में राज्य सिंचाई पर भारी महसूल वसूलता था—उपज के पाँचवें हिस्से से लेकर तीसरे हिस्से तक।[161] जब सिंचाई निजी स्रोतों से की जाती थी, तब भी राज्य यह महसूल वसूलता था।[162]

उत्तरी भारत में सातवीं सदी के आसपास अरघट्ट (नौरिया) के चलन और दिल्ली सल्तनत के समय से रहट के चलन से सिंचाई के विस्तार में महत्त्वपूर्ण परिवर्तन आया—कम से कम पंजाब में[163] जिसकी मिट्टी की उर्वरता को अबुल फज़्ल ने बेजोड़ बताया था।[164] खेतिहर उत्पादन में नहरों की भूमिका गौण थी। फ़ीरोज़शाह तुग़लक़[165] और शाहजहाँ ने[166] नहरों के निर्माण की आज्ञा दी थी, लेकिन बड़े पैमाने पर नहरों से सिंचाई का चलन हाल की घटना है।

मिट्टी की प्राकृतिक उर्वरता और अपेक्षाकृत सक्षम औज़ारों एवं तकनीक की वजह से भारत में खेतिहर उत्पादन ऊँचा होने के बावजूद किसान की आजीविका/रहन-सहन का स्तर, जलवायु-संबंधी परिस्थितियों एवं सामाजिक संगठन की वजह से—जिसकी चर्चा आगे होगी—काफ़ी नीचा था। ईसापूर्व पाँचवीं सदी के भारत में कहीं भी एक किसान-परिवार की आजीविका के लिए नौ से चौदह एकड़ तक की ज़मीन काफ़ी समझी जाती थी।[167] बदक़िस्मती से इतिहास के अगले दौरों में इस मुद्दे पर बहुत कम सबूत मिलते हैं। लेकिन ज़मीन के इस रक़बे में हेर-फेर बहुत कम ही हुआ होगा अगर मिट्टी की उर्वरता में कोई महत्त्वपूर्ण गिरावट या रहन-सहन के स्तर में ज़्यादा बदलाव न आया हो। असल में आज भी इतनी ही ज़मीन से, परंपरागत औज़ारों और तौर-तरीक़ों से लेकिन एक हद तक सिंचाई के साथ, किसान-परिवार अपनी आजीविका और पुनरुत्पादन के लिए आवश्यक थोड़ा-बहुत कमा लेता है।

भारत में खेती के लिए आवश्यक ज़मीन का रक़बा छोटा होने के कारण यहाँ श्रम का वैसा अपव्यय नहीं हुआ जैसा यूरोप में उत्पादन प्रक्रिया के दौरान होता था क्योंकि यहाँ खेतिहर कामों में, यूरोप के मुक़ाबले, कम श्रम की ज़रूरत पड़ती थी। इसके अलावा ये खेतिहर काम पूरे साल के दौरान ज़्यादा लम्बे समय तक चलते थे; इसलिए यूरोप की तरह यहाँ एक छोटी-सी अवधि के अंदर काफ़ी ज़्यादा श्रम लगाने की ज़रूरत नहीं पड़ती थी। यही कारण है कि कुछ मामलों को छोड़कर[168] भारतीय इतिहास में भू-दासता का नहीं दिखाई देना समझ में आता है। शर्मा और यादव भी अपने सबूतों से इसी नतीजे पर पहुँचे हैं कि भारत में भू-दासता कभी भी मुख्य विशेषता नहीं रही।[169] चूँकि

भारतीय उत्पादन प्रक्रिया में श्रम का तीखा अभाव कभी पैदा नहीं हुआ, लिहाज़ा यहाँ किसान को बाँधकर रखने की ज़रूरत नहीं पड़ी। ऐसी बात नहीं है कि यूरोपीय मध्यकालीन राज्य या सामंतों के मुक़ाबले भारत का राज्य या शासकवर्ग अपनी रैयतों से ज़्यादा सहानुभूति रखता था। जब भी ज़रूरत पड़ी, इसने भी किसानों और दस्तकारों को गुलाम बनाया।[170] लेकिन ऐसी ज़रूरतें बहुत कम थीं और कम समय के लिए होती थीं।

इसलिए जब इतिहासकार हिन्दुस्तानी किसान को भू-दास[171] या लगभग भू-दास सा बतलाते हैं तो मुख्यतः उसके आने-जाने पर लगी पाबंदियों, ज़मीन बेचने का अधिकार न होने और बेगार में श्रम देने की उसकी अधीनता के कारण बतलाते हैं।[172]

यह सही है कि भारत में राज्य की मुख्य चिंता ज़मीन से राजस्व की वसूली थी; इसलिए उसने खेत ख़ाली न छोड़ना किसान के लिए अनिवार्य बना दिया था। *अर्थशास्त्र* कहता है : "अगर कोई किसान ज़मीन पर खेती न करता हो तो उसकी ज़मीन ज़ब्त करके किसी और को दे दी जाए या उस ज़मीन पर गाँव के श्रमिकों और व्यापारियों से खेती कराई जाए ताकि खेत अयोग्य व्यक्ति के हाथ में न पड़े जिससे राजस्व की हानि हो सकती है।"[173] राजस्व की हानि को रोकने के उद्देश्य से ही *अर्थशास्त्र* किसान के अन्यत्र जाने पर पाबंदी लगाता है या फिर ज़मीन दूसरे को सौंप देने को कहता है : "कर (टैक्स) चुकानेवाले अपनी ज़मीन को सिर्फ़ दूसरे करदाताओं के हाथों में ही बेच या बंधक रख सकते हैं, ब्राह्मण अपनी *ब्रह्मदेय* या अनुदान में प्राप्त ज़मीन को सिर्फ़ उन्हीं के पास बेच या बंधक रख सकते हैं जिन्हें इसी तरह की ज़मीन मिली हुई है; अन्यथा उन्हें सज़ा मिलेगी। यही सज़ा उन करदाता रैयतों को भी मिलेगी जो ऐसे गाँव में जाकर बसते हैं जहाँ करदाताओं की आबादी नहीं है।"[174] राज्य को यह सुझाव भी दिया गया है कि अगर वह वित्तीय कठिनाई में हो तो उसे किसानों को अपने खेत में अतिरिक्त फ़सलें उगाने के लिए बाध्य करना चाहिए।[175] मनु ने उन किसानों पर जुर्माना ठोकने के लिए कहा जो समय पर अपना खेत नहीं जोतते या जानवरों से फ़सल की रक्षा नहीं करते।[176] लेकिन ये सभी निर्देश भूमि पर किसानों के स्वामित्व का हनन नहीं करते, चाहे खेत किसी और के द्वारा क्यों न जोता जा रहा हो।[177] वास्तव में भूमि पर वहाँ से भागे हुए किसान के क़ानूनी क़ब्ज़े की जो मीयाद मनु के समय (लगभग दूसरी सदी ई.) 10 वर्ष की थी, बढ़कर 20 वर्ष, 60 वर्ष और 100 वर्ष होती हुई 13वीं सदी में 105 वर्ष तक की गई।[178]

इसी तरह जब औरंगज़ेब ने मुहम्मद हाशिम[179] को फ़रमान भेजा जिसमें एक ओर ज़मीन पर किसान के स्वामित्व[180] (बेचने या बंधक रखने समेत[181]) को मान्यता दी गई और दूसरी ओर ज़मीन जोतने के लिए किसान से कहने, ज़रूरत पड़ने पर उसे मजबूर करने के लिए भी कहा गया तो असल में यह उसी प्राचीन भारतीय स्थिति को

दुहराना था।[182] खेत की लगातार जुताई के लिए या बक़ाया राजस्व की वसूली के लिए या अपनी खेती की उपेक्षा करनेवाले किसान से बक़ाया राजस्व वसूल करने[183] के लिए, या फिर किसी किसान के भाग जाने पर दूसरे किसान से खेत जुतवाने के लिए जब राज्य अपने अधिकारों का इस्तेमाल करता था, तो उसके इस अधिकार का व्यावहारिक रूप अलग-अलग स्थितियों में अलग-अलग होता था। 17वीं सदी में जब खेत छोड़कर भाग जाने की घटनाएँ काफ़ी गंभीर सीमा तक व्यापक हो गईं, तो राज्य अपने अधिकारों का प्रयोग और भी दृढ़ता से करने लगा।[184]

फिर भी, किसानों की अगतिशीलता (आवाजाही पर रोक) की समस्या पर विचार करते हुए हमें यह ख़याल रखना होगा कि प्राचीन और मध्यकालीन भारत में हम श्रम या भूमि के किसी विकसित बाज़ार की बात नहीं कर सकते, हालाँकि खेतिहर मज़दूरों को भाड़े पर बुलाने और ज़मीन बेचने या बंधक रखने का ज़िक्र हमारे स्रोतों में हुआ है।[185] इस तरह किसान को अपने गाँव तक सीमित रखनेवाली बंदिशें क़ानूनी से ज़्यादा आर्थिक थीं,[186] हालाँकि हमें प्राचीन या मध्यकालीन भारत के किसान को पूरी तरह अगतिशील नहीं मान लेना चाहिए। अगर हम किसान की आवाजाही पर या ज़मीन बेचने के उसके अधिकार पर राज्य द्वारा समान रूप से पाबंदी लगाने की बात मान भी लेते हैं, तब भी उत्पादन की प्रक्रिया और साधनों पर चाहे जिस भी ढंग से उसका स्वामित्व बरक़रार रहता था, बशर्ते कि वह चाहे (जिस भी ढंग से) अपना खेत जोतता रहा हो और राज्य को या उसके द्वारा नियुक्त अधिकारी को राजस्व अदा करता रहा हो।[187] यह सच है, जैसा कि कई इतिहासकारों ने दिखाया है, कि ब्रिटिश-पूर्व भारतीय किसान को ज़मीन पर आधुनिक या पूँजीवादी ढंग के अधिकार हासिल न थे क्योंकि वह स्वतंत्रतापूर्वक अपनी ज़मीन को बेच या छोड़ या इस्तेमाल नहीं कर सकता था।[188] ज़ाहिर है, उससे ऐसे अधिकारों के इस्तेमाल की इतिहासकार उम्मीद भी नहीं करते। लेकिन, क्या यह सिर्फ़ एक क़ानूनी समस्या है? अगर थोड़ी देर के लिए कल्पना करें कि ऐसे अधिकार उन्हें प्राचीन या मध्यकाल में दे दिए गए होते, तो क्या बाक़ी बातों के समान रहते हुए—जब ज़मीन के ख़रीदार या भाड़े के मज़दूर मुश्किल से ही मिलते या किसान किसी और पेशे की ख़ातिर खेती का त्याग शायद ही कर सकता था—क्या उसकी स्थिति में कोई वस्तुगत फ़र्क़ आ जाता? इन अधिकारों की अनुपस्थिति में वह किसी भी तरह अपने खेत, हल या श्रम के नियंत्रण से वंचित नहीं हुआ।

इस निबंध के पहले हिस्से में मार्क्स की अंतःदृष्टि का अनुसरण करते हुए हमने इसी अर्थ में स्वतंत्र किसान को परिभाषित किया था। भूमि पर क़ानूनी स्वामित्व का सवाल, जिस पर इतिहासकार विचार करते रहे हैं,[189] तथा दूसरे क़ानूनी अधिकार भी वास्तविक सामाजिक-आर्थिक संदर्भ में बहुत महत्त्व नहीं रखते थे।

इस अर्थ में मौर्योत्तर काल में स्वतंत्र किसानवाली उत्पादन प्रणाली और सुदृढ़

होती दिखाई देती है। बौद्ध साहित्य में बड़े-बड़े खेतों में पाँच-पाँच सौ हलों के चलने और भाड़े के मज़दूरों की टोलियों द्वारा उनके जोते जाने का हवाला मिलता है।[190] *अर्थशास्त्र* में भी उन राजकीय फार्मों का उल्लेख है जो 'दासों और क़ैदियों' द्वारा जोते जाते थे।[191] लेकिन गुप्तकाल में और गुप्तोत्तर काल में इन बड़े फ़ार्मों का ज़िक्र नहीं मिलता—चाहे वे राज्य के रहे हों या व्यक्तियों के। इसके बजाय वहाँ शूद्रों का छोटे उत्पादकों में बदलने का जिक्र मिलता है। सातवीं सदी के मध्य तक आकर यदि सभी नहीं तो अधिकतर शूद्र किसानों में बदल चुके थे।[192] किसान उत्पादन प्रणाली का यह विस्तार अंशतः राज्य की कृषि-प्रसार नीति के कारण हुआ लगता है। मौर्य राज्य ने नए, गाँवों को या उजड़े हुए गाँवों को फिर से बसाने के लिए 'या तो बाहरी लोगों को बुलाया था या राज्य की घनी आबादीवाली बस्तियों की अतिरिक्त जनसंख्या को वहाँ स्थानांतरित किया था।[193] लेकिन निजी रूप से भूमि की सफ़ाई मौर्योत्तर काल में ही अधिक हुई लगती है, जो *भूमिच्छिद्र न्याय* में प्रतिबिंबित होती है—भूमि उसकी है जिसने उसे सबसे पहले साफ़ किया, जैसे पशु उसका जिसने उसे सबसे पहले मारा।[194] तर्कसंगत ढंग से यह माना जा सकता है कि अरघट्ट और रहट के प्रसार के साथ सबसे ज़्यादा भूमि उन्हीं लोगों ने साफ़ की होगी जिनके पास इन साधनों को प्राप्त करने लायक आर्थिक क्षमता रही होगी।[195] अगर मध्यकालीन भारत खेती के प्रसार में अत्यधिक इच्छुक दिखता है तो इसका कारण महज़ इतना ही है कि इस युग के इससे संबंधित प्रमाण काफ़ी बचे हुए हैं। मसलन राज्य अनुदानस्वरूप जो भूमि देता था उसमें दो बराबर के टुकड़े होते थे—एक खेती के लिए, दूसरा परती।[196] *आईन* में मुग़ल राज्य के राजस्व संग्रह अधिकारी के जो काम बताए गए हैं, उनमें से एक काम परती ज़मीन को साफ़ करके खेती लायक़ बनवाना और खेती लायक़ ज़मीन को परती पड़ने से रोकना था।[197] दूसरे सरकारी एवं अर्ध-सरकारी अधिकारियों—करोड़ियों,[198] ज़मींदारों,[199] बल्कि जागीरदारों[200] को भी—यही ज़िम्मेदारी सौंपी गई थी। इसीलिए अगर मुहम्मद हाशिम को दिए गए औरंगज़ेब के फ़रमान से स्पष्ट रूप से किसान द्वारा साफ़ की गई ज़मीन पर उसी का हक़ माना गया[201] तो यह व्यक्तिगत रूप से किसान द्वारा खेती के प्रसार को बढ़ावा देने की पुरानी परम्परा को ही लागू करना था।

इस तरह धीरे-धीरे मौर्योत्तर काल से उभरी स्वतंत्र किसानों की उत्पादन प्रणाली प्राचीन और मध्यकालीन भारतीय कृषि अर्थव्यवस्था की विशेषता बन गई।

प्राचीन और मध्यकालीन भारत में स्तरीकरण के अस्तित्व को सिद्ध करने के लिए अधिक प्रयास करने की ज़रूरत नहीं है क्योंकि अब इस पर शायद ही कोई विवाद करता हो। जाति-प्रथा का आविर्भाव सामाजिक-आर्थिक असमानता को बरक़रार रखने, ख़ासकर बड़े भू-स्वामियों की खेती के लिए खेतिहर मज़दूर सुलभ कराने के लिए हुआ था।[202] इसलिए जब हम स्वतंत्र किसान उत्पादन की बात करते हैं तो कमोबेश उत्पादन प्रणाली में इसकी प्राथमिकता के कारण करते हैं।[203]

अगर उत्पादन प्रक्रिया पर अपने नियंत्रण के कारण भारतीय किसान अपने मध्यकालीन यूरोपीय जोड़ीदार से अलग दिखता है तो इसका मतलब यह नहीं है कि उसका जीवन-स्तर भी अनिवार्यतः ऊँचा था। हमने पहले भी यह देखा है कि भारत की प्रकृति में किसान बहुत कम संसाधनों पर अपनी आजीविका चला लेता था और सामाजिक संगठन इतने ही साधनों को उसके लिए काफ़ी बतलाता था। हमारे स्रोतों में ये उल्लेख लगातार मिलते हैं कि कैसे किसानों से राजस्व तथा दूसरे करों की भारी माँग की जाती थी और परिणामस्वरूप उनका जीवन अभावों से भरा होता था। पाली ग्रंथों में किसानों की दरिद्रता के मार्मिक चित्र मिलते हैं।[204] सिंचाई की व्यवस्था निजी तौर पर करने पर भी कौटिल्य उनकी उपज से 1/5 से 1/3 भाग तक सिंचाई-कर के रूप में लेने को कहता है, जैसा कि हम देख चुके हैं।[205] जैसा कि आर.पी. कांगले ने बतलाया, राजस्व के रूप में उपज का छठा भाग निश्चित था और एक-तिहाई भाग सिंचाई का उसमें जोड़ने के बाद किसान से उसकी उपज का कुल आधा भाग ले लिया जाता था।[206] क़ानूनी किताबों में मिट्टी की प्रकृति और फ़सल के मुताबिक़ उपज का 1/12वें भाग से 1/6वें भाग तक राजस्व के रूप में लेने का अटल विधान था। फिर भी, शासक की हैसियत के मुताबिक़ व्यवहार में यह भाग 1/10 से 1/3 तक ही होता था। एक विशेष दस्तावेज़ *लेखपद्धति* के मुताबिक़ 11वीं और 12वीं सदी में कई बार तो उपज का दो-तिहाई भाग तक राजस्व के रूप में वसूला गया।[207] *शुक्रनीतिसार* नामक पुस्तक में, जिसके विभिन्न अंश 11वीं सदी और उसके बाद के हैं, उपज के 1/6वें भाग से लेकर 1/2 भाग तक राजस्व की दर सुझाई गई है।[208] कश्मीर के राजा ललितादित्य (आठवीं सदी) ने अपने उत्तराधिकारी को एक सलाह दी थी जिसे पाँच शताब्दी बाद सुल्तान बलबन ने भी दुहराया : देहातियों को ज़िंदा रहने लायक़ जितना ज़रूरी है, उससे ज़्यादा उन्हें कभी जमा करने मत दो, अन्यथा वे विद्रोह कर सकते हैं।[209] डी.सी. सरकार और बी.एन.एस. यादव ने किसानों और कारीगरों से वसूले जानेवाले करों और अबवाब की 13-13 पृष्ठों में फ़ेहरिस्तें बनाई हैं[210] और जब यादव कहते हैं कि 12वीं सदी में 'किसानों के पास सिर्फ़ ज़िंदा रहने लायक़ उपज ही छोड़ी जाती थी,'[211] तो वे स्थिति को बढ़ा-चढ़ाकर नहीं कहते। राजस्व वसूली की इसी परंपरा के मुताबिक़ दिल्ली के सुल्तान और मुग़ल सम्राट ज़मीन के राजस्व के रूप में उपज का एक-तिहाई से लेकर आधा हिस्सा तक वसूलते थे।[212] यह मुमकिन है कि तकनीकी तरक़्क़ी की वजह से, मसलन अरघट्ट और रहट के चलन से और कई तरह की फसल उगाने से,[113] उपज का मूल्य बढ़ गया हो और इसीलिए राज्य ने भी राजस्व की माँग में वृद्धि कर दी हो, लेकिन हमारा ख़याल है कि यह एक ऐसा मुद्दा है जिस पर विश्वासपूर्वक कुछ कहने से पहले और सावधानी से जाँच करने की ज़रूरत है।[214]

ऊपर खेतिहर इतिहास की जिन लाक्षणिक विशेषताओं पर विचार किया गया—ज़मीन की उर्वरता, रहन-सहन का नीचा स्तर और स्वतंत्र किसान उत्पादन—इनसे

भारतीय सामाजिक-आर्थिक इतिहास में दिखनेवाली अपेक्षाकृत स्थिरता को भी समझा जा सकता है। आख़िरकार यह भी एक सच्चाई है कि यहाँ उत्पादन के संबंधों, तौर-तरीक़ों और साधनों को पूरी तरह से बदल डालनेवाले वैसे सामाजिक प्रयत्न नहीं दिखाई देते जो गहरे सामाजिक तनावों के कारण पश्चिमी यूरोप में दिखाई दिए। वास्तव में अरघट्ट और फ़ारसी धुरीवाले रहट को छोड़कर खेतिहर उत्पादन के साधनों में कोई महत्त्वपूर्ण विकास नहीं दिखाई दिया। लगता है ऊपर जो विशेषताएँ बतलाई गई हैं, उनका कुछ संबंध किसी नए महत्त्वपूर्ण विकास के न होने से भी है। यूरोप की तरह भारत में श्रम या उत्पादन में लंबे समय तक चलनेवाला गहरा संकट (या तीव्र अभाव) दिखाई नहीं देता। सामान्य रूप से माँग में जो वृद्धि होती रही, उसकी पूर्ति सामान्य रूप से होनेवाले विकास या प्रसार से होती रही।

राज्य को—जो शोषण का मुख्य ज़रिया था[215]—राजस्व तथा अबवाब की शक्ल में भारी मात्रा में अतिरिक्त खेतिहर उपज हासिल होने के बावजूद, भूमि की अत्यधिक उर्वरता और किसानों के रहन-सहन के निम्न स्तर के कारण,[216] एक तरह का संतुलन बना रहा जिससे अपेक्षाकृत स्थायित्व की परिस्थितियों में राज्य द्वारा किसानों की अतिरिक्त उपज को हस्तगत करते रहना संभव हुआ। जब-जब राज्य ने संतुलन की सीमाओं का उल्लंघन करने का प्रयास किया, किसानों ने प्रतिक्रियास्वरूप या तो खेती करना छोड़ दिया अथवा वे हिंसा पर उतर आए।[217] लेकिन, शायद यह मानना होगा कि ऐसे सक्रिय प्रतिरोध के उदाहरण अपेक्षाकृत कम मिलते हैं और औरंगज़ेब कालीन किसान विद्रोहों को छोड़कर ये सभी प्रतिरोध ज़्यादातर स्थानीय स्तर तक ही सीमित रहे। जैसे ही राज्य ने अपना नाजायज़ कदम वापस लिया, संतुलन फिर क़ायम हो गया।

इन बातों के साथ-साथ उत्पादन की प्रक्रिया पर किसानों का स्वतंत्र नियंत्रण होने से भी वैसे तीव्र सामाजिक तनावों की गुंजाइश कम हो गई थी जिनसे पूरी उत्पादन प्रणाली में महत्त्वपूर्ण फेर-बदल करना पड़ जाता अंग्रेज़ी राज से पहले के भारत में आर्थिक इतिहास का स्वरूप तय करनेवाला मुख्य संघर्ष अतिरिक्त उपज को वितरित और पुनर्वितरित करने का संघर्ष था, न कि उत्पादन के साधनों के पुनर्वितरण का, जिसने मध्यकालीन यूरोपीय अर्थव्यवस्था का स्वरूप बदल दिया।[218] अतिरिक्त उपज के पुनर्वितरण के संघर्ष का समाधान कमोबेश उसी सामाजिक ढाँचे के अंदर ढूँढ लिया गया। यहाँ तक कि जब मुग़ल साम्राज्य का पतन हो रहा था, उस समय भी लगता था कि इसका लाभ कई स्तरों पर शक्तिशाली हो रहे जमींदारों को ही मिल रहा था।[219] दूसरे शब्दों में, सम्पत्ति का एक पुराना रूप ही फिर से मज़बूत हो रहा था। मध्यकालीन भारतीय समाज के अंदर तनाव इतने ज़्यादा नहीं थे कि उनसे बुर्जुवा उत्पादन प्रणाली का विकास होता।[220]

भारतीय फ़्यूडलिज़्म के खिलाफ़ बहस करने के लिए एशियाई उत्पादन प्रणाली

को मान लेने की ज़रूरत नहीं है।[221] एशियाई उत्पादन प्रणाली की मान्यता ज़मीन पर निजी स्वामित्व न होने की धारणा पर आधारित है।[222] जिसे आमतौर पर आज भारतीय इतिहासकार नहीं मानते। विश्वव्यापी पूँजीवाद के अधीन हो जाने से पहले विश्व में कई प्रकार के सामाजिक संगठनों के प्रचलित रहने के सबूत मिलते हैं और ये संगठन सिर्फ़ फ़्यूडलिज़्म और एशियाई उत्पादन प्रणाली तक सीमित न थे। इरफ़ान हबीब ने भारतीय इतिहास के सिलसिले में फ़्यूडलिज़्म और एशियाई उत्पादन प्रणाली की मान्यताओं के औचित्य पर सवाल उठाए हैं।[223] और इसकी जगह एक निर्विशिष्ट नाम सुझाया है—भारतीय मध्यकालीन अर्थव्यवस्था।[224] मैंने स्वतंत्र कृषक उत्पादन को भारतीय अर्थव्यवस्था की लाक्षणिक विशेषता ठहराने में शायद कुछ जल्दबाज़ी से काम लिया है। लेकिन अगर हम फ़्यूडलिज़्म और एशियाई उत्पादन-प्रणाली—इन दोनों कठमुल्ले ढाँचों की आलोचना करें तो मुमकिन है कि ब्रिटिश-पूर्व भारत की सामाजिक व्यवस्था के सही वर्गीकरण का कोई और रास्ता खुल जाए। साथ ही, इससे यूरोप-केंद्रित इतिहास दृष्टि से भी हम अपने को बचा सकेंगे।[225]

संदर्भ और टिप्पणियाँ

1. यूरोपीय 'फ़्यूडलिज़्म' की बुनियादी विशेषताओं के बारे में मार्क ब्लाख का शास्त्रीय वर्णन हर किसी को ज्ञात हैः 'एक दास-समान कृषक वर्ग; वेतन की जगह सेवा के बदले कुछ भूमि देने की व्यापक प्रथा (अर्थात फीफ) और वेतन का कोई सवाल ही तब नहीं उठता था; युद्ध-कार्य में दक्ष व्यक्तियों के वर्ग का वर्चस्व; आज्ञापालन और संरक्षण के वे संबंध जो व्यक्ति को व्यक्ति से बाँधते थे और योद्धावर्ग के अंदर उस विशिष्ट रूप में प्रकट होते थे जिसे असामीपन (बैसलेज) कहते हैं, सत्ता का विखंडन जिससे हमेशा ही अव्यवस्था का जन्म होता था; और इन सबके बीच संबंधों के अन्य रूपों, परिवार और राजसत्ता का अस्तित्व, इनमें से राजसत्ता ने दूसरे 'फ़्यूडल' युग में एक नई शक्ति प्राप्त की।' मार्क ब्लाक कृत *फ़्यूडल सोसायटी* (अनुवादः एल ए मेन्यान), शिकागो, 1964, पृ 446 देखें। जोसफ़ ए स्ट्रेचर और रस्थटन कोलबार्न की राय में 'फ़्यूडलिज़्म' कोई आर्थिक या सामाजिक व्यवस्था नहीं, मुख्य रूप से शासन की एक प्रणाली है, हालाँकि जाहिर है कि यह सामाजिक और आर्थिक परिवेश को प्रभावित करती और उससे प्रभावित होती है। आर कोलबार्न द्वारा संपादित *फ़्यूडलिज़्म इन हिस्ट्री*, प्रिंसटन, 1956 में लेख 'द आइडिया ऑफ फ़्यूडलिज़्म', पृ. 4 देखें। हेनरी पिरेनी की राय में 'फ़्यूडलिज़्म' एक 'बंद जागीरी अर्थ व्यवस्था' थी जिसमें उत्पादन मुख्यतः उपभोग के लिए होता था और व्यापार लगभग था ही नहीं।' *इकॉनामिक एंड सोशल हिस्ट्री ऑफ मेडिवल यूरोप*, अनुवादः आई ई क्लेग, लंदन, 1958, (प्रथम प्रकाशन 1936), पृ 7-12 देखें। मार्क्सवाद जैसी विश्लेषण की एक ही साझी पद्धति अपनानेवाले इतिहासकारों ने भी 'फ़्यूडलिज़्म' को अनेकों अलग-अलग अर्थों में समझा है। मसलन आर एच हिल्टन द्वारा संपादित *द ट्रांज़िशन फ्राम फ़्यूडलिज़्म टू कैपिटलिज़्म*, लंदन, 1976, पृ. 33-56 और 102-8 में पालस्वीजी की 'फ़्यूडलिज़्म' की धारणा हेनरी पिरेनी की धारणा से लगभग

मिलती-जुलती है, मगर वहीं *स्टडीज़ इन डवलपमेंट ऑफ़ कैपिटलिज़्म*, संशोधित संस्करण, लंदन, 1963, पुनर्मुद्रणः 1972 (प्रथम प्रकाशनः 1946), पृ 35-37 में मारिस डाब उसे सर्फ़डम (भू-दासता) का पर्याय बतलाते हैं। मेरी एंडरसन की राय में 'खंड-खंड प्रभुसत्ता और सोपानरूपा (स्कैलर) संपत्ति की अर्ध्व रूप से व्यवस्थित प्रणाली में एक विशिष्ट प्रकार का संगठन ही वह चीज़ थी जो यूरोप की फ़्यूडल उत्पादन-पद्धति की लाक्षणिक विशेषता थी।' *लिनिएजेज़ ऑफ़ द आब्सोल्यूटिस्ट स्टेट*, लंदन, 1977 (प्रथम प्रकाशनः 1974), पृ 408 देखें।

भारतीय संदर्भ में रामशरण शर्मा ने 300 और 1200 ईसवी के बीच के दौर को सामंती कहा है जब उनकी राय में यूरोपीय फ़्यूडलिज़्म की तमाम विशेषताएँ यहाँ विकसित हो चुकी थीं। *इंडियन फ्यूडलिज़्म सर्का* 300-1200, *कलकत्ता*, 1965, *पृ.* 1-2, 7, 16, 52, 53, 63, 64, 154, 158, 271 आदि देखें। दूसरी तरफ सैयद नूरुल हसन मध्यकालीन भारत को सामंती कहते हैं भले ही तब उसमें 'पश्चिमी यूरोपीय फ़्यूडलिज़्म की *कोई* भी विशेषता नहीं पाई जाती थी। देखें *थाट्स आन एग्रेरीयन रिलेशंस इन मुगल इंडिया*, नई दिल्ली, 1972, पृ. 2, जोर हमारा।

2. ज़ाहिर है कि 'पाषाण युग', 'काँस्य युग' आदि अन्य प्राक्-पूँजीवादी सार्वभौम प्रवर्ग उसी श्रेणी में नहीं आते जिसमें एक उन्नत सामाजिक संगठन से युक्त एक संगठित उत्पादन पद्धति आती है।
3. कार्ल मार्क्स और फ्रेडरिक एंगेल्स, *सेलेक्टेड वर्क्स*, खंड 1, मास्को 1969, पृ. 160-62
4. तुलना करें ज्याँ सुरे-कैनाल की इस गहन टिप्पणी सेः 'पूँजीवाद *अपनी प्रकृति से ही*, और साथ ही मानवता की प्रगति के महान चरणों में एक चरण होने के नाते, एक सार्वभौम महत्त्व प्राप्त कर लेता है तथा उत्पादन की पिछली पद्धतियों को नष्ट करता या मात्र अवशेष बनाकर रख देता है। ऐसी सार्वभौमिकता निश्चित ही समाजवाद की विशेषता है। लेकिन सामाजिक विकास के इन अंतिम दो चरणों की इस सार्वभौमिकता को उनसे पहले के इतिहास पर प्रक्षेपित नहीं किया जा सकता।' मेरियन सावर, *मार्क्सिज़्म एंड द क्वेश्चंज़ ऑफ़ द एशियाटिक मोड ऑफ़ प्रोडक्शन*, हेग, 1977 में पृ. 208 पर उद्धृत; जोर लेखक का।
5. मिसाल के लिए फ़्यूडलिज़्म को भूदासता का पर्याय बतलाते हुए मारिस डाब (*कैपिटलिज़्म, डवलपमेंट एंड प्लानिंग*, न्यूयार्क, पुनर्मुद्रण, 1970, पृ. 2-3) भूदासता को शोषण का ऐसा रूप बतलाते हैं जो 'किसी न किसी रूप में तथाकथित आर्थिकेतर बाध्यता' के जरिए लादा और जारी रखा जाता है। स्वयं द्वारा संपादित *पेज़ेंट्स, नाइट्स एंड हेरिटिक्स* (कैंब्रिज, 1976, पृ. 4) में आर एच हिल्टन भी 'ग़ैर-आर्थिक बाध्यता' के साथ भूदासता के समीकरण को स्वीकार करते हैं हालांकि वे फ़्यूडलिज़्म को भूदासता का समतुल्य नहीं बतलाते। इमैनुएल वालेरस्टाइज़ ने 'पुनर्वितरणकारी विश्व-व्यवस्था' के शब्दों का प्रयोग किया है। यह विश्व-व्यवस्था 'एक ऐसी उत्पादन पद्धति पर आधारित है जिसमें खेतिहर उत्पादकों से अधिशेष की वसूली आम तौर पर उपभोग के किसी विशेष स्तर पर एक शाही (या राजसी) नौकरशाही को सहारा देनेवाले ख़िराज के रूप में की जाती है।' 'फ़्राम फ़्यूडलिज़्म टू कैपिटलिज़्म : ट्रांज़िशन आर ट्रांजिशंस?', *सोशल फ़ोर्सिज़*, वर्ष 55, अंक 2, दिसंबर 1976, पृ. 281, टिप्पणी 2 देखें। यह शब्द 'ग़ैर-आर्थिक बाध्यता' या 'प्राक-पूँजीवादी समाज' जितना ही सामान्य है और इसलिए उनसे शायद ही बेहतर हो। सैयद नूरुल-हसन (*थाट्स*, पूर्वोक्त, पृ. 1-2) फ़्यूडलिज़्म से मुख्यतः ऐसी खेतिहर अर्थव्यवस्था का अर्थ लेते हैं जिसमें एक 'काफ़ी-कुछ बंद' शासक वर्ग ग़ैर-आर्थिक बलप्रयोग के द्वारा भी तथा खेतिहर और गौण महत्त्व वाले दस्तकाराना उत्पादन में अपनी भूमिका के ज़रिए भी अधिशेष का अधिग्रहण करता है।

   पेरी एंडरसन (*लिनिएजेज*, पूर्वोक्त, पृ. 401-12) ने फ़्यूडलिज़्म की सार्वभौमवादी परिभाषाओं की

तीखी आलोचना की है जो उपयुक्त संशोधनों के साथ मध्यकालीन जगत के विभिन्न क्षेत्रों पर एकसमान लागू होती है। उनकी आलोचना का आधार प्राक्-पूँजीवादी दुनिया के विभिन्न भागों में अर्थव्यवस्थाओं के 'बुनियादी ढाँचे' की परिकल्पित समानता है। इन अर्थव्यवस्थाओं की बहुत ही चलताऊ परिभाषा ज़्यादातर छोटे कृषक उत्पादन से युक्त बड़े भूस्वामित्व के आधार पर की जाती है जिसमें शोषक वर्ग फ़ौरी उत्पादक से आर्थिकेतर बल प्रयोग—श्रम सेवा, वस्तु रूप में अदायगी या नक़द लगानों—के ज़रिए अधिशेष की वसूली करता है, और जिसमें मालों के विनिमय और श्रमिकों की गतिशीलता पर उसी अनुपात में प्रबंध लगे होते हैं। (उपरोक्त, पृ. 401 देखें) उनका सुझाव है (उपरोक्त, पृ. 404, जोर लेखक का) कि चूँकि 'पूँजीवाद से पहले के वर्गीय समाजों में उत्पादन की **सभी** पद्धतियाँ फ़ौरी उत्पादकों से आर्थिकेतर बलप्रयोग के द्वारा अतिरिक्त श्रम वसूल करती हैं⋯इसलिए प्राक्-पूँजीवादी पद्धतियों की परिभाषा उनके राजनीतिक, कानूनी और वैचारिक ऊपरी ढाँचों को छोड़कर किसी और आधार पर की ही नहीं जा सकती, कारण कि ये ढाँचे ही इन पद्धतियों के अपने-अपने आर्थिकेतर बलप्रयोग के रूपों का निर्धारण करते हैं। किसी प्राक्-पूँजीवादी सामाजिक संरचना को विभूषित करनेवाली नैयायिक निर्भरता, संपत्ति और प्रभुसत्ता के ठीक-ठीक रूप मात्र गौण या आकस्मिक तत्त्व नहीं होते, इसके विपरीत वे उसमें प्राप्य प्रमुख उत्पादन पद्धति के केंद्रीय सूचकतत्व होते हैं।'

जैसा कि हमने देखा, स्वयं एंडरसन ने फ़्यूडलिज़्म की परिभाषा (उपरोक्त, पृ. 408) राजसी और भूदास वर्गों के एक विशेष संगठन के रूप में की है जिसमें 'खंड-खंड प्रभुसत्ता और सोपानरूपा संपत्ति ही वह चीज थी जो यूरोप की फ़्यूडल उत्पादन पद्धति की लाक्षणिक विशेषता थी।' किसी उत्पादन पद्धति (बल्कि किसी पूँजीवाद से पहले की उत्पादन पद्धति) को राजनीतिक-कानूनी विशेषताओं के आधार पर परिभाषित करने की समस्या में यहाँ जाने की ज़रूरत नहीं है। मगर इस समस्या से अलग, एंडरसन ने विभिन्न मध्यकालीन क्षेत्रों में 'आर्थिक बुनियादी ढाँचों' की समानता की धारणा को अनावश्यक ही स्वीकार कर लिया है। यह समानता तो तभी होती है जब परिभाषाएँ बहुत ही व्यापक हों, इतनी व्यापक कि इन सभी अर्थव्यवस्थाओं को समेट लें (जैसे 'गैर-आर्थिक बलप्रयोग' जैसी परिभाषाएँ), और इसलिए ऐसी परिभाषाएँ बेकार की चीज़ होती हैं। वास्तव में मुख्यतः खेतिहर अर्थव्यवस्थाएँ होने के बावजूद इन मध्यकालीन क्षेत्रीय अर्थव्यवस्थाओं के इतिहास बिल्कुल अलग-अलग रहे हैं, तब भी जबकि उन सबमें आर्थिकेतर बलप्रयोग के द्वारा ही अधिशेष की वसूली की जाती थी। जापान का फ़्यूडलिज़्म यूरोप से बाहर का वह एकमात्र फ़्यूडलिज़्म रहा है जिसकी प्रामाणिकता को कार्ल मार्क्स से लेकर मार्क ब्लाख तक और स्वयं एंडरसन तक अधिकांश विचारकों ने स्वीकार किया है, हालाँकि उनकी रायें इस मुआमले में भी अलग-अलग रही हैं।

कार्ल मार्क्स, *कैपिटल,* खंड1, मास्को, 1954, पृ 718 की टिप्पणी; मार्क ब्लाख, *फ़्यूडल सोसायटी,* पृ. 446-47, 452; पेरी एंडरसन, *लिनिएजेज़,* पृ. 413-17, 435-61 देखें। दूसरी तरफ़ फ्रांसिस वी मोल्डर का सुझाव है कि तोकूगावा काल के जापान और यूरोपीय फ़्यूडलिज़्म के राजनीतिक ढाँचों की कुछेक समानताओं के बावजूद जापान का इतिहास यूरोप की बजाय चीन के इतिहास से कहीं ज़्यादा मिलता-जुलता है। *जापान, चाइना एंड द मॉडर्न वर्ल्ड इकॉनमी : टुवर्ड्स ए रि-इंटरप्रेटेशन ऑफ़ ईस्ट एशियन डवलपमेंट, सर्का* 1600–1918, कैंब्रिज, 1977, पृ. 25, 71-90 देखें। भारत में एक 'भारतीय सामंतवाद' के प्रमुख समर्थक 'आर्थिक बुनियादी ढाँचे' से अधिक संपत्ति के असमान सामाजिक वितरण के अनुरूप राजनीतिक-नैयायिक और तैचारिक आधारों पर इस व्यवस्था की यूरोपीय फ़्यूडलिज़्म से समानता दर्शाने की कोशिश करते हैं, हालांकि वे यह काम एक अति-सरल बल्कि अपेक्षाकृत कल्पनाशील भाषा में करते हैं। आर. एस. शर्मा, *इंडियन*

फ़्यूडलिज़्म, तथा 'प्राब्लम ऑफ़ ट्रांज़िशन फ़्रॉम एंशिएंट टू मेडिवल इन इंडियन हिस्ट्री', *द इंडियन हिस्टारिकल रिव्यू,* वर्ष 1, अंक 1, मार्च 1974, पृ. 1-9, तथा बी एन एस यादव, *सोसायटी एंड कल्चर इन नार्दर्न इंडिया इन द ट्वेल्फ़्थ सेंचुरी,* इलाहाबाद, 1973 देखें। प्रोफ़ेसर आर. एस. शर्मा की क़ायल कर देने वाली विद्वत्ता के कारण भारतीय 'सामंतवाद' पर सचमुच बहुत कुछ और उन्हीं के बताए ढर्रों पर लिखा गया है।

6. मसलन सैयद नूरुल हसन 'फ़्यूडल' और 'प्रि-कैपिटलिस्ट' शब्दों का उपयोग एक दूसरे के पर्याय रूप में करते हैं (*थाट्स,* पृ. 3) 'मुगल व्यवस्था अपने चरित्र में फ़्यूडल और प्रि-कैपिटलिस्ट (प्राक्-पूँजीवादी) भी।'
7. प्राचीन यूनान और रोम की अर्थव्यवस्था में दास-प्रथा की प्रमुखता को लेकर निश्चित ही अलग-अलग रायें हैं। ए एच एम जोंस ('द इकॉनमिक बेसिस ऑफ़ एथेनियन डेमोक्रेसी', *पास्ट एंड प्रेज़ेंट,* अंक 1, फ़रवरी 1952, पृ. 13-31) और आर. एच. हिल्टन (*बांड मेन मेड फ़्रीः मेडिवल प्रेज़ेंट मूवमेंट्स एंड द इंग्लिश रेबेलियन ऑफ़* 1381, लंदन, 1973, पृ. 10) का विश्वास है कि प्राचीन व्यवस्था दासों द्वारा जोती जानेवाली बड़ी-बड़ी जागीरों (लैटिफुंडिया) की बजाए छोटे-छोटे स्वतंत्र किसानों की बहुसंख्यक जनसंख्या पर आधारित थी। दूसरी तरफ़ एम. आई. फिनले (वाज़ ग्रीक सिविलाइज़ेशन बेस्ट आन स्लेव लेबर? *हिस्टोरिया,* आठ, 1959, पृ 58-59; पेरी एंडरसन द्वारा *पैसेजेज़ फ्राम एंटिक्विटी टू फ़्यूडलिज़्म,* लंदन, 1974, पृ 22-23 की टिप्पणी में उद्धृत) का सुझाव है कि जोंस का सरोकार जिस पाँचवी या चौथी सदी ईसा-पूर्व से है उस काल में मुक्त नागरिकों से दासों का अनुपात 3 : 1 या 4 : 1 था। एंडरसन (उपरोक्त) ने स्वयं दूसरे अनेक अनुमानों पर विचार करने के बाद 3 : 2 का अनुपात सुझाया है।
8. मार्क्स ने इस शब्द को मूलतः इसी रूप में समझा था। *कैपिटल,* खंड 3, मास्को, 1971 पृ. 804-7 देखें।
9. एक मार्क्सवादी धारणा के तौर पर जीवन-निर्वाह (सबसिस्टेंस) में 'उत्पादक का जीवनयापन और पुनरुत्पादन' शामिल है। मार्क्स, *कैपिटल,* खंड 1, पृ. 512 देखें। जाहिर है कि जलवायु के अनुसार अलग-अलग क्षेत्रों में तथा प्रथा के अनुसार अलग-अलग वर्गों के लिए जीवन-निर्वाह की ज़रूरतें अलग-अलग होती हैं। प्रकृति की उत्पादक क्षमता का उपयोग बढ़ने के साथ ये जरूरतें वक्त के साथ भी बदलती हैं, लेकिन किसी भी प्राक्-पूँजीवादी समाज में, वर्गीय विभाजन को देखते हुए, संभव है कि समाज के मध्य और ऊपरी स्तरों की बजाय निचले स्तरों के लिए ये ज़रूरतें 'फौरी संतुष्टि की माँग कर रही स्वाभाविक इच्छाओं' (उपरोक्त) के अधिक क़रीब हों।
10. एम. आई. फिनले, द *एंशिएंट इकानमी,* लंदन, 1973, पृ. 85-87; मार्क ब्लाख, *फ्रेंच रूरल हिस्ट्री,* अनुवादः जेनेट सोंडहाइमर, लंदन, 1976, पृ. 68; ब्लाख, 'द राइज आफ डिपेंडेंट कल्टीवेशन', एम एम पोस्टन (सं) *कैंबिज इकॉनमिक हिस्ट्री ऑफ़ यूरोप,* खंड 1 दूसरा संस्करण, कैंब्रिज, 1966, पृ. 248; जार्जेस डबी, *अर्ली ग्रोथ ऑफ यूरोपियन इकॉनमी : वैरियर्स एंड पेज़ेंट्स फ्राम द सेविंथ टू ट्वेल्फ़्थ सेंचुरी,* अनुवादः हावर्ड बी क्लार्क, न्यूयार्क, 1974, पृ. 40 आगे से : *वैरियर्स एंड पेज़ेंट्स;* पेरी एंडरसन, *पैसेजेज़,* पृ. 18, 25-28, 79, 82 देखें।
11. मार्क ब्लाख, *फ़्यूडल सोसायटी,* पृ. 171-73; ब्लाख़, 'द राइज ऑफ डिपेंडेंट कल्टीवेशन', पृ 255-56; ब्लाख, *फ्रेंच रूरल हिस्ट्री,* पृ. 72-74, 76-77, 85-90; जार्जेस डबी, रूरल *इकॉनमी एंड कंट्री लाइफ़ इन द मेडिवल वेस्ट,* अनुवादः सिंथिया पोस्टन, लंदन, 1968, पृ. 33-35; डबी, *वैरियर्स एंड पेजेंट्स* पृ. 88-89; आर. एच. हिल्टन, *बांड मेन मेड फ्री,* पृ. 33-35; पेरी एंडरसन, *पैसेजेज,* पृ. 149 देखें।
12. ब्लाख, *फ्यूडल सोसायटी,* पृ. 180; डबी, *वैरियर्स एंड पेजेंट्स,* पृ. 40, 87-88, 90-91; एंडरसन,

पैसेजेज, पृ. 148; हिल्टन, *बांड मेन मेड फ्री,* पृ. 42-44

13. मार्क ब्लाख ने एक बार तर्क दिया था कि नार्मन विजय के बाद ऊपर से आरोपित किए जाने के कारण इंग्लैंड में फ़्यूडलिज़्म की जड़ें गहरी जमीं थीं और इसलिए वहाँ मेनर के प्रसार ने 'एलाडियल' संपत्ति के सारे निशान पूरी तरह मिटा दिए। *फ़्यूडल सोसायटी,* पृ. 187-89, 244, 248 देखें। अभी हाल में यह सुझाया गया है कि इंग्लैंड में फ़्यूडल भूमि बंदोबस्तों और साथ में अन्य फ़्यूडल संस्थाओं का विकास नार्मन विजय से पहले ही हो चुका था और इस विजय ने मात्र उनके भावी विकास को तेज़ किया, जबकि फ़्यूडल दौर से पहले की विशेषताएँ गौण तत्त्वों के रूप में जारी रहीं। जे ओ प्रेस्विच, 'एंग्लो-नार्मन फ़्यूडलिज़्म एंड द प्राब्लम ऑफ़ कंटीन्यूइटी', *प्रास एंड प्रेजेंट,* अंक 26, 1963, पृ. 39-57 देखें।

14. जी डबी, *रूरल इकॉनमी,* पृ. 33-35, 40.

15. मारिस डाब (*स्टडीज़,* पृ 35) ने सचमुच यह अंतर किया है और भूदास की उस अस्वतंत्रता के आधार पर किया है जो ऐसे संपत्ति के संबंध का प्रतिबिम्ब है जो स्वयं को शासकों और सेवकों के प्रत्यक्ष संबंध के रूप में सामने लाता है। यह अंतर अस्वतंत्रता के आर्थिक नहीं, नैयायिक आधार पर निर्भर है हालांकि, जैसा कि डाब का दावा था, इसका एक आर्थिक 'अंतर्तत्व' भी था। इससे भी बड़ी बात यह है कि भूदासता के साथ फ़्यूडलिज़्म का समीकरण जहाँ उत्पादन व्यवस्था में भूदासों के संख्या-बल का सटीक वर्णन करता है वहीं स्वामियों के वर्ग और भूदासों का दो ध्रुवीय विभाजन इसके दायरे से उन महत्त्वपूर्ण बहु-ध्रुवीय तनावों को ख़ारिज करता है जिनके कारण फ़्यूडल समाज का तीव्र विकास और अंततः उसका ह्रास हुआ। डाब द्वारा फ़्यूडल समाज का दो-ध्रुवीय विभाजन फ़्यूडलिज़्म के ह्रास की व्याख्या स्वामी द्वारा मालगुजारी की अधिक माँग के चलते किसानों की बढ़ती गरीबी के आधार पर करता है; इस व्याख्या में उत्पादन के एक स्थिर स्तर की मान्यता निहित है। वास्तव में फ़्यूडलिज़्म का पतन उसके तीव्र विकास के कारण हुआ। मारिस डाब के तर्क की विस्तृत समीक्षा के लिए हरबंस मुखिया, 'मारिस डाब्स एक्सप्लेशन ऑफ़ द डिक्लाइन ऑफ़ फ़्यूडलिज़्म इन वेस्टर्न यूरोपः ए क्रिटीक *इंडियन हिस्टारिकल रिव्यू,* वर्ष अंक देखें।

पश्चिमी यूरोप के सामंतवाद की विशेषताओं के बारे में पेरी एंडरसन के निरूपण पर हम पहले ही टीका कर चुके हैं। यह निरूपण कुछ ऐसा है कि एंडरसन चाहें या न चाहें, 13वीं सदी से पहले का प्रारंभिक-मध्यकालीन भारत तो इस श्रेणी में स्थान पा ही सकता है।

16. चीन दुनिया का एक और प्रमुख क्षेत्र है जिसके बारे में कहा जाता है कि वहाँ 1050 ईसा-पूर्व के आस-पास चाओ राजवंश की स्थापना के बाद से ही फ़्यूडलिज़्म रहा है। लेकिन यशस्वी चीनी इतिहासकार वू ताकुन् ('ऐन इंटरप्रेटेशन ऑफ़ चाइनीज़ इकानमिक हिस्ट्री, *पास्ट एंड प्रेज़ेंट,* अंक 1, फरवरी 1952, पृ. 1-13) ने चीनी 'फ़्यूडलिज़्म' की धारणा की वैधता को चुनौती दी है।

17. एफ. एल. गैंशफ और ए वेर्शर्ल्सट 'फ्रांस, द लो कंट्रीज़ एंड द वेस्टर्न जर्मनी', *कैंब्रिज इकॉनमिक हिस्ट्री,* पृ. 314-15.

18. जी डबी, *वैरियर्स एंड पेज़ेंट्स,* पृ. 89-90, 94-95.

19. चार्ल्स पेरें, 'द इवाल्यूशन ऑफ़ एग्रीकल्चरल टेकनीक', *कैंब्रिज इकॉनमिक हिस्ट्री,* पृ. 133-34, 145-46; ब्लाख, *फ्रेंच रूरल हिस्ट्री,* पृ. 25; जी डबी, *रूरल इकॉनमी,* पृ. 24-25, डबी, *वैरियर्स एंड पेज़ेंट्स,* पृ. 169.

20. चार्ल्स पेरें, पूर्वोक्त, पृ. 128-29, 148-57, डबी, *रूरल इकॉनमी,* पृ. 17-21; लिन व्हाइट जूनियर, *मेडिवल टेक्नोलाजी एंड सोशल चेंज,* लंदन, 1973 (प्रथम प्रकाशनः 1962), पृ. 41-43, 53.

21. चार्ल्स पेरें, पूर्वोक्त, पृ. 144-45; डबी, *रूरल इकॉनमी,* पृ. 59-60.
22. ब्लाख, *फ़्यूडल सोसाइटी,* पृ. 60-61; डबी, *रूरल इकानमी,* पृ. 6, 14.
23. डबी, *रूरल इकॉनमी,* पृ. 18; पेरें, पूर्वोक्त, पृ. 129-31; 152-153, 157-59.
24. डबी, *रूरल इकॉनमी,* पृ. 6-7, 14-15.
25. ब्लाख, *फ्रेंच रूरल हिस्ट्री,* पृ. 72-74; डबी, *रूरल इकॉनमी,* पृ. 40-42; हिल्टन, *बांड मेन मेड फ्री* पृ. 61, 85-86.
26. डबी, *रूरल इकॉनमी,* पृ 12-15; डबी, *वैरियर्स एंड पेजेंट्स,* पृ. 78-83.
27. डबी, *रूरल इकॉनमी,* पृ. 38-39, 48-49.
28. मार्क ब्लाख ('मेडिवल इनवेंशंस', *लैंड एंड वर्क इन मेडिवल यूरोप,* अनुवादः जे ई एंडरसन, लंदन, 1967, पृ. 182) और जी डबी *वैरियर्स एंड पेज़ेंट्स,* पृ. 95-96, 177, 229-30 का तर्क है कि प्रौद्योगिक विकास के लिए प्रोत्साहन लार्ड की जागीरों से मिला। इस विकास का कारण पूरा समाज रहा है, इस सुझाव के लिए हरबंस मुखिया, 'मारिस डाब्स एक्सप्लेनेशन', पृ. 20-25 देखें।
29. पेरी एंडरसन, *पैसेजेज़, पृ.* 183.
30. लिन व्हाइट, पूर्वोक्त, पृ. 88.
31. जी डबी, *रूरल इकॉनमी,* पृ. 25-27, 103; पेरें, पूर्वोक्त, पृ. 125; लार्ड बेवरिज, 'द यील्ड एंड प्राइस ऑफ़ कार्न इन द मिडिल एजेज़', ई एम कैरस-विल्सन द्वारा संपादित *एस्सेज़ इन इकॉनामिक हिस्ट्री* खंड 1 लंदन, 1966 (प्रथम प्रकाशनः 1954) में संकलित, पृ. 15-16
32. जी डबी, *रूरल इकॉनमी,* पृ. 102.
33. हिल्टन, *बांड मेन मेड फ्री,* पृ. 28 देखें। मेंस इतनी ही ज़मीन का होता था कि एक परिवार का मात्र जीवन-निर्वाह हो सके। इसलिए मिट्टी के उपजाऊपन और किसान परिवार की परंपरागत ज़रूरतों के आधार पर मेंस का आकार अलग-अलग क्षेत्रों में अलग-अलग होता था। राबर्ट लाटूश, द *बर्थ ऑफ वेस्टर्न इकॉनमी,* अनुवादः ई एम विल्किसन, लंदन, 1961, पृ. 82 और ए गुरविच, 'रिप्रेज़ेंटेशंस ऑफ प्रापर्टी ड्यूरिंग द हाई मिडिल एजेज़', *इकॉनमी एंड सोसायटी,* वर्ष 6, अंक 1, फरवरी 1977, पृ. 8 देखें।
34. जी. फोर्क्विन, *लार्डशिप एंड फ्यूडलिज़्म इन द मिडिल एजेज़,* अनुवादः आइरिस और लिटन सेल्स, लंदन, 1976, पृ. 168.
35. जी डबी, *रूरल इकॉनमी,* पृ. 294-95.
36. आर एस. लोपेज़, द *बर्थ ऑफ यूरोप,* लंदन, 1967, पृ. 398, एंडरसन द्वारा पैसेजेज़, पृ. 190 पर उद्धृत।
37. इस संदर्भ में चलते-चलते ई. ए. कोस्मिस्की (द इवाल्यूशन आफ़ फ़्यूडल रेंट इन इंग्लैंड', *पास्ट एंड प्रेज़ेंट,* अंक 7, अप्रैल 1955, पृ. 22) फ़्यूडल समाज में संपत्ति के असमान वितरण का महत्त्व सुझाते हैं।
38. डबी, *वैरियर्स एंड पेज़ेंट्स,* पृ. 198-99.
39. जे. सी. रसल, *लेट एंशिएंट एंड मेडिवल पापुलेशंस,* फ़िलाडेल्फ़िया, 1958, पृ. 102-3; रसेल, 'पापुलेशन इन यूरोप', कार्लो एम सिपोला द्वारा संपादित द *फ़्रोंटाना इकॉनमिक हिस्ट्री ऑफ़ यूरोप,* खंड 1, लंदन 1972 में संकलित, पृ. 39-40; एम. एम. पोस्टन, द *मेडिवल इकॉनमी एंड सोसायटी,* लंदन, 1975 (प्रथम प्रकाशनः 1972), पृ. 35-36; जे. जेड टीटो, 'सम डिफ़रेंसेज़ बिटविन मेनर्स एंड देयर इफ़ेक्ट्स ऑन द कंडीशन ऑफ़ द पेज़ेंट इन द थर्टींथ सेंचुरी', *एग्रीकल्चरल हिस्ट्री रिव्यू,* वर्ष 10, अंक 1, 1962, पृ. 1-2; मारिस डाब, *स्टडीज़,* पृ. 47; ब्लाख, *फ्रेंच रूरल हिस्ट्री* पृ. 16; डबी, *रूरल इकॉनमी,* पृ. 119-22.

40. डबी, *रूरल इकॉनमी,* पृ. 81-87; डबी *वैरियर्स एंड पेज़ेंट्स,* पृ. 119-120.

41. हरमन ओबिन, 'द लैंड ईस्ट आफ़ द एल्ब एंड जर्मन कोलोनाइजेशन ईस्टवर्ड्स', *कैंब्रिज इकॉनमिक हिस्ट्री,* पृ. 455-56; ई मिलर, 'द इंग्लिश इकॉनमी इन द थर्टीथ सेंचुरीः इंप्लिकेशंस ऑफ़ रिसेंट रिसर्च', *पास्ट एंड प्रेज़ेंट,* अंक 28, जुलाई 1964, पृ. 33; पैट्रीशिया क्रूट और डेविड पार्कर, 'एग्रेरियन क्लास स्ट्रक्चर एंड इकॉनमिक डवलपमेंट', *पास्ट एंड प्रेजेंट* अंक 78, फरवरी 1978, पृ. 39; डबी, *वैरियर्स एंड पेज़ेंट्स* पृ. 201, 208.

42. बी. के. राबर्ट्स, 'ए स्टडी ऑफ मेडिवल कोलोनाइजेशन इन द फोरेस्ट ऑफ आर्डेन, वार्विकशायर', *एग्रीकल्चरल हिस्ट्री रिव्यू,* वर्ष 16, 1968, पृ. 102; लियोपोल्ड गेनीकाट, 'क्राइसिस : फ्राम द मिडिल एजेज़ टू मार्डन टाइम्स', *कैंब्रिज इकॉनमिक हिस्ट्री,* पृ. 733-34; गैंशक और वेर्शल्र्स्ट, पूर्वोक्त, पृ. 297-48; डबी *वैरियर्स एंड पेज़ेंट्स,* पृ. 205.

43. ब्लाख, *फ़्यूडल सोसायटी,* पृ. 137-41; जोन थर्स्क, 'द फ़ैमिली', *पास्ट एंड प्रेज़ेंट,* अंक 27, अप्रैल 1964, पृ 117-22 देखें। लेकिन लैसेट *(द वर्ल्ड वी हैव लॉस्ट)* इस धारणा को स्वीकार करने से हिचकते हैं कि परिवार की संरचनाओं के परिवर्तन सामाजिक रूपांतरणों से मेल खाते हैं। हैंस-मेरिक, 'द प्रोटो-इंडस्ट्रियल फैमिली इकॉनमीः द स्ट्रक्चरल फ़ंक्शन ऑफ़ हाउसहोल्ड एंड फैमिली ड्यूरिंग द ट्रांज़िशन फ्राम पेज़ेंट सोसायटी टू इंडास्ट्रियल कैपिटलिज़्म', *सोशल हिस्ट्री,* वर्ष 1, अंक 3, अक्टूबर 1976, पृ. 292-93 पर उद्धृत।

44. डबी, *वैरियर्स एडं पेज़ेंट्स,* पृ. 205-8.

45. डबी, *रूरल इकॉनमी,* पृ. 77.

46. वही, पृ 115-16, 207-8.

47. उपरोक्त, पृ. 297-8, 263-64; लिन व्हाइट, पूर्वोक्त, पृ. 64 देखें। एंड्रयू जोंस ('हार्वेस्ट कस्टम्स एंड लेबरर्स पर्क्विजिट्स इन सदर्न इंग्लैंड, 1150-130; द कार्न हार्वेस्ट, *एग्रीकल्चरल हिस्ट्री रिव्यू,* वर्ष 25, 1977, पृ. 14) का तर्क है कि इंग्लैंड में 13वीं और 14वीं सदियों के दौरान श्रमिकों के लिए परिलब्धियों की व्यवस्था करनी पड़ी ताकि परंपरा-सम्मत श्रम का शीघ्र और कारगर उपयोग हो सके।

48. ब्लाख, *फ्रेंच रूरल हिस्ट्री,* पृ. 106-12; डबी, *रूरल इकॉनमी,* पृ. 208, डबी, *वैरियर्स एंड पेज़ेंट्स,* पृ. 91-92.

49. एम. एम. पोस्टन, 'द राइज़ ऑफ़ ए मनी इकॉनमी', कैरस विल्सन द्वारा संपादित पूर्वोक्त ग्रंथ, खंड 1 में पृ. 7; आर एच. हिल्टन, 'फ्रीडम एंड विलेइनेज इन इंग्लैंड', स्वयं द्वारा संपादित *पेज़ेंट्स नाइट्स एंड हेरेटिक्स,* पृ. 181; पी. डी. ए हार्वे, 'द इंग्लिश इनफ्लेशन ऑफ़ 1180-1220; उपरोक्त पृ. 74-75; डबी, *वैरियर्स एंड पेज़ेंट्स,* पृ. 222; इ. ए कोस्मिस्की, 'सर्विसेज एंड मनी रेंट्स इन द थर्टीथ सेंचुरी', कैरस-विल्सन द्वारा संपादित *एस्सेज़ इन इकॉनमिक हिस्ट्री,* खंड 2, 1966 (प्रथम प्रकाशनः 1962), पृ. 39-42, जिसमें वे सुझाव देते हैं कि बड़ी जागीरों में कृषिदासता श्रम की आपूर्ति का एक बड़ा भाग बनी रही जबकि छोटी जागीरें किराए के श्रम पर अधिक निर्भर थीं।

50. लार्ड वर्ग में रईस या क्षुद्र लार्ड भी थे जिनकी सत्ता प्रतिबंधों के व्यवहार पर निर्भर थी। सिद्धांततः इससे मुराद हुक्म जारी करने के बारे में राजा की शक्ति से है, पर वास्तव में 8वीं सदी के बाद इस शक्ति को लार्ड वर्ग ने हड़प लिया था। यह अपनी प्रकृति से ही मनमानी शक्ति थी। इसलिए रईस वर्ग आय और सत्ता के स्रोत रूप में इस शक्ति के लचीलेपन को काफ़ी महत्त्व देता था, और इस वर्ग के अधिकार-क्षेत्र में जमीन और मनुष्य, दोनों आते थे। फिर भूस्वामी भी थे जिनका नियंत्रण ज़मीनों पर भी था। इसके अलावा इलाक़ों से वंचित लार्ड भी थे जिनकी आमदनी उनके

कर, धर्मादा आदि वसूल करने के अधिकार से होती थी; यह वह अधिकार था जिसे उन्होंने अर्जित किया या सीधे-सीधे हड़प लिया था। ब्लाख, *फ़्यूडल सोसायटी,* पृ. 251; जे. एस. क्रिचली, *फ़्यूडलिज़्म,* लंदन, 1978, पृ. 67; डबी, *वैरियर्स एंड पेज़ेंट्स,* पृ. 174-77; गाइ फोक्विन, पूर्वोक्त, पृ. 133-36 देखें।

51. न्याय करने की शक्ति भी लार्ड वर्ग जितनी ही संस्तरित थी। क्रिचली, पूर्वोक्त, पृ. 57 देखें। ब्लाख, *फ्रेंच रूरल हिस्ट्री,* पृ. 78-80; गाइ फक्विन, पूर्वोक्त पृ. 185-86; डबी, *वैरियर्स एंड पेज़ेंट्स,* पृ. 211-13, 227, 249-51 भी देखें।

52. 'इजारों' (मोनोपलीज़) में अनाज पीसने की चक्कियाँ, ब्रेड पकाने की भट्ठियाँ, अंगूरों से रस निकालने की मशीनें, और गाँव के ढोर-डंगर में कमी की भरपाई करने के लिए रखे गए सांड और सुअर आदि शामिल थे। किसानों ने इन इज़ारों का जमकर विरोध किया। ब्लाख, *लैंड एंड वर्क इन मेडिवल यूरोप,* पृ. 135-68, ब्लाख, *फ़्यूडल सोसायटी,* पृ. 251; डबी, *वैरियर्स एंड पेज़ेंट्स,* पृ. 222-23, 227-29 देखें।

53. ई. ए. कोस्मिस्की, 'सर्विसेज़ एंड मनी रेंट्स', पूर्वोक्त, पृ. 46-48.

54. फिर भी पहले जिस आलेख 'मारिस डाब्स एक्सप्लेनेशन' का ज़िक्र किया गया है उसमें पृ. 34-38 पर इस प्रश्न की कुछ विस्तृत विवेचना की गई है।

55. हिल्टन, *बांड मेन मेड फ्री,* पृ. 128-29, 130, 132, 206-7 जहाँ हिल्टन ने क्रमशः ग्रांड याकरी, कैटेलोनिया के *रेमेंसस,* ट्यूचिन विद्रोह और अन्य किसान विद्रोहों के प्रति शहरी बुर्जुवा वर्ग के रवैये की विवेचना की है।

56. एल जेनीकाट (पूर्वोक्त) और जी डबी (*रूरल इकॉनमी,* यथास्थान) ने खासे विस्तार से और प्रभावशाली स्पष्टता के साथ विभेदीकरण की इस प्रक्रिया की विवेचना की है।

57. डबी, *रूरल इकॉनमी,* पृ. 126-65.

58. इससे पहले की सदियों के 'फ़्यूडलिज़्म' में मुद्रा और विनिमय के प्रचलन के बारे में ब्लाख, 'नेचुरल इकॉनमी और मनी इकॉनमीः ए श्यूडो-डाइलेमा', *लैंड एंड वर्क इन मेडिवल यूरोप,* पृ. 230-44 देखें। वाइटोल्ड क्यूला, (*ऐन इकॉनमिक थ्योरी ऑफ़ द फ़्यूडल सिस्टम,* अनुवादः लारेंस गार्नर, लंदन, 1976, पृ. 133) ने फ़्यूडल अर्थव्यवस्था का एक प्रतिरूप विकसित करते हुए प्रत्येक छोटे-बड़े फ़्यूडल 'उद्यम' (एंटरप्राइज) में 'मैट्रिक' और 'प्राकृतिक' क्षेत्रों के अस्तित्व सुझाए हैं।

59. आर एस. लोपेज़, 'द इवाल्यूशन ऑफ लैंड ट्रांसपोर्ट इन द मिडिल एजेज़', *पास्ट एंड प्रेज़ेंट* अंक 9, अप्रैल 1956, पृ. 24 देखें। ब्लाख (*फ़्यूडल सोसाइटी,* पृ. 69-70) ने 12वीं सदी के दौरान पूरे यूरोप में बड़ी संख्या में पुलों का निर्माण दर्शाया है।

60. डबी, *रूरल इकॉनमी,* पृ. 302-5; एंडरसन *पैसेजेज़,* पृ. 191 देखें। इंग्लैंड में 1180 और 1220 के बीच खेतिहर मूल्य खासकर तेजी से बढ़े। पी डी ए हार्वे, 'द इंग्लिश इन्फ़्लेशन 1180-1220' *पेज़ेंट्स, नाइट्स एंड हैरेटिक्स,* पृ. 57-58 देखें।

61. डबी, *रूरल इकॉनमी,* पृ. 263-64; पोस्टन, 'द राइज़ ऑफ़ ए मनी इकॉनमी', पूर्वोक्त, पृ. 7.

62. कुलीन या पादरी वर्ग की जागीरें बड़ी-बड़ी, 2000 से 4000 एकड़ तक होती थीं जिसके कारण उत्पादन, भंडारण, उपभोग, बिक्री आदि पर निगरानी रखने के लिए कारिंदों (बैलिफ्स) की भर्ती जरूरी हो गई। जागीरों के आकार के बारे में एंडरसन, *पैसेजेज,* पृ. 140 देखें। फोक्विन, पूर्वोक्त, पृ 172, डबी, *वैरियर्स एंड पेजेंट्स,* पृ. 46-47, 229; डबी, *रूरल इकॉनमी,* पृ. 228-31 और यथास्थान भी देखें। डबीकृत *रूरल इकॉनमी* में अनेक स्थानों पर बिखरा होने के बावजूद एज़ेंट वर्ग के धनी किसान या कुलक बनने की प्रक्रिया का संभवतः सबसे अच्छा विवरण मिलता है।

63. ब्लाख, *फ्रेंच रूरल हिस्ट्री,* पृ. 191-92; डबी *वैरियर्स एंड पेजेंट्स,* पृ. 47, पेरे, पूर्वोक्त, पृ. 60-61.

64. डबी, *वैरियर्स एंड पेजेंट्स,* पृ. 229; डबी, *रूरल इकॉनमी,* पृ. 219, 245.
65. डबी, *रूरल इकॉनमी,* पृ. 244-45.
66. डबी, *वैरियर्स एंड पेजेंट्स,* पृ. 257-58.
67. कोस्मिस्की, 'सर्विसेज़ एंड मनी रेंट्स', पूर्वोक्त, पृ 46-48; कोस्मिस्की, 'द इवाल्यूशन ऑफ फ़्यूडल रेंट', पूर्वोक्त, पृ. 35 की टिप्पणी; डबी, *रूरल इकॉनमी,* पृ. 247; डबी, *वैरियर्स एंड पेज़ेंट्स,* पृ. 176-77.
68. फ़ोर्विन, पूर्वोक्त, पृ. 80-82; डबी, *रूरल इकॉनमी,* पृ. 129.
69. जेनीकॉट, पूर्वोक्त, पृ. 715-16.
70. ब्लाख, *फ्रेंच रूरल हिस्ट्री,* पृ. 124.
71. डबी, *रूरल इकॉनमी,* पृ. 236.
72. उपरोक्त, पृ. 252-59, 285 देखें। 13वीं सदी के अंतिम वर्षों में इंग्लैंड की जागीरों में श्रम-सेवाओं में आई तीव्रता पर कोस्मिस्की ('सर्विसेज एंड मनी रेंट्स', पूर्वोक्त, पृ. 46-47) और हिल्टन (फ्रीडम एंड विलेइनेज इन इंग्लैंड, पूर्वोक्त, पृ. 181,184) ने पर्याप्त प्रकाश डाला है।
73. डबी, *रूरल इकानमी,* पृ. 256-57.
74. उपरोक्त, पृ. 257-58.
75. जेनीकॉट (पूर्वोक्त, पृ. 728-31) ने सुझाया है कि 14वीं और 15वीं सदियों में छोटे भूस्वामी एक मंदी के शिकार हुए तथा भूमिहीन खेत मज़दूरों और सीमांत कृषकों की आर्थिक दशाएँ सुधरीं, और इस कारण 'मध्ययुग के अंत में पूरा तो नहीं, पर ग्रामीण आबादी के एक बड़े भाग का आर्थिक जीवनस्तर लगभग एक जैसा था।' डबी, *रूरल इकॉनमी,* पृ. 152, 280-305 भी देखें।
76. डबी, *रूरल इकॉनमी,* पृ. 286.
77. उपरोक्त, पृ. 141-45.
78. उपरोक्त, पृ. 317 और आगे; एंडरसन, *पैसेसेज़,* पृ. 197-99; *फ्रेंच रूरल हिस्ट्री,* पृ. 17, 112, पोस्टन, *मेडिवल इकॉनमी एंड सोसायटी,* पृ. 63-79; *हिल्टन, बांड मेन मेड फ्री,* पृ. 16; ई मिलर, 'द इंग्लिश इकॉनमी ऑफ द थर्टींथ सेंचुरी', पूर्वोक्त, पृ. 38 देखें। गाइ बोइस (द ट्रांज़िशन फ्राम फ़्यूडलिज़्म टू कैपिटलिज़्म', अनुलेखित, इसी विषय पर दिल्ली विश्वविद्यालय द्वारा जनवरी 1979 में आयोजित भारत-फ्रांस संगोष्ठी में प्रस्तुत, पृ. 21) ने इसी बात को क्लासिकी मार्क्सवादी शब्दावली में कहा हैः 'सबसे बड़ी बात यह कि काश्त योग्य भूमि के लगभग संपूर्ण उपयोग के बाद व्यवस्था ने अपनी विस्तार की संभावनाएँ गँवा दी थी।'
79. डबी, *रूरल इकॉनमी,* पृ. 294-95.
80. पर्यावरण असंतुलन आदि के बारे में एंडरसन, *पैसेजेज,* पृ. 198-99; अकालों और महामारियों के बारे में डबी, *रूरल इकॉनमी,* पृ. 295 देखें। हिल्टन द्वारा संपादित *पेजेंट्स, नाइट्स एंड हेरेटिक्स* में पृ. 85-132 पर इयान केर्शा का लेख 'द ग्रेट फ़ेमीन एंड एग्रेरियन क्राइसिस इन इंग्लैंड, 1315-22 देखें।
81. फ़िलिप जाइगलर, *द ब्लैक डेथ,* लंदन, 1970 (प्रथम प्रकाशनः 1969), एंड रसन, *पैसेजज़,* पृ. 201.
82. जे सी रसल, *लेट् एंशिएंट एंड मेडिवल पापुलेशंस, पृ.* 131.
83. डबी (*रूरल इकॉनमी,* पृ. 308) का सुझाव है कि मध्य युग महामारियों का कहीं अधिक कड़ा मुकाबला करते थे। इससे बाद की पीढ़ी के घटते प्रतिरोध का पता चलता है जिसका कारण संभवतः भूमि के घटते प्रतिफल के नलते खुराक में होनेवाली कमी है। स्लिशर फान बाथ *एग्रेरियन हिस्ट्री ऑफ़ वेस्टर्न यूरोप,* 500-1850, अनुवादः ओ ओर्डिश, लंदन, 1963, पृ.

11-84) ने लंबी कम-खुराकी के शारीरिक और मानसिक परिमाणों की बड़ी ही संवेदनशील विवेचना की है।

84. मसलन अगर 13वीं और मध्य-15वीं सदी के बीच खेतिहर मूल्य 10 प्रतिशत गिरे तो मज़दूरियों में 250 प्रतिशत की वृद्धि हुई। हिल्टन, *बांड मेन मेड फ्री,* पृ 154; जेनीकॉट, पूर्वोक्त, पृ. 684, 692, 694; डबी, *रूरल इकॉनमी,* पृ. 307-8, 320; गाइ बोइस, 'नोट आन द मूवमेंट ऑफ़ प्राइसेज़ *इन फ्यूडल इकॉनमिक सिस्टम्स,* अनुलेखित, पृ. 2 देखें।
85. डबी, *रूरल इकॉनमी,* 316.
86. क्रिस्टोबल के, 'कंपेरेटिव डवलपमेंट ऑफ़ द यूरोपियन मेनोरियल सिस्टम एंड द लैटिन अमेरिकन हेशिएंदा सिस्टम', *जर्नल ऑफ़ पेजेंट स्टडीज़,* वर्ष 2, अंक 1, अक्टूबर 1974, पृ. 72.
87. जेनीकॉट, पूर्वोक्त, पृ. 699-700; फोर्क्विन, पूर्वोक्त, पृ. 210.
88. गाइ बोइस, 'ट्रांजिशन', पूर्वोक्त, पृ. 21-26; हिल्टन, 'ए क्राइसिस ऑफ़ फ़्यूडलिज़्म', *पास्ट एंड प्रेजेंट,* अंक 80, अगस्त 1978, पृ. 11-18.
89. हिल्टन, *बांड मेन मेड फ्री,* पृ. 85 और आगे।
90. उपरोक्त; डबी, *रूरल इकॉनमी,* पृ. 332-35.
91. पीटर ब्लिकल, 'पेजेंट रिवोल्ट्स इन द जर्मन इंपायर इन द लेट मिडिल एजेज़', *सोशल हिस्ट्री,* वर्ष 4, अंक 2, मई 1979, पृ. 223-39.
92. एंडरसन, *पैसेजेज,* पृ. 199 और टिप्पणी।
93. हिल्टन *(बांड मेन मेड फ्री,* पृ. 117) इस बात पर हैरान लगते हैं कि 'नगर के दक्षिण-पश्चिम में स्थित गरीब और बुरी तरह तंग इलाका—यानी ठीक वही इलाक़ा जहाँ ख़ालिस बदहाली के विस्फोट की आशा की जा सकती थी—विद्रोह से लगभग अछूता रहा।'
94. उपरोक्त, पृ. 82, 89-90, 94.
95. एंडरसन, *पैसेजेज़,* पृ. 293.
96. मारिस डाब *(स्टडीज,* पृ. 20) ने सही तौर पर 15वीं और 16वीं सदी को फ़्यूडलिज़्म से पूँजीवाद में संक्रमण का काल माना है।
97. वी. आई. कल्यानोव और आई. पी. बैकोव; बी. एन. एस. यादव द्वारा 'सम एस्पेक्ट्स ऑफ़ चेंज़िंग ऑर्डर इन इंडिया ड्यूरिंग द शक-कुषाण एज, जी. आर. शर्मा द्वारा संपादित *कुषाण स्टडीज़,* इलाहाबाद, 1968 में पृ. 80 पर उद्धृत। बैकोव की राय में निचले दो वर्णों या जातियों का उच्च वर्णों द्वारा शोषण ही सामंतवाद था।
98. आर. एस. शर्मा, *इंडियन फ़्यूडलिज़्म,* पृ. 1-76, 210-62.
99. बी. एन. एस. यादव, *सोसायटी एंड कल्चर,* पृ. 172, 73.
100. डेनियल थार्नर, 'फ़्यूडलिज़्म इन इंडिया', आर कोलबर्न द्वारा संपादित, पूर्वोक्त, पृ. 143-45.
101. डी. डी. कोसांबी, *ऐन इंट्रोडक्शन टू द स्टडी ऑफ़ इंडियन हिस्ट्री,* दूसरा संशोधित संस्करण, मुंबई, 1975 (प्रथम प्रकाशनः 1956), पृ. 391-92.
102. कर्नल जेम्स टाड, *ऐनल्स एंड एंटिक्विटीज़ ऑफ़ राजस्थान,* संपादकः डब्ल्यू क्रुक, खंड1, लंदन, 1920, पृ. 155-56, 182-83, 190.
103. टाड, उपरोक्त, पृ. 154 देखें। दिलचस्प बात यह है कि हैलम की रचना अभी भी कम से कम डी. सी. सरकार *लैंडलार्डिज़्म एंड टेनेंसी इन एंशिएंट एंड मेडिवल इंडिया ऐज़ रिवील्ड बाई एप्रिग्रैफ़िक रिकाड्‌र्स,* लखनऊ, 1969, पृ. 36 के लिए संदर्भ-बिंदु का काम करती है।
104. टाड, पूर्वोक्त, पृ. 190.

105. कोशांबी, *ऐन इंड्रोडक्शन,* पृ. 353-55 और 403 की टिप्पणी। उनकी रचना द *कल्चर एंड सिविलाइज़ेशन ऑफ़ एंशिएंट इंडिया इन हिस्टारिकल आउटलाइन,* पुनर्मुद्रण, नई दिल्ली, 1972 (प्रथम प्रकाशन : 1970), पृ. 23-24 भी देखें।

106. आर एस. शर्मा, *इंडियन फ़्यूडलिज़्म,* 1-2, 16, 34, 63, 64, 84, 154, 208, आदि; बी. एन. एस. यादव, *सोसायटी एंड कल्चर* पृ. 171-72, 175-80 आदि।

107. सतीशचंद्र, 'सम एस्पेक्ट्स ऑफ़ इंडियन विलेज सोसायटी इन नार्दन इंडिया ड्यूरिंग द एटींथ सेंचुरी', द *इंडियन हिस्टारिकल रिव्यू,* वर्ष 1, अंक 1, मार्च 1974, पृ. 51.

108. कोशांबी, *ऐन इंट्रोडक्शन,* अध्याय 9 और 10.

109. इस अवधारणा की समालोचना के लिए इरफ़ान हबीब, 'मार्क्सिस्ट इंटरप्रेटेशन', *सेमिनार* 39, नवंबर 1962, पृ. 36-37 देखें।

110. आर एस. शर्मा, *इंडियन फ़्यूडलिज़्म,* 'प्रॉब्लम ऑफ ट्रांज़िशन', पूर्वोक्त, 'ओरिजिंस ऑफ़ फ़्यूडलिज़्म इन इंडिया', *जर्नल ऑफ़ द इकॉनमिक एंड सोशल हिस्ट्री ऑफ़ द ओरिएंट,* वर्ष 1, 1957-58, पृ. 297-328, 'इंडियन फ़्यूडलिज़्म रिटच्ड' (समीक्षा लेख), द *इंडियन हिस्टॉरिकल रिव्यू, वर्ष* 1, *अंक* 2, *सितंबर* 1974, पृ. 320-30 आदि।

111. बी. एन. एस. यादव, सोसायटी एंड कल्चर; उनके अनेकानेक लेख उनकी पुस्तक में दिए गए तर्कों और साक्ष्यों से शायद ही कभी आगे गए होंगे।

112. मसलन आंतरिक और अंतर्राष्ट्रीय व्यापार के पतन और उसके बाद नगर—केंद्रों के पतन को आर एस. शर्मा इंडियन फ्यूडलिज़्म, पृ. 65-73 और 242-62) गुप्तोत्तर काल में सामंतवाद के उदय का तथा व्यापार और नगर-जीवन के पुनरोदय को सामंतवाद के पतन का प्रमाण मानते हैं। बी एन एस यादव की रचनाओं में व्यापार और सामंतवाद के विरोध की ऐसी ही मान्यता के लिए *सोसायटी एंड कल्चर,* पृ. 172-73 और 'इमोबिलिटी एंड सबजेक्शन ऑफ इंडियन पेजेंट्री इन अर्ली मेडिवल कांप्लेक्स', द *इंडियन हिस्ट्रिकल* रिव्यू, वर्ष 1, अंक 1, पृ. 27 देखें। बदनसीबी से यादव ने मोरलैंड के वाक्यांश 'किसानों द्वारा (नकद) अदायगियाँ' को 'किसानों **को** नकद अदायगी की नियमित प्रथा' समझ लिया है जिसका आर्थिक गतिशीलता की वृद्धि में योगदान रहा है; मोरलैंड तो किसानों **द्वारा** राज्य या उसके कारकुनों को अदा की गई मालगुजारी की बात कर रहे थे। डब्ल्यू एच मोरलैंड, *एग्रेरियन सिस्टम ऑफ़ मुस्लिम इंडिया,* इलाहाबाद, 1929, पृ. 204 तथा यादव, 'इमोबिलिटी एंड सब्जेक्शन', पृ. 27 (ज़ोर हमारा) देखें।

113. *इंडियन फ़्यूडलिज़्म,* 53-59, 118 और यथास्थान।

114. उपरोक्त, पृ. 74, 271.

115. उपरोक्त, पृ. 71, 241, 271.

116. उपरोक्त, पृ. 238-41.

117. व्यापार को नगरों के पुनरोदय पर उपरोक्त, पृ. 242-62; नगरों की ओर किसानों के पलायन पर पृ. 244; आवाजाही (कम्यूटेशन) पर पृ. 243-44, 262 देखें।

118. उपरोक्त, पृ. 74.

119. बी. एन. एस. यादव, *सोसायटी एंड कल्चर,* पृ. 137-39.

120. आर एस. शर्मा, *इंडियन फ्यूडलिज़्म,* पृ. 50-53, 121-22, 243, 283; आर एस. शर्मा, *लाइट ऑन अर्ली इंडियन सोसायटी एंड इकॉनमी,* बंबई, 1966, पृ. 73; यादव, *सोसायटी एंड कल्चर*, पृ. १63-73; यादव, *'इमोबिलिटी एंड सब्जेक्शन',* पृ. 21-23.

121. डी. सी. सरकार, 'लैंडलार्डिज़्म कनफ़्यूज़्ड विद फ़्यूडलिज़्म', स्वयं द्वारा संपादित *लैंड सिस्टम एंड*

फ़्यूडलिज़्म इन एंशिएंट इंडिया, कलकत्ता, 1966, पृ. 58-61 में संकलित; चट्टोपाध्याय, 'ट्रेड एंड अर्बन सेंटर्स इन मेडिवल नार्थ इंडियां', *इंडियन हिस्टारिकल रिव्यू,* वर्ष 1, अंक 2, सितंबर 1974, पृ. 203-19 देखें। एम आर तरफ़दार, 'ट्रेड एंड सोसायटी इन अर्ली मेडिवल बंगाल', 'इंडियन हिस्टारिकल रिव्यू, वर्ष 4, अंक 2, जनवरी 1974, पृ. 274-86 भी देखें।

122. एंडरसन, *पैसेजेज़,* पृ. 128.

123. मुफ़्त दिया गया बलात् श्रम मौर्य-पूर्व काल में लगता है, था ही नहीं; पी. सी. जैन, *लेबर इन एंशिएंट इंडिया,* नई दिल्ली, 1971, पृ. 242-43 देखें। मौर्य काल में अनिवार्य श्रम का उपयोग राजसी भवनों के निर्माण जैसे उद्देश्यों के लिए किया जाता था हालाँकि यह स्पष्ट नहीं कि उसका मूल्य दिया जाता था या नहीं; उपरोक्त तथा जी. के. रॉय, 'फोर्स्ड लेबर इन एंशिएंट एंड अर्ली मेडिवल इंडिया', *इंडियन हिस्टारिकल रिव्यू,* वर्ष 3, अंक 1, जुलाई 1976 पृ. 26, 37 देखें। पहली सदी ई. तक *विष्टि* में मुफ़्त अनिवार्य श्रम की विशेषताएँ आ चुकी थीं। अधिक से अधिक लोग इस मद की वसूलियों के तहत लाए जाते रहे, पर फिर भी इसका दायरा बढ़ता ही गया। भारतीय समाज में बलात श्रम को एक स्थायित्व प्राप्त हुआ और सिर्फ जाति-प्रथा इस मुआमले में इससे आगे रही। कारण की प्राचीन और मध्यकालों में बराबर इसके हवाले मिलते रहते हैं। आर. एस. शर्मा, *इंडियन फ़्यूडलिज़्म,* पृ. 48-53 121-22, 242-43; इरफ़ान हबीब, *एग्रेरियन सिस्टम ऑफ़ मुग़ल इंडिया,* मुंबई, 1963, पृ. 150, 239, 248;एच फुकाजावा, 'ए नोट ऑन द कार्वी सिस्टम (वेठबेगार) इन एटींथ सेंचुरी मराठा किंगडम,' *साइंस एंड ह्यूमन प्रोग्रेसः एस्सेज़ इन आनर ऑफ़ द लेट प्रोफेसर डी. डी. कोसांबी,* मुंबई, 1974; हरबंस मुखिया, 'इल्लीगल एक्सटार्शन्स फ्राम पेज़ेंट्स, आर्टिज़ंस एंड मेनियल्स इन एटींथ सेंचुरी ईस्टर्न राजस्थान', *इंडियन इकॉनमिक एंड सोशल हिस्ट्री रिव्यू,* वर्ष 14, अंक 2, अप्रैल-जून-1977, पृ. 231-45 (प्रस्तुत पुस्तक में संकलित); हेनरी इलियट, *मेमायर्स ऑफ़ द हिस्ट्री, फोकलोर एंड डिस्ट्रीब्यूशन ऑफ़ द रेसेज आफ़ द नार्थ-वेस्टर्न प्राविंसेज़ ऑफ़ इंडिया,* संपादकः जान बीम्स, खंड 2, लंदन, 1859, पृ. 232 देखें। क़िलों की तामीर सड़कों की मरम्मत, राजा के अफसरान के सामानों की ढुलाई आदि अनेक कार्यों के लिए बलात श्रम का उपयोग किया जाता था, पर वहीं खेतिहर उत्पादन में उसके उपयोग के बारे में बेहद कम प्रमाण मिलते हैं। आर. एस. शर्मा *इंडियन फ़्यूडलिज़्म,* पृ. 51-52 केवल एक स्रोत—कामसूत्र— का उद्धरण देते हैं जिसके अनुसार किसान औरतों को मुखिया के खेतों में काम करना और साथ ही उसके घर की सफ़ाई करना, घर के अंदर या बाहर चीज़ें लाना, ले जाना आदि पड़ता था। पर गाँव के मुखिया के खेतों में काम कर रही किसान औरतों का यह हवाला अस्पष्ट है और यह काम उनके बहुत सारे कामों में महज एक है। पर इस अस्पष्टता को जाने दें तो जी. के. राय (फोर्स्ड लेबर, पूर्वोक्त, पृ. 30) ने इस व्याख्या को भी चुनौती दी है कि वे स्त्रियाँ बलात् और मुफ़्त काम करती थीं।

खेतिहर उत्पादन में बलात् श्रम के बारे में कुछ प्राथमिक साक्ष्य अवश्य हैं। जैसे *भागवत पुराण* (जो 800 ई. के बाद का नहीं है) जिसे जी. के. राय ने पूर्वोक्त, पृ. 33 पर उद्धृत किया है, या राजस्थान से कुछ गाँव के स्तर के दस्तावेज जिन्हें हरबंस मुखिया ने 'इल्लीगल एक्सटार्शन्स' में पृ. 233 पर उद्धृत किया है। पर कुल मिलाकर इसकी प्रथा बहुत गौण थी ओर प्रोफ़ेसर शर्मा (इंडियन फ़्यूडलिज़्म रिटच्ड', पूर्वोक्त, पृ. 328) भी मानते हैं कि भूदासता (सर्फ़डम) 'मध्यकाल में भारतीय कृषि व्यवस्था का प्रचलित तत्व' नहीं बन सकी थी।

अजीब बात यह है कि गुप्तोत्तर काल में बलात् श्रम लगातार दस्तकारों से लिया जा रहा था। *कौटिल्य अर्थशास्त्र* (अनुवादः आर सामाशास्त्री, मैसूर, आठवाँ संस्करण, 1967, प्रथम प्रकाशनः

1915, चौथी पुस्तक, अध्याय 1, पृ. 229-32) उन्हें स्वतंत्र मानता है। पर गुप्तोत्तर काल में और ख़ासकर छठी सदी के बाद (आर एस. शर्मा, *इंडियन फ़्यूडलिज़्म,* पृ. 69-73) दस्तकार व्यापारियों से जुड़ गए और बलात श्रम देने के लिए मजबूर हो गए। 17वीं सदी में हम उन्हें फिर एक बार, मगर अब कुलीन वर्ग के हाथों, बलात श्रम देने पर मजबूर देखते हैं; एफ़ बर्नियर, ट्रैवेल्स इन द मुगल इंपायर, 1656-68, अनुवादः ए कांस्टेबिल, लंदन, 1916, पृ. 228-29; तथा अली मुहम्मद ख़ान, *मीरासे-अहमदी,* खंड 1, संपादकः नवाब अली, बड़ौदा, 1928 पृ. 260 देखें। यह कुछ-कुछ अजीब मुआमला है क्योंकि दस्तकार श्रम की दुर्लभता के साक्ष्य बहुत कम हैं। वैसे बलात् श्रम आवश्यक नहीं कि मुफ़्त लिया जाता हो और दस्तकारों को दी गई उज़रतों पर पर्याप्त साक्ष्य मिलते हैं। मिसाल के लिए एफ़ पेल्सेयर, *जहाँगीर्स इंडिया,* अनुवादः डब्ल्यू एच मोरलैंड और पीटर गेल, कैंब्रिज, 1925, पृ 60; तथा *वाक़िया अजमेरो-रणथंभौर,* मुसव्विदा, आंध्र राज्य अभिलेखागार, हैदराबाद, पृ. 227 देखें।

124. एक बार एक हमवतन के ख़िलाफ़ भारत का पक्ष लेते हुए इलियट (*मेमायर्स,* खंड 2, पृ 341 और टिप्पणी, ज़ोर मूल लेखक का) ने 1859 में तर्क दिया था कि इलाहाबाद 'सरकार' की औसत उपज इंग्लैंड के वैज्ञानिक काश्तकारों की *औसत उपज की दोगुनी* थी। उन्होंने अपने खुद के काल में ज़मीन के घटते उपजाऊपन की बात भी कही।

125. मसलन अबुल फ़ज़्ल सूबा लाहौर के उपजाऊपन पर तो बड़े उत्साह से बातें करते हैं पर सूबा गुजरात और अजमेर के बारे में उनका उत्साह कहीं बहुत कम है। *आईने-अकबरी,* संपादकः ब्लाखमान, कलकत्ता, 1867-77, खंड1, क्रमशः 538, 485 और 505 देखें।

126. *तैत्तिरीय संहिता* में जमीन के एक ही टुकड़े से फलियों और तिल के अलावा साल में अनाज की दो फसलें लेने का स्पष्ट उल्लेख मिलता है; स्वाभाविक है कि यह फसल-चक्र का संकेत है। एस. पी. राय चौधुरी, एल. गोपाल, और बी. वी. सुब्बारायप्पा, 'एग्रीकल्चर', डी. एम. बोस, एस. एन. सेन और बी. वी. सुब्बारायप्पा द्वारा संपादित *ए कंसाइज़ हिस्ट्री आफ साइंस इन इंडिया* (आगे से *हिस्ट्री ऑफ साइंस),* नई दिल्ली, 1971 में संकलित, पृ. 353; तथा पी. सी. जैन, *लेबर इन एंशिएंट इंडिया,* पृ. 35-36 देखें। ए, के. घोष और एस. एन. सेन (बाटनीः वेदिक एंड पोस्ट-वेदिक पीरियड *हिस्ट्री ऑफ़ साइंस,* पृ. 377-78) दो फ़सलों की बात स्वीकारते हैं पर फ़सल-चक्र के बारे में उतने आश्वस्त नहीं हैं। *तैत्तिरीय संहिता* के बाद से दो फ़सलों के हवाले लगातार मिलते हैं : मेगस्थनीज का यात्रा-वृत्तांत, पुष्पा नियोगी, *कंट्रीब्यूशंस टू द इकॉनमिक हिस्ट्री ऑफ़ नार्दर्न इंडिया,* कलकत्ता, 1962, पृ. 20; गुप्त काल में रचित *बृहतसंहिता;* एस. पी. राय चौधुरी आदि, 'एग्रिकल्चर', पूर्वोक्त, पृ. 361 देखें। साथ ही *आईन,* खंड 1, पृ 304-36 भी देखें जिसमें ख़रीफ़ और रबी, दोनों फ़सलों के लिए अकबर-काल में प्रचलित, मालगुज़ारी की सभी दरें दी हुई हैं।

127. पाणिनि (लगभग 400 ई. पू.) ने तीन सालाना फ़सलों का हवाला दिया है; पी. सी. जैन, पूर्वोक्त, पृ. 50 देखें। *आईन,* खंड 1, पृ. 389। सूबा बंगाल जहाँ धान की तीन फसलें होती थीं); पृ. 473 (सूबा ख़ानदेश जहाँ इसी तरह ज्वार की तीन फ़सलें ली जाती थीं) और पृ. 513 (सूबा दिल्ली) भी देखें। एक ही खेत से साल में दो या तीन फसलें लेने के बारे में जो स्रोत कोई संदेह नहीं रहने देते वे *तैत्तिरीय संहिता* और *आईन,* खंड 1, पृ. 389 (बंगाल सूबा) हैं। दूसरी और अर्थशास्त्र (पृ. 273) का सुझाव है कि अगर राज्य के हित की माँग हो तो एक ही खेत से दूसरी फ़सल लेने के लिए राज्य बल का प्रयोग करें।

128. मिसाल के लिए *नारद-स्मृति* (गुप्तकाल) में उस भूखंड को अर्धखिल (पुष्पा नियोगी, *कंट्रीब्यूशंस,*

पृ.21) कहा गया है जिसे साल भर न जोता गया हो और उस भूखंड को खिल (आर. एस. शर्मा, *फ़्यूडलिज़्म,* पृ. 35) कहा गया है जिसे तीन साल से न जोता गया हो। इसलिए प्रोफ़ेसर शर्मा ने खिला को 'बंजर' कहा जबकि पुष्पा नियोगी ने अर्धखिला के लिए 'हॉफ़-वेस्ट' (आधा बेकार) को तरजीह दी है। प्रोफ़ेसर शर्मा (इंडियन फ़्यूडलिज़्म, पृ. 36) ने 'भूमिछिद्र' का अर्थ भी बंजर लगाया है हालांकि संदर्भ से बिल्कुल अछूती भूमि का अर्थ स्पष्ट है। वास्तव में आर. पी. कांगले (*द कौटिल्य अर्थशास्त्र,* भाग 3, मुंबई, 1965, पृ. 174) ने भूमिछिद्र का अनुवाद किया हैः 'वह भूमि जिसका कृषि के लिए उपयोग संभव न हो क्योंकि वह उसके लिए अनुपयुक्त होती है।' नियोगी, कंट्रीब्यूशंस, पृ. 69 भी देखें। डी. सी. सरकार के यहाँ 'रिक्लेमेशन ऑफ़ फैलो लैंड' पर एक खंड भी है जो अजीब लग सकता था पर इसलिए नहीं लगता कि प्राचीन भारत के अधिकांश इतिहासकार 'फैलो' का अर्थ अनजुती या परित्यक्त भूमि लगाते हैं। सरकार, *लैंडलार्डिज़्म एंड टेनैंसी,* पृ. 4; नियोगी, *कंट्रीब्यूशंस,* पृ. 1; बी. पी. मजुमदार, *द सोशियो-इकानमिक हिस्ट्री आफ़ नार्दर्न इंडिया,* (1030-1194 *ए डी.),* कलकत्ता, 1060, पृ. 170 देखें। 'खिल' (अनुवाद : अनजुती भूमि, फैलो) के लिए डी. सी. सरकार, *इंडियन एपिग्रैफिकल ग्लासरी,* दिल्ली, 1966, पृ. 7, और 'खिल-क्षेत्र' (अनुवादः फैलो भूमि) के लिए 157 भी देखें। एस. पी. राय चौधुरी (संपादक, *एग्रिकल्चर इन एंशिएंट इंडिया,* नई दिल्ली, 1964, पृ 81) की राय में लगता है *यजुर्वेद* काल में भी भूमि को ख़ाली छोड़ने का रिवाज था हालाँकि दुर्भाग्य से वे इसके बारे में कुछ और नहीं कहते। पर कुछ ऐसे परवर्ती ग्रंथ भी जो पूरी तरह या अंशतः खेती के कार्यों पर हैं, सचमुच बंजर भूमि का कोई जिक्र नहीं करते। मिसाल के लिए *अर्थशास्त्र, कृषि पराशर* (संपादन और अनुवादः जी पी मजुमदार और एस. सी. बनर्जी, कलकत्ता, 1960) और सारंगधर, *उपवन-विनोद* (संपादन और अनुवाद : जी. पी. मजुमदार, कलकत्ता, 1936 देखें। *कृषि पराशर* की तिथि के अनुमानों में भारी अंतर हैं—1300 ई. पू. (वैदिकोत्तर मगर ईसा से पहले का काल) से लेकर 100 से 600 ई. तक क्रमश एस. पी. राय चौधुरी 'लैंड क्लासिफिकेशन इन एंशिएंट इंडिया', *इंडियन जर्नल ऑफ द हिस्ट्री ऑफ साइंस,* वर्ष 1, अंक 2, नवंबर 1966, पृ. 107; ए. के. घोष और एस. एन. सेन, 'बॉटनी : वेदिक एंड पोस्ट-वेदिक पीरियड, *हिस्ट्री ऑफ साइंस,* पृ. 379; और जी. पी. मजुमदार, 'इंट्रोडक्शन', *कृषि-पराशर,* पृ. छः देखें। हाल की कुछ रचनाएँ भी प्राचीन भारत के तमाम कृषि कार्यों की विवेचना करती हैं पर बंजर के हवाले नहीं देतीं। मिसाल के लिए बी. एन. एस. यादव, *सोसायटी एंड कल्चर,* पृ. 256-62 देखें। अगर आधुनिक इतिहासकारों ने अनजुती या छोड़ दी गई भूमियों या फिर परती के लिए 'फैलो' शब्द का प्रयोग किया है तो ज़ाहिर है इसका कारण यह है कि सच्चे अर्थों में तब बंजर भूमियाँ शायद ही रही हों।

129. विलियम टेनेंट, *इंडियन रिक्रिएशंस, कंनसिस्टिंग चीफ़ली ऑफ़ स्ट्रिक्चर्स ऑन द डोमेस्टिक एंड रूरल इकॉनमी ऑफ़ द मुहम्मडन्स एंड हिंदूज़,* खंड 2, एडिनबर्ग, 1804, पृ. 16.

130. *आईन,* खंड 1, पृ. 297 देखें। इस श्रेणी को 'पड़ौती' कहा गया है। लेकिन तीसरी श्रेणी को 'चाचर' (उपरोक्त, पृ. 301) तब कहा गहा है कि जब कि वह 'भारी वर्षा या जल-भराव के कारण' जुतने से रह जाए। अंतिम श्रेणी को 'बंजर' (उपरोक्त) कहते हैं जब वह जल-भराव के कारण अपनी उत्पादक क्षमता खो बैठती है। इस तरह 'पड़ौती' को छोड़ दें तो भूमि की दूसरी श्रेणियों के न जोते जाने का कारण वे हालात हैं जो उत्पादन-चक्र से बाहर हैं। वास्तव में भूमि की पहली श्रेणी अर्थात 'पोलज' (उपरोक्त, पृ. 297) वह श्रेणी है जो कभी अनजुती नहीं रखी जाती, और दूसरी श्रेणियों को भी रफ़्ता-रफ़्ता प्रोत्साहन देकर पोलज वर्ग में लाने का प्रयास किया जाता है; इसके लिए (उपरोक्त, पृ. 301-2) ऐसी आरोही कर-प्रणाली का सहारा लिया जाता

है जो बेजुताई के घटते काल के अनुसार बढ़ता जाता है। 'पड़ौती' तथा अन्य भूमियों के बारे में *आईन* में किए गए अंतर की ओर ध्यान दिलाने के लिए मैं सुश्री शीरीं मूसवी का आभारी हूँ।

131. *रिसाल-ए-ज़िराअत,* एडिनबर्ग विश्वविद्यालय का पुस्तकालय, (फ़ारसी पांडुलिपि सं 144, फ़ोलियो 6 बी-7 ए; प्रस्तुत पुस्तक में संकलित।

132. इरफ़ान हबीब, *एग्रेरियन सिस्टम,* पृ. 23 और टिप्पणी। इरफ़ान हबीब को सूचना देनेवाला गोरखपुर, पूर्वी उत्तर प्रदेश में प्रचलित परंपरा की बात कहता है जहाँ किसी भूमि के उपजाऊ न रहने पर नई जमीन जोत ली जाती है। संदर्भ-काल 19वीं सदी का आरंभिक भाग है। पर सूचना देने वाले मुफ़्ती गुलाम हजरत जिस क्षेत्र में यह प्रथा थी उसके कम उपजाऊ होने की ओर भी ध्यान दिलाते हैं।

133. इरफ़ान हबीब का सुझाया हुआ तर्क इस प्रकार है : 12वीं सदी के आरंभ-काल के मुकाबले देखें तो मुग़ल काल में आधे से लेकर तीन-चौथाई जमीन तक जुताई के अंतर्गत होती थी। इसलिए, क्षेत्रीय भेदों को देखते हुए, मध्यकालीन भारतीय किसान के पास व्यापक बंजर और जंगलात होते थे और इसलिए उसके पास मवेशी आदि भी अधिक थे। वह लकड़ी भी जलाता था और मवेशियों का गोबर खाद के तौर पर इस्तेमाल करता था। इरफ़ान हबीब, *एग्रेरियन सिस्टम,* पृ. 53-54, 55-56, 116 तथा 'पोटेंशियालिटीज़ ऑफ़ कैपिटालिस्टिक डवलपमेंट इन द इकॉनामी ऑफ मुग़ल इंडियन', *इंक्वायरी,* नई श्रृंखला, वर्ष 3, अंक 3, शरद 1971, पृ. 4 देखें। अगर मध्यकालीन भारत का यह हाल था तो उससे पहले के काल के बारे में यह बात और भी सच रही होगी।

134. ए. के. घोष और एस. एन. सेन (बॉटनीः वेदिक एंड पोस्ट-वेदिक पीरियड, पूर्वोक्त, पृ. 377) इस बारे में संदेहग्रस्त दिखाई देते हैं।

135. उपरोक्त, पृ. 132.

136. बी. एन. एस. यादव, *सोसायटी एंड कल्चर,* पृ. 257.

137. उपरोक्त, पृ. 74, 78.

138. उपरोक्त, पृ. 81-83.

139. *अर्थशास्त्र,* पृ. 132.

140. पी. सी. जैन, पूर्वोक्त, पृ. 60-81.

141. बी. बी. लाल, 'परहैप्स द अर्लिएस्ट प्लाइड फील्ड सो फार एक्सकेवेटेड एनीव्हेहर इन द वर्ल्ड, *पुरातत्व,* अंक 4, पृ. 1970-71, पृ. 1-3; इस संदर्भ की ओर मेरा ध्यान प्रोफेसर रोमिला थापर ने दिलाया है जिसके लिए मैं उनका अत्यंत आभारी हूँ।

142. पी सी जैन, पूर्वोक्त, पृ. 32, 34, एस. पी. राय चौधुरी आदि, 'एग्रीकल्चर', पूर्वोक्त, पृ. 352; आर एस. शर्मा, *लाइट*''' पृ. 55-56.

143. *अथर्व वेद* (पी. सी. जैन, पूर्वोक्त, पृ. 35) छः और बारह बैलों वाले हलों की बातें करता है। हल में 6, 8, 12 बल्कि 24 बैलों तक को जोतने के हवाले भी मिलते हैं; आर एस. शर्मा, *लाइट*''', पृ. 57 देखें। एक रंगारंग श्लोक में *कृषि पराशर* (पृ. 73) कहता है कि 'कहते हैं हल में आठ बैल जुतते हैं, छः निर्दयी जन के लिए और दो गौहत्यारों के लिए। अबुल-फ़ज़्ल (आईन, खंड 1, पृ. 287) इशारा देते हैं कि हल में चार बैल जोतने वाला किसान इतना गरीब होता है कि उस पर कर नहीं लगाया जाना चाहिए।

आज प्रयुक्त हलों के आकार के क्षेत्रीय अंतर जया दत्त गुप्ता और बी. एन. सरस्वती ने 'प्लाइज एंट हस्किंग इंप्लिमेंट्स', *पेज़ेंट लाइफ़ इन इंडिया,* संस्मरण संख्या 8, भारतीय मानव शास्त्र सर्वेक्षण, कलकत्ता, 1961, पृ 25-29 में दर्ज किए हैं। हल के भार के क्षेत्रीय अंतर एन. जी. मुखर्जी ने

हैंडबुक ऑफ़ इंडियन एग्रीकल्चर, कलकत्ता, 1915, पृ.93, 99 में दर्ज किए हैं। इसमें बंगाल और बुंदेलखंड के हलों के अनुमानित भार क्रमशः 1.25 और 3.5 मन बताए गए हैं। शायद यह मानना गलत नहीं होगा कि ये अंतर सुदूर अतीत की विरासत हैं। पाणिनि ने प्रयुक्त हल के आधार पर और उसके स्वामित्व-अस्वामित्व के आधार पर कृषक समूह को तीन वर्गों में बाँटा है। पी. सी. जैन, पूर्वोक्त, पृ. 48-49 देखें।

144. इलियट, *मेमायर्स,* खंड 2, पृ. 340-41.
145. भारत में शाही कृषि आयोग (*रिपोर्ट,* लंदन, 1928, पृ 110-12) इसी नतीजे पर पहुँचा था, इरफ़ान हबीब द्वारा *एग्रेरियन सिस्टम,* पृ. 24 की टिप्पणी में उद्धृत।
146. इलियट, *मेमायर्स,* पृ. 340 की टिप्पणी।
147. एस. पी. राय चौधुरी आदि, 'एग्रिकल्चर', पूर्वोक्त, पृ. 352.
148. डी. आर चानना, 'द स्प्रेड ऑफ एग्रिकल्चर इन द गंजेज वैली', *कंट्रीब्यूशंस टू इंडियन इकॉनमिक हिस्ट्री,* अंक 2, 1963, पृ. 115 की टिप्पणी। पाली ग्रंथों में कुदाल का जिक्र (पी सी जैन, पूर्वोक्त, पृ. 43) भी मिलता है।
149. एस. पी. राय चौधुरी आदि, 'एग्रीकल्चर', पूर्वोक्त पृ. 360.
150. पूर्वोक्त, पृ. 74-75.
151. आर एस शर्मा, *लाइट*···, पृ. 57, 60-61.
152. इलियट, *मेमायर्स,* खंड 2, पृ. 341-42.
153. पाणिनी के अनुसार (पी. सी. जैन, पूर्वोक्त, पृ. 49) खेत को दो और कभी तीन बार जोता जाता था; कौटिल्य (अर्थशास्त्र, पृ. 129) ने खेती की 'अकसर' जुताई का हवाला दिया है; *कृषि पराशर* (पृ.77) भारी उपज के लिए पाँच जुताई की सिफारिश करता है।
154. ग्रियर्सन, *बिहार पेजेंट लाइफ,* दूसरा संस्करण, पटना, 1926, पृ 172; ए. के. राय चौधुरी द्वारा *अर्ली मेडिवल विलेज इन नार्थ-ईस्टर्न इंडिया (ए डी* 600-1200), कलकत्ता, 1971, में पृ 153-54 पर उद्धृत।
155. *कृषि-पराशर,* पृ. 82.
156. इरफ़ान हबीब, *एग्रेरियन सिस्टम,* पृ. 26; बी. एन. एस. यादव, *सोसायटी एंड कल्चर,* पृ. 257 भी देखें।
157. *कृषि-पराशर,* पृ 80-81.
158. *वृक्षायुर्वेद* को भी *कृषि-पराशर* के लेखक पराशर की रचना कहा जाता है। जैसा कि शीर्षक से पता चलता है, यह पौधों के उपचार की विवेचना करता है। ए. के. घोष और एन. एस. सेन, पूर्वोक्त, पृ. 379 देखें।
159. एस. पी. राय चौधुरी आदि, 'एग्रीकल्चर', पूर्वोक्त, पृ 353-54.
160. उपरोक्त, पृ. 131.
161. उपरोक्त।
162. आर पी. कांगले, पूर्वोक्त, पृ. 174.
163. इरफ़ान हबीब, 'प्रेसिडेंशल एड्रेस', *प्रोसीडिंग्स ऑफ इंडियन हिस्ट्री कांग्रेस,* 31वाँ सत्र, वाराणसी, 1969, पृ. 149-55.
164. *आईन,* खंड 1, पृ. 538.
165. जियाउद्दीन बर्नी, *तारीख़े-फ़ीरोज़शाही,* संपादन-सैयद अहमद ख़ान, कलकत्ता, 1862, पृ. 361-71; शम्से-सिराज अफ़ीफ़, *तारीख़े-फ़ीरोज़शाही,* संपादनः एम विलायत हुसैन, कलकत्ता,

1888-91, पृ 127.

166. सुजानराय भंडारी, *खुलासतुत्-तवारीख़,* संपादन जफर हसन, दिल्ली, 1918, पृ. 29-30, 36-37.

167. बौधायन ने इसके लिए छः निवर्तन की जोत (आर एस. शर्मा, *लाइट*''', पृ. 62) का सुझाव दिया है। प्रोफेसर शर्मा (उपरोक्त, पृ. 73) के अनुसार एक निवर्तन मोटे तौर पर डेढ़ एकड़ का होता था। दूसरी ओर पुष्पा नियोगी (*कंट्रीब्यूशंस,* पृ. 97 और टिप्पणी) अनेक प्रभावशाली ब्यौरों की खासी लंबी विवेचना के आधार पर सुझाती हैं कि एक निवर्तन 40,000 क्यूबिट का होता था। इसका मतलब यह लगभग 2.3 एकड़ के बराबर होता था।

168. मिसाल के लिए मलाबार का कन्नमकार, जो जमीन से बँधा होता और जेनमी भूस्वामियों के लिए काम करता था, भूदासों से मिलता-जुलता हो सकता है।

169. आर एस. शर्मा (*इंडियन फ़्यूडलिज़्म,* पृ. 75) 'कुल मिलाकर जहाँ यूरोप के किसानों के समय और ऊर्जा का एक बड़ा हिस्सा उनके मालिकान के खेतों पर काम करते चला जाता था वहीं भारत के किसान अपना ज्यादातर वक्त अपने खेतों में लगाते थे, जिसकी उपज का एक अच्छा-खासा भाग भूमिदान पानेवालों और दूसरे बिचौलियों को चला जाता था; इसके विपरीत, लगता है कि मुक्त किसानों की संख्या काफी बड़ी थी;' *लाइट*''', पृ. 83 भी देखें। बी. एन. एस. यादव (डी. सी. सरकार द्वारा संपादित *लैंड सिस्टम एंड फ़्यूडलिज़्म,* पृ. 94) 'इस तरह शूद्र किसानों को मध्यकालीन यूरोप के अस्वतंत्र भूदासों के बराबर नहीं रखा जा सकता।' *सोसायटी एंड कल्चर* पृ. 171 और 'इमोबिलिटी एंड सब्जेक्शन', पूर्वोक्त, पृ. 25 भी देखें।

170. मौर्यों के राजकीय भूखंड अन्य के अलावा दासों द्वारा जोते-बोए जाते थे, *अर्थशास्त्र,* पृ. 129; तथा 13वीं और 14वीं सदी में दिल्ली सल्तनत ने दस्तकारों को गुलाम बना रखा था, ज़ियाउद्दीन्न बर्नी, *तारीख़े-फ़ीरोज़शाही,* पृ. 313-14 देखें। इरफान हबीब, 'इकानमिक हिस्ट्री ऑफ द डेलही सल्तनतः एन. एस्से इन इंटरप्रेटेशन', *इंडियन हिस्टारिकल रिव्यू,* वर्ष 4, अंक 2, जनवरी 1978, पृ 292-94, 297 देखें।

171. आर एस. शर्मा, *इंडियन फ़्यूडलिज़्म,* पृ. 56, 118-24 देखें। हाल के एक लेख ('इंडियन फ़्यूडलिज़्म रिटच्ड', पूर्वोक्त, पृ 327) में प्रोफ़ेसर शर्मा कहते हैं कि भारतीय किसान 'उन पर लदे अनेक बोझों के फलस्वरूप अर्ध-भूदास' बनकर रह गए थे।

172. इरफ़ान हबीब, *एग्रेरियन सिस्टम,* पृ. 115-16,118; 'इकॉनमिक हिस्ट्री ऑफ द डेलही सल्तनत', पृ. 298; इरफ़ान हबीब बलात् श्रम को इस स्थिति का कोई महत्त्वपूर्ण तत्व नहीं मानते।

173. पृ. 46.

174. पृ. 197.

175. पृ. 2732.

176. बी. पी. मजुमदार, पूर्वोक्त में पृ. 171 पर उद्धृत।

177. *अर्थशास्त्र, पृ.* 197.

178. आर एस. शर्मा, *इंडियन फ़्यूडलिज़्म,* पृ. 149-50.

179. अली मुहम्मद खान, *मीरासे-अहमदी,* पृ 268-72.

180. उपरोक्त, दफा 3.

181. उपरोक्त, दफा 13 और 16.

182. फरमान के साक्ष्य के बारे में इरफान हबीब की शंका पर ज़फरूल-इस्लाम सही तौर पर सवाल उठाते हैं। इरफ़ान हबीब *एग्रेरियन सिस्टम* पृ. 113) का विचार है कि भारत की खेतिहर दशाओं के लिए इस फरमान की शायद ही कोई प्रासंगिकता रही हो क्योंकि इसे खुले तौर पर शरीयत के अहकाम को उजागर करने के लिए जारी किया गया था। मगर वहीं ज़फरूल-इस्लाम 'औरंगज़ेब्स

फ़रमान आन लैंड टैक्सः ऐन एनालिसिस इन द लाइट ऑफ द *फ़त्व-ए-आलमगीरी', इस्लामिक कल्चर,* वर्ष 52, अंक 2, अप्रैल 1978, पृ. 117-26) ने इस्लामी फ़िक़ा (विधिशास्त्र) की दफ़ाओं से फ़रमान के नुक़्तों की तुलना करके यह सुझाया है कि यह 17वीं सदी के अंतिम वर्षों में भारत के लिए विशेष रूप से प्रासंगिक था। इन आदेशों को पीछे जाकर *अर्थशास्त्र* और परवर्ती हिंदू विधि-ग्रंथों में भी ढूँढा जा सकता है।

183. मुहम्मद हाशिम के नाम औरंगज़ेब का फ़रमान, दफा 2.

184. मुहम्मद हाशिम के नाम फरमान की दफ़ा 2 के अलावा बी. आर ग्रोवर ('द पोजीशन ऑफ द देसाई इन द परगना एडमिनिस्ट्रेशन ऑफ सूबा गुजरात अंडर द मुगल्स', *प्रोसीडिंग ऑफ द इंडियन हिस्ट्री कांग्रेस,* 24 वाँ सत्र, दिल्ली, 1961, पृ. 152) ने शाहजहाँ-काल के कुछ और साक्ष्य सामने रखे हैं जिनके अनुसार देसाइयों को किसी और गाँव जाकर बस गए शिकमी काश्तकारों को उनके अपने घरों में वापस लाकर बसाने की जिम्मेदारी दी गई थी। ग्रोवर के साक्ष्य पेरिस में मौजूद कुछ फ़ारसी दस्तावेज़ों पर आधारित हैं। लेकिन देसाई अपनी जिम्मेदारी पूरी करने के लिए बल-प्रयोग की बजाए समझाने-बुझाने और आश्वासन देने के उपाय अपनाते थे। वैसे दोनों की विभाजक- रेखा बहुत ही सूक्ष्म है।

185. *अर्थशास्त्र,* पृ. 213; गुप्त काल के विधि-निर्माता द्वारा उजरत को संचालित करने के बारे में पी. सी. जैन, पूर्वोक्त, पृ 236-39; इरफान हबीब, *एग्रेरियन सिस्टम,* पृ. 120 देखें। भूमि की बिक्री के बारे में *अर्थशास्त्र,* पृ 197; डी. सी. सरकार, *लैंड सिस्टम एंड फ़्यूडलिज़्म,* पृ 12; आर एस शर्मा, *इंडियन फ़्यूडलिज्म,* पृ. 36, 149; बी. आर ग्रोवर, 'नेचर ऑफ देहाती ताल्लुका (जमींदारी विलेजेज) एंड द इवाल्यूशन आफ द ताल्लुकदारी सिस्टम ड्यूरिंग द मुगल एज', *इंडियन इकानमिक एंड सोशल हिस्ट्री रिव्यू,* वर्ष 2, अंक 2-3 (अप्रैल व जुलाई 1965), पृ. 261 देखें।

186. आर. एस. शर्मा, 'इंडियन फ़्यूडलिज़्म रिटच्ड', पृ. 329 'वास्तव में मजबूरी न होने पर भी किसानों और दस्तकारों के पास गाँव से जुड़े रहने के सिवा कोई चारा नहीं था क्योंकि हर जगह एक-सी व्यवस्था होने के कारण किसी और गाँव जा बसने की स्थिति में ठोस परिवर्तन नहीं आता।' बी. एन. एस. यादव (*सोसायटी एंड कल्चर,* पृ. 166) गतिहीनता बनाए रखने में क़ानून से अधिक विचारधारा की भूमिका पर ज़ोर देते हैं।

187. आर. एस. शर्मा और बी. एन. एस. यादव ने मात्र *अनुमान* निकाला है कि राज्य बिचौलियों को अनेक अधिकार हस्तांतरित करते हुए दान में जो गाँव देता था उनसे किसान उनके ऊपर निर्भर हो गए होंगे। किसी भी तरह यह बात निश्चित नहीं है। प्रोफ़ेसर शर्मा *(इंडियन फ़्यूडलिज़्म,* पृ. 61) के अपने साक्ष्य के अनुसार व्यक्ति भी दान में गाँव दिया करते थे। ये व्यक्ति किसी भी हाल में ज़ाहिर है देहातों के वर्ग संबंधों को बदलने की स्थिति में न थे। जैसा कि डी. डी. कोसांबी (*ऐन इंट्रोडक्शन,* पृ. 321) ने बहुत साफ ढंग से कहा हैः 'किसी संपूर्ण ग्राम के पानेवाले अधिक से अधिक वे अधिकार पाते थे जो सामान्यतः राज्य के दावे में आते थे। तात्पर्य यह कि वे परंपरा द्वारा स्थिर कर वसूल किया करते थे। कर का कोई भाग राज्य या राजकीय अधिकारियों को नहीं जाता था, पर दान पानेवाले को ये कर बढ़ाने का अधिकार नहीं था, न ही भूमि और मवेशियों पर उसे संपत्ति के अधिकार प्राप्त थे।' कुछ भी हो, किसानों के निर्भर बनने का मतलब था उत्पादन की प्रक्रियाओं और संबंधों में परिवर्तन, और प्रशासन के बल पर शायद ही ऐसे परिवर्तन लाए जा सकते थे।

188. डी. डी. कोसांबी, *ऐन इंट्रोडक्शन,* पृ 323; इरफ़ान हबीब, *एग्रेरियन रिलेशंस, पृ.* 115, सैयद नूरुल हसन, थाट्स, पृ. 3.

189. इतिहासकारों ने इतनी बड़ी तादाद में कि यहाँ ज़िक्र भी मुमकिन नहीं, ज़्यादातर अपने विकल्पों को

राज्य और किसानों तक सीमित रखकर भूस्वामित्व के प्रश्न पर विचार किया है। सामूहिक स्वामित्व को पक्के तौर पर सभी ने ख़ारिज कर दिया है। राज्य और किसान के अधिकारों के अनेक योग-संयोग भी सुझाए गए हैं। मसलन डी. सी. सरकार (*लैंडलार्डिज़्म एंड टेनेंसी, पृ.* 1-3) ने कहा कि भूमि का स्वामी सिद्धांत रूप में राजा होता था और काश्तकार उसके शिकमी होते थे। फिर भी उन्हें स्थायी दखली अधिकार प्राप्त थे और राजा से आशा नहीं की जाती थी कि वह उन्हें बेदखल करेगा। बी. एन. एस. यादव (*सोसायटी एंड कल्चर,* पृ. 254) का विश्वास है कि 12वीं सदी के बंदोबस्त के संदर्भ में शाही स्वामित्व और व्यक्ति का निजी स्वामित्व एक दूसरे के विपरीत नहीं थे। मध्यकालीन भारत के बारे में बी. आर. ग्रोवर ('नेचर ऑफ लैंड राइट्स इन मुग़ल इंडिया', *इंडियन इकॉनमिक एंड सोशल हिस्ट्री रिव्यू,* वर्ष 1, अंक 1, 1963, पृ. 2-5, 'देहाते-ताल्लुक़ा', पूर्वोक्त, पृ 261-62) भूमि पर किसान के स्वामित्व का ज़ोरदार तर्क देते हैं। दूसरी तरफ इरफ़ान हबीब भूमि में निजी संपत्ति की धारणा को स्वीकार करते हुए भी इतना जोड़ते हैं, जैसाकि हमने देखा, कि उसके अबाध हस्तांतरण आदि के अधिकार का अभाव था। नोमान अहमद सिद्दीकी (*लैंड रेवेन्यू एडमिनिस्ट्रेशन अंडर द मुग़ल्स,* मुंबई 1970, पृ. 11, 16) तो यहाँ तक कहते हैं कि किसानों को भूमि बेचने या गिरवी रखने का अधिकार भी नहीं था।

190. पी. सी. जैन, पूर्वोक्त पृ. 44-45.
191. पृ. 129.
192. आर एस. शर्मा, *इंडियन फ़्यूडलिज़्म,* पृ. 61-63; अन्यत्र (*लाइट*... पृ. 83) प्रोफेसर शर्मा गुप्तोत्तर काल के बारे में कहते हैं 'संभवतः भूमि का बड़ा भाग उन स्वतंत्र किसानों के अधिकार में बना रहा जो सीधे राज्य को राजस्व देते थे। प्रोफ़ेसर शर्मा की स्वतंत्र किसान की परिभाषा (उपरोक्त) निश्चित ही फाह्यान के इस कथन पर आधारित है कि 'जो राजा की भूमि जोतते हैं, केवल वे ही भूकर देते हैं,' और यह कि वे जहाँ चाहे जाने और रहने के लिए स्वतंत्र हैं।
193. *अर्थशास्त्र,* पृ. 45.
194. मनु; पी सी जैन, पूर्वोक्त पृ 51 पर उद्धृत।
195. इरफ़ान हबीब, 'जाट्स ऑफ़ पंजाब एंड सिंध;' हरबंस सिंह और एन. जी. बैरियर द्वारा संपादित *एस्सेज़ इन आनर ऑफ़ डाक्टर गंडासिंह,* पटियाला, 1976, पृ. 92-103 में संकलित।
196. *आईन,* खंड 1, पृ. 199.
197. उपरोक्त, पृ. 285-86.
198. अब्दुल क़ादिर बदायूँनी, *मुंतख़बुत्-तवारीख़,* खंड 2, बिब्लिया इंडिका, पृ. 189.
199. बी. आर ग्रोवर, 'देहाते-ताल्लुका', पूर्वोक्त, पृ. 262.
200. ज़ियाउद्दीन अहमद शकेब द्वारा संपादित *मुग़ल आर्काइव्स,* खंड 1, हैदराबाद, 1977 में पृ. 295 पर शाहजहाँ-काल का 'याददाश्ते-इज़ाफ़-ए-देहात' (नए बसे गाँवों से संबंधित ज्ञापन); साथ ही पृ. 36-45 भी देखें। नए बसे गाँवों की संख्या और स्थिति बतलाते हुए ऐसे ज्ञापन देने होते थे, इस तथ्य से संकेत मिलता है कि काश्त को फैलाने संबंधी शाही फरमानों को संज़ीदगी से लिया जाता था।
201. दफा 5 : 'जो कोई (बेकार पड़ी जमीन को) काश्त में लाता है उसे उसका मालिक माना जाए और उसे (उस जमीन से) महरूम न किया जाए।'
202. इरफान हबीब, *एग्रेरियन सिस्टम,* पृ. 121-22.
203. आर. एस. शर्मा, *इंडियन फ़्यूडलिज़्म,* पृ. 75; आर एस. शर्मा, लाइट..., पृ. 83; बी. एन. एस. यादव, *सोसायटी एंड कल्चर,* पृ. 171; सैयद नूरुल हसन, *थाट्स,* पृ. 18.

204. पी. सी. जैन, पूर्वोक्त, पृ. 43.

205. *अर्थशास्त्र,* पृ. 131.

206. पूर्वोक्त, पृ. 174.

207. बी. एन. एस. यादव, *सोसायटी एंड कल्चर,* पृ. 297-98.

208. पुष्पा नियोगी, *कंट्रीब्यूशंस,* पृ. 180.

209. डी. डी. कोसांबी, *एन इंट्रोडक्शन,* पृ 365; डी. सी. सरकार, *लैंड सिस्टम एंड फ़्यूडलिज़्म,* पृ. 21; बलबन की ऐसी ही सलाह के लिए ज़ियाउद्दीन बर्नी, पूर्वोक्त, पृ 100-101 देखें।

210. सरकार, *लैंडलार्डिज्म एंड टेनेंसी,* पृ. 66-79; यादव, *सोसायटी एंड कल्चर,* पृ. 288-301

211. *सोसायटी एंड कल्चर,* पृ. 301.

212. इरफ़ान हबीब, 'पोटेंशियालिटीज़''''', पृ. 1-12, 27; *एग्रेरियन सिस्टम,* पृ 192-96 देखें। इरफ़ान हबीब ने एक महत्त्वपूर्ण तर्क यह दिया है कि दिल्ली सल्तनत ने 'भारत में एक बिलकुल नए प्रकार की खेतिहर कर-प्रणाली' शुरू की। 'एक बार स्थापित हो जाने के बाद यह अकेला पर भारी भूकर व्यवहार में इस सदी के पूर्वार्ध तक जारी रहा। इसके साथ राज्य किसानों के अधिशेष के एक बड़े भाग पर नियमित रूप से दावे करने लगा''''', 'इकॉनमिक हिस्ट्री ऑफ द डेलही सल्तनत', पृ. 297 देखें। यह सही है कि सुलतान अधिशेष के एक बड़े भाग के दावेदार थे, पर सल्तनत-पूर्व काल के और खासकर 11वीं और 12वीं सदियों के बारे में उपलब्ध साक्ष्यों को देखते हुए हमें पहले तो इस बारे में सचमुच आश्वस्त होना पड़ेगा कि क्या वे कुछ नया काम कर रहे थे।

213. अगर हम केवल खाद्यान्नों पर निगाह डालें तो भी सदियों के कालक्रम में उनकी संख्या में बहुत प्रभावशाली वृद्धि हुई। मसलन जहाँ वैदिक साहित्य में (आर एस. शर्मा, *लाइट*''' पृ. 56, 58) जौ, गेहूँ और चावल का जिक्र मिलता है, वहीं *अर्थशास्त्र* (पृ. 131) अनेक अनाजों का ज़िक्र करता है जिनमें से कुछ की आज तक पहचान नहीं हुई है; इन अनाजों की संख्या लगभग दस है। 12वीं सदी की एक रचना (नियोगी, *कंट्रीब्यूशंस,* पृ 23-24) 24 प्रकार के अनाज गिनवाती है। *आईन* (खंड 1, पृ. 298-301) में 29 किस्म के अनाजों और 14 सब्जियों के बारे में मालगुज़ारी की दरें दी गई हैं। यहाँ तक कि धीरे-धीरे एक ही अनाज की अनेकों किस्में बोई जाने लगीं। हमें बताया गया है (बी. एन. एस. यादव, *सोसायटी एंड कल्चर,* पृ. 258) कि 12वीं सदी में बंगाल में धान की 50 क़िस्में पैदा की जाती थीं। अबुल-फ़ज़्ल (आईन, खंड 1, पृ. 389) जब यह कहते हैं कि अगर बंगाल के चावल की हर क़िस्म का एक-एक दाना लिया जाए तो एक बड़ा बर्तन भर जाएगा तो वे लगभग यही बात कहते हैं।

214. संभव है कि रहट के इतिहास के तीन चरण रहे हों, दो नहीं जिसकी पुनर्रचना इरफ़ान हबीब ने बड़े कष्ट उठाकर की है। अरघट्ट (या रहट) में किनारे-किनारे बाल्टियाँ लगी होती थीं और इसलिए यह किसी तालाब या किसी नदी के किनारे पर ही काम कर पाता था। इसे शारीरिक श्रम से ही चलाना पड़ता था। दूसरी तरफ पूर्णरूपेण विकसित फारसी रहट जानवरों से चलनेवाला यंत्र था, इसमें एक गरारी होती थी और यह किनारे पर शृंखला में लगी बाल्टियों से कुएँ से भी पानी निकालती थी। प्रौद्योगिक दृष्टि से लगता है कि इसका एक मध्यवर्ती चरण भी था जिसमें रहट में बाल्टियों की शृंखला तो होती थी पर गरारी नहीं होती थी। इसे हाथ से खींचा जाता था और यह कुओं से पानी खींचती थी। अगर रहट का यह तीन चरणों का इतिहास विश्वसनीय है तो इससे सिंचाई के इस साधन के विकास के एक अपेक्षाकृत लंबे चरण का संकेत मिलता है; इतना ही नहीं इसके विकास की प्रक्रिया में व्यापकतर सामाजिक भागीदारी का पता भी चलता है, क्योंकि अब किसान संभवतः पहले से अधिक संख्या में रहट खरीद सकते थे जिसमें पहले से अधिक किस्में अब उपलब्ध थीं।

भूमि की उत्पादकता में फलस्वरूप हुई वृद्धि ने 7-8 वीं और 14वीं सदी के बीच राजसत्ता के निर्माण की प्रक्रिया को भी प्रभावित किया होगा। सदियों में किसानों से उपज का कभी-कभी आधा भाग भी मालगुजारी के रूप में लेनेवाली अत्यंत केंद्रीयकृत राजसत्ता की स्थापना संभवतः किसी विजय का परिणाम न थी बल्कि उस प्रक्रिया का चरम थी जो 7वीं सदी में या उसके आस-पास शुरू हुई थी। सिंचाई के फलस्वरूप उत्पादकता की वृद्धि पर सबसे पहले गाँव के अफ़सरान ने ध्यान दिया, और मालगुजारी के तौर पर किसानों की उपज का पहले से अधिक भाग माँगनेवाले भी शायद वे ही रहे हों। इस नई वास्तविकता की चेतना पाने में राज्य को वक्त लगा, पर एक बार इसकी चेतना आ गई तो राज्य के किसानों के बढ़े हुए अधिशेष के अधिग्रहण को उसने एक अपेक्षाकृत दक्ष और अत्यंत केंद्रीयकृत प्रशासनिक ढाँचे की सहायता से एक सुव्यवस्थित रूप दिया। इसलिए इस राजसत्ता की स्थापना को ऐसी प्रक्रिया का चरम माना जा सकता है जो ऊपर से नीचे नहीं, नीचे से ऊपर की दिशा में विकसित हुई।

जाहिर है कि यह एक परिकल्पना का बहुत ही काम चलाऊ खाका है और किसी निष्कर्ष पर पहुँचने के लिए अभी काफी अनुसंधान की आवश्यकता है।

215. इरफ़ान हबीब, *एग्रेरियन सिस्टम*, पृ. 257; इरफान हबीब यह टिप्पणी मध्यकालीन भारत के संदर्भ में करते हैं पर यह उससे पहले के काल के लिए भी उतनी ही सच है, चाहे राज्य के अधिकारी सीधे मालगुजारी वसूल करते रहे हों या इसे बिचौलियों के सहारे वसूला जाता हो।

216. भीमसेन 17वीं सदी के अंतिम वर्षों के वृत्तांतकार हैं। यह बात उन्होंने तंजावुर का वर्णन करते हुए बखूबी समझी थी; कहते हैं पूरी दुनिया में इतने मंदिर कहीं और नहीं होंगे। इन मंदिरों के निर्माण का कारण वे भूमि के बहुत अधिक उपजाऊपन को ठहराते हैं जो साल में चार फसलें पैदा करती थी, और साथ ही किसानों के जीवन-निर्वाह के दुखद स्तर को भी, जिसका वर्णन उन्होंने विस्तारपूर्वक और 'बिना अतिशयोक्ति' किया है। फलस्वरूप 'भारी मालगुजारी जमा की जाती है जिसकी मिक़दार सिर्फ हिसाब रखनेवाले फरिश्ते को पता है।' *नुस्ख़-ए-दिलकुशा,* अनुवादः जदुनाथ सरकार, मुंबई, 1972, पृ 193-94 देखें।

217. **महाभारत** में भीमसेन कहते हैं 'अगर राजा कृषकों की उपेक्षा करता है तो वे उसके हाथ से निकल जाते हैं और उसका राज्य छोड़कर जंगलों में चले जाते हैं;' पी. सी. जैन, पूर्वोक्त, पृ. 54 पर उद्धृत। 11वीं सदी में क्षेमेंदु इस बात पर दुखी हैं (बी. एन. एस. यादव, प्राब्लम आफ इंटरएक्शन बिटविन सोशियो-इकानमिक क्लासेज इन द अर्ली मेडिवल कंप्लेक्स', *इंडियन हिस्टारिकल रिव्यू,* वर्ष 3, अंक 1, जुलाई 1976, पृ 55) कि धनिकों की संपत्ति से ईर्ष्या करते हुए निर्धनजन हिंसा का सहारा लेने लगे थे। पूर्वी बंगाल में (आर एस. शर्मा, *इंडियन फ़्यूडलिज़्म,* पृ. 268) 11वीं सदी के अंतिम वर्षों में राज्य के बढ़ते दमन का विरोध करने के लिए कैवर्तों ने हथियार उठाए थे। 14वीं सदी की दूसरी चौथाई में (जियाउद्दीन बर्नी, पूर्वोक्त, पृ 472-73) राज्य की ज़्यादतियों के ख़िलाफ़ दोआब के किसानों ने विद्रोह किया था। 17वीं सदी के उत्तरार्ध में व्यापक किसान विद्रोहों के बारे में इरफान हबीब, *एग्रेरियन सिस्टम,* पृ. 330-51 देखें।

218. तर्क दिया गया है (बी. एन. एस. यादव, *सोसायटी एंड कल्चर,* पृ. 171) कि भारतीय सामंतवाद 12वीं सदी के यूरोपीय फ़्यूडलिज़्म से सबसे अधिक मेल खाता है। जो ऐतिहासिक साक्ष्य किसी तौर पर पक्के नहीं हैं उनके आधार पर की गई इस तुलना की वैधता से बिलकुल अलग, अगर ऐसे साक्ष्यों को हम स्वीकार कर लें तो भी ऐतिहासिक विकास के अलग-अलग मार्गों पर चल रही दो सामाजिक व्यवस्थाओं का एक क्षणिक मिलन शायद ही इस निष्कर्ष का औचित्य बन सके कि दोनों की विशेषताएँ एक जैसी थीं।

219. इसके बारे में अभी निश्चयपूर्वक कुछ भी नहीं कहा जा सकता। पर इस परिकल्पना के परीक्षण के

लिए 18वीं सदी के भारत के विभिन्न भागों के जवाहरलाल नेहरू विश्वविद्यालय में कुछ काम जारी है।

220. मुग़ल अर्थव्यवस्था के अंदर पूँजीवादी विकास की किसी संभावना की अनुपस्थिति के बारे में एक क़ायल करनेवाले तर्क के लिए इरफान हबीब, 'पोटेंशियालिटीज···' देखें।

221. एशियाई उत्पादन पद्धति की धारणा की वैधता को इरफ़ान हबीब ने बड़े जोरदार ढंग से चुनौती दी है; उनका लेख 'प्राब्लम्स ऑफ़ मार्क्सिस्ट हिस्टारिकल एनालिसिस', *इंक्वायरी,* नई शृंखला, वर्ष 8, अंक 2, मानसून 1969, पृ 52-67 देखें। इस धारणा के अस्वीकार के बारे में हाल के एक वक्तव्य के बारे में विपिनचंद्र, 'कार्ल मार्क्स, हिज़ थ्योरीज़ ऑफ़ एशियन सोसायटीज़ एंड कोलोनियल रूल' (अनुलेखित) देखें। दुर्भाग्य से प्राचीन और मध्यकालीन भारतीय इतिहास के बारे में विपिनचंद्र की विवेचना में शायद ही ऐसा कोई वक्तव्य हो जिसे चुनौती न दी जा सके। मारियन सावर की रचना *मार्क्सिज़्म एंड द क्वेशचन ऑफ़ एशियाटिक मोड ऑफ़ प्रोडक्शन* का पहले हवाला दिया जा चुका है। इस रचना में वे इस धारणा के इतिहास का एक बहुत दिलचस्प अध्ययन प्रस्तुत करती हैं और उस हालिया राजनीतिक संदर्भ का भी जिसमें यह बहस चली है।

222. आर ए. एल. एच. गुणवर्धन ('द एनालिसिस ऑफ प्रि-कोलोनियल सोशल फार्मेशंस इन एशिया इन द राइटिंग्स ऑफ़ कार्ल मार्क्स', *इंडियन हिस्टारिकल रिव्यू,* वर्ष 2, अंक 2, जनवरी 1976, पृ. 365-88) का सुझाव है कि आगे चलकर मार्क्स ने किसी समय भारत में भूमि में निजी संपत्ति के अभाव की धारणा को छोड़ दिया था। इस संदर्भ में गुणवर्धन ने ऐसे साक्ष्यों की ओर ध्यान खींचा है जिन्हें अभी तक इतिहासकारों ने नजरअंदाज किया था। फिर भी सच्चाई यही है कि ये साक्ष्य 1853 और 1858 के बीच के काल के हैं। दूसरी तरफ इस काल के परवर्ती चरण और उसके बाद की रचनाओं में मार्क्स इस अर्थ में भूमि में निजी संपत्ति के अभाव पर जोर देते रहे कि वे सामूहिक स्वामित्व की बात करते थे। *ग्रुंडरिशे,* अनुवादः मार्टिन निकोलस, लंदन, 1973, पृ. 472-73; *ए कंट्रीब्यूशन टू द क्रिटीक ऑफ पोलिटिकल इकॉनमी,* मास्को, 1970, पृ. 33 की टिप्पणी (जहाँ मार्क्स कहते हैं कि 'आदिम साम्यवादी संपत्ति···भारत में अभी भी अस्तित्व में है'); *कैपिटल,* खंड 1, पृ. 357-58 देखें।

223. 'प्राब्लम्स ऑफ मार्क्सिस्ट हिस्टारिकल एनालिसिस', पूर्वोक्त।

224. 'इकॉनमिक हिस्ट्री ऑफ द डेलही सल्तनत', पूर्वोक्त, पृ 298.

225. जब हम किसी भी देश और किसी भी काल में फ़्यूडलिज़्म के प्रश्न की विवेचना करते हैं तो उस बहस के लिए लाज़मी तौर पर मध्यकालीन पश्चिमी यूरोप ही संदर्भ बिंदु का काम करता है, चाहे इस प्रश्न पर हमारा उत्तर कुछ भी हो। आधुनिक काल में पश्चिमी यूरोप के इतिहास से दूसरे देशों के इतिहास की तुलना करने की बात बहरहाल समझ में आती है क्यों कि वह पूँजीवाद आखिरकार पश्चिमी यूरोप में ही पैदा हुआ जो आगे चलकर पूरी दुनिया पर छा गया। पर प्राचीन और मध्यकालीन युगों के लिए ऐसी तुलना का औचित्य समझ में नहीं आता जिसके सबब हम ऐसे प्रश्न पूछने लगते हैं जो हमारे इतिहास के लिए शायद ही प्रासंगिक हों।

यक़ीनन फ़्यूडलिज़्म के क्षेत्रीय रूपों की बात की जा सकती है। मसलन कोई व्यक्ति पश्चिमी यूरोपीय और जापानी फ़्यूडलिज़्म से अलग भारतीय फ़्यूडलिज़्म, चीनी फ़्यूडलिज़्म, पश्चिम एशियाई फ़्यूडलिज़्म आदि की बातें कर सकता है। पर इस तर्क के बारे में मुझे दो समस्याएँ दिखाई देती हैं। पहला, सामाजिक आर्थिक व्यवस्थाओं के देश-काल में भिन्न-भिन्न रूपों के पूरे दायरे के लिए किसी साझे तत्व के उपयोग का तब तक शायद ही कोई औचित्य हो जब तक कि कोई व्यक्ति इन तमाम रूपों में निहित एक बुनियादी समानता को स्थापित नहीं करता—ऐसी समानता जिसे सटीक ढंग से निरूपित किया गया हो। दूसरे, एक प्रवर्ग के रूप में

फ़्यूडलिज़्म केवल अपनी परिभाषा के ढीले-ढालेपन के ही कारण सार्वभौम दिखाई देता है—इस तथ्य से बिलकुल अलग, विभिन्न मध्यकालीन क्षेत्रों पर एक समान लागू हो सकनेवाले किसी सार्वभौम प्रवर्ग की तलाश अपने-आपमें इस मान्यता पर आधारित है कि मध्यकालीन विश्व में एक ही साझी सामाजिक-आर्थिक व्यवस्था पाई जाती थी। इस तरह हम मध्यकालीन विश्व पर वे विशेषताएँ अरोपित करते हैं जो बेहतर कहें तो 19वीं और 20वीं सदी की विशेषताएँ हैं।

अनुवाद : वीर भारत तलवार

कृषक उत्पादन और मध्यकालीन भारतीय समाज*

इस पत्रिका में चार साल पहले प्रकाशित अपने लेख 'क्या भारतीय इतिहास में फ़्यूडलिज़्म रहा है?' पर उदारतापूर्वक मिली प्रतिक्रियाओं से मैं सचमुच अभिभूत हूँ। मैं अकादमिक वाद-विवाद के सुंदर जगत में प्रवेश के विशेषाधिकार को बहुत अधिक महत्त्व देता हूँ—उस जगत में जो सौंदर्यशास्त्र की दृष्टि से एकमत या बलात् सहमति के जगत से कहीं बहुत अधिक संतोषदायी है।

चूँकि इस विशेषांक के लेखों पर सहमति और असहमति, दोनों का संबंध पहले वाले उस लेख के विशिष्ट बिंदुओं से भी उसी तरह संबंधित है जैसे उसके सामान्य दृष्टिकोण से, इसलिए मैं अपने सामने दो विकल्प पाता हूँ एक-एक बिंदु को उठाना, ख़ासकर तब जबकि वह विवादग्रस्त हो, और उसे त्यागना, सुधारना या फिर से सामने रखना; या फिर बहस को अपने सभी विवादों के प्रमुख विषय या विषयों तक सीमित रखना और ब्यौरों में तभी जाना जब वह तर्क के लिए अपरिहार्य हो। ब्यौरों और प्रमुख विषय को हमेशा एक दूसरे का बदल नहीं बनाया जा सकता, इस तथ्य को नज़रअंदाज़ न करते हुए भी मैंने दूसरे विकल्प को चुना है। इसका मुख्य रूप से कारण यह है कि इन छः लेखों ने जिन मुद्दों और प्रमाणों को सामने रखा है उनके दमतोड़ू दायरे को समेटने की सामर्थ्य मुझमें नहीं है। अंशतः इसका कारण यह भी है कि इन मुद्दों में दिलचस्पी सिर्फ़ उन विशेषज्ञों के एक छोटे से समूह तक सीमित न रहे जो छोटे-से-छोटे ब्यौरे से भी परिचित हैं और उसे पेश करने को तत्पर रहते हैं।

---

* 'सामंतवाद और ग़ैर-यूरोपीय समाज' विषय पर *जर्नल ऑफ़ पेज़ेंट स्टडीज़* के विशेषांक में प्रकाशित लेखों से मिली प्रेरणा के अलावा प्रस्तुत लेख में जवाहरलाल नेहरू विश्वविद्यालय में मेरे छात्रों की उत्तरोत्तर अनेक पीढ़ियों से हुए विचार-विमर्श और तर्क-वितर्क का तथा कृष्णा भारद्वाज, सव्यसाची भट्टाचार्य, बी. डी. चट्टोपाध्याय, सुवीरा जायसवाल, माजिद सिद्दीक़ी, सी. एन. सुब्रमन्यम और रोमिला थापड़ से हुई लंबी-लंबी वार्ताओं का योगदान भी रहा है। नेहरू स्मृति संग्रहालय और पुस्तकालय, नई दिल्ली में इतिहासकारों, अर्थ-शास्त्रियों और समाजशास्त्रियों की एक सुखद सीमा तक अनौपचारिक बैठक में भी इस लेख के तर्कों का सारसंक्षेप प्रस्तुत किया गया था। इन सभी मित्रों के प्रति मैं आभारस्वरूप वही सरल और इस कारण सुंदर शब्द फिर दोहराता हूँ, 'धन्यवाद!'

एक

एक ऐसी मान्यता के रूप में, जो कुछ ज़्यादा विवाद उठाने में शायद ही समर्थ हो, पहले यह बात कही गई है कि पूँजीवाद चूँकि पहली विश्वव्यापी व्यवस्था है, इसलिए फ़्यूडलिज़्म को एक ऐसी व्यवस्था ही माना जा सकता है जो किसी क्षेत्र या काल विशेष की वस्तु हो। फ़्यूडलिज़्म के 'सार्वभौम' पहलू और पाषाण युग, कांस्य युग आदि की सार्वभौमिकता की आपसी तुलना का एक पूर्वानुमान करते हुए इन पूरी तरह अतुलनीय संवृत्तियों की तुलनीयता पर ही संदेह व्यक्त किया गया है। (मुखिया 1981 : 273 और टिप्पणी 2 देखें।)

ज़ाहिर है कि, आज जैसे फ्रैंक पर्लिन हैं, उसी तरह मैं भी इस वक्तव्य की मासूम प्रकृति को लेकर थोड़ा-सा आशावादी था कि (उनके पर्लिन के नज़दीक़) कोई भी फ़्यूडलिज़्म के लिए एक विश्व-व्यवस्था के दर्जे का दावा करता नज़र नहीं आता।' (पर्लिन 1985 : 94 देखें।) रामशरण शर्मा ऐसा एक दावा सचमुच करते हैं। उनका तर्क है कि कुछेक भिन्नताओं के बावजूद विभिन्न मध्यकालीन क्षेत्रों में फ़्यूडलिज़्म में निश्चित ही कुछ मूलतः मिलती-जुलती विशेषताएँ थीं, और यह कि बहुत कुछ क़बीलाई जीवन, पाषाण युग आदि की तरह और हरेक की तमाम आंतरिक भिन्नताओं के बावजूद उसे एक विश्व-व्यवस्था का दर्जा देने से इनकार नहीं किया जा सकता।' (शर्मा 1985 : 19-20 देखें।)

अपनी बारी से आरिफ़ उर्लिक (उर्लिक 1985 : 198) ने बहुत बारीकी से दिखाया है कि फ़्यूडलिज़्म की धारणा का सार्वभौमीकरण सचमुच पूँजीवाद के ऐतिहासिक सार्वभौमीकरण के ही क़दमों पर चलते हुए हुआ है, और इसलिए फ़्यूडलिज़्म का संरचनावादी नहीं, 'सारवादी' दृष्टिकोण ही उसे एक विश्व-व्यवस्था का दर्जा दिलाता है। इस प्रक्रिया में (उर्लिक 1985 : 212-15) फ़्यूडलिज़्म का 'सारतत्व' इतना ढीला-ढाला हो जाता है कि 'परस्पर असंबद्ध आर्थिक और सामाजिक संरचनाओं को भी समोने लगता है।' वे (उर्लिक 1985 : 198) किसी संवृत्ति के 'सार्वभौम' और 'वैश्विक' पहलुओं के बीच भी अंतर करते हैं हालाँकि बदनसीबी से उसे पूरा-पूरा स्पष्ट नहीं करते।

तो ज़ाहिर है कि फ़्यूडलिज़्म की सार्वभौमिकता संबंधी तर्क एक विश्व-व्यवस्था किन चीज़ों से बनती है, इसके बारे में दो अलग-अलग विचारों पर आधारित हैं, और यहाँ मैं अपने विचार स्पष्ट करना चाहूँगा। पूँजीवाद के पहली विश्व-व्यवस्था होने का शास्त्रीय मार्क्सवादी निरूपण इस तर्क पर आधारित है कि दुनिया के पैमाने पर पूँजीवादी उत्पादन और वितरण के प्रसार के साथ विश्व के सभी अलग-अलग क्षेत्रों की अर्थव्यवस्थाओं का, चाहे उनके निकास के चरण कुछ भी हों, पूँजीवादी उत्पादन पद्धति के झंडे तले एकीकरण हुआ है, और यह एकीकरण कोई आकस्मिक नहीं बल्कि ढाँचागत

संवृत्ति है जो पूँजीवादी उत्पादन पद्धति की विशिष्टता में अंतर्निहित है। *सामान्यीकृत* माल-उत्पादन से उत्पादन और उजरती मज़दूरी पर आधारित, उत्पादन और वितरण का निरंतर प्रसारमान पैमाना ही वह चीज़ है जिसने पूँजीवाद को वह आवश्यक गतिशीलता प्रदान की है कि वह दुनिया को अपने वर्चस्व तले ला सके। अलग-अलग हो या एक साथ, माल-उत्पादन और उजरती मज़दूरी प्राचीन काल से ही अनेक सभ्यताओं के लिए अनजान नहीं रहे हैं। तो भी उजरती मज़दूरी के सहारे मालों का *सामान्यीकृत* उत्पादन केवल पूँजीवाद की विशेषता है।[1] ज़ाहिर है कि पूँजीवाद से पहले की व्यवस्थाएँ यूँ तो किसी भी तौर गतिहीन नहीं थीं मगर उनमें आंतरिक गतिशीलता नहीं थी जो उन्हें वैसा वर्चस्व प्रदान करती जिसकी हम यहाँ बातें कर रहे हैं। वे इसी अर्थ में विश्व-व्यवस्थाएँ बनने में समर्थ नहीं थीं।

तो फिर पूँजीवाद से पहले की किसी व्यवस्था को एक विश्व-व्यवस्था कहने का यही रास्ता रह जाता है कि क्षेत्रीय अर्थव्यस्थाओं में इन या उन कुछ विशेषताओं की समानताएँ दिखाई जाएँ; यही 'सारवादी' दृष्टिकोण है। सामान्यतः यह समानता इस तथ्य में दिखाई देती है कि ये खेतिहर अर्थव्यवस्थाएँ थीं, और अधिशेष का रूप चाहे जो रहा है, वह प्राथमिक उत्पादन से ग़ैर-आर्थिक बलप्रयोग करके अधिगृहीत किया जाता था। दास-प्रथा के बाद और पूँजीवाद से पहले के सभी समाजों के बारे में यह बात सही है। मगर फिर ठीक यही कारण है कि इन सामान्य विशेषताओं पर ध्यान केंद्रित करने और उन्हें फ़्यूडलिज़्म की ख़ास पहचान समझने से फ़्यूडलिज़्म एक सर्वग्राही प्रवर्ग बनकर रह जाता है। ऐसा एक प्रवर्ग मुश्किल से ही एक ऐसी सटीक परिभाषा का काम दे सकता है जो एक और दूसरे मध्यकालीन समाज के बीच अंतर कर सके। हम किसी प्राक्-पूँजीवादी व्यवस्था के विश्व-व्यवस्था होने की बात तभी कर सकते हैं जब हम दोनों (अर्थात् विश्व-व्यवस्था और प्राक्-पूँजीवादी व्यवस्था के) प्रवर्गों को घटाकर पर्याप्त पिलपिला बना दें। क्या यह अजीब बात नहीं कि हममें से जो लोग पूँजीवाद की परिभाषा करते समय बारीकी और सटीकता का आग्रह करते हैं, वही दास-प्रथा के बाद और पूँजीवाद से पहले की व्यवस्थाओं की विवेचना करते समय अपनी चौकसी घटाने को तैयार हैं और उन सबको फ़्यूडलिज़्म नामक एक अवशिष्ट प्रवर्ग में ला पटकते हैं?

रामशरण शर्मा (1985 : 20-21) ने फ़्यूडलिज़्म के व्यापक खाँचे में क्षेत्रीय भिन्नताओं का तर्क दोहराकर अपनी 'भारतीय फ़्यूडलिज़्म' की धारणा को पुष्ट करना चाहा है।[2] अगर आरंभ में ही यह व्यापक खाँचा खेतिहर अर्थव्यवस्था और ग़ैर-आर्थिक बलप्रयोग के द्वारा अधिशेष के अधिग्रहण जैसी सामान्य विशेषताओं से अधिक कुछ और नहीं समेटता तो शायद ही वह भेदकारी और संभवतः नाज़ुक महत्त्व के तत्त्वों, जैसे उत्पादन की प्रक्रियाओं, श्रम का सामाजिक संगठन और ग़ैर-आर्थिक बल-प्रयोग के ठोस रूपों का ध्यान रख सके। कारण कि वह ग़ैर-आर्थिक बलप्रयोग के सभी रूपों को समतुल्य और परस्पर अदला-बदली योग्य समझता है। और चूँकि सामंतवाद के व्यापक

खाँचे का प्रवर्ग ढीलाढाला है, इसलिए जब हम क्षेत्रीय संदर्भों में उसका परिमाणीकरण करते हैं तो उसकी गवेषणात्मक उपयोगिता और भी संदिग्ध हो जाती है। इस तरह हमारे सामने समस्या यह आती है कि सामंतवाद के पहले ही अस्पष्ट प्रवर्ग को और अस्पष्ट बनाएँ या फिर उसके झंडे तले ऐसी विविधतापूर्ण सामाजिक और आर्थिक संरचनाओं को ला पटकें जिन्हें यह अस्पष्ट प्रवर्ग भी आसानी से पचा नहीं सकता। इसके अलावा क्या हम क्षेत्रीय भिन्नताओं के विचार को इस प्रवर्ग की इति-श्री मान सकते हैं? तार्किक रूप से इस विश्व-व्यवस्था की क्षेत्रीय भिन्नताओं के पीछे-पीछे उप-क्षेत्रीय भिन्नताएँ भी यक़ीनन आएँगी, यह क्रम अंतहीन होगा, और हर मोड़ पर इस प्रवर्ग की हानि होगी। तो फिर एक सामाजिक संरचना के रूप में फ़्यूडलिज़्म की धारणा में ऐसा बचता ही क्या है जो मध्यकाल की सभी या अधिकांश, विविधतापूर्ण क्षेत्रीय और उप-क्षेत्रीय अर्थ व्यवस्थाओं पर रौशनी डाल सके? सच तो यह है कि ऐसे एक सार्वभौम प्राक्-पूँजीवादी प्रवर्ग की खोज ही घिसी-पिटी लगती है क्योंकि इतिहास और इतिहास-लेखन, दोनों में वह पूँजीवाद के सार्वभौमीकरण के बाद की चीज़ है। (मुखिया 1981 : टिप्पणी 225; उर्लिक 1985 : 198 देखें।)

पूँजीवाद से पहले के किसी समाज में क्षेत्रीय भिन्नताओं की धारणा पर ही संदेह करने का हमारा कोई इरादा नहीं है। कारण कि पर्यावरणीय, आर्थिक या सामाजिक संगठन की दृष्टि से शायद ही कोई क्षेत्र किसी और क्षेत्र का प्रतिरूप होगा। भिन्नता क्षेत्रों के विकास के कालक्रम या उसकी गति या बल्कि उसकी दिशा की एक विशेषता भी हो सकती है। मगर फिर फ़्यूडलिज़्म की 'संरचनावादी और 'सारवादी' धारणाओं में निहित क्षेत्रीय विशेषताओं में अंतर करना ही उपयोगी होगा। (इस अंतर्दृष्टि के लिए हम उर्लिक के आभारी हैं।)

फ़्यूडलिज़्म की सार्वभौमिकता पर मार्क्सवादियों के विचारों की विविधता अपनी जगह है, पर आम तौर पर उन्होंने फ़्यूडलिज़्म को ग़ैर-आर्थिक बलप्रयोग या अधिशेष के अधिग्रहण की राजनीतिक-नैयायिक विशिष्टताओं की दृष्टि से ही समझा है। मसलन एंडरसन (1977 : 404), गाटलिएब (1984), शर्मा (1985 : 20) और पर्लिन (1985 : 105, 110) ने फ़्यूडलिज़्म के प्रति अपने दृष्टिकोण का निरूपण इसी प्रकार किया है। यह अंतदृष्टि चाहे जितनी महत्त्वपूर्ण हो, फिर भी कुछ अन्य समस्याएँ खड़ी करती हैं, क्योंकि इसका मतलब है कि

(अ) राजनीतिक-नैयायिक विशिष्टताओं की भिन्नताओं के नीचे एक ऐसी उत्पादन पद्धति रही है जो देश-काल में एकरस रही है;

(ब) ग़ैर-आर्थिक बलप्रयोग के रूपों (श्रम, वस्तु या नक़दी के रूप में लगान या मालगुज़ारी का संग्रह) में मौजूद भिन्नताओं के बावजूद ये समतुल्य और परस्पर अदला-बदली के योग्य हैं; इस प्रकार यह फ़्यूडलिज़्म को एक गतिहीन व्यवस्था मानती है;

(स) इतिहासकारों का ध्यान उत्पादन-पद्धति की समग्रता की क़ीमत पर, सामाजिक

परिवर्तन के व्याख्यात्मक प्रवर्ग के रूप में शोषण के संबंध पर केंद्रित रहे; और

(द) राज्य (या शासकवर्ग) प्राक्-आधुनिक ऐतिहासिक प्रवर्ग का प्रमुख प्रणेता था; किसान वर्ग ने गतिशीलता के जो भी संकेत दिए वे राज्य की कार्रवाई की प्रतिक्रिया स्वरूप थे। मैं यहाँ यह सुझाव देना चाहूँगा कि अगर हम अपने परिप्रेक्ष्य में थोड़ा-सा फेरबदल कर लें तो संभवतः इन समस्याओं का समाधान निकल सकता है।

अपने लेख 'क्या भारतीय इतिहास में फ़्यूडलिज़्म रहा है?' और उसके साथ के लेख 'मारिस डाब्स एक्सप्लेनेशन ऑफ द डिक्लाइन ऑफ फ़्यूडलिज़्म इन वेस्टर्न यूरोपः ए क्रिटीक' (मुखिया 1979-80 : 154-84) में मैंने इस आशय का कोई स्पष्ट वक्तव्य दिए बग़ैर तथ्यों को एक वैकल्पिक परिप्रेक्ष्य में देखने का प्रयास किया है। मैं अब इसके निहितार्थों को स्पष्ट करना चाहूँगा क्योंकि हरेक का परिप्रेक्ष्य ही बहरहाल उसके तर्कों के ढाँचे का निर्धारण करता है।

यह वैकल्पिक परिप्रेक्ष्य निम्नलिखित तीन तत्वों की अंतःक्रिया पर ध्यान केंद्रित करता हैः

(अ) किसी क्षेत्र का पर्यावरण; (ब) उस क्षेत्र में किसी काल-बिंदु पर प्राप्य प्रौद्योगिकी का स्तर; और (स) श्रम के उपयोग का सामाजिक संगठन।

पर्यावरण हमें, ज़ाहिर है, प्रकृति से मिलता है तथा एक और दूसरे क्षेत्र के बीच कमोबेश भिन्न-भिन्न होता है। मिट्टी की प्रकृति और दूसरों की अपेक्षा कुछ ख़ास फ़सलों की काश्त के लिए उसकी उपयुक्तता, स्थलाकृति और धूप मिलने की अवधि किसानों के श्रम के प्रस्थानबिंदु हैं, हालाँकि वे एक अच्छे-ख़ासे समयांतराल में कुछ हद तक इनकी (मसलन मिट्टी या पानी के स्रोतों की) प्रकृति को बदल सकते हैं। दूसरी तरफ़ प्रौद्योगिकी एक ज़्यादातर सामाजिक रूप से निर्धारित कारक होती है और किसी समाज में प्रौद्योगिक विकास का स्तर एक ओर पर्यावरण के सामाजिक बोध और प्रौद्योगिक विशेषज्ञता (दूसरे शब्दों में, ज्ञान) पर और दूसरी तरफ़ उस समाज में श्रम के उपयोग के रूपों पर निर्भर होता है। इस तरह मिलते-जुलते पर्यावरण वाले क्षेत्रों के बीच भी भिन्न-भिन्न सामाजिक दशाओं के कारण प्रौद्योगिकी के स्तर अलग-अलग हो सकते हैं। या फिर इसी कारण एक ही क्षेत्र के अंदर भी तकनीकों का ज्ञान और उप ोग समाज के भिन्न-भिन्न तबकों के लिए अलग-अलग हो सकते हैं।

मगर एक और भी निर्णायक हस्तक्षेप श्रम के उपयोग के संगठन में होता है, भले ही प्राक्-पूँजीवादी समाजों में ग़ैर-आर्थिक बलप्रयोग श्रम के उपयोग के सभी रूपों की विशेषता रहा हो। इसका रूप एक हद तक पर्यावरण, किसी समाज के तकनीकी स्तर और किसी क्षेत्र में श्रम की माँग और पूर्ति पर निर्भर होता है। मगर सबसे बढ़कर यह उस समाज में शक्ति के संतुलन पर निर्भर होता है, उस संतुलन पर जो केवल राज्य या शासक वर्ग द्वारा निर्धारित नहीं होता। दास-प्रथा, भूदास-प्रथा और उजरती मज़दूरी यक़ीनन शासकवर्ग की मर्ज़ी से अस्तित्व में नहीं आए। समाज की दौलत के उत्पादक

होने के नाते जिन लोगों के पास बेपनाह शक्ति का भंडार था उनके मूक और कभी-कभी मुखर प्रतिरोध ने भी श्रम के सामाजिक संगठन के रूप को निर्धारित किया। एक रूप से दूसरे रूप में संक्रमण की प्रक्रिया में उनकी भूमिका ख़ास तौर पर महत्त्वपूर्ण रही। दूसरी ओर श्रम के उपयोग के सामाजिक संगठन से समाज पर वर्चस्व रखने वाले राज्य की प्रकृति के बारे में हमें महत्त्वपूर्ण सुराग़ मिलेंगे।

मेरा विश्वास है कि यह परिप्रेक्ष्य एक समग्रता को प्रस्तुत करता है हालांकि इन तीनों कारकों को किसी स्थायी सोपान में रखना मुश्किल होगा। कारण कि उनमें कोई ऐसा नहीं जो हर परिस्थिति में दूसरों का निर्धारण करता हो।

इस परिप्रेक्ष्य में मध्यकालीन राजव्यवस्थाओं के आधार में मौजूद आर्थिक अधो-संरचनाएँ, किसी हद तक एकरसता का प्रदर्शन करना तो दूर, अपनी गहरी भिन्नताओं को ही उजागर करेंगी। एक ही क्षेत्र तक में कालांतर में उत्पादन-प्रक्रियाओं के परिवर्तन ज़्यादा निश्चय के साथ देखे जा सकेंगे और दूसरे कारकों के लिए उनके निहितार्थ संभवतः निरूपित किए जा सकेंगे। ग़ैर-आर्थिक बलप्रयोग के विभिन्न रूपों के (श्रम, नक़दी या वस्तु रूप में लगान या फिर सीधे-सीधे मालगुज़ारी की वसूली) के क्रम से बल्कि उत्पादन की प्रक्रियाओं, तकनीकों, श्रम की माँग और पूर्ति, और निश्चित ही बाज़ार के प्रभाव में अच्छे-ख़ासे परिवर्तनों के संकेत मिलेंगे। इन सभी रूपों को उत्पादन-पद्धति से कटकर समतुल्य और परस्पर अदला-बदली योग्य मानना इन सभी परिवर्तनों को अनदेखा करने और फ़्यूडल अर्थव्यवस्था के समस्त जीवन-क्रम को आदि से अंत तक एक जैसा मानने के बराबर होगा। यही कारण है कि ऐतिहासिक परिवर्तन को राज्य और, मध्यकालीन समाजों के सिलसिले में, किसान वर्ग के बीच, केवल उद्दीपन-प्रत्युत्तर-संबंध की प्रक्रिया मानने की बजाए उत्पादन की पूरी पद्धति के संदर्भ में कहीं बेहतर समझा जा सकता है। राज्य को सामाजिक परिवर्तन का प्रमुख प्रणेता मानना उसे चालक शक्ति से कुछ ज़्यादा ही संपन्न समझना है। कोई समाज शासकवर्ग के हुक्म से नहीं बल्कि अनेक स्तरों पर व्यवहृत शक्तियों के संतुलन से चलता है—जैसे राजनीतिक, सैनिक, न्यायिक और प्रशासनिक शक्ति, समुदायों के नेतृत्व की शक्ति, और निश्चित ही (मध्यकालीन समाजों में) किसानों की शक्ति जो उन्हें उत्पादन की प्रक्रियाओं में रत होने के कारण प्राप्त थी। इस प्रकार सामाजिक परिवर्तन की गतिशीलता समाज के सभी बहुविध जोड़ों पर हो रहे घर्षण के क्रम में उत्पन्न होती है, और प्रत्येक सामाजिक संस्तर उसमें भाग लेता है, चाहे उसका योगदान दूसरों से कितना ही भिन्न हो।

सबसे बड़ी बात यह कि ग़ैर-आर्थिक बलप्रयोग के सटीक रूप को उत्पादन पद्धति के संदर्भ में देखने का आग्रह करके तथा प्रत्येक रूप को दूसरे रूपों से अंतर करके—चाहे उनके आविर्भाव का कुछ भी क्रम हो, यहाँ तक कि विभिन्न क्षेत्रों में उनका साथ-साथ अस्तित्व क्यों न हो—यह परिप्रेक्ष्य अपने शोषण के मुक़ाबले किसानों के प्रतिरोध के रूप पर ध्यान केंद्रित करता है। जिस किसान को श्रम-रूप में लगान देना

पड़ता है वह मालिक की जागीर पर काहिली से जोत-बोकर, मालिक के लिए निर्धारित समय में चोरी करके और लापरवाही बरतकर मालिक का विरोध करेगा। पर जिस किसान को नक़द लगान देना पड़ता है, वह प्रतिरोध की इसी तकनीक का शायद ही इस्तेमाल करे; उसे फ़सल की कटाई कर लेने और उसे बाज़ार में बेच लेने के बाद पैसे के भुगतान को लेकर मालिक से चख़चख़ करना होगा। या अगर वह वस्तु रूप में लगान देता है तो वह मालिक या उसके कारिंदे की नज़र बचाकर या कारिंदे को रिश्वत देकर पैदावार का एक हिस्सा छिपाने का जतन करता है।

मध्यकालीन भारत के मालगुज़ारी देने वाले किसान का मुआमला और भी अलग है। यह मालगुज़ारी फ़सल कट जाने के बाद गाँव को इकाई मानकर वसूल की जाती थी और हर किसान को अपनी जोत के आकार के हिसाब से अपना हिस्सा देना होता था हालाँकि प्रति इकाई भूमि पर दर सबके लिए समान होती थी। इसका मतलब यह था कि भारतीय किसानों का प्रतिरोध उत्पादन की प्रक्रिया से बाहर, मालगुज़ारी के तक़ाज़े के परिमाण को लेकर होता था, और यह कि लाज़मी तौर पर यह प्रतिरोध प्रकृति से सामूहिक होता था जिसमें गाँव समाज का एक बड़ा या कम से कम अच्छा-ख़ासा हिस्सा शामिल होता था। यह प्रारंभिक मध्यकाल के यूरोपीय किसानों के उस प्रतिरोध से भिन्न होता था। जो उत्पादन की प्रक्रिया के ही अंदर चलता था और जिसके कारण किसान का प्रतिरोध प्रकृति से अधिक वैयक्तिक होता था। वैसे कुछ मुद्दों पर जैसे चरागाहों पर समुदाय के अधिकारों को लेकर निश्चित ही सामूहिक दबाव डाले जाते थे।

इस तरह किसानों का प्रतिरोध क्या उत्पादन की प्रक्रिया में होता है या उसके बाहर होता है, और क्या प्रतिरोध के एक रूप के बाद दूसरा कोई रूप आता है, इससे उत्पादक-पद्धति के इतिहास में महत्त्वपूर्ण अंतर आता है। इस तरह जब रामशरण शर्मा पूछते हैं कि 'अगर पैदावार के अंश भूमिदान पाने वाले के पास ही रहते हैं तो उत्पादन के साधन अर्थात् भूमि और उत्पादन के फल के उपभोग में क्या अंतर रहता है?' और फिर आगे कहते हैं कि 'भूमि की पैदावारों के बिना उसका कोई अर्थ नहीं होता' (शर्मा 1985 : 30) तो वे महत्त्वपूर्ण अंतर की अर्थात् कृषक प्रतिरोध के रूपों की उपेक्षा करते हैं जो ग़ैर-आर्थिक बलप्रयोग के ठोस रूप के संगत होना चाहिए।

यही वह समग्रता है जिसे फ़्यूडलिज़्म की इस परिभाषा ने उजागर करने की कोशिश की है कि यह 'लॉर्डों पर पूरे किसान वर्ग की ढाँचाबंद निर्भरता है।' जैसा कि उर्लिक (1985 टिप्पणी 2) ने सही कहा है, प्रत्येक किसान परिवार की श्रम की क्षमता और उसके संसाधनों का अंतर फ़्यूडलिज़्म की शर्त था और 'ढाँचाबंद निर्भरता' उसकी लाक्षणिक विशेषता थी। 'ढाँचाबंद निर्भरता' के इस विचार को उत्पादन पद्धति के संदर्भ में पेश किया गया था और फिर इस पद्धति को भी संक्रमणशील माना गया था हालांकि इस संक्रमण का कारण वर्ग-संघर्ष को बतलाया गया था जो कभी मूक और अगोचर, खेत में रोज़मर्रा की मेहनत में निहित तो कभी हिंसक उपद्रवों के रूप में होता है।

विकहैम (1985 : 186) के इस विचार से सहमत होना आसान है कि 'फ़्यूडलिज़्म' में उत्पादन पर नियंत्रण को लेकर ही वर्ग-संघर्ष का गतिशास्त्र सबसे तीखा होता है।' यही वह विशेषता है जिसके विपरीत मध्यकालीन भारतीय किसान वर्ग को 'स्वतंत्र किसान वर्ग' का नाम दिया गया था जिसकी उत्पादन-प्रक्रिया बाहरी नियंत्रण से मुक्त थी और इसी कारण जिसका वर्ग-संघर्ष यूरोप के लॉर्डों और किसानों के वर्ग-संघर्ष से भिन्न प्रकार का था। इसकी विवेचना हम आगे करेंगे।

वर्ग-संघर्ष का रूप चाहे जो हो, उसमें विचारधारा की उपयोगिता की छानबीन रह जाती है और आमतौर पर मार्क्सवादी इतिहासकारों ने इस महत्त्वपूर्ण प्रश्न को ज़्यादातर अनदेखा ही किया है। ख़ैर उसके प्रति मेरी अपनी अनदेखी किसी भी तरह उसके गौण महत्त्व की सूचक नहीं थी; न ही उसका कारण ऐसी कोई निहित धारणा थी कि वैचारिक अधिसंरचना पर ध्यान देने से पहले 'भौतिक आधार' का सवाल निपटा लिया जाए। यह वास्तव में विषय से मेरे सीमित परिचय की उपज थी।[3] न ही इस विषय पर कुछ ज़्यादा, मार्क्सवादी या अमार्क्सवादी, द्वितीयक साहित्य है जिसका भारतीय संदर्भ में उपयोग किया जा सके। लेकिन आरंभिक या मध्यकालीन भारतीय समाज में विचारधारा की भूमिका के हवालों या उनकी संक्षिप्त विवेचनाओं (चट्टोपाध्याय 1977 : 276-86; 1980-81 : 15-23; और अनुलेखितः 29; शर्मा 1985 : 36) में इसे शासकवर्ग की एक तरह की साज़िश की उपज माना गया है जो किसानों (या दस्तकारों) के मन में अपनी विचारधारा बिठाता है और इस प्रकार किसानों की वर्ग चेतना और फलस्वरूप वर्ग संघर्ष, में बाधाएँ खड़ी करता है। मसलन रामशरण शर्मा (1985 : 36) कहते हैं : 'परस्पर विरोधी हितों वाले वर्गों को पूजा, जप, व्रत, तीर्थ, संस्कारों और प्रायश्चित के परिपालन के द्वारा और स्वर्ग-नरक की संभावनाओं के द्वारा एक साथ बाँधकर रखा जाता है। ज्योतिष के और वेदांत के सर्वव्यापी प्रभाव ने जनता को अपने भाग्य के प्रति शांत बनाकर रखा। सभी कारक परस्पर विरोधी हितों वाले लोगों को एक साथ ले आए।'

यह एक अपेक्षाकृत आंशिक दृष्टि है क्योंकि यह इसकी व्याख्या नहीं करती कि किसानों ने अपने हितों के लिए इस क़दर पराई एक विचारधारा को क्यों स्वीकार कर लिया? इसमें मूक रूप से यह मान लिया गया है कि शासक वर्ग के पास पर्याप्त बौद्धिक और साथ में अन्य संसाधन होते हैं, इसलिए वह अपने हितों की रक्षा के लिए एक परिष्कृत विचारधारा का विकास करता है जिसे फिर वह किसानों के मन में बिठाता है। चूँकि किसानों के पास ऐसे बौद्धिक संसाधनों के होने की शायद ही आशा की जाती है, इसलिए वे उस विजातीय विचारधारा के प्रतिरोध की स्थिति में नहीं होते। इस विचार के समर्थन में संभवतः मार्क्स और एंगेल्स की यह टिप्पणी उद्धृत की जा सकती हैः 'हर युग में शासक वर्ग के विचार ही शासक विचार होते हैं, अर्थात् जो वर्ग समाज की शासक भौतिक शक्ति होता है वही साथ ही साथ शासक *बौद्धिक* शक्ति भी होता है' (मार्क्स और एंगेल्स 1972 : 44, ज़ोर लेखकों का।)

मेरा विश्वास है कि किसानों को शासक वर्ग की साज़िश का मात्र शिकार ठहराना उनकी बुद्धि का अच्छा-ख़ासा तिरस्कार करना है। इसका मतलब किसानों के मन पर शासक वर्ग की विचारधारा के प्रभाव से इनकार करना नहीं बल्कि यह सुझाव देना है कि किसान शासक वर्ग की विचारधारा के उसी अंश को स्वीकार करते हैं जो उनके रोज़मर्रा के अनुभवों से मेल खाता हो; वे विजातीय विचारधारा को पूरी की पूरी स्वीकार नहीं करते। मसलन मध्यकालीन भारतीय किसान अपने भाग्यवादी रुझान के लिए मशहूर था जो पर्याप्त विपरीत अवस्था से भी उसका तालमेल बिठा देता था। उस सीमा तक युक्तीकरण की यह पद्धति शासक वर्ग के प्रभुत्व को बेहद शक्तिशाली बना देती थी। पर किसान भाग्यवाद के विचार को तभी स्वीकार करता था जब उसकी फ़सल तबाह हो जाती थी जिसके लिए वह किसी को इलज़ाम नहीं दे सकता था। मध्यकालीन यूरोपीय किसान के उत्पादन की प्रक्रिया लॉर्ड के नियंत्रण में होती थी और इसलिए फ़सल के तबाह होने पर उसके पास एक गोचर निशाना मौजूद होता था। मगर उसके विपरीत भारतीय किसान की उत्पादन की प्रक्रिया ऐसे बाहरी नियंत्रण से मुक्त होती थी—इसकी विवेचना मैं इसी लेख में आगे चलकर करूँगा—और इसलिए वह किसी व्यक्ति या संस्था को शायद ही इसके लिए ज़िम्मेदार ठहरा सकता था। ऐसी दशा में भाग्य जैसा एक अगोचर कारक व्याख्या में सहायक होता था। मगर जब राज्य या उसका कारिंदा परंपरासम्मत मालगुज़ारी से अधिक का तक़ाज़ा करता था तो वही किसान भाग्य को दोष देने से इनकार करता था। तब वह कभी अर्जियाँ देकर, कभी काश्त बंद करने की धमकी देकर, कभी सचमुच दूसरे क्षेत्रों या जंगलों में पलायन करके और आख़िरकार हथियार उठाकर अपने अधिकारों के लिए लड़ता था। तब उसका दुश्मन उसकी आँखों के सामने होता था, और उसमें भाग्यवादी समाज का कोई चिह्न शायद ही दिखाई देता था।

मगर फिर विचारधारा की भूमिका को इस या उस वर्ग के भौतिक हितों से एकैक संगति के आधार पर शायद ही समझा जा सके (पोलांज़ास 1978 : 28-46; गीइर्ज़ 1964 : 47-65), जैसा कि रामशरण शर्मा और मैंने समझने का प्रयास किया है। कुछ भी हो, संस्कृति के अंग के रूप में विचारधारा का निर्माण ऐसी एकतरफ़ा प्रक्रिया शायद ही हो जो शीर्ष पर जन्म लेकर नीचे की ओर बढ़ती हो; प्रायः इसका विकास समाज के सभी विभिन्न वर्गों के कर्म-कांडों, विश्वासों और विचारों के जटिल घात-प्रतिघात से होता है।[4] इस अंक में फ्रैंक पर्लिन के लेख (1985 : 132-40) ने उपनिवेश-पूर्व महाराष्ट्रीय समाज के अंतिम कालों में विचारधारा की भूमिका को ठोस रूप से, इस एकैक संगति से बाहर समझने का प्रयास अवश्य किया है। उनकी अंर्तदृष्टि से उस समाज के बारे में हमारी समझ सचमुच पर्याप्त समृद्ध होती है। पर फिर भी इसमें संदेह है कि मात्र महाराष्ट्र के वतनदारों की 'भाईचारे' की धारणा पर आधारित ऐतिहासिक व्याख्या क्या मोरलैंड, हबीब, मुखिया के रुढ़िवाद का समुचित विकल्प है?

दो

रामशरण शर्मा का ग्रंथ इंडियन फ़्यूडलिज़्म 1965 में प्रकाशित हुआ था। तब से लेकर अब तक (प्रस्तुत अंक में प्रकाशित 'हाउ फ़्यूडल वाज़ इंडियन फ़्यूडलिज़्म ?') के दौरान भारतीय फ़्यूडलिज़्म किन तत्वों से बना था, इस बारे में उनके विचारों में सुखद रूप से एक उल्लेखनीय परिवर्तन आया है। पुस्तक में शर्मा ने उसकी परिकल्पना पश्चिमी यूरोप में फ़्यूडल अर्थव्यवस्था के उत्थान और पतन के बारे में पिरेन्न के वृत्तांत की लगभग हू-बहू नक़ल के रूप में की है। उन्होंने यूरोप से एक-एक नुक़्ते पर उसकी तुलना भी की है और उन सभी शब्दों, प्रवर्गों और संस्थाओं का हवाला दिया है जिनके आधार पर पिरेनियन संप्रदाय ने यूरोपीय फ़्यूडलिज़्म का विश्लेषण किया था। जैसे व्यापार में ह्रास, (मेनर, भूदास-प्रथा, श्रम-सेवाओं का नक़द भुगतान में रूपांतरण, व्यापार और नगर-केंद्रों का पुनरुत्थान वग़ैरह वग़ैरह। और अगर उन्होंने भारत में यूरोप के जर्मानी हमलों जैसा कुछ नहीं पाया तो भारतीय *फ़्यूडलिज़्म* के विचार के एक और विद्वान प्रतिपादक बी. एन. एस. यादव ने लगभग उसी काल में उत्तर भारत पर हूणों के हमले की ओर ध्यान दिलाया है। (हवालों के लिए मुखिया 1981 : 301, टिप्पणी 106 देखें।) दूसरी तरफ़ इस अंक में शर्मा का लेख फ़्यूडलिज़्म के एक सचमुच 'भारतीय' प्रतिरूप की तलाश का सूचक है हालाँकि यूरोपीय फ़्यूडलिज़्म के कुछ महत्त्वपूर्ण प्रवर्गों, जैसे भूदास-प्रथा, के भारत में व्यवहार के बारे में वे थोड़ा-बहुत अस्पष्ट रवैया अपनाते हैं।[5] न ही उन्होंने अपने कालक्रम को संशोधित किया है, और इसलिए उनकी राय में भारतीय फ़्यूडलिज़्म का जन्म कोई चौथी या पाँचवी सदी ईसवी में हुआ जब व्यापार और नगर केंद्रों का ह्रास हुआ और वह 11वीं या 12वीं सदी तक पतन की ओर अग्रसर था जब व्यापार और नगरीकरण की प्रक्रिया का एक बार फिर आरंभ हुआ। अभी भी उनका तर्क राज्य द्वारा कुछ लोगों को दान में दी गई भूमियों पर केंद्रित है। भूमि के साथ उन्हें किसानों पर 'अबाध अधिकार' दे दिए गए जिसके आधार पर शर्मा (1985 : 27, 32) का निष्कर्ष है कि खेतिहर उत्पादन के लिए किसानों के श्रम पर अधिकार इन 'अबाध अधिकारों' में शामिल रहा होगा। वे एक 'सामाजिक संकट' की और 'उत्पादन के संबंधों के संव३१ट' की बातें करते हैं जो सौंपे गए कार्यों को पूरा करने के प्रति 'निचले तबकों' के प्रतिरोध से उत्पन्न हुआ और जिसके कारण 'उत्पादन की पद्धति में ऐसे परिवर्तन' आए कि भारतीय फ़्यूडलिज़्म के काल में किसानों का और भी मनमानेपन से, और भी अधिक शोषण किया जाने लगा। (शर्मा 1985 : 33-34 देखें।) 12वीं सदी तक अनेक वसूलियों का शिकार भारतीय किसान मात्र जीवन-निर्वाह के स्तर पर जी रहा था। (यादव 1973 : 301 देखें।)

भारत में आरंभिक मध्यकाल (लगभग 5वीं से 12वीं सदी ईसवी तक) पर्याप्त प्रौद्योगिक और आर्थिक विकास का काल भी था, ख़ासकर खेतिहर उत्पादन के क्षेत्र में।[6]

इस अंक में शामिल लेख में रामशरण शर्मा(1985 : 36-37) ने ऐसी कुछ प्रगति का जीवंत ख़ाका खींचा है। कहते हैं 'यह काल निःसंदेह अधिक उपज और भारी खेतिहर प्रसार का काल था।' इसी प्रकार बर्टन स्टाइन (1980 : 68-69) ने आरंभिक मध्यकालीन दक्षिण भारत में कृषि का प्रभावशाली प्रसार दिखाया है। कुएँ से पानी खींचनेवाले रहट के तीन चरणों में विकास से भी प्रौद्योगिकी और कृषि की प्रगति का संकेत मिलता है। (मुखिया 1981 : 309, टिप्पणी 204; रायचौधुरी और हबीब द्वारा संपादित ग्रंथ 1982 : एकः 49 में हबीब का लेख देखें।) भारत में खेती के प्रसार में सिंचाई प्रमुख बाधा थी (और आज भी है), और रहट और अनेक दूसरे उपायों से कुओं से सिंचाई के कारण यह प्रमुख तत्त्व छोटे किसानों तक की पहुँच में आ गया। कुओं के निर्माण से कृषि के विस्तार और सघनता की प्रेरणा मिली होगी। हर फ़सल की सिचाई के लिए आवश्यक पानी की मात्रा पर नियंत्रण भी संभव हुआ और फ़सल की ज़रूरत से ज्यादा सिंचाई पर रोक लग गई। इसका मतलब खेतिहर उत्पादन की एक अपेक्षाकृत अधिक संगठित विधि था। ईंट के अस्तर वाले कुओं में पूँजी ख़ासकर ज़्यादा लगती थी,[7] स्वयं इस तथ्य के कारण काश्तकार को अधिक दाम दिलानेवाली फ़सलों के उत्पादन की प्रेरणा मिली होगी। (विलियम्सन 1931 : 621 देखें।) इसके अलावा शाही और सूबाई सरकारों ने भी नहरों और बड़ी-बड़ी झीलों के निर्माण कराके सिंचाई की व्यवस्था करने के अच्छे-ख़ासे प्रयास किए। (कुमार 1979 : 211-14 देखें।)

नई फ़सलों की बढ़ती संख्या और पुरानी फ़सलों की क़िस्मों की बढ़ती संख्या से भी कृषि की प्रगति का संकेत मिलता है। हड़प्पा संस्कृति में चावल (काठियावाड़ क्षेत्र में), गेहूँ, जौ, तिल, मटर और कपास की खेती के साक्ष्य मिलते हैं। *ऋग्वेद* में पाँच फ़सलों का हवाला मिलता हैः जौ, तिल (काली और सफेद दानों वाली), खीरा, लौकी और गन्ना; उसमें गेहूँ, चावल और कपास का कोई ज़िक्र नहीं है हालांकि संभव है कि जौ के लिए प्रयुक्त शब्द 'यव' का प्रयोग गल्ला के लिए जातिवाचक संज्ञा के रूप में हुआ हो और उसमें गेहूँ भी शामिल रहा हो। मगर *अथर्ववेद* और *तैत्तिरीय संहिता* जैसे उत्तर वैदिक ग्रंथों में चावल का ज़िक्र है; *अथर्ववेद* में जौ और गेहूँ का और *तैत्तिरीय संहिता* में फलियों और तिल का उल्लेख हुआ है। बाजरा संभवतः चित्रित घूसर मांड काल में भारत को अफ्रीक़ा की देन था। *अर्थशास्त्र* ने 17 प्रकार की फ़सलों का ज़िक्र किया है जिसमें कोई दस तो खाद्यान्न थे और चावल दो प्रकार का था। 12वीं सदी ई. तक 24-25 प्रकार की खुर्दनी फ़सलों की खेती हो रही थी जिनमें सब्ज़ियाँ और फल भी शामिल थे। साथ में कुछ फ़सलों की नई क़िस्मों का उत्पादन भी हो रहा था। *शून्यपुराण* नाम के एक मध्यकालीन ग्रंथ में कहा गया है कि बंगाल में चावल की 50 से ज़्यादा किस्मों का उत्पादन हो रहा था। अगर हम अपने सर्वेक्षण को फैलाकर 16वीं सदी के अंत तक ले आएँ तो फ़सलों की संख्या बढ़कर 40 से ज़्यादा हो चुकी थी हालांकि उनकी संख्या और प्रकार में निश्चित ही क्षेत्रीय अंतर थे। 1920 के दशक में

भी उनकी संख्या इससे ज़्यादा नहीं थी।[8]

यह सभी कुछ एक प्रभावशाली प्रगति का सूचक है। फिर भी खेती के प्रसार को प्रोत्साहन देने के लिए राज्य के प्रयासों के पैमाने के कारण अगर ऐतिहासिक दस्तावेज़ों में उसका उल्लेख सुनिश्चित हुआ तो छोटे-बड़े किसानों का वैयक्तिक योगदान ज़्यादातर और नाइंसाफ़ी के साथ विस्मृत ही रहा है। यह वैयक्तिक योगदान चाहे जितना विनम्र हो, समग्रता में देखें तो वह राज्य के योगदान से किसी तरह कम नहीं था। ऊपर हमने जिन 18 गाँवों का हवाला दिया है उनके 528 कुओं में केवल 41 अर्थात् 7.76 प्रतिशत ही ईंटों के अस्तर वाले थे; बाक़ी में तो सिर्फ़ डंडा ही मिट्टी में गाड़ दिया गया था जहाँ तक कि वह पानी की सतह को न छू ले। ये कुएँ कुछेक साल चलते थे और फिर ढह जाते थे, और उसके बाद ऐसे ही कुछ और कुएँ खोद लिए जाते थे; ज़ाहिर है कि यह बहुत छोटे किसानों का कारनामा था जो ईंट के अस्तर वाले कुओं का ख़र्च नहीं उठा सकते थे। तो क्या हमें उनके प्रयासों का तिरस्कार करना चाहिए? या क्या उसी कारण से उन खुशहाल किसानों के प्रयासों पर हँसना चाहिए जिन्होंने रहटों, तालाबों और उसी तरह नई और प्रायः पूँजी-सघन फ़सलों के साथ प्रयोग करके कृषि की इस प्रगति में रहनुमाई की? 20 वीं सदी के आरंभ काल तक यानी जब खेतिहर उत्पादन में राज्य के हस्तक्षेप का पैमाना पर्याप्त बढ़ चुका था, *रिपोर्ट ऑफ़ द रायल कमीशन ऑन एग्रीकल्चर* (1928 : 338-39) ने सिंचाई के छोटे-छोटे साधनों के भारी महत्त्व को समझा था और सरकार से उनकी तरफ़ ध्यान देने की सिफ़ारिश की थी। ज़ाहिर है कि आरंभिक मध्यकालीन और मध्यकालीन भारतीय किसान वर्ग को अभी हाल तक इतिहासकारों ने सामान्यतः जितनी गतिशीलता से संपन्न माना है, वह उससे कहीं ज्यादा गतिशील था। (मुखिया, 'मध्यकालीन उत्तर भारत की कृषि तकनीक', प्रस्तुत पुस्तक में देखें।)

तो फिर भारतीय फ़्यूडलिज़्म के काल में भूमिदान पानेवालों के अबाध अधिकारों के आगे किसानों की बढ़ती अधीनता और समस्त संभव रूपों में उनके लगातार बढ़ते शोषण (रामशरण शर्मा की खींची हुई तस्वीर) के साथ पर्याप्त खेतिहर प्रगति के इस कारनामे का तालमेल कैसे बिठाया जाए जिसमें उन्हीं पद-दलित किसानों ने इतनी महत्त्वपूर्ण भूमिका निभाई? शायद कोई भूमिदान पानेवालों के दबाव को किसानों के प्रयासों का कारण बताए। लेकिन इसके लिए उसे इस दबाव के आगे किसानों की घोर असहायता की मान्यता भी स्वीकार करनी होगी—मगर उत्पादन की प्रक्रिया पर किसानों के नियंत्रण के कारण उनके हाथों में मौजूद शक्ति को देखते हुए यह एक अपेक्षाकृत संदिग्ध मान्यता होगी। मालगुज़ारी या लगान की माँग बढ़ने के कारण, जबकि खुद किसानों को कोई ख़ास लाभ न होता हो, तो भी वे पूँजी और श्रम का यह सब अतिरिक्त निवेश करेंगे और वह भी एक-दो साल नहीं बल्कि सदियों तक करेंगे—इसमें भी संदेह है।

व्यापक भूमिदानों और उन्हें पानेवालों के हाथों लगभग अबाध शोषण व किसानों की अधीनता की यह तस्वीर कुछ और समस्याएँ भी खड़ी करती है। वास्तव में यह चित्र भूमि पर राजा के संपूर्ण स्वामित्व की मान्यता पर आधारित है। यह मान्यता, जिसे रामशरण शर्मा (1985 : 22) ने पेश किया है, अपार विपरीतसूचक साक्ष्यों को अनदेखा करके ही स्वीकार की जा सकती है।[9] इसके अलावा दिल्ली सल्तनत का काल, जो 'भारतीय फ़्यूडलिज़्म' के युग का उत्तराधिकारी था, ऐसे भूमि-दानों का और साथ में किसानों पर 'अबाध अधिकारों' के दान का कोई साक्ष्य प्रस्तुत नहीं करता तो क्या हम इसी कारण सल्तनत की जयकार बोलते हुए उसे उत्पीड़ित किसानों का मुक्तिदाता कहें जिनकी देनदारी अब कमोबेश निश्चित करों की अदायगी तक सीमित थी? यह एक ऐसा परिदृश्य है जो इरफ़ान हबीब और कुछ दूसरे लोगों को शायद कुछ ज़्यादा आकर्षित न करे, जिन्होंने वर्षों तक यही तर्क दिया है कि 13वीं सदी के आरंभ में दिल्ली सल्तनत की स्थापना भारत के इतिहास में एक नए चरण की सूचक थी जब किसानों के शोषण को उसने चरम सीमा तक पहुँचा दिया था—यह वह विशेषता थी जो भारत की स्वाधीनता से पहले तक बाद की तमाम सदियों में जारी रही। (हबीब 1978 : 297-98 देखें।)

सबसे बड़ी बात तो यह है कि चूँकि रामशरण शर्मा की दृष्टि में 11वीं या 12वीं सदी ई. तक व्यापार और नगर केंद्रों के पुनरुत्थान के साथ भारतीय फ़्यूडलिज़्म का पतन हो चुका था, तो उसके पतन और भारत के उपनिवेश बनने के बीच की छः सदियों के बारे में हम क्या कहेंगे? इसे पूँजीवादी विकास का युग तो निश्चित ही नहीं कहेंगे! निश्चित ही शर्मा ने अपने अनुसंधानों को एक तरफ 12वीं सदी ई. की अंतिम तिथि तक सीमित रखा है और दूसरी तरफ अपने अध्ययन को प्रागैतिहासिक सभ्यता तक विस्तारित किया है; इसलिए शायद वे 12वीं सदी से बाद की भारतीय सामाजिक संरचना के निरूपण की ज़िम्मेदारी से मुक्त होने का दावा करें। मगर तब भी हममें से हरेक को अपने तर्कों के निष्कर्षों का सामना करना ही होगा।

भारतीय फ़्यूडलिज़्म के काल को 17वीं सदी या 18वीं सदी के आरंभकाल अर्थात् उपनिवेशीकरण के आरंभ की पूर्वबेला तक फैलाकर कोई शायद इस समस्या को हल करने की कोशिश करे, और कुछ इतिहासकारों ने सचमुच ऐसा किया है हालांकि उनके विचार का विषय अलग था। (मसलन कोसांबी 1975 : 391-92; डी. एन. झा 1979 : 16 देखें।)

पाँच या छः सदियों के काल को भारतीय फ़्यूडलिज़्म के जीवन में महज़ जोड़ देने की यह स्तब्ध करनेवाली सरलता अपने-आपमें एक प्रकार से भारतीय फ़्यूडलिज़्म की धारणा में सटीकता के अभाव पर एक दुखद टिप्पणी है। पर इन सदियों को इसी रूप में हम स्वीकार कर लें तो भी हमारे लिए एक अत्यधिक विखंडित प्रशासनिक संगठन, व्यापार के ह्रास और मुद्रा की लगभग पूर्ण समाप्ति, नगरीय केंद्रों के पतन और

भूमिदान पानेवालों के हाथों मनमाने ढंग से किसानों के लगभग अबाध शोषण जैसी विशेषताओं से (जो सभी आरंभिक मध्यकालीन विशेषताएँ थीं) विभूषित समाज के एक ऐसे समाज में संक्रमण की व्याख्या का काम रह जाता है जिसमें एक व्यापक साम्राज्य को समेटने वाली एक अत्यधिक केंद्रीकृत प्रशासन-व्यवस्था थी, उसके पास खेती और दस्तकारी में माल-उत्पादन का एक मज़बूत आधार था, एक जीवंत मुद्रा-व्यवस्था थी, जब नगरों की संख्या लगभग असीमित थी और जब एक ऐसा किसानवर्ग अस्तित्व में था जिसकी मुख्य देनदारी एक निश्चित संख्या में करों की अदायगी थी, भले ही ये कर उसे अपने अतिरिक्त उत्पादन के ज़्यादातर भाग से वंचित कर देते थे। (यह विशेषता 16वीं सदी के अंतिम काल और पूरी 17वीं सदी की विशेषता थी।)[10] और यह सब हुआ भारतीय फ़्यूडलिज़्म के ढाँचे में!

निश्चित ही यह सच है कि यूरोपीय फ़्यूडलिज़्म भी अपने जीवन के आदि से अंत तक एक जैसा नहीं रहा, और पहले और दूसरे फ़्यूडल युगों के बीच मार्क ब्लॉक ने जो स्मरणीय अंतर किया है उसकी वैधता कुछ कम नहीं हुई है, भले ही उन्होंने फ़्यूडल समाज का जो चित्र खींचा था उसके अनेक अंशों में भारी संशोधन किया गया हो। पर फिर यह भी सच है कि यूरोपीय फ़्यूडलिज़्म के इतिहासों में पहले फ़्यूडल युग को दूसरे में रूपांतरित करनेवाली प्रक्रियाओं की कमोबेश साफ़ पहचान की जा चुकी है और इसलिए परवर्ती मध्यकालीन यूरोप के परिवर्तनों को उन तनावों के सामूहिक परिणाम के तौर पर समझना आसान है जो आरंभिक मध्यकालीन समाज की विशेषता थे। साथ ही यह समझना भी आसान है कि 5वीं से 15वीं सदी तक के ये सभी परिवर्तन फ़्यूडलिज़्म के ढाँचे में हुए हालाँकि परवर्ती मध्यकाल में ठीक इन्हीं परिवर्तनों ने उस ढाँचे को तहस-नहस कर दिया।

अगर भारतीय फ़्यूडलिज़्म के इतिहासकार वैसे ही या मिलते-जुलते संबंध स्थापित कर सकें जो आरंभिक मध्यकालीन भारतीय समाज की 17वीं सदी के समाज में हुए संक्रमण की व्याख्या कर सकें तो उनका तर्क काफ़ी मज़बूत हो सकेगा। मगर जैसाकि हमने देखा, 11वीं या 12वीं सदी के (उत्तर) भारत के 13वीं सदी में संक्रमण की कहानी भी जगह-जगह बेढब हो जाती है; दीर्घकालिक संक्रमण तो एक ऐसा विषय है जो अभी तक इतिहासकारों की कार्यसूची में शामिल नहीं हुआ है। ऐसी स्थिति में भारतीय फ़्यूडलिज़्म के जीवन में पाँच या छः सदियों का योगदान बौद्धिक स्तर पर हाथ की सफ़ाई से ज़्यादा शायद ही कुछ हो।

अगर भारतीय फ़्यूडलिज़्म की धारणा में जगह-जगह सूराख़ हैं तो इरफ़ान हबीब (1978 : 298; 1985 : 49) ने जिस 'भारतीय मध्यकालीन अर्थव्यवस्था' या 'मध्यकालीन भारतीय व्यवस्था' का सुझाव दिया है वह भी समस्याओं से मुक्त नहीं है। इस धारणा को प्रस्तुत करते हुए हबीब ने उसकी विशेषताओं की विवेचना नहीं की है, और इस कारण यह एक वैश्लेषिक प्रवर्ग की बजाए एक वर्णनमूलक प्रवर्ग ही रहता है। पर

पिछले दो दशकों में हबीब ने मध्यकालीन भारतीय अर्थव्यवस्था की जिन विशेषताओं की परिकल्पना की है उनमें से कुछ को जोड़कर एक ख़ाका ज़रूर बनाया जा सकता है। ये इस प्रकार हैं।

(अ) एक संस्तरित खेतिहर अर्थव्यवस्था के संदर्भ में किसानों के उत्पादन की प्रमुखता। मगर ये किसान 'अर्ध-भूदासों से बेहतर नहीं' थे क्योंकि वे अपने 'निवास के स्वामी नहीं थे।' इस कारण जब वे किसी भी कारण से अपना गाँव छोड़कर चले जाते थे तो अधिकारियों को उन्हें मनाकर वापस लाना होता था। (हबीब 1982 : 11, 20, 25; रायचौधुरी और हबीब (सं.) 1982 : एकः 54 देखें।)

(ब) दिल्ली सल्तनत की स्थापना के दिनों से ही किसानों पर राज्य का बढ़ता हुआ दबाव, इस अर्थ में अब किसानों के अधिशेष का अधिकांश भाग मालगुज़ारी के तौर पर और अधिकाधिक बढ़ती सीमा तक नक़दी के रूप में वसूल लिया जाता था। यह भारतीय इतिहास का एक निर्णायक बिंदु था और 1947 में भारत की आज़ादी के समय तक उसकी लाक्षणिक विशेषता बना रहा।

(स) शासक वर्ग की तरफ़ से मालगुज़ारी की बढ़ती माँग के कारण किसानों की बढ़ती निर्धनता। फिर इसके कारण कोई बड़ा प्रौद्योगिक या आर्थिक परिवर्तन नहीं आ सका। कारण कि संभावित नए प्रौद्योगिक उपकरणों को एक सुग्राही बाज़ार नहीं मिला और कम लागत पर दस्तकारों के श्रम की प्रचुर आपूर्ति सुनिश्चित हुई। (हबीब 1963 : 17-51; 1971 देखें।)

1963 में जब इरफ़ान हबीब की पुस्तक *एग्रेरियन सिस्टम ऑफ़ मुग़ल इंडिया* प्रकाशित हुई तो मध्यकालीन भारत के ग्रामीण समाज के बारे में इतिहासकारों की दृष्टि में एक अहम परिवर्तन आया। उस समय तक भूमि में संपत्ति के अभाव के आधार पर प्रायः उस समाज को एक समतावादी ढाँचे की दृष्टि से देखा जाता था। दूसरी ओर हबीब ने एक अत्यंत संस्तरित समाज का चित्र खींचा जो आज तक सुस्वीकृत है। कृषक उत्पादन की प्रमुखता पर उनका ज़ोर भी हमारी समझ बढ़ानेवाला एक मूल्यवान योगदान था। मगर उनकी अर्ध-भूदासों की धारणा पर विचार करते हुए समस्याएँ खड़ी होती हैं। किसानों के मुक्त रूप से आने-जाने पर क़ानूनी प्रतिबंध एक ऐसी विशेषता है जो सबसे पहले *अर्थशास्त्र* में दिखाई देती है। मगर यह प्रतिबंध पूरी तरह काश्त की निरंतरता सुनिश्चित करने और मालगुज़ारी की हानि रोकने के प्रति राज्य की चिंता से प्रेरित थी। इसी कारण *अर्थशास्त्र (कौटिल्याज़ अर्थशास्त्र* 1967 : 197) ने करदाता किसानों को ऐसे गाँवों में बसने की इजाज़त नहीं दी जहाँ करदाता न बदलते हों।' उसने तो बल्कि राज्य को यह परामर्श भी दिया कि अगर उसकी वित्तीय आवश्यकताओं का तक़ाज़ा हो तो काश्तकारों को अपने खेतों में एक अतिरिक्त फ़सल उगाने के लिए मजबूर करे। (उपरोक्त 1967 : 273 देखें।)

दूसरी सदी ई. के प्रमुख विधिशास्त्री मनु ने ऐसे किसान पर दंड लगाने का

विधान किया जो सही समय पर अपना खेत न जोते-बोए या पशुओं से अपनी फ़सल की रक्षा न करता हो। (मजुमदार 1960 : 171 देखें।) पर इसका सबसे चित्रमय साक्ष्य 14वीं सदी के उत्तरार्ध के एक दस्तावेज़ में मिलता है। इसके अनुसार जब किसी ऐसे गाँव से, जिसकी मालगुज़ारी का एक अंश किसी सैनिक को सौंप दिया गया हो, पलायन करके किसी और गाँव में चले जाते थे और वह सैनिक उनकी वापसी पर इस आधार पर ज़ोर देता था कि उसका दावा 'उनके शरीर के स्वामित्व' का नहीं बल्कि उनसे निर्धारित करों की वसूली के अधिकार का है। (रायचौधुरी और हबीब (सं), 1982 : एकः 54 देखें।) ज़ाहिर है कि जब तक उन करों की अदायगी होती रहती थी जो किसानों को खेत जोतें या न जोतें, देने पड़ते थे, तब तक उन पर कोई और प्रतिबंध नहीं लगाया जा सकता था। हमें भूदास-प्रथा के या अर्ध-भूदासता के भी अर्थ को इतना ढीला-ढाला नहीं बना देना चाहिए कि वह किसानों के मुक्त आवागमन पर क़ानूनी प्रतिबंध के बराबर बन जाए, चाहे उसका संदर्भ कुछ भी हो।

कुछ भी हो, किसानों के आवागमन पर कानूनी प्रतिबंध को ऐसे आवागमन के वास्तविक अभाव का साक्ष्य मानने के सिलसिले में थोड़ी सावधानी बरतनी होगी। सच तो यह है कि अपने आवास पर स्वामित्व के अभाव के आधार पर किसानों को अर्ध-भूदास बतलाते हुए इरफ़ान हबीब (राय चौधुरी और हबीब (सं) 1982 : एक : 218) कहते हैं कि 'मुग़ल काल में किसान वर्ग की गतिशीलता कृषि की एक दिलचस्प विशेषता थी।' वे इसके पक्ष में बाबर के बहु-उद्धृत वक्तव्य का हवाला देते हैं : 'हिंदुस्तान में टोले और गाँव—बल्कि क़स्बे भी एक पल में उजड़ और बस जाते हैं।' हबीब सही तौर पर इसकी व्याख्या करते हैं कि यह 16वीं और 17वीं सदियों में अधिकांश क्षेत्रों में परती भूमि के बड़े-बड़े इलाक़ों की उपलब्धता का परिणाम था। तो इस तर्क से, अगर हम और पीछे की तरफ़ जाएँ तो परती भूमि के और भी बड़े-बड़े इलाक़े उपलब्ध रहे होंगे और इसलिए पिछली सदियों में किसानों की गतिशीलता और भी अधिक रही होगी।

इरफ़ान हबीब मध्यकालीन भारत की कृषि में उत्पादन की प्रौद्योगिकी, और इसी तरह दूसरे अनेक क्षेत्रों, से संबंधित अनुसंधान के अग्रदूत रहे हैं। भारत के मध्यकालीन अतीत के प्रति हमारी समझ इसके कारण बहुत अधिक समृद्ध हुई है। फिर भी दिल्ली सल्तनत की स्थापना के बाद भूराजस्व को अधिक से अधिक बढ़ाने की प्रक्रिया को जो भारी महत्त्व उन्होंने दिया है उसका कृषि-उत्पादन की पद्धति से शायद ही कुछ संबंध हो। अगर सल्तनत काल में राज्य ने मालगुज़ारी की माँग बढ़ा दी तो या तो उसने कमोबेश उत्पादन के स्तरों में वृद्धि के मुताबिक़ ऐसा किया होगा, या फिर यह शासकवर्ग द्वारा मात्र अपनी इच्छाशक्ति के व्यवहार का परिणाम रहा होगा, चाहे किसानों का निर्वाह होता हो या न होता हो। अगर उत्पादन के स्तरों में सचमुच कोई उल्लेखनीय वृद्धि नहीं हुई और किसान सुल्तानों को मालगुज़ारी के तौर पर पहले से बहुत अधिक रक़में देने के लिए मज़बूर किए जाते थे (दिल्ली सल्तनत की स्थापना को

किसानों के अधिशेष के अधिग्रहण के इतिहास में एक प्रमुख मोड़ मानते हुए हबीब का अभिप्राय यही है), तो निश्चित ही वे पहले की सदियों में पर्याप्त कम शोषण के शिकार रहे होंगे। मगर फिर भी, जैसा कि हमने देखा है, रामशरण शर्मा, बी. एन. एस. यादव और दूसरों ने किसान वर्ग की जो तस्वीर खींची है, वह उन सदियों के एक मुदित-मन, समृद्ध किसान वर्ग की तस्वीर शायद ही हो। हमसे कहा गया है कि वह 12वीं सदी में अर्थात् सल्तनत की स्थापना से ठीक पहले मुश्किल से अपना गुज़ारा चला रहा था। यह बात सही है कि सल्तनत-पूर्व राज्य किसानों के अधिशेष का अधिकांश भाग अनेक मदों से वसूलते थे जबकि सल्तनत उसे एक मद में वसूलता था। पर क्या यह अंतर सचमुच इतना महत्त्वपूर्ण है कि देश के इतिहास में इस परिवर्तन के साथ शुरू होनेवाले एक नए चरण का सूचक समझा जाए?[11]

मालगुज़ारी की बढ़ती माँग के बारे में राज्य के बढ़ते दबाव ने, इरफ़ान हबीब की राय में, किसानों के विभिन्न तबक़ों पर एक समताकारी प्रभाव भी डाला। हबीब ने सही तौर पर मुग़लों की मालगुज़ारी की माँग की अवरोही प्रकृति का उल्लेख किया है जो किसानों के अपने-अपने संसाधन चाहे जितने हों, उनसे एक समान दर से अधिशेष का अधिग्रहण करते थे। वास्तव में यह मॉग (सिंह 1976 : 301-2) कभी-कभी किसानों के संसाधनों और जातिगत स्तर के विलोमानुपात में भिन्नक दरों से मालगुज़ारी वसूले जाने के कारण और भी अधिक अवरोही हो जाती थी। एक संस्तरित किसान वर्ग के अस्तित्व और अवरोही कर-प्रणाली के कारण ख़ुद इस दबाव ने सापेक्ष विभेदीकरण को जन्म दिया होगा। इसलिए एक अत्यधिक आरोही कर-प्रणाली का विचार प्रस्तुत किए बिना संस्तरीकरण और समताकारी प्रभाव की धारणाओं में तालमेल बिठाना आसान नहीं है। पर आरोही कर-प्रणाली एक व्यावहारिक प्रस्थापना तो शायद ही हो।

अगर किसान वर्ग अत्यधिक संस्तरित था तो यही अपने-आपमें नई बल्कि पूँजी-सघन प्रौद्योगिक उपकरणों के लिए एक संवेदनशील बाज़ार के अस्तित्व का ज़ोरदार तर्क होगा, बशर्ते ये उपकरण अन्यथा उपयोगी हों। वास्तव में, जैसा कि हमने पहले कहा है, ख़ासकर कृषि की प्रगति को बढ़ावा देने में सभी स्तरों के किसानों की एक महत्त्वपूर्ण भूमिका रही। यूँ एक सीमांत के किसान या दस्तकार के आधार पर प्रौद्योगिक और आर्थिक प्रगति का निर्णय शायद ही किया जा सके। आमतौर पर नेतृत्व उनको उच्चतर संस्तर प्रदान करते हैं और फिर यह प्रगति नीचे की तरफ रिसती है। मध्यकालीन भारत भी ऐसे संस्तरों से वंचित नहीं था। इसलिए अगर मध्यकालीन भारतीय अर्थव्यवस्था में कोई बुनियादी तबदीली नहीं आई और वह पूँजीवाद के चरण की ओर नहीं बढ़ी तो भारतीय किसानों के हाथों में क्रयशक्ति का एक समान अभाव शायद ही इसका कारण हो। न ही श्रम की बचत करनेवाले प्रमुख प्रौद्योगिक प्रवर्तनों के अभाव के लिए दस्तकारों के सस्ते श्रम की प्रचुरता को ज़िम्मेदार ठहराने की ज़रूरत है। जोसफ़ नीढम (1979 : 33-34) से हमें यह बात पता चलती है कि चीन में शुद्धतः श्रम बचाने

वाले अनेक उपकरणों का विकास श्रम की प्रचुरता की स्थिति में हुआ था। इसी लेख में आगे हम मध्यकालीन भारतीय समाज में अंतर्निर्मित सामाजिक टकरावों की प्रकृति के आधार पर उसमें बुनियादी रूपांतरण के अभाव की व्याख्या का प्रयास करेंगे।

जिन अनेक समस्याओं की हमने विवेचना की है, उनका मूल इस तथ्य में है कि इन धारणाओं का ध्यान-केंद्र राज्य और किसानवर्ग का संबंध था जिसमें पहलक़दमी हमेशा राज्य के हाथ में होती है।[12] लगभग इसका अर्थ गोया कि तख़्त के नीचे खड़े होकर किसानों पर दृष्टिपात करना है। ज़ाहिर है कि इतिहासकारों की हमदर्दी किसानों के साथ होती है पर ऐतिहासिक परिवर्तन में उनकी भूमिका तभी स्वीकारी जाती है जब राज्य की ज़्यादतियों के विरोध में उनका गुस्सा फूटकर नाटकीय विद्रोहों के रूप में सामने आता है। इस प्रक्रिया में ख़ामोशी के साथ, लगभग अगोचर ढंग से बदल रही उत्पादन-प्रौद्योगिकी में किसानवर्ग की भूमिका विभिन्न रूपों में, रोज़मर्रा की मेहनत के द्वारा स्वयं उत्पादन की प्रक्रिया में या उसके बाहर होनेवाले शोषण के उतने ही अगोचर विरोध में किसानवर्ग की भूमिका, जिनसे वास्तव में हिंसक विद्रोहों की पृष्ठभूमि तैयार होती है—ऐतिहासिक परिवर्तन की इन विशेषताओं को गौण महत्त्व दिया जाता है।

मध्यकालीन भारत में 'स्वतंत्र कृषक अर्थव्यवस्था' के विचार में इसी ऐतिहासिक परिवर्तन को पकड़ने की कोशिश की गई थी। स्वतंत्र कृषक वर्ग एक ऐसा प्रवर्ग है जिसकी भिन्न-भिन्न व्याख्याएँ संभव हैं। इरफ़ान हबीब (1985 : 49) की राय में ऐसा स्वतंत्र किसान वर्ग यूरोप में केवल पूँजीवाद के विकास से ठीक पहले के युग में था। लांग और रिचर्डसन (1978) ने दूसरी तरफ़ अनेक पूँजीवाद-पूर्व समाजों में जीवन निर्वाह हेतु खेती में रत स्वतंत्र किसान वर्ग के अस्तित्व की परिकल्पना की है। इस अंक में शामिल लेख में विकहैम (1985 : 81) ने उस्मानिया तुर्की में बंधन में बँधे मगर स्वतंत्र कृषकवर्ग के उपयोगी प्रवर्ग की ओर हमारा ध्यान दिलाया है। भारतीय इतिहासकारों ने किसानों की स्वतंत्रता को प्रायः उनके अबाध गतिशीलता के क़ानूनी अधिकार के रूप में समझा है। इस विचार पर कुछ संदेह व्यक्त किए गए हैं जिनके कारण इस शब्द को किसानों की उत्पादन प्रक्रिया पर बाहरी नियंत्रण के अस्तित्व या अभाव के हवाले से परिभाषित करना पड़ा।[13] स्वतंत्र किसान उत्पादन कार्यों के लिए किसी भी रूप में किसी को न अपना और न अपने परिवार का श्रम प्रदान करता था; न ही वह बाहरी मज़दूर लगाता था; वह अपने पुश्तैनी खेत को अपने ही परिवार के श्रम से जोतता-बोता था, और निश्चित ही क्षेत्रीय पर्यावरण की सार्वभौम बाध्यताओं के दायरे में ऐसा करता था।

मगर काश्तकारों का पूरा समुदाय, खुद के संस्तरीकरण के बावजूद खेतों में चाकर जातियों के श्रम का उपयोग करता था। जाति-प्रथा के कार्यकलाप के माध्यम से भूमि की प्रचुरता की स्थिति में भी इन जातियों को भूमि से वंचित रखकर उनका श्रम उपलब्ध कराया जाता था। (हबीब 1963 : 121-22; 1982 : 14, 18 देखें।) 'अस्पृश्य जातियों के, समाज से बहिष्कृत ग्रामीण सर्वहारा' के इस वर्ग के विकास को प्राचीन और

आरंभिक मध्यकालीन भारत की उत्पत्ति बताना सहज है। मगर अजीब बात यह है कि प्राचीन और आरंभिक मध्यकालीन भारत में अस्पृश्य जातियों की संख्या में वृद्धि के बावजूद—इस विषय पर विवेकानंद झा (1975 : 14-31) ने बहुत ही प्रभावशाली अनुसंधान-कार्य किया है—इस काल से संबंधित कोई ऐसा साक्ष्य प्रस्तुत नहीं किया गया है जिसके अनुसार जातिप्रथा (या समाज) ने उन्हें भूसंपत्ति के अधिकार से वंचित किया हो।[14] यह भारत के अतीत के सबसे महत्वपूर्ण विकासक्रमों में एक है जो आज भी भारतीय समाज की एक लाक्षणिक विशेषता है। मगर उपरोक्त कारण से इसके इतिहास का ख़ाका तक स्पष्ट नहीं है। उपलब्ध साक्ष्यों के आधार पर कोई शायद इस प्रकार के कुछ अनुमान लगा सके, पर ऐसे एक प्रमुख विकासक्रम का अध्ययन करने के लिए, जिससे समाज का कोई पहलू शायद ही अछूता बचा हो, निश्चित ही अनुमानों से अधिक किसी और ठोस चीज़ की आवश्यकता है।

मध्यकालीन भारतीय किसान को अपनी उत्पादन-प्रक्रिया पर जितना नियंत्रण प्राप्त था उसके बारे में रामशरण शर्मा और बर्टन स्टाइन की तीखी आलोचनाओं को देखते हुए मुझे लगता है कि ग़ैर इरादी तौर पर ही सही, इस मुद्दे पर मैंने शायद कुछ ज़्यादा ही ज़ोर दे दिया था। किसी भी समाज में कोई भी स्वतंत्रता निरपेक्ष नहीं होती और वह स्वतंत्रता तो नहीं ही होती जिसका संबंध उत्पादन की व्यवस्था से हो जिसकी पूरे समाज के अस्तित्व के लिए नाज़ुक अहमियत होती है। कोई एक फ़सल बोते रहने या किसी और फ़सल को अपनाने के बारे में किसान के फ़ैसले पर अनेक बाध्यताओं का प्रभाव पड़ता हैः इस या उस फ़सल के उत्पादन की तकनीक से उसका परिचय, किसी नई फ़सल के लिए पूँजी और श्रम की आवश्यकताएँ; पड़ोस के बाज़ार में माँग का ढाँचा, आवश्यक मात्रा में पानी की उपलब्धता आदि। किसान की स्वतंत्रता की बात करते समय इनको ध्यान में रखना हमेशा आवश्यक होता है। मगर फिर ये सभी न सही, अनेक कारक सभी समाजों में अलग-अलग ढंग से ही सही, किसानों के सभी संस्तरों द्वारा किए जानेवाले खेतिहर उत्पादन को बाधित करते हैं। आज का भारतीय किसान अपना नलकूप चलाने के लिए आवश्यक बिजली या डीज़ल की अनिश्चित आपूर्ति से हमेशा दो-चार रहता है—केवल इस तथ्य के कारण हम शायद ही उसे परतंत्र किसान कहें। समाज के किसी विशेष वर्ग या संस्तर की स्वतंत्रता या परतंत्रता के प्रश्न को निश्चित ही सार्वभौम बाध्यताओं से भिन्न समझना चाहिए।

इस विशेष अर्थ में, हम जिस 'स्वतंत्र किसान' की बातें कर रहे हैं उसके या इरफ़ान हबीब के शब्दों में 'अनिर्भर उत्पादक' के उत्पादन-कार्य को, रामशरण शर्मा के प्रमाण के अनुसार 7वीं सदी ई. में मजबूती हासिल हुई।[15] ज़ाहिर है कि यह एक लंबी चलनेवाली और पर्याप्त क्षेत्रीय भिन्नताओं वाली प्रक्रिया का उत्कर्ष ही हो सकता था। सच तो यह है कि पूरे आरंभिक मध्य और मध्यकालों में स्वतंत्र किसान के श्रम पर आधारित खेतिहर उत्पादन की व्यवस्था ज़्यादा से ज़्यादा उत्तर भारत तक सीमित थी। दक्षिण भारत और

ख़ासकर उसके सबसे उपजाऊ क्षेत्र अर्थात् कावेरी डेल्टा में खेतिहर उत्पादन और श्रम के संगठन का एक अलग रूप बना रहा जो केवल 20 वीं सदी में जाकर भंग हुआ, जैसा कि बर्टन स्टाइन (1985 : 73, 75-76, 85) ने इस अंक में शामिल अपने लेख में दर्शाया है। यहाँ यह बात जोड़ी जा सकती है कि भूमि का जो सामुदायिक नियंत्रण समय-समय पर खेतों के पुनर्वितरण में व्यक्त होता था, उसके साथ इस क्षेत्र में वैयक्तिक भूस्वामित्व का उदय भी हुआ। (काराशीमा 1984 : 16-17 देखें।)

एक अत्यंत सुंदर लेख में उमा चक्रवर्ती 1985 ने प्राचीन भारत में कृषि-उत्पादन में प्रयुक्त श्रम के रूपों के परिवर्तनों का बड़ा ही सुंदर ख़ाका खींचा है। आरंभिक बौद्ध साहित्य हमारा परिचय ऐसे विभेदीकृत कृषक समाज से कराता है जिसमें वैयक्तिक जोतें काफ़ी सुपरिचित थीं। बौद्ध ग्रंथों में कहीं-कहीं हमारा परिचय बड़ी जोतों से भी होता है जिनको जोतने के लिए 500 हलों की ज़रूरत पड़ती थी और इसके लिए दासों, कम्मकारों और पोरीसों (आमतौर पर गुलामों, मज़दूरों और नौकरों के रूप में अनूदित) के श्रम का प्रयोग किया जाता था। यह बात भी समझ में आनेवाली है कि शब्द 'दलिद्द' (बेहद ग़रीब लोग) का प्रयोग सबसे पहले इन्हीं ग्रंथों में दिखाई देता है। बड़ी-बड़ी राजकीय जोतों का हवाला *अर्थशास्त्र* में भी मिलता है और इनको 'दासों, श्रमिकों और बंदियों' द्वारा जोता-बोया जाता था। *(कौटिल्याज़ अर्थशास्त्र* 1967 : 129 देखें।) साथ ही *अर्थशास्त्र* ने स्वामी और दास के संबंध को संचालित करने का प्रयास भी किया (चक्रवर्ती, 1985 : 51-52); जाहिर है कि दासस्वामियों को दासों के पर्याप्त प्रतिरोध का सामना करना पड़ रहा था जिसके कारण राज्य का हस्तक्षेप आवश्यक हो गया था। लगता है (चक्रवर्ती, 1985 : 45-46) कि मौर्यकाल के बाद से ऋण-बंधन, उजरती मज़दूरी और बँटाईदारी का महत्त्व बढ़ा। गुप्त और गुप्तोत्तर कालों के साक्ष्य बड़ी जोतों के हवाले नहीं देते, चाहे वे राज्य की संपत्ति हों या निजी संपत्ति हों। दूसरी तरफ़ शूद्रों का छोटे किसानों में रूपांतरण हो रहा था। जैसा कि हम देख चुके हैं, यह प्रक्रिया 7वीं सदी ई. के पूर्वार्ध तक पूरी हो चुकी थी।

लेकिन छोटे कृषक उत्पादन को यह मज़बूती *सामाजिक संस्तरण की बढ़ती जटिलता* के संदर्भ में हासिल हुई। इस काल के अभिलेखों से यह बात अधिकाधिक स्पष्ट होती है। राज्य द्वारा दिए गए राजस्व-दानों और भूमि-दानों से एक सीमा तक ऐसे बिचौलियों का एक शक्तिशाली वर्ग पैदा हुआ जिन्होंने धीरे-धीरे पुश्तैनी अधिकार प्राप्त कर लिए। यह वर्ग खुद भी बहुत अधिक संस्तारित था और 13वीं सदी के बाद से 'जमींदार' नामक जातिवाचक संज्ञा से जाना जाने लगा। दूसरी ओर दूसरे छोर पर भी संस्तरीकरण की प्रक्रिया आगे बढ़ी और भूस्वामी वर्ग के ऊपरी तबकों ने अपने-आपको राज्य और बाकी किसानवर्ग के बीच खड़ा कर लिया, इसी प्रक्रिया को कोशांबी 1975 : 295-96) ने 'नीचे से सामंतवाद' का नाम दिया है। उनको बिचौलियों के वर्ग में शामिल करके राज्य ने एक पूरी हो चुकी प्रक्रिया को संभवतः औपचारिक स्वीकृति ही

प्रदान की। यह बात क़बीलों के सरदारों के बारे में ख़ासतौर पर सच थी जिनके क़बीले या तो बलप्रयोग के कारण या शांतिपूर्ण ढंग से 'समझाने-बुझाने' के कारण (शर्मा 1969 : 16) संगठित कृषक समाज के अंग बन गए। आरंभिक मध्यकालीन भारत के विभिन्न क्षेत्रों में फैले अनेकों दृष्टांतों में संस्तरीकरण की बढ़ती गति के कारण ऐसे नए शासक घरानों की स्थापना हुई जिनका मूल कृषि में था।[16]

इसलिए छोटे किसानों के उत्पादन की मज़बूती की बात करते हुए हम शायद ही उसे संस्तरित कृषक समाज का स्थानापन्न मान सकें। छोटे किसान वर्ग पर ज़ोर देने का मतलब परिवर्तन के उस महत्त्वपूर्ण तत्व पर जोर देना है जो शुरू तो पहले हुआ मगर जिसने 7वीं सदी ई. तक एक सुनिश्चित आकार ग्रहण कर लिया।

लगता है यही परिदृश्य वह सामाजिक संदर्भ है जिसमें आरंभिक मध्यकालीन सदियों की खेती की प्रगति बोधगम्य बन जाती है। संस्तरित ग्रामीण समाज के सभी स्तरों पर किसानों की उत्पादन प्रक्रिया पर बाहरी नियंत्रण के अभाव (सुझाए गए तमाम फेरबदल के साथ) के कारण ही वे उस 'विशाल खेतिहर प्रसार' में भाग लेने लगे जिसकी बात रामशरण शर्मा करते हैं। लेकिन असमान संसाधनों के साथ काम शुरू करनेवाले, विभिन्न स्तरों के काश्तकारों को इस प्रसार से अलग-अलग परिणाम में लाभ मिले। इस तरह खेतिहर प्रगति की इस प्रक्रिया ने भी संस्तरीकरण को और अधिक बढ़ावा दिया और ग्रामीण समाज में नए प्रकार के तनाव पैदा हुए। बहुत बाद के काल के बारे में ही सही, एक क्षेत्रीय अध्ययन (बजेकल 1980) में ऐसे तनावों के पूरे दायरे का एक जीवंत चित्र खींचा गया है और यह दिखाया गया है कि ये विवाद केवल आर्थिक प्रकृति के नहीं थे। बिलकुल संभव है कि देश-काल में तनाव की प्रकृति बदली हो मगर उसी क़दर यह भी संभव है कि बढ़ते संस्तरीकरण और व्यापक खेतिहर प्रगति के साथ उस समाज के अनेक जोड़ों पर तनाव पैदा हुए।

फिर भी मैं अगर किसानों की उत्पादन-प्रक्रिया पर उनके ही नियंत्रण की स्वतंत्रता को 7वीं सदी में होनेवाले परिवर्तन का प्रमुख तत्त्व मानकर उसे उजागर करता हूँ, ऐसा तत्त्व जो कि उपनिवेश काल के आरंभ तक भारत के अधिकांश भागों के सामाजिक इतिहास की विशेषता बना रहा, तो उसका उद्देश्य शोषण के विशिष्ट रूप को उभारकर सामने लाना है। मेरे पिछले लेख में सुझाव दिया गया था कि ज़मीन की भारी उर्वरता, किसानों की जीवन-निर्वाह संबंधी मामूली आवश्यकता (और फलस्वरूप किसानों के शोषण का बहुत ऊँचा स्तर जिससे शासक वर्ग को बहुत अधिक मात्रा में अधिशेष प्राप्त होता था) और किसानों की उत्पादन-प्रक्रिया पर उन्हीं के नियंत्रण की स्वतंत्रता मध्यकालीन भारतीय अर्थव्यवस्था की विशेषताएँ थीं। यह अंतिम विशेषता ही वह वस्तु थी जिसके आधार पर मध्यकालीन भारतीय किसान को स्वतंत्र किसान कहा गया है। रामशरण शर्मा का तर्क है कि आरंभिक मध्यकालीन किसानों की उत्पादन-प्रक्रिया पर अन्य बातों के अलावा भूमि-दान पानेवालों का नियंत्रण था। पर यह मात्र एक अनुमान

है जो भूमि-दान पानेवालों के उन अधिकारों के आगे किसानों की आम अधीनता के चित्र पर आधारित है जिनके 'सहारे लाभार्थी किसान को अपने खेत में काम करने के लिए मजबूर कर सकता था', या फिर भूमि-दान पानेवाला 'स्वयं उस प्रक्रिया पर नियंत्रण पाने की एक स्वाभाविक प्रवृत्ति' विकसित कर सकता था 'जिसपर उपज की प्रकृति और मात्रा का दारोमदार था।' (शर्मा 1985 : 27 देखें।) हमारे सामाजिक इतिहास की ऐसी एक महत्त्वपूर्ण विशेषता की पुष्टि करने के लिए निश्चायक साक्ष्यों का यह अभाव ही निश्चित रूप से इस तर्क की वैधता पर हमारे संदेह को थोड़ा-बहुत औचित्य प्रदान करता है। इस स्वतंत्र कृषक उत्पादन-व्यवस्था ने निर्णायक रूप से शोषण के प्रमुख रूप का निर्धारण किया: इस समय के बाद किसान राज्य की वस्तु या नक़द रूप में मालगुज़ारी देने के लिए अपनी अतिरिक्त उपज से वंचित किए जाने लगे। शोषण का यह संबंध मज़बूती से मालगुज़ारी के अधिग्रहण पर टिका हुआ था। इसलिए अधिगृहीत की जानेवाली मालगुज़ारी के सवाल पर किसानों और राज्यों के बीच टकराव उत्पन्न हुए। अहम बात यह है कि आरंभिक मध्यकाल के बाद किसी भी रूप में किसानों के विरोध के अधिकांश साक्ष्य मालगुज़ारी की माँगी गई मात्रा से संबंधित हैं।

बर्टन स्टाइन ने एक ऐसे तत्त्व की अत्यंत महत्त्वपूर्ण और वैध आलोचना की है जिसे 'स्वतंत्र कृषक अर्थव्यवस्था' का निरूपण अनदेखा करता हुआ लगता है। मालगुज़ारी देने वाले स्वतंत्र किसान और मालगुज़ारी का अधिग्रहण करने वाले राज्य (शोषण का प्रमुख साधन) के बीच शोषण का एक द्विपक्षी संबंध स्थापित करने के बाद हमारे लिए राज्य की प्रकृति के निश्चय का भी काम बाक़ी रहता है। इसके अलावा स्टाइन बजा तौर पर पूछते हैं : क्या भारत के तमाम अलग-अलग क्षेत्रों और अलग-अलग लंबे-लंबे कालखंडों के लिए राजसत्ता को एक ही इकाई मानकर सचमुच कोई बात की जा सकती है? यह वाक़ई एक गंभीर समस्या है; भारतीय इतिहास-लेखन में संभवतः इसी पर सबसे कम अनुसंधान भी हुआ है। इसलिए आगे जो कुछ कहा गया है वह बिलकुल शुरुआती बातें हैं। एक सीमा तक इसका कारण इतिहासकारों द्वारा अभी तक इस समस्या की आम उपेक्षा है।

किसान राज्य को मालगुज़ारी देता था पर उसे अपनी उत्पादन-प्रक्रिया पर किसी बाहरी नियंत्रण का मुक़ाबला नहीं करना पड़ता था—इस रूप में स्वतंत्र कृषक अर्थव्यवस्था की जो परिभाषा की गई है उसमें एक प्रकार से राज्य की एक परिभाषा भी निहित है। राज्य किसानों से मालगुज़ारी वसूलने के लिए ग़ैर-आर्थिक बलप्रयोग का सहारा लेता था और उसे शासकवर्ग के विभिन्न तबकों में, *भूमि की पैदावार पर उनके अधिकारों के सोपान के अनुसार,* बाँट देता था। कभी-कभी राज्य द्वारा किसानों को क़र्ज़े दिए जाने और कुछ नहरें खुदवाने के बावजूद वह ज़्यादातर उत्पादन की प्रक्रियाओं से निःसंग ही रहा। इसलिए उसके बलप्रयोग की शक्ति की जड़ें कभी उत्पादन-व्यवस्था में नहीं रहीं।

क़ानून-व्यवस्था के रख-रखाव के साथ यह बात भी भारत के उपनिवेशीकरण से

पहले कोई एक हज़ार वर्ष तक किसान से राज्य के संबंध की बुनियादी विशेषता बनी रही। अगर इस विशेषता को मान लें तो फिर इस काल में भारत में बनने-बिगड़ने वाले तमाम शाही और क्षेत्रीय राज्यों के क्षेत्रीय या प्रशासनिक नियंत्रण की सीमा में, शासकवर्ग के उच्चतर स्तरों की रूपरेखा और संरचना में, शासक तबक़ों के बीच एकजुटता या टकराव की सीमा वग़ैरह में पर्याप्त अंतर पाए जाते थे। इसके अलावा एक साम्राज्य जैसी लंबाई-चौड़ाई वाला राज्य भी पर्याप्त भिन्नताओं के साथ ही तमाम क्षेत्रों पर अपना वर्चस्व बनाए रख सकता था; कभी-कभी उसे स्थानीय और क्षेत्रीय प्रथाओं और संस्थाओं से समझौता करना पड़ता था और उन्हें अपने रोमछिद्रों में जगह देनी पड़ती थी। इस तरह मुग़लों जैसी सामराजी राज्य-व्यवस्था भी विभिन्न क्षेत्रों में हू-ब-हू एक जैसी नहीं होती थी। मगर इन तमाम संशोधनों के बावजूद आरंभिक मध्यकालीन और मध्यकालीन भारतीय राजसत्ता का प्राथमिक कार्य उस शासकवर्ग के जीवन निर्वाह के लिए मालगुज़ारी जमा करना होता था जो वास्तविक उत्पादन-प्रक्रिया के लिए अजनबी ही बना रहा।

ज़ाहिर है कि यह मध्यकालीन भारतीय राज्य की प्रकृति का निरूपण नहीं, उसके प्रकार्यों का वर्णन मात्र है। ख़िराज वसूलने वाले राज्य का विचार भी वर्णन मात्र ही है जिसके साथ यह नुक़सान और जुड़ा हुआ है कि उत्पादन की वह ख़िराजी पद्धति[17] जिसमें वह राज्य सक्रिय होता है, विभिन्न क्षेत्रों और कालों में एक नहीं, अनेक उत्पादन-पद्धतियों को समेटती है। दूसरी तरफ़ बर्टन स्टाइन ने दक्षिण भारत के मध्यकालीन राज्य को 'कृषक राज्य' कहा है; इस निरूपण में इतनी मौलिकता है कि भारत में इस पर अच्छी-ख़ासी बहस हुई है। लेकिन जहाँ तक राजसत्ता पर निमंत्रण का प्रश्न है, भूस्वामियों के तमाम अलग-अलग तबक़ों को किसान नामक समरूप श्रेणी में रखकर और अधिशेष के अधिग्रहण के संबंध में राज्य की बलप्रयोगी शक्ति की प्रकृति की समस्या से दामन बचाकर स्टाइन की राज्य की धारणा खुद बुरी तरह सत्वहीन होकर रह गई है।

इस तरह हम विवेचित काल में भारतीय राज्य (या राज्यों) के निरूपण की समस्या पर वापस पहुँच जाते हैं। मैं यह बात मानता हूँ कि राज्य का वर्णन करना उसे एक नाम देने से आसान है और हम सभी को चाहिए कि उसके लिए एक नाम की तलाश इसके स्पष्टीकरण के साथ करें कि आरंभिक मध्यकालीन और मध्यकालीन भारतीय राज्य से हम क्या समझते हैं। यक़ीनन यह तलाश अभी लंबी चलेगी।

स्वतंत्र कृषक उत्पादन-व्यवस्था का विचार, जिसमें राज्य मालगुज़ारी का अधिग्रहण करता है, हमें आरंभिक मध्यकालीन भारत से आरंभिक उपनिवेश काल तक एक सातत्य देखने में समर्थ बनाता है; यह हमें उस सातत्य के अंदर होनेवाले परिवर्तनों की प्रकृति का अध्ययन करने की सामर्थ्य भी देता है। स्वतंत्र कृषक उत्पादन ने एक सीमा तक उत्पादक शक्तियों का क्रमिक, निरंतर विकास सुनिश्चित किया। यह विकास चाहे जितना प्रभावशाली रहा हो, इस काल के किसी भी चरण में हम इसे उत्पादन-व्यवस्था का बुनियादी रूपांतरण शायद ही कह सकें। लंबे समयांतराल के

कारण इसकी गति भी धीमी हो गई, और इसलिए एक अपेक्षाकृत संक्षिप्त काल में ऐसे परिवर्तन-समूह की निशानदेही करना हमारे लिए कठिन होगा जो अर्थव्यवस्था और समाज को एक नए चरण में ले जाए, ऐसे चरण में जो यूरोपीय इतिहास के विकास के चरणों के समतुल्य हो।[18]

संभवतः इसकी व्याख्या मुख्यतः उस सामाजिक टकराव की प्रकृति में निहित है जो उस उत्पादन पद्धति की विशेषता थी। मध्यकालीन भारतीय किसान निश्चित ही बुरी तरह शोषण का शिकार था। यह तर्क भी संभवतः दिया जाए कि भारत की मिट्टी की भारी उर्वरता और भारतीय उपमहाद्वीप के अधिकांश भागों में प्रकृति के चलते किसानों के जीवन-निर्वाह के निम्न स्तर को देखते हुए राज्य किसानों से इतना अधिक अधिशेष वसूल करता था जितना यूरोप के किसानों से लॉर्ड कभी नहीं वसूल सके। फिर भी एक बार जब मालगुज़ारी की वसूली किसानों के शोषण की धुरी बन गई तो किसानों और राज्य का टकराव सिर्फ़ तभी सामने आने लगा जब उत्पादन की प्रक्रिया पूरी हो चुकी होती थी। कारण कि इस टकराव का संबंध माँगी गई मालगुज़ारी की मात्रा से होता था। दूसरे शब्दों में सामाजिक टकराव की प्रकृति उत्पाद-व्यवस्था के लिए बाहरी बनी रही। आरंभिक मध्यकाल के पश्चिमी यूरोप में सामाजिक टकराव उत्पादन की प्रक्रिया में ही निहित होता था जिसमें ग्रामीण समाज के सभी तबक़े शामिल होते थे। इसके फलस्वरूप उसका समाधान केवल उत्पादन-व्यवस्था के रूपांतरण और उत्पादन के साधनों के ऐसे पुनर्वितरण से ही संभव होता था जिससे नए वर्ग जन्म लेते थे। दूसरी तरफ़ मध्यकालीन भारत में सामाजिक टकराव अधिशेष के वितरण और पुनर्वितरण तक सीमित होता था; उत्पादन के साधनों का पुनर्वितरण नहीं होता था। आरंभिक 18वीं सदी में शक्तिशाली मुग़ल साम्राज्य का विघटन जैसा एक गंभीर राजनीतिक संकट भी ऐसी किसी सामाजिक उथल-पुथल का न तो परिणाम था और न कारण था जिसकी जड़ें उत्पादन के साधनों के पुनर्वितरण में या संपत्ति के नए रूपों में मौजूद हों।[14] ज़मीदारों (अधीनस्थ मालगुज़ारों) के वर्ग में होनेवाली उथल-पुथल से पैदा सामाजिक तनावों ने मुग़ल साम्राज्य की शक्ति को उसी क़दर कमज़ोर किया जिस क़दर किसान विद्रोहों ने, और यह उथल-पुथल प्रायः साम्राज्य के अपेक्षाकृत समृद्ध क्षेत्रों में होती थी। मुग़ल राजसत्ता के लगातार बढ़ते हुए शोषण के ख़िलाफ़ ज़मींदारों के नेतृत्ववाले किसान विद्रोहों का जो प्रतिरूप इरफ़ान हबीब ने 1963 में प्रस्तुत किया था, उसे उत्तर भारत के एक छोटे से इलाक़े के ग्रामस्तरीय साक्ष्यों के आधार पर परखें तो उसके कोई सकारात्मक परिणाम सामने नहीं आए। जाट ज़मींदारों और जाट किसानों के गठजोड़ को छोड़ दें, जिसमें साफ़ है कि जाति ने उनके संबंधों को पुष्ट किया, तो दूसरे उप-क्षेत्रों में या तो ऐसा कोई संबंध रहा ही नहीं या फिर ज़मींदार और किसान तब भी आपस में टकराते रहे जब दोनों का विद्रोह राज्य के ख़िलाफ़ होता था।[20] कुछ भी हो, साम्राज्य के मलबे से हर जगह कुछ उभरा तो ज़मींदारों का वर्ग फिर से क़ब्र फाड़कर उभरा जो

मुग़ल साम्राज्य और दिल्ली सल्तनत से भी पुराना था।

इसलिए यह बात कही जा सकती है कि खेतिहर उत्पादन-व्यवस्था की इन विशेषताओं और सामाजिक टकराव की ऐसी प्रकृति को देखते हुए मध्यकालीन भारतीय समाज के स्थिर या प्रगतिरोधक न होते हुए भी, उसका कोई रूपांतरण कुछ ख़ास संभव था, भले ही उपनिवेशवाद का हस्तक्षेप हुआ होता या नहीं होता।[21]

टिप्पणियाँ

1. 'मालों का सामान्यीकृत उत्पादन जिसमें श्रम भी एक माल हो' पूँजीवादी उत्पादन-पद्धति का एक अमूर्तीकरण मात्र है। अमूर्तीकरण के किसी बिंदु तक पहुँचने से पहले संभव है एक समाज उत्पादन और बाज़ार के संबंधों के विभिन्न संयोगों से गुज़रे; इस तरह दास-प्रथा, बँधुआ मज़दूरी, बँटाईदारी आदि से भी माल-उत्पादन का संबंध संभव है। उजरती मज़दूरी और सामान्यीकृत माल-उत्पादन के 'शुद्धतः' पूँजीवादी संबंधों तथा सामान्यीकृत माल-उत्पादन के साथ पूँजीवाद-पूर्व उत्पादन-संबंधों के संयोगों के बीच अंतर करना निश्चित ही उपयोगी होगा। उतना ही उपयोगी इन संयोगों के बिखराव की दिशा को ध्यान में रखना होगा। अगर यह बिखराव पूँजीवाद के अमूर्तीकरण की तरफ़ हो रहा है तो अमूर्तीकरण के बिंदु तक पहुँचने से पहले भी पूँजीवादी विकास की निर्णायक प्रवृत्ति की बात की जा सकती है।
2. लेख 'क्या भारतीय इतिहास में फ़्यूडलिज़्म रहा है?' की टिप्पणी 225 से शर्मा ने यह प्रभाव ग्रहण किया है कि मैंने फ़्यूडलिज़्म के क्षेत्रीय संस्करणों के विचार का समर्थन किया है। मुझे अफ़सोस है कि उन पर यह प्रभाव पड़ा, क्योंकि उस लंबी टिप्पणी में मैंने वास्तव में यूरोप से बाहर फ़्यूडलिज़्म के क्षेत्रीय संस्करणों को प्रस्तुत करने की पद्धति पर भी सवालिया निशान लगाए हैं।
3. मैंने मध्यकालीन हिंदी साहित्य में लोक-विचारधारा की प्रकृति को समझने का एक प्रयास मुखिया (1978) में किया है। इसमें अपेक्षाकृत कम सफलता मिली और मैं बहरहाल इस अभ्यास को आगे बढ़ाने में असमर्थ रहा।
4. पश्चिम यूरोपीय संदर्भ के लिए दूबी (1968 : 3-10) और भारत के लिए चट्टोपाध्याय (1983 : 8) देखें। वास्तव में हिंदू धार्मिक प्रणालियों में बहुत सारे क़बीलाई देवी-देवता और कर्मकांड समाहित हैं।
5. मसलन इस अंक में पृ. 24 पर शर्मा ने आरंभिक मध्यकाल के भारतीय किसान को लगभग एक भूदास माना है; पृ. 30 पर किसान को भूदास नहीं समझा गया है पर फिर पृ. 32 पर भूदास-प्रथा को भारत के आरंभिक मध्यकालीन समाज की एक महत्त्वपूर्ण विशेषता कहा गया है।
6. अजीब बात यह है कि द *कैंब्रिज इकॉनमिक हिस्ट्री ऑफ़ इंडिया* (राय चौधुरी और हबीब 1982 : 1 : 13) के संपादकों ने खेतिहर प्रगति के समर्थन में मौजूद पर्याप्त अनुसंधानों के होते हुए भी इस काल को 'आर्थिक ह्रास का एक लंबा काल' कहने का आग्रह किया है।
7. बहुत आगे चलकर 17वीं सदी के उत्तरार्ध तक भी पूर्वी राजस्थान के एक परगना (राजस्व और प्रशासन की इकाई) ने 18 गाँवों के 528 कुओं में से केवल 41 में ही ईंटों के अस्तर लगे हुए थे। यह सूचना कृपापूर्वक मेरे सहकर्मी डॉक्टर दिलबाग़ सिंह ने दी है।
8. साक्ष्यों के लिए मुखिया (1993 : अ) देखें।

9. कुछ साक्ष्य मुखिया (1981 : 290, 307, टिप्पणी 189) में दिए हैं पर इनसे कहीं बहुत ज़्यादा साक्ष्य लल्लनजी गोपाल ने अपने लेख 'ओनरशिप ऑफ़ एग्रिकल्चरल लैंड' (1980 : 42-89) में जमा किए हैं। इस विवाद को जन्म देनेवाला एक महत्त्वपूर्ण कारण यह है कि प्राचीन भारत के अधिकांश इतिहासकार भूमि-दान और राजस्व-दान में अंतर करने से इनकार करते हैं और सभी दानों को भूमिदान मानते हैं जिसके साथ किसानों पर शासक के सारे अधिकार भी हस्तांतरित हो जाते थे। लल्लनजी गोपाल ने यह अंतर किया है और इसीलिए वे पूरी तरह भिन्न निष्कर्षों पर पहुँचे हैं। किसान-प्रतिरोध के रूपों का ख़ाका खींचने के लिए यह अंतर करना निश्चित ही अनिवार्य है।

10. इन विशेषताओं की संक्षिप्त विवेचना के लिए राय चौधुरी और हबीब (सं.) 1982 : एक देखें। द *इंडियन इकॉनमिक एंड सोशल हिस्ट्री रिव्यू,* वर्ष इक्कीस, अंक 1 (1984), पृ. 111-27 में इस पुस्तक की समीक्षा भी देखें।

11. इरफ़ान हबीब (1982 : 27, टिप्पणी 187) की सोच ऐसी नहीं दिखाई देती।

12. इस अंक में शामिल लेख में रामशरण शर्मा ने निश्चित ही उस बात को स्पष्ट किया है जो पहले उनके तर्क में निहित ही थी, यह कि राज्य किसी सामाजिक संरचना को जन्म दे सकता था। इसके समर्थन में वे इंग्लैंड की नार्मन-विजय का हवाला देते हैं जिसके कारण ऊपर से फ़्यूडलिज़्म लादा गया; वे भारत में उपनिवेशवाद की विजय का हवाला भी देते हैं। (शर्मा 1985 : 20, 33 देखें।) इसी तरह भारत में तुर्कों की विजय और फलस्वरूप एक 'अलग संरचना' के जन्म से समानता दर्शाने के लिए इरफ़ान हबीब (1985 : 51) भी फ़्यूडलिज़्म के विकास पर यूरोप पर बर्बरों के हमलों और इंग्लैंड की नार्मन-विजय के 'प्रभाव' के हवाले देते हैं।

    मार्क ब्लॉक ने *फ़्यूडल सोसायटी* (1964 : 187-89, 244, 248) में और गी फ़ूक्वैं ने *लार्डशिप एंड फ़्यूडलिज़्म इन द मिडिल एजेज़* (1976 : 76) में इस पुराने विचार का समर्थन किया है कि ब्रिटेन का फ़्यूडलिज़्म नार्मन राज्य की देन था, हालांकि फ़ूक्वैं का सरोकार लॉर्ड असामी संबंध से था। पर हाल में इस विचार पर संदेह व्यक्त किए गए हैं और कहा गया है कि फ़्यूडल भूमि-प्रथाएँ और संस्थाएँ व सैन्य दायित्व भी इंग्लैंड की विजय से पहले की बातें हैं और उसके बाद भी जारी रहीं। इस साहित्य के आलोचनात्मक मूल्यांकन के लिए जे ओ प्रेस्टविच (1963 : 39-57) देखें। इसी तरह पश्चिमी यूरोप में बर्बरों के हमलों और फ़्यूडल व्यवस्था के विकास से पहले प्राचीन समाज का विघटन बढ़ा और फ़्यूडल समाज में उसका संक्रमण आरंभ हुआ; पेरी एंडरसन ने *पैसेजेज़ फ्राम एंटीक्विटी टू फ़्यूडलिज़्म* (1974 : 15-172) में इसकी सुंदर विवेचना की है। भारत में औपनिवेशिक समाज औपनिवेशिक राज्य की देन था, इसमें भी धीरे-धीरे संदेह व्यक्त किए जा रहे हैं; सव्यसाची भट्टाचार्य (1979 : 103 और 1984 देखें।)

    फिर भी हमारा अभिप्राय सामाजिक विकासक्रमों पर राज्य के *प्रभाव* से इनकार करना नहीं बल्कि यह संदेह व्यक्त करना है कि क्या ऐसे प्रभाव को राज्य द्वारा एक सामाजिक संरचना के *निर्माण* का पर्याय कहा जा सकता है। किसी सामाजिक संरचना का विकास और परिपक्वता बहरहाल एक बहुत जटिल संवृत्ति है जिसमें लगभग हर संभव विचारणीय तत्व का योगदान होता है, चाहे वह कितना ही भिन्न-भिन्न हो; इसके लिए राज्य की इच्छा को पूरी तरह उत्तरदायी ठहराना शायद अन्याय की हद तक सरलीकरण करना है।

13. मुखिया (1981 : 274-75, 290-91) देखें। 'फ़ार्म्स ऑफ़ क्लास स्ट्रगल इन मुग़ल इंडिया' में इरफ़ान हबीब (1980 : 3) का भी सुझाव है कि मध्यकालीन भारतीय किसान 'एक स्वतंत्र उत्पादक होता था।'

14. चूँकि प्राचीन भारतीय इतिहास से मेरा परिचय पूरी तरह द्वितीयक स्रोतों पर आधारित है इसलिए मैंने अपने तीन सहकर्मियों, बी. डी. चट्टोपाध्याय, सुवीरा जायसवाल और रोमिला थापड़ से आग्रह किया कि इस बारे में प्राथमिक साक्ष्यों से वे मेरी सहायता करें। इनमें से हरेक प्राचीन भारत का एक यशस्वी इतिहासकार है। हरेक ने असफल रहने की ख़बर ही दी।

15. *इंडियन फ़्यूडलिज़्म* (1965 : 61-63) में शर्मा। इस पुस्तक का दूसरा संस्करण पहले का ज़रा-सा संशोधित रूप है।

16. मसलन राजस्थान में उत्पन्न होकर एक समय में बंगाल तक फैलने वाला गुर्जर-प्रतिहार राजवंश (चट्टोपाध्याय 1983 : 14); दक्षिण भारत में वेल्लालों, मुख्यतः किसानों की क़तारों से योद्धा उभरकर सामने आए (स्टाइन 1980 : 187-88); चंदेलों को भी गोंड या भर क़बीलों से संबंधित कहा जाता है जो फिर मध्यभारत का एक प्रभावशाली राजवंश बन गए (थापड़ : प्रकाशनाधीन : 12-13); आंध्र के रेड्डी एक निम्न जाति के भूस्वामी समुदाय थे जिन्होंने उत्थान करके एक शासकवर्ग का निर्माण किया (जायसवाल 1979-80 : 35 देखें।)

17. क्यूरी (1980) देखें। श्रीमती क्यूरी ने मुझे अपने लेख की एक प्रति भेजने की कृपा की।

18. सुवीरा जायसवाल (1979-80 : 19, टिप्पणी 3) ने संकेत दिया है कि ऐसा कोई तर्क यूरोपीय विकासक्रमों को 'अपवादस्वरूप और अनोखा' मानने के बराबर होगा और फिर इसका मतलब इतिहास का एक यूरोकेंद्रित दृष्टिकोण होगा। मेरी समझ में मार्क्सवादियों का 'नियम' यह है कि सभी समाजों में परिवर्तन और प्रगति के कारण सामाजिक अंतर्विरोध होते हैं जिनका अपवाद कोई समाज नहीं हो सकता; यूरोप या भारत भी इसके अपवाद नहीं थे, और मेरी राय में तो निश्चित ही नहीं थे। फिर भी यह 'नियम' विकास के किसी ऐसे समरस प्रतिमान पर लागू नहीं होते जिसे यूरोप ने पूँजीवाद के जन्म से पहले भी क़ायम किया हो। पूँजीवाद-पूर्व विश्व में, जहाँ तक विकास के प्रतिमानों और चरणों का सवाल है, कोई 'नियम' और कोई 'अपवाद' नहीं थे, इस अर्थ में कि विभिन्न समाज अलग-अलग मार्गों से होकर पूँजीवाद/उपनिवेशवाद की दुनिया में पहुँचे।

19. एक ताज़गी-भरे और मौलिक लेख 'द मिडिल क्लासेज़ एंड द मुग़ल इंपायर' में इक़्तिदार आलम ख़ान (1975 : 113-41) ने मध्यकालीन भारत में 'मध्यवर्गों' (या 'मध्यवर्ती संस्तरों') के अस्तित्व संबंधी तर्क भी दिए हैं। मगर वे जिन 'मध्यवर्गों' का वर्णन करते हैं वे कुछ तनावों के बावजूद उस खेतिहर अर्थव्यवस्था से पूरा-पूरा तालमेल रखते थे जिसका वे अंग थे; उनके 'एक सचमुच औद्योगिक पूँजीपति वर्ग के अग्रदूत' बनने की संभावना कम ही थी।

20. एक और विस्तृत तर्क और साक्ष्यों के लिए राणा (1981 : 287-326) देखें।

21. बुनियादी तौर पर यही मेरे पहले के लेख (मुखिया 1981 : विशेषकर 292-93) का तर्क भी था, जहाँ मध्यकालीन भारत में सामाजिक तनावों के अस्तित्व या तीव्रता से इनकार करने की बजाए उनकी प्रकृति को निरूपित करने का प्रयास किया गया था। इस अंक में शामिल अपने लेख में पता नहीं कैसे इरफ़ान हबीब ने उस तर्क में 'उपनिवेश-पूर्व भारत का एक मनोरम चित्र' देखा है जिसके लिए ऐतिहासिक साक्ष्यों में उन्हें कोई ख़ास औचित्य नहीं दिखाई देता, और वे साक्ष्यों की अपनी भिन्न समझ की ओर हमारा ध्यान खींचते हैं जिसे उन्होंने *एग्रेरियन सिस्टम* में प्रस्तुत किया था। उनका अपना निष्कर्ष (हबीब 1985 : 49) यह है कि '....यहाँ उतने ही तीखे अंतर्विरोध थे जितने अन्यत्र थे; लेकिन अपनी प्रकृति में तथा परिणामों में ये यूरोप में पूँजीवाद को जन्म देनेवाले अंतर्विरोधों से भिन्न थे।' फिर तो आदमी यह सोचकर हैरान रह जाता है कि जिस निष्कर्ष को उन्होंने गोया हाथ हिलाकर ही चलता कर दिया था, क्या उनका अपना निष्कर्ष ख़तरनाक ढंग से उसी निष्कर्ष के क़रीब नहीं पहुँच जाता?

संदर्भ

एंडरसन, पेरी (1974) : *पैसेजेज़ फ्राम एंटीक्विटी टू फ़्यूडलिज़्म,* लंदन

एंडरसन, पेरी (1977) : *लीनियजेज़ ऑफ़ द आब्सोल्यूट स्टेट,* लंदन

काराशीमा, एन (1984) : *साउथ इंडियन हिस्ट्री एंड सोसायटीः स्टडीज़ फ्राम इंस्क्रिप्शंस ए डी.* 850-1800, नई दिल्ली

कुमार, नंदकिशोर (1979) : 'हाइड्रालिक एग्रिकल्चर इन पेनिनसुलर इंडिया (सर्का 300 बी. सी. टू 1300 ए. डी.)', *प्रोसीडिंग्स ऑफ़ द इंडियन हिस्ट्री काँग्रेस,* 40 वाँ सत्र

कोसांबी, दामोदर धर्मानंद (1975) : *ऐन इंट्रोडक्शन टू द स्टडी ऑफ़ इंडियन हिस्ट्री,* मुंबई

कौटिल्याज़ अर्थशास्त्र (1967) : अनुवादः आर शामा शास्त्री

क्यूरी, केट (1980) : 'प्राब्लमेटिक मोड्स एंड द मुग़ल सोशल फ़ार्मेशन', द *इंसरजेंट सोशियोलाजिस्ट,* वर्ष नौ, अंक 4.

ख़ान, इक़्तिदार आलम (1975) 'प्रेसिडेंशियल एड्रेस', मध्यकालीन भारत खंड, *प्रोसीडिंग्स ऑफ़ द इंडियन हिस्ट्री काँग्रेस,* 36वाँ सत्र

गॉटलिएब, रोजर एस (1984) : 'फ़्यूडलिज़्म एंड हिस्टारिकल मैटरियलिज़्मः ए क्रिटीक एंड ए सिंथिसिस', *साइंस एंड सोसायटी,* वर्ष अड़तालीस, अंक 1, पृ. 1-37.

गीइर्ज़, क्लिफ़र्ड (1964) : 'आइडियोलॉजी ऐज़ ए कल्चरल सिस्टम', डी. आप्टर (सं.) *आइडियोलॉजी ऑफ़ डिस्कंटेंट,* न्यूयार्क

गोपाल, लल्लनजी (1980) : 'ओनरशिप ऑफ़ एग्रिकल्चरल लैंड', *एस्पेक्ट्स ऑफ़ द हिस्ट्री ऑफ़ एग्रिकल्चर इन एंशिएंट इंडिया,* वाराणसी

चक्रवर्ती, उमा (1985) : 'ऑफ़ दासाज़ एंड कर्मकाराज़ : सर्वाइल लेबर इन एंशिएंट इंडिया' उत्सा पट्टनायक एवं मंजरी दिंगवानी, स., *चेन्स ऑफ सर्वीच्यूड इन इण्डिया मद्रास,* 1985

चट्टोपाध्याय, देवीप्रसाद (1977) : *साइंस एंड सोसायटी इन एंशिएंट इंडिया,* कलकत्ता

चट्टोपाध्याय, देवीप्रसाद (1977) : 'साइंस, फ़िलासफ़ी एंड सोसायटी इन एंशिएंट इंडिया', द *इंडियन हिस्टारिकल रिव्यू,* वर्ष चार, अंक 1-2, जुलाई-जनवरी

चट्टोपाध्याय, देवीप्रसाद (अनुलेखित) : 'टेक्नोलॉजी एंड सोसायटी इन एंशिएंट इंडिया'

चट्टोपाध्याय, बी. डी. (1983) : 'पोलिटिकल प्रोसेसेज़ एंड स्ट्रक्चर ऑफ़, पालिटी इन अर्ली इंडिया

प्रॉब्लम्स ऑफ़ पर्सपेक्टिव', अध्यक्षीय भाषण, प्राचीन भारत खंड, भारतीय इतिहास काँग्रेस, 44 वाँ सत्र जायसवाल, सुवीरा (1979-80) : 'स्टडीज़ इन अर्ली इंडियन सोशल हिस्ट्रीः ट्रेंड्स एंड पासिबिलिटीज़', द *इंडियन हिस्टारिकल रिव्यू,* वर्ष छः, अंक 1-2, जुलाई-जनवरी

झा, डी. एन. (1979) : 'अर्ली इंडियन फ़्यूडलिज़्मः ए हिस्टारियोग्राफ़िकल क्रिटीक', अध्यक्षीय भाषण, प्राचीन भारत खंड, प्राचीन इतिहास खंड, भारतीय इतिहास काँग्रेस, 40 वाँ सत्र

झा, विवेकानंद (1975) : 'स्टेजेज़ इन द हिस्ट्री ऑफ़ अनटचेबल्स', द *इंडियन हिस्टारिकल रिव्यू,* वर्ष दो, अंक :1, जुलाई

दूबी, जॉर्ज (1968) : 'द डिफ़्यूज़न ऑफ़ कल्चरल पैटर्न्स इन फ़्यूडल सोसायटी', *पास्ट एंड प्रज़ेंट,* अंक 39, अप्रैल

थापड़, रोमिला (प्रकाशनाधीन) 'लेजिटिमेशन बाई डिसेंटः द क्षत्रिय वर्ण इन नार्दर्न इंडिया', टंकित प्रति, *ऐनाल* में प्रकाश्य

उर्लिक, आरिफ़ (1985) : 'द यूनिवर्सलाइज़ेशन ऑफ़ ए कंसेप्टः फ्राम 'फ़्यूडलिज़्म' टू 'फ़्यूडलिज़्म' इन चाइनीज़ मार्क्सिस्ट हिस्टारियोग्राफी', द *जर्नल ऑफ़ पेज़ेंट स्टडीज़,* वर्ष बारह, अंक 2-3, जनवरी व अप्रैल

नीढम जोसफ़ (1979) : *द ग्रेट टाइट्रेशनः साइंस एंड सोसायटी इन ईस्ट एंड वेस्ट,* लंदन पर्लिन,

फ्रैंक (1985) : *'कंसेप्ट्स आफ़ आर्डर एंड कंपेरिज़न विद ए डाइवर्ज़न ऑन काउंटर आइडियोलाजीज़ एंड कारपोरेट इंस्टीट्यूशंस इन लेट प्रिकोलोनियल इंडिया', द जर्नल ऑफ़ पेजेंट स्टडीज़, वर्ष* 12, *अंक* 2-3, *जनवरी व अप्रैल*

पोलांजास निकोस, (1978) : स्टेट, पावर, सोशलिज़्म (अनुवादः पैट्रिक कैमिलर), लंदन

प्रेस्टविच, जे ओ (1963) 'एंग्लो-नार्मन फ़्यूडलिज़्म एंड द प्राब्लम ऑफ़ कंटीन्यूइटी', *पास्ट एंड प्रेज़ेंट,* अंक 26, नवंबर

फूर्क्वैं, गी (1976) : *लार्डशिप एंड फ़्यूडलिज़्म इन द मिडिल एजेज़,* लंदन

बजेकल, माधवी (1980) : 'रूरल डिस्प्यूट्स इन ईस्टर्न राजस्थान इन द एटींथ सेंचुरी', एम. फिल. प्रबंध, जवाहर लाल नेहरू विश्वविद्यालय

ब्लॉक, मार्क (1964) : *फ़्यूडल सोसायटी,* शिकागो

भट्टाचार्य, सव्यसाची (1979) : 'नोट्स ऑन द रोल ऑफ़ द इनटेलिजेंशिया इन कोलोनियल सोसायटीः इंडिया फ्राम मिड-नाइनटींथ सेंचुरी', *स्टडीज़ इन हिस्ट्री,* वर्ष एक, अंक एक ।

भट्टाचार्य, सव्यसाची (1984) : 'एस. जी. दयूस्कर व्याख्यान', समाज विज्ञान अध्ययन केंद्र, कलकत्ता ।

मजुमदार, बी. पी. (1960) : *सोशियो-इकॉनमिक हिस्ट्री ऑफ़ नार्दर्न इंडिया* (1030-1194 *ए डी.*), कलकत्ता । मार्क्स, कार्ल और एंगेल्स, फ्रेडरिख़ (1972) : ऑन हिस्टारिकल मैटेरियलिज़्म, मास्को

मुखिया, हरबंस (1978) : 'द आइडियोलॉजी ऑफ़ द भक्ति मूवमेंटः द केस ऑफ दादू दयाल', देवीप्रसाद चट्टोपाध्याय *(स.)हिस्ट्री एंड सोसायटीः एस्सेज़ : इन आनर ऑफ़ प्रोफ़ेसर निहार रंजन राय,* कलकत्ता, पृ 445-54; अनुवाद प्रस्तुत संकलन में शामिल

मुखिया, हरबंस (1979-80) : 'मारिस डाब्स एक्सप्लेनेशन ऑफ़ द डिक्लाइन ऑफ़ फ़्यूडलिज़्म इन वेस्टर्न यूरोपः ए क्रिटीक', , द *इंडियन हिस्टारिकल रिव्यू,* वर्ष छः, अंक : 1-2, जुलाई-जनवरी

मुखिया, हरबंस (1981) : 'वाज़ देयर फ़्यूडलिज़्म इन इंडियन हिस्ट्री', द *जर्नल ऑफ़ पेज़ेंट स्टडीज़,* वर्ष आठ, अंक 3, अप्रैल; अनुवाद प्रस्तुत संकलन में शामिल

मुखिया, हरबंस (1993 : अ) : 'एग्रिकल्चरल टेक्नोलॉजी इन मेडिवल नार्थ इंडिया', प्रकाशितः अनुवाद प्रस्तुत संकलन में शामिल

मुखिया, हरबंस (1993 : ब) : 'मार्क्स ऑन प्रि-कोलोनियल इंडियाः ऐन इवैल्यूएशन', बर्दवान विश्वविद्यालय, अनुवाद प्ररतुत संकलन में शामिल

यादव, बी. एन. एस. (1973) : *सोसायटी एंड कल्चर इन नार्दर्न इंडिया इन द ट्वेल्फ्थ सेंचुरी, इलाहाबाद*

राणा, आर. पी. (1981) : *'एग्रेरियन रिवोल्ट्स इन नार्दर्न इंडिया ड्यूरिंग द लेट सेवेंटींथ एंड अर्ली एटींथ सेंचुरी', द इंडियन इकॉनमिक एंड सोशल हिस्ट्री रिव्यू,* वर्ष अठारह, अंक 3-4

रायचौधुरी, तपन और हबीब, इरफ़ान (सं.) (1982) : द *कैंब्रिज इकॉनमिक हिस्ट्री ऑफ़ इंडिया* खंड एक, कैंब्रिज

रिपोर्ट ऑफ़ द रॉयल कमीशन ऑन एग्रिकल्चर (1928), लंदन

लांग और रिचर्डसन (1978) : 'इनफ़ार्मल सेक्टर, पेरी प्रोडक्शन एंड द सोशल रिलेशन ऑफ़ स्माल स्केल इंटरप्राइज़', जॉन क्लैमर (सं.) द *न्यू इकॉनमिक एंथ्रोपोलॉजी,* न्यूयार्क

विकहैम, सी. जे. (1985) 'द यूनीकनेस ऑफ़ द ईस्ट', द *जर्नल आफ़ पीज़ेंट स्टडीज़,* वर्ष बारह, अंक : 2-3, जनवरी व अप्रैल

विलियम्सन, ए वी (1931) : 'इंडिजीनस इरिगेशन वर्क्स इन पेनिनसुलर इंडिया', द *जियोग्राफ़िकल रिव्यू,* न्यूयार्क, वर्ष इक्कीस, अंक : 4, अक्टूबर

शर्मा, रामशरण (1965) : *इंडियन फ़्यूडलिज़्म,* कलकत्ता

शर्मा, रामशरण (1985) : 'हाउ फ़्यूडल वाज़ इंडियन फ़्युडलिज़्म ?', द *जर्नल ऑफ़ पेज़ेंट स्टडीज़,*

सिंह, दिलबाग़ (1976) : 'कास्ट एंड स्ट्रक्चर ऑफ़ विलेज सोसायटी इन ईस्टर्न राजस्थान ड्यूरिंग द एटींथ सेंचुरी', द *इंडियन हिस्टारिकल रिव्यू,* वर्ष दो, अंक, 2 जनवरी ।

स्टाइन, बर्टन (1980) : *पेज़ेंट स्टेट एंड सोसाइटी इन अर्ली मिडिवल साउथ इंडिया,* नई दिल्ली

स्टाइन, बर्टन (1985) : पालिटिक्स, पेजेंट्स एंड द डिकंस्ट्रक्शन ऑफ़ फ़्यूडलिज़्म इन इंडिया', द *जर्नल ऑफ़ पेजेंट स्टडीज़,* वर्ष बारह, अंक 2-3, जनवरी व अप्रैल

हबीब, इरफ़ान (1963) : द *एग्रेरियन सिस्टम ऑफ़ मुग़ल इंडिया,* मुंबई

हबीब, इरफ़ान (1971) : 'पोटेंशियालिटीज़ ऑफ़ कैपिटलिस्टिक डिवेलपमेंट इन द इकॉनमी ऑफ़ मुग़ल इंडिया', *इनक्वायरी,* नई शृंखला, वर्ष तीन, अंक 3, शरद

हबीब, इरफ़ान (1978) : 'इकॉनमिक हिस्ट्री ऑफ़ द देहली सल्तनतः ऐन एस्से इन इंटरप्रेटेशन', द *इंडियन हिस्टारिकल रिव्यू,* वर्ष चार, अंक 2, जनवरी

हबीब, इरफान (1980) ; 'फार्म्स ऑफ़ क्लास स्ट्रगल इन मुग़ल इंडिया' (अनुलेखित), भारतीय इतिहास काँग्रेस, 41वें सत्र में प्रस्तुत लेख

हबीब, इरफ़ान (1985) : 'क्लासिफ़ाइंग प्रि-कोलोनियल इंडिया', द *जर्नल ऑफ़ पेज़ेंट स्टडीज़,* वर्ष बारह, अंक 2-3, जनवरी व अप्रैल

18वीं सदी के पूर्वी राजस्थान में किसानों, दस्तकारों और चाकरों से ग़ैरक़ानूनी वसूलियाँ*

मध्यकालीन भारतीय ग्रामीण इतिहास की समस्याओं पर इतिहासकारों द्वारा अधिकाधिक ध्यान दिए जाने के संदर्भ में प्रस्तुत आलेख में गाँवों के किसानों, चाकरों और दस्तकारों से की जानेवाली ग़ैरक़ानूनी वसूलियों की छानबीन की गई है। ये वसूलियाँ उनके फ़ौरी संपर्क में आनेवाले प्रभुत्वशाली वर्गों, जैसे जागीरदारों, ज़मींदारों और इज़ारेदारों द्वारा और राज्य के अधिकारियों, जैसे आमिलों और फ़ौजदारों द्वारा की जाती थीं। शब्द 'ग़ैरक़ानूनी' उन वसूलियों का सूचक है जो उनके शिकारों और राज्य द्वारा स्वीकृत प्रथा का उल्लंघन करते हुए की जाती थीं, और ये 'वसूलियाँ' बेगार मेहनत की जगह किसानों के बैलों की हँकाई, दाम दिए बिना दस्तकारों की बनाई हुई वस्तुओं को हड़प लेने या विभिन्न दूसरे रूपों में की जाती थीं। प्रसंगवश बेगार के 'क़ानूनी' रूप और उन दूसरे दायित्वों पर भी प्रकाश डाला गया है जो गाँव के समाज के निचले वर्गों को प्रभुत्वशाली वर्गों के लिए पूरे करने होते थे।

प्रस्तुत लेख जिन साक्ष्यों पर आधारित है वे राजस्थान राज्य अभिलेखागार बीकानेर के जयपुर रिकार्ड सेक्शन, दफ़्तर दीवान हुज़ूरी, में सुरक्षित चिट्ठियों की शक्ल में हैं। ये चिट्ठियाँ जयपुर रियासत के दीवान ने अपने अधिकारियों और ख़ासकर आमिलों को लिखी थीं। हर चिट्ठी में दीवान को मिली किसी शिकायत का खुलासा और उस पर उसके आदेश शामिल हैं।

---

* मैं अपने सहकर्मी डॉक्टर दिलबाग़ सिंह का अत्यंत आभारी हूँ जिन्होंने उन दस्तावेज़ों से मेरा परिचय कराया जिन पर यह लेख आधारित है और उदारतापूर्वक अनेक सुझावों और तीखी आलोचनाओं के रूप में मेरी सहायता की। मैंने उनके अप्रकाशित शोधप्रबंध 'लोकल एंड लैंड रेवेन्यू एडमिनिस्ट्रेशन ऑफ़ द स्टेट ऑफ़ जयपुर (सर्का 1750-1800)' का भी पर्याप्त उपयोग किया है जिसे 1975 में जवाहरलाल नेहरू विश्वविद्यालय में जमा किया गया था। मैंने लेख के पहले के एक मसौदे पर संकाय की एक संगोष्ठी में अपने सहकर्मियों के साथ और अलग से अमित भादुड़ी के साथ हुए विचार-विमर्श का लाभ भी उठाया है; उनकी आलोचनाएँ पर्याप्त सहायक रही हैं। मैं राजस्थान राज्य आर्यलेखागार, बीकानेर के निदेशक और स्टाफ़ का भी मन से आभारी हूँ जिन्होंने मेरे काम में मुझे अधिक से अधिक सहयोग दिया।

एक अच्छी-ख़ासी तलाश के बाद हम वसूलियों से संबंधित ऐसी 48 चिट्ठियाँ तलाश करने में कामयाब रहे। इसलिए हमारा साक्ष्य कोई चुनिंदा प्रतिदर्श (सैंपल) नहीं है, बल्कि उस क्षेत्र और उस काल के लिए हम कुल इतने ही साक्ष्यों पर हाथ डाल सके।

प्रस्तुत आलेख दो खंडों में विभाजित है। पहले खंड में कुछ ज्यादा टिप्पणी किए बग़ैर साक्ष्यों को क्रमबद्ध और प्रस्तुत किया गया है। फिर भी हमने 18वीं सदी के लगभग मध्य के बाद किसानों, दस्तकारों और चाकरों से ग़ैरक़ानूनी वसूलियों के फैलते दायरे और बढ़ती तीव्रता पर भी ध्यान दिया है। दूसरे खंड में खेतिहर अर्थव्यवस्था के परिवर्तनों तथा रियासत की राजधानी से परगनों को प्रशासनिक सत्ता के विकेंद्रीकरण के आधार पर इस बढ़ती तीव्रता के कारणों की व्याख्या का प्रयास किया गया है।

एक

यूँ तो इस इलाक़े के अंदर क़ानूनी और ग़ैरक़ानूनी वसूलियों की संवृत्ति बहुत व्यापक थी पर उसके ठीक-ठीक रूपों में पर्याप्त उपक्षेत्रीय अंतर पाए जाते थे। हमारे दस्तावेज़ साफ़ इशारा करते हैं कि एक परगना में जिस वसूली को परंपरासम्मत माना जाता था उसी का दूसरे में ग़ैरक़ानूनी समझकर विरोध किया जाता था।[1] प्रसंगवश, इस तथ्य के कारण अलग-अलग दस्तावेज़ों की उपयोगिता एक हद तक सीमित हो जाती है क्योंकि हर दस्तावेज़ ज़्यादा-से-ज़्यादा उस परगना की दशाओं को प्रतिबिंबित करता है जिसमें उसका जन्म हुआ, और फलस्वरूप अलग-अलग चिट्ठियों के आधार पर वसूलियों के विशिष्ट रूपों के प्रचलन को लेकर कोई व्यापकतर सामान्यीकरण संभव नहीं है।

एक हद तक बेगार और कुछ दूसरी वसूलियों को प्रथा का अनुमोदन प्राप्त था और (जयपुर) रियासत प्रत्यक्ष या अप्रत्यक्ष रूप से अपने नियंत्रण में आनेवाले क्षेत्रों में उनको मान्यता देती थी। फिर ऐसी वसूलियों से प्रभावित होनेवाली जनता भी उन्हें मान्यता देती थी। प्रथा के आधार पर वसूलियों, और ख़ासकर बेगार रूप में वसूलियों का सबसे बड़ा बोझ गाँव के चाकरों पर पड़ता था जो सामाजिक और आर्थिक रूप से गाँव के सबसे दबे-कुचले लोग होते थे।[2] जहाँ दस्तकार सामान्यतः किसी भी प्रकार की वसूली से मुक्त होते थे[3] और काश्तकार को कुछेक विशिष्ट सेवाएँ ही प्रदान करनी होती थीं, जैसे फ़सल के समय जागीरदार को दूध-दही देना,[4] या किसी किसान घराने में शादी-ब्याह के मौक़े पर ज़मींदार और उसके परिवार को दावत पर बुलाना[5], या ऐसे विवाह की अनुमति के बदले उसे महसूल देना,[6] या उसके परिवार में शादी-ब्याह के मौक़े पर मेहमानों के लिए गद्दे और चारपाइयाँ देना,[7] या कुछेक इलाक़ों में बुवाई और

कटाई के वक्त जागीरदार की बेगार करना,[8] वहीं चाकरों से अपेक्षा की जाती थी कि वे गाँव समाज के सभी प्रभुत्वशाली लोगों को मुफ़्त में सभी सेवाएँ प्रदान करेंगे। बेगार की ज़्यादती के चलते कई-एक मौक़ों पर उनकी गाँव से भागने की तत्परता उसके भारी परिमाण की सूचक है।[9]

इन वसूलियों को दो श्रेणियों में बाँटा जा सकता हैः वे जो (खेतिहर) उत्पादन के लिए थीं और जो दूसरे, अनुत्पादक रूपों में ली जाती थीं।

पहली श्रेणी को लें तो काश्तकारों से (जिनको इन दस्तावेज़ों में बिना किसी सटीकता के *रैयती या पलटी* कहा गया है,[10] कुछ क्षेत्रों में जागीरदार की बेगार करने की अपेक्षा की जाती थी।[11] हालाँकि दूसरे क्षेत्रों में काश्तकारों पर किसी भी तरह का बेगार लादना प्रथा और इसलिए राज्य द्वारा निषिद्ध था।[12] ज़मींदार को *कोठड़ी की बेगार* लेने का हक़ था पर जैसा कि हमने कहा, हर जगह ऐसा नहीं था। यह संभव है कि जहाँ काश्तकार बेगार देते थे वहाँ जागीरदार और ज़मींदार, दोनों इसके अधिकारी रहे हों। गाँवों के चाकरों की ऐसी बहुत सारी शिकायतें हैं कि परंपरासम्मत सीमा से अधिक बेगार का तक़ाज़ा करके जागीरदार, ज़मींदार, आमिल, फ़ौजदार आदि उन्हें परेशान कर रहे थे।[13] उनके द्वारा किए गए परंपरासम्मत बेगार का एक भाग संभवतः ज़मींदार और शायद दूसरों की ज़मीनों पर की गई खेतिहर मेहनत और एक और भाग गाड़ी हाँकने जैसे कुछ और रूपों में रहा होगा।

हम पहले दूध-दही, चारपाइयों और गद्दों आदि की व्यवस्था जैसी ग़ैर-उत्पादक वसूलियों का ज़िक्र कर चुके हैं। गाँव के चाकरों को अन्य बातों के अलावा जागीरदार और संभवतः दूसरों के सामानों को भी गाँव से 5 कोस (लगभग 10 मील) दूर तक ले जाना पड़ता था।[14]

इसके अलावा आमिल मालगुज़ारी के तौर पर जो खेतिहर उपज जमा करते थे उनको ख़रीदने के लिए लगभग हरेक को मजबूर कर सकते थे।[15] उनको ख़रीदने से इनकार करने पर एक कर या महसूल ठोंक दिया जाता था। आमिल और दूसरे अधिकारियों को पत्तल (बड़े पत्तों को सींक से जोड़कर भोजन परोसने के लिए बनाया गया थाल), दातुन और मिट्टी के दिये उपलब्ध कराने के लिए गाँव के हज्जामों को मजबूर करना वसूली का एक और छोटा-सा रूप था।[16]

18वीं सदी में अधिकारियों और गाँव के दूसरे प्रभुत्वशाली लोगों ने वसूलियों के दायरे और तीव्रता को और बढ़ाने के प्रयास किए। दो टूक ढंग से यह कह सकना कठिन है कि यह प्रयास केवल उसी सदी में किया गया था या पहले के प्रयासों की निरंतरता में था। मगर 1730 के दशक से शिकायतों की संख्या में पर्याप्त वृद्धि दिखाई देती है और सदी के मध्य में उनमें ख़ास तेज़ी देखने को मिलती है जैसाकि अगले पृष्ठ पर दी गई तालिका से स्पष्ट है।

काल	*शिकायतों की संख्या*
1700-10	0
1711-20	1
1721-30	2
1731-40	6
1741-50	17
1751-60	6
1761-70	16

टिप्पणी : हमारे दस्तावेज़ 1770 के बाद उपलब्ध नहीं हैं।

किसान और गाँवों के चाकर वसूली के लगभग सभी रूपों में लगभग सभी प्रभुत्वशाली लोगों द्वारा परंपरागत सीमाओं के अतिक्रमण की अधिकाधिक शिकायतें करते दिखाई देते हैं। बेगार की ज़्यादती के अलावा वे दूसरे अनिश्चित रूपों की शिकायतें कर रहे हैं जिनको भिन्न-भिन्न प्रकार से परेशान करना (तरह-तरह की खेचल) कहा गया है। मसलन 1753 में गाँव निवोरो परगना चाटसू का ज़मींदार किसानों को बेगार के लिए मजबूर कर रहा था जबकि गाँव की प्रथाओं के अनुसार वह इसका अधिकारी नहीं था।[17] 1754 में गाँव खुरनाला, परगना मौज़ाबाद के किसानों की शिकायत थी कि प्रथा के अनुसार वे ज़मींदार के मेहमानों के लिए या उसके परिवार में शादी-ब्याह के मौक़ों पर चारपाई और गद्दे देने के लिए तो बाध्य थे, पर वह उन्हें बेगार देने के लिए मजबूर कर रहा था और उसके बदले में, शायद अपने खेत की जुताई के लिए, उनके बैल हाँक ले जाता था।[18] यहीं ज़मींदार गाँव से कोठड़ी की बेगार लेने की कोशिश भी कर रहा था जिसका वह अधिकारी नहीं था।[19] गाँव खेड़ी राम की, परगना मौज़ाबाद के ज़मींदार द्वार काश्तकारों से बेगार की वसूली की एक शिकायत 1720 में दर्ज कराई गई थी।[20] लगता है इस ज़मींदार ने प्रथा का इतना गंभीर उल्लंघन किया कि उसे यह आश्वासन देने का आदेश दिया गया कि वह भविष्य में ऐसा नहीं करेगा। एक अन्य उदाहरण में स्थानीय ज़मींदार ने अप्रत्यक्ष ढंग से किसानों को परेशान करना शुरू किया था; वह उन चाकरों से बेगार लेता था जिनका काम केवल किसानों की सेवा करना था।[21] परंपरानुसार वह ख़ुद केवल उन चाकरों से बेगार लेने का अधिकारी था जो उसके अपने बसाए हुए इलाक़े में रहते थे। इस अधिकार को विस्तार देने के प्रति उसके प्रयास के कारण गाँव से चाकर भाग खड़े हुए, और पटेल, रैयत और महाजन की शिकायत के बाद आमिल को आदेश दिया गया कि वह चाकरों को तसल्ली देकर वापस लाए।

अपनी तरफ़ से जागीरदार भी अपने परंपरासम्मत वसूली के अधिकार को विभिन्न क्षुद्र उपायों से विस्तार देने की कोशिश कर रहा था। किसानों, बल्कि महाजनों जैसे समूहों से बेगार लेने के प्रयासों के अलावा, जिसके लिए वह क़तई अधिकारी नहीं

था,[22] उसने गाँव के चाकरों को मजबूर करने की कोशिश भी की कि वे उसे साल-भर बेगार दें जबकि वह विशिष्ट अवसरों पर विशिष्ट प्रयोजनों के लिए ही बेगार लेने का अधिकारी था।[23] उसने किसानों से साल-भर दूध-दही की व्यवस्था सुनिश्चित करने का प्रयास भी किया हालाँकि उनसे कटाई के समय या उसके मेहमानों की सेवा के लिए ही यह सब देने की अपेक्षा की जाती थी।[24] जिन क्षेत्रों में जागीरदार को कटाई के समय किसानों से बेगार लेने का अधिकार था उनमें भी वह उन्हें पूरे वर्ष की स्थायी विशेषता बनाने का प्रयास कर रहा था।[25] और जहाँ पहले के ऊपर उल्लिखित एक उदाहरण में ज़मींदार ने किसानों के बैल हाँक लिए थे, वहीं गाँव खेड़ा, परगना पाँवटा के जागीरदार ने खुद कुछ किसानों को हँकवा लिया और उनसे बेगार लेने के लिए उनको अपनी क़ैद में रखा।[26]एक और मुआमले में जागीरदार ने चमारों को मजबूर किया कि वे परंपरागत 5 कोस से भी आगे तक उसका सामान ढोकर ले जाएँ।[27]

आमिल को गाँव के चाकरों से प्रथासम्मत बेगार पाने का हक़ था।[28] लेकिन एक मुआमले में जब उसने चमारों को मजबूर किया कि वे पड़ोसी गाँव में जाकर वहाँ बेगार करें तो वे भाग खड़े हुए। जातिगत स्थिति के सूक्ष्म भेदों के प्रति बेपनाह लापरवाही दिखाते हुए उसने ब्राह्मणों, महाजनों और मीणों को भी चमारों की जगह काम करने को कहा।[29]

चाकरों के 'प्रथासम्मत' बेगार पर आमिल के अलावा फ़ौजदार का भी हक़ था।[30] मगर उनका चाकरों से बेगार पाने का जो सामान्य अधिकार रहा होगा उसका फ़ायदा उठाते हुए इन अधिकारियों ने उसे उन क्षेत्रों में भी लागू करने की कोशिश की जो उससे विशेष रूप से मुक्त रखे गए थे। मसलन 1762 में जब गाँव खेड़ी, परगना बहातरी से अकाल के कारण चाकर भाग खड़े हुए और कुछ पड़ोसी गाँवों से दूसरे लोग वहाँ आकर बस गए तो आमिल और फ़ौजदार ने उनसे भी बेगार लेने की कोशिश की जबकि उस गाँव के चाकरों को उन्हें दी गई सनद के मुताबिक़ इससे मुक्त रखा गया था।[31]

इज़ारेदार अपनी आधिकारिक स्थिति के कारण राज्य से छोटी या लंबी मुद्दत के समझौते के आधार पर केवल मालगुज़ारी वसूल करने का हक़ रखता था।[32] मगर परगना पहाड़ी के इसी नाम के क़स्बे में इजारेदार की इतनी मजाल थी कि उसने बेगार में किसानों की गाड़ियाँ और बैल हाँक लिए।[33]

गाँवों के चाकरों में लगता है कि एक जाति के रूप में हज्जामों को बेगार की ग़ैरक़ानूनी माँगों के कारण सबसे ज़्यादा तकलीफ़ उठानी पड़ी; जो भी उन पर प्रभुत्व रखता था, वही ऐसी माँग करने लगता था। मसलन 1726 में परगना फागी के क़स्बा फागी और (कुछ) गाँवों के हज्जामों ने सभी अधिकारियों के ख़िलाफ़ शिकायत दर्ज कराई कि वे उनसे पत्तल, दातुन और दियों की इतनी ज्यादा माँग कर रहे थे कि उनकी बरदाश्त से बाहर हो चुका था।[34] इसी तरह 1734 में परगना ग़ाज़ी का थाना के गाँव

धिगराया और बाहमनवास के हज्जामों ने जागीरदार और पटेल के ख़िलाफ़ पानी ढुलवाने और सरकारी अधिकारियों के ख़िलाफ़ बेगार कराने की शिकायत की।[35] उसी साल परगना टोडा रायसिंह के इसी नाम के क़स्बे में आमिल पर पत्तल देने के लिए हज्जामों को मजबूर करने के अलावा उनसे बहुत ज़्यादा बेगार लेने का इलज़ाम लगाया गया, इतना ज़्यादा कि उन्होंने क़स्बा छोड़ देने की धमकी भी दी।[36] रियासत के दीवान ने फिर आमिल को आदेश दिया कि ऐसी माँगों से बाज़ आए। 1751 में उस आमिल के ख़िलाफ़ फिर यही शिकायत दोहराई गई और तर्क यह था कि क़स्बे के हज्जामों ने कभी बेगार नहीं दिया था जबकि इस आशय की सनद के बावजूद आमिल अपनी माँगों पर अड़ा हुआ था।[37] संभवतः आमिल की लगातार वसूली के तोड़ के तौर पर इन हज्जामों ने 1742 और 1751 के बीच किसी समय बेगार से मुक्त रखे जाने की सनद हासिल कर ली थी। दिलचस्प बात यह है कि 18वीं सदी के मध्य में मराठों के जो एजेंट क़स्बा टोडा रायसिंह पर क़ाबिज़ थे उन्होंने हज्जामों से बेगार पाने का वैसा ही दावा किया जैसा कि राजपूत शासन के दौरान आमिल ने किया था।[38] पूरी संभावना इसकी है कि मराठों की माँगें आमिल की माँगों के अतिरिक्त थीं, क्योंकि हज्जामों की शिकायत पर उसे जो आदेश दिया गया था उसके अनुसार आवश्यक था कि न सिर्फ़ वह अपने लिए बेगार माँगने से बाज़ रहे बल्कि मराठों को भी न माँगने दे। तो भी लगता है कि उस क़स्बे के हज्जामों को कोई राहत नहीं नसीब हुई। कारण कि चार साल बाद वही शिकायत फिर दोहराई गई और आमिल को भी वैसे ही आदेश दिए गए।[39]

वसूलियों के दायरे का विस्तार सबसे नाटकीय ढंग से हुआ तो दस्तकारों के संदर्भ में, शायद इसलिए कि इस श्रेणी के ग्रामवासी परंपरा द्वारा ऐसी वसूलियों से मुक्त रखे गए थे; इसके केवल कुछ मामूली अपवाद थे जैसे कि कुम्हारों को गाँव के चौकीदार के लिए पानी लाना पड़ता था।[40] अहम बात यह है कि हमारे दस्तावेज़ों में एक-तिहाई से अधिक शिकायतें दस्तकारों के वर्ग द्वारा ही की गईं। जहाँ किसानों और (हज्जामों को छोड़कर) चाकरों के मुआमले में एक सुस्थापित प्रथा की यहाँ-वहाँ खींचतान की जा रही थी, वहीं दस्तकारों जैसे समूहों का सामना एक बिलकुल नई संवृत्ति से था जिसका अगर शुरू में ही विरोध न किया जाता तो वह 'प्रथा' का रूप ले सकती थी। दस्तकारों को करों के अलावा और किसी प्रकार की परंपरागत वसूली नहीं देनी होती है, और ऐन यही कारण रहा होगा कि जब भी मौक़ा हाथ लगता, लगभग हर स्थानीय अधिकारी—आमिल, फ़ौजदार, कोतवाल और 'सभी अधिकारी-गण[41] –दस्तकारों की वस्तुओं और सेवाओं को मुफ्त पाने का दावा करने लगता था। उन्होंने किसी न किसी उपाय से दस्तकारों के लगभग हर समूह पर अपनी जकड़ क़ायम करने की कोशिश की—जैसे सुनारों, रंगरेज़ों, दर्ज़ियों, तेलियों, धुनियों, बढ़इयों, मोचियों, लुहारों, कुम्हारों, आदि पर।

दस्तकारों से वसूलियाँ या तो बेगार के रूप में की जाती थीं या फिर उन्हें दाम लिए बिना अपनी वस्तुएँ देने को मजबूर किया जाता था, अकसर तो दोनों रूपों में वसूली होती थी। बेगार भी या तो उनके पेशे के मुताबिक उनसे सेवा के रूप में ली जाती थी या फिर बिल्कुल भिन्न प्रकार की सेवा ली जाती थी।

मसलन 1737 में क़स्बा गीजगढ़, परगना गीजगढ़ के तेलियों, बढ़इयों और कुम्हारों और साथ में हज्जामों ने स्थानीय कोतवाल के ख़िलाफ़ एक शिकायत दर्ज कराई।[42] जहाँ तेलियों को दाम लिए बिना हर माह 10 सेर तेल देने के लिए मजबूर किया जा रहा था, वहीं दूसरों के लिए बेगार का बोझ बरदाश्त के बाहर हो चुका था। इस कारण आमिल को आदेश दिया गया कि वह कोतवाल को बेगार लेने से रोके और दस्तकारों को उनकी वस्तुओं और सेवाओं, दोनों के दाम दिलवाए। 1739 में क़स्बा निवाई, परगना निवाई के सुनारों ने रिपोर्ट की कि फ़ौजदार ने चेतावनी दी थी कि अगर कोई भी गहने बनवाना चाहता है तो पहले उसकी इजाज़त लेकर बनवाए।[43] इस असाधारण आदेश के किसी कारण का उल्लेख नहीं किया गया है। पर चूँकि राज्य ने इस आदेश को वैध मानने से इनकार कर दिया था इसलिए ख़याल होता है कि यह शायद फ़ौजदार की अपनी पहल पर, उसकी कुछ अनुचित माँगें मानने से सुनारों के इनकार की सज़ा देने या उन पर ऐसी माँगें मानने का दबाव डालने के लिए जारी किया गया होगा।

मगर परगना पिड़ानी के फ़ौजदार ने थोड़ी ज़्यादा सावधानी बरतकर ही क़स्बे के रंगरेज़ों और दर्ज़ियों से यह माँग की कि वे उसे बेगार दें और मुफ्त में छींट का कपड़ा उपलब्ध कराएँ। उसने पहले उन पर बलात्कार करने का झूठा इलज़ाम लगाया![44]

1741 में क़स्बा चाटसू के दर्ज़ियों को परगने का आमिल दूसरी तरह के बेगार देने के अलावा गढ़ी और स्थानीय तालाब की सफ़ाई के लिए मजबूर कर रहा था।[45] साथ ही क़स्बे के तेलियों को भी असहनीय सीमा तक बेगार के लिए मजबूर किया जा रहा था।[46] तेली अपने जातिगत पेशे के अलावा घरूहला की सुविधासंपन्न खेती में भी रत थे[47] और दोनों के सिलसिले में बेगार से मुक्त थे। हद से ज़्यादा बेगार की शिकायतें क़स्बा फागी के तेलियों से जो इसी तरह घरूहला की खेती में रत थे, (1741)[48]। परगना फागी के धुनियों से (1741)[49] दोनों शिकायतें आमिल के ख़िलाफ़, गाँव चोरु, परगना चोरु के दो बढ़इयों से फ़ौजदार और आमिल के ख़िलाफ़ (1743)[50] क़स्बा टोडा रायसिंह के बढ़इयों से आमिल के ख़िलाफ़ (1742),[51] गाँव मनोहरपुर परगना सवाई जयपुर के दर्ज़ियों और रंगरेज़ों से आमिल के ख़िलाफ़ (1742)[52], क़स्बा ग़ाज़ी का थाना और कुछ पड़ोसी गाँवों के लुहारों और कुम्हारों से आमिल और फ़ौजदार के ख़िलाफ़ (1742),[53] और क़स्बा पिडायन के रंगरेजों की जाति-पंचायत के पंचों से फ़ौजदार और आमिल के ख़िलाफ़ (1743)[54] मिलीं। अंतिम उदाहरण में शिकायत करनेवालों ने यह ख़बर भी दी कि उनकी चारपाइयों और गद्दों को

वलाही[55] शायद फ़ौजदार और आमिल के आदेश से उठाकर ले जा रहे थे। इसी तरह दूसरे आधारों पर भी दस्तकारों को परेशान करने के मुआमले हैं। क़स्बा आमेर, परगना आमेर के एक सुनार ने 1740 में शिकायत की। उस पर एक ऐसा महसूल ठोंक दिया गया था जिसे उसके ख़ानदान में चार पुश्तों से किसी ने नहीं दिया था।[56] 1742 में गाँव मनोहरपुर, परगना सवाई जयपुर के दर्ज़ियों और रंगरेज़ों को आमिल बेगार के अलावा अपने झोपड़ों पर कर देने के लिए मजबूर कर रहा था, हालाँकि पहले उन्होंने इन दोनों में से कोई भी नहीं दिया था। क़स्बा टोडा रायसिंह के दर्ज़ियों को 1764 में आमिल उन खेतिहर पैदावारों को ख़रीदने पर मजबूर कर रहा था जो उसने मालगुज़ारी के तौर पर वसूल की थीं।[58] यह उनकी चारपाइयाँ और गद्दे उठवाने के अलावा था।

ग़ैरक़ानूनी बेगार के एक रूप के तौर पर गाड़ीवानी का एक दिलचस्प इशारा 1726 के एक आरंभिक दस्तावेज़ में मिलता है। परगना सांगानेर के आमिल को भेजी गई चिट्ठी में उसे आदेश दिया गया है कि वहाँ एक क़िला बनवाने के लिए ईंट-गारे की ढुलाई के वास्ते गाड़ियों का बंदोबस्त करे। कहा गया है कि 'गाड़ीवानों से ढुलाई का किराया उनकी पूरी रज़ामंदी के साथ तय किया जाए; किसी तरह की ज़बरदस्ती न हो, हालाँकि आपको सरकार का पैसा बचाने की कोशिश करनी चाहिए।'[59] ज़ाहिर है कि जब आमिलों के अपने सामान की ढुलाई का सवाल हो तो उनसे गाड़ीवानों के प्रति इतना दयावान होने की कम ही आशा की जा सकती थी।

इन वसूलियों के कारण अकसर उनके शिकारों और प्रभुत्वशाली समूहों के बीच ही नहीं बल्कि ख़ुद प्रभुत्वशाली समूहों के सदस्यों के बीच भी हितों के टकराव पैदा हुए। कारण कि अगर एक ऐसे वसूलियाँ करता तो दूसरे को मौक़ा नहीं मिलता था। किसी जागीरदार या इजारेदार के मुआमले में इसके कारण उसकी मालगुज़ारी भी कम हो जाती थी। इस प्रक्रिया में कुछ लोग दूसरे समूहों द्वारा शोषण के ख़िलाफ़ किसानों, दस्तकारों और चाकरों के हितों के पक्षधर भी बन जाते थे। मसलन 1741 में किसी अभयसिंह नरूका ने, जो एक गाँव के एक बड़े भाग का जागीरदार और बाक़ी भाग का इज़ारेदार था, शिकायत की कि गाँव से ग़ैरक़ानूनी बेगार लेकर आमिल उसके लिए परेशानी खड़ी कर रहा था।[60] इसी तरह 1753 में गाँव निवोरो, परगना चाटसू के जागीरदार ने शिकायत की कि ज़मींदार काश्तकारों से बेगार ले रहा था।[61] गाँव खेड़ली, परगना बाहतरी के जागीरदार ने ख़बर दी कि अकाल के कारण उसके गाँव के चाकर भाग गए थे और कुछ दूसरे गाँवों से उनके भाईबंद वहाँ आकर बस गए थे, मगर फ़ौजदार और आमिल उनसे वह बेगार लेने की कोशिश कर रहे थे जिससे उस गाँव के चाकर मुक्त रखे गए थे।[62] ज़ाहिर है कि आमिल और फ़ौजदार इस छूट की व्याख्या यूँ कर रहे थे जैसे वह चाकर पेशों के विशेष व्यक्तियों के लिए रही हो जबकि जागीरदार का ख़याल था कि यह छूट ख़ुद गाँव को दी गई थी। राज्य ने बाद वाली व्याख्या का अनुमोदन किया। दिलचस्प बात यह है कि वसूलियों के ख़िलाफ़ की गई शिकायतों में

पटेल लगभग हमेशा ही अपने गाँव का पक्ष लेता था।

प्रभुत्वशाली समूहों के हितों के टकराव से कभी-कभी वसूलियों के शिकार लोगों को कुछ राहत मिल जाती थी। एक दिलचस्प मुआमले में गाँव सबराय, परगना ग़ाज़ी का थाना के ज़मींदार ने 1765 में शिकायत की कि उसके गाँव के इजारेदार ने ज़मींदार को बेगार देनेवाले किसी भी चाकर पर जुर्माना ठोंकने की धमकी दी थी।[63] मगर उसकी शिकायत राज्य की ओर से मान ली गई और बेगार फिर शुरू हो गया। इस तरह चाकरों को मिली राहत अल्पजीवी ही रही।

दो

इरफ़ान हबीब ने लिखा है कि मुग़ल साम्राज्य के दौरान ज़मींदारों और सरकारी अधिकारियों को चाकरों से बेगार पाने का अधिकार था। चाकर उन्हें यह बेगार उनके सामान ढोकर और उनकी सवारी के आगे-आगे चलकर देते थे। इसके अलावा वे 'मदद-ए-मआश' पानेवालों की शिकार के दौरान सहायता भी किया करते थे।[64] मगर यह 'उत्पादक कार्य के एक नियमित अंग की बजाए अधिकारियों द्वारा कुछ बाशिंदों पर लादा गया एक अपवाद क़िस्म का श्रम' होता था।[65] पर हमारी विवेचना के क्षेत्र और काल में परंपरासम्मत बेगार में भी कुछ अधिक विविधता और अधिक तीव्रता भी दिखाई देती है। कारण कि कुछ क्षेत्रों में न सिर्फ यह कि चाकरों के अलावा किसान भी इसके लिए मजबूर हैं बल्कि खेतिहर उत्पादन में भागीदारी भी एक प्रकार का जबरी श्रम है। खेतिहर उत्पादन में किराए के, पारिवारिक या बँटाईदारी के श्रम के सापेक्ष जबरी श्रम के भाग का निर्धारण करना संभव नहीं है, और संभव है कि यह कोई निर्णायक भाग न हो। पर इस संवृत्ति का अवश्य अस्तित्व था।

ख़ासकर बेगार की ये शिकायतें पूर्वी राजस्थान के लगभग हर प्रकार के प्रशासन वाले क्षेत्रों से मिली हैं; ये वे क्षेत्र थे जो जयपुर के राजाओं के 'वतन' थे अर्थात उनकी 'गद्दी' जो उनको जागीरस्वरूप मिली थी। या जिन्हें वे शाही जागीरदारों से इजारे पर लेते थे। इस तथ्य से और साथ ही मुग़ल साम्राज्य की (और मराठाशाही की भी) तुलना में वसूली के रूपों और परिणाम-संबंधी थोड़े से अंतर से शायद यह संकेत मिले कि साम्राज्य में जयपुर रियासत के एकीकरण से पहले और बाद में भी ऐसी वसूलियाँ होती रहीं। फिर लगता है कि राज्य ने इस बारे में अपने सभी क्षेत्रों के लिए एकरस क़ानून बनाने की बजाए स्थानीय प्रथा को ही स्वीकार कर लिया।

एक बार सामाजिक और प्रशासनिक ढाँचे में जबरी श्रम और दूसरे रूपों में वसूलियों की प्रथा का स्थान निश्चित हो गया और उनके कारण समाज के प्रभुत्वशाली वर्गों का वर्चस्व सुनिश्चित हो गया तो उनको 'परंपरासम्मत' सीमाओं से आगे खींचने

की कोशिश लगभग लाज़मी थी। हो सकता है कि राजनीतिक और प्रशासनिक संस्थाओं के स्तर पर कोई अध्ययन इस पहलू की उपेक्षा करे। कारण कि सीमाओं का यह विस्तार मुख्यतः स्थानीय या गाँव के स्तर पर होता है जहाँ समाज की सम्पत्ति के उत्पादक रूप में किसान, दस्तकार और चाकर उन लोगों के फ़ौरी संपर्क में होते हैं जो उनके अधिशेष का अधिग्रहण करते हैं।

जैसाकि हमने देखा है, कुछ हद तक बेगार को और ख़ास-ख़ास मौक़ों पर दूध-दही और चारपाई-बिस्तर की व्यवस्था के रूप में कुछ और छोटी-छोटी वसूलियों को परंपरा का अनुमोदन प्राप्त था। उस सदी में आगे चलकर इन वसूलियों के दायरे और तीव्रता का विस्तार हुआ। यह संभव है कि इस विकासमान प्रवृत्ति का वास्तविक परिमाण, जितना दर्ज है उससे कहीं बहुत अधिक हो। कारण कि हम संभवतः यह मान सकते हैं कि जिन शिकायतों पर यह लेख आधारित है उनकी संख्या ग़ैरक़ानूनी वसूलियों की वास्तविक संख्या से काफ़ी कम हो। हम यह भी मान सकते हैं कि शिकायतें ज़्यादातर परंपरा के घोर उल्लंघन के मुआमलों में ही की जाती थीं और यह कि छोटे-छोटे उल्लंघनों की शिकायतें नहीं होती थीं।

अहम बात यह है कि इस प्रकार की वसूलियों में किसानों, दस्तकारों और चाकरों के शोषण में यह तीव्रता लगभग हर उस शख़्स के कारण आई जो कोई माँग कर सकने की स्थिति में था, चाहे वह आमिल हो, फ़ौजदार, जागीरदार या ज़मींदार हो या स्थानीय स्तर पर इज़ारेदार ही हो। लेकिन तीव्रता की इस प्रक्रिया में सबसे बड़ी भूमिका सरकारी अधिकारियों की थी। इनमें दो-तिहाई शिकायतें आमिलों और दूसरे अधिकारियों के ख़िलाफ़ हैं जिन पर अपने अधिकार-क्षेत्र के बाशिंदों पर कोई ज़्यादती न होने देने की ज़िम्मेदारी आती थी। राज्य का रवैया ज़्यादातर ठंडा ही होता था, सिवाय उन मुआमलों के जिनमें किसान, दस्तकार या चाकर सचमुच भाग खड़े होते थे या उनके भागने का ख़तरा पैदा हो जाता था। किसानों या दस्तकारों के भागने की सूरत में राज्य की माल गुज़ारी सीधे-सीधे कम होती थी, और जब चाकर भागते थे तो उनके श्रम की अनुपलब्धता से उत्पादन कम होता था और मालगुज़ारी अप्रत्यक्ष रूप से कम हो जाती थी। मगर किसी भी मुआमले में ग़ैरक़ानूनी वसूलियों के ख़िलाफ़ किसी को सज़ा देने का कोई ज़िक्र नहीं मिलता। कहा जा सकता है कि समूचे शासकवर्ग के हित में सामाजिक या राजनीतिक रूप से प्रभुत्वशाली किसी समूह के हाथों किसानों आदि के शोषण पर नियंत्रण रखना राज्य की नीति रही होगी। राज्य सचमुच इस नियंत्रण का व्यवहार कर सका या नहीं, यह किसी विशेष समय में अनेक कारणों पर निर्भर रहा होगा, ख़ासकर अर्थव्यवस्था की स्थिति पर तथा राजनीतिक और प्रशासनिक नियंत्रण की सीमा पर। लगता है कि 1650 के आसपास से लेकर 18वीं सदी के अंत तक के काल में पूर्वी राजस्थान की खेतिहर अर्थव्यवस्था के दो चरण रहे। पहला चरण लगभग एक सदी तक और दूसरा इसके मोटे तौर पर आधे समय तक जारी रहा।

इस काल के पहले सौ वर्षों में खेतिहर उत्पादन तथा मूल्यों की ऊर्ध्व गतिशीलता, दोनों की दृष्टि से एक प्रगति आई।[66] ख़रीफ़ के मौसम की नक़द फ़सलों के उत्पादन में थोड़ी-सी वृद्धि हुई, पर ख़रीफ़ की फ़सलों के मुक़ाबले रबी की फ़सलों का भाग कुल मिलाकर बढ़ा। इस क्षेत्र में रबी की फ़सलों के लिए पर्याप्त पूँजी-निवेश आवश्यक था। इससे अतिरिक्त निवेशयोग्य अधिशेष की उपलब्धता का संकेत मिलता है। इसी तरह मूल्यवृद्धि से भी किसानों को लाभ मिला, हालाँकि स्वाभाविक रूप से यह लाभ अलग-अलग समूहों के बीच असमान रूप से बँटा। हमारे काल के पहले सौ वर्षों में काश्तकारों ने नक़द मालगुज़ारी देने की इच्छा जताई (और इसके लिए 'ज़ब्ती' फ़सलें उगाने लगे जिन पर मालगुज़ारी नक़दी ली जाती थी),[67] और फिर 18वीं सदी के उत्तरार्ध में जबकि कीमतें उतार पर थीं, वे नक़द की जगह सामान के रूप में मालगुज़ारी देने लगे (इसके लिए वे वापस 'जिंसी' फ़सलों की काश्त पर उतर आए जिन पर मालगुज़ारी सामान के रूप में ली जाती थी)[68]—यह मूल्यवृद्धि के कारण उनके हाथों में आए अतिरिक्त अधिशेष का एक रोचक प्रमाण है।

खेतिहर अर्थव्यवस्था के दूसरे चरण में ये सुखद प्रवृत्तियाँ उलट गईं। खेतिहर उत्पादन के पैमाने और मूल्यों, दोनों का ह्रास हुआ। 1740 के दशक के बाद मूल्यों में गिरावट की प्रवृत्ति देखी गई।[69] उत्पादन के ह्रास का कालक्रम में स्थान निश्चित करना थोड़ा मुश्किल है, पर 18वीं सदी के उत्तरार्ध में यह प्रवृत्ति असंदिग्ध थी।[70] क़स्बों में नक़दी फ़सलों के उत्पादन का ह्रास ख़ासकर स्पष्ट था और इसका प्रतिकूल प्रभाव दस्तकारों पर भी पड़ा।[71]

अर्थव्यवस्था के इस परिवर्तन से इस क्षेत्र का पूरा देहाती इलाक़ा प्रभावित हुआ होगा हालाँकि विभिन्न वर्गों और प्रत्येक वर्ग के अलग-अलग खंडों पर इसका प्रभाव भी अलग-अलग पड़ा होगा, और सबसे बड़ा धक्का उन लोगों को लगा होगा जो उसे झेलने में सबसे कम समर्थ थे। इसलिए कि इस आधी सदी में देहातों में बढ़ती ग़रीबी के तथा छोटे किसानों और संभवतः दूसरे ग़रीब समूहों की बढ़ती क़र्ज़दारी के असंदिग्ध प्रमाण मिलते हैं।[72] इस काल के अनगिनत दस्तावेज़ों का एक प्रारंभिक विश्लेषण यह संकेत भी देता है कि हमारे क्षेत्र में 18वीं सदी के उत्तरार्ध में अकालों की बारंबारता भी बढ़ गई थी।[73] फिर भी अहम बात यह है कि कीमतों में कमी अनाजों समेत खेतिहर उत्पादन की कमी के साथ आई।[74] इससे क्रयशक्ति में कमी के कारण माँग में हुई कमी का संकेत मिलता है जबकि वस्तुओं की उपलब्धता कम हो रही थी। यह मानना कोई अतिशयोक्ति नहीं होगी कि क्रयशक्ति की गिरावट से सबसे पहले वही लोग प्रभावित हुए जो मात्र जीवनरक्षा के लिए उसके सबसे बड़े ज़रूरतमंद थे।[75]

इन घटनाक्रमों के फलस्वरूप देहातों में विभिन्न वर्गों या उनके भागों के आपसी संबंध काफी बदले होंगे, और जो लोग जीवन-निर्वाह के साधन दे सकते थे उन पर छोटे किसानों, दस्तकारों और चाकरों की निर्भरता बढ़ी होगी।

संभवतः यही परिवेश था जिसमें सामाजिक-राजनीतिक रूप से प्रभुत्वशाली लगभग सभी लोगों ने वसूलियों की 'परंपरासम्मत' सीमाओं को फैलाने का प्रयास किया। इसमें प्रशासनतंत्र पर राज्य की पकड़ में आई कमी का योगदान भी रहा।

जब मुग़ल साम्राज्य का पतन हो रहा था तब भी उसकी कुछ घटक इकाइयों ने साम्राज्य से विरासत में मिली प्रशासन-व्यवस्था को, कमोबेश और कम या ज़्यादा समय तक, यथावत रखने में उल्लेखनीय आसक्ति दिखाई। जयपुर रियासत ऐसी ही इकाइयों में एक थी। सवाई जयसिंह के शासनकाल (1700-43) में रियासत ने विभिन्न उपायों से अपने प्रभावक्षेत्र का विस्तार किया, भारी सांस्कृतिक ऊँचाइयों को छूने लगी और अपने प्रशासनतंत्र पर एक हद तक नियंत्रण बनाए रखा।[76] लेकिन उनके शासनकाल के बाद राज्य का तेजी से पतन हुआ। इस इलाक़े पर मराठों के कामयाब धावे इस पतन के प्रतिबिंब भी थे और उसके एक आंशिक कारण भी।

फलस्वरूप राज्य के अंदर केंद्रीय नियंत्रण में आई ढील के कारण प्रशासनिक सत्ता का स्थानीकरण हुआ। सत्ता के इसी स्थानीकरण का एक प्रतिबिंब यह था कि किसानों आदि से बहुत ज़्यादा वसूलियों की शिकायतों पर दीवान द्वारा आमिलों को दिए गए आदेश कभी-कभी अनदेखे कर दिए जाते थे और, फिर वे शिकायतें दोहरानी पड़ती थीं।[77] सामान्य स्थिति तक में अधिकारियों की बढ़ती स्वायत्तता के कारण स्थानीय अधिकारी किसानों, दस्तकारों और चाकरों की बढ़ती लाचारी का नाजायज़ फ़ायदा उठाने से परहेज़ नहीं करते थे; आए दिन के तबादलों और ख़ासकर आमिलों के तबादलों के कारण उनका लोभ और बढ़ा। एक आमिल एक परगने में औसतन तीन साल तक रहता था।[78] ज़्यादातर साहों (साहुओं, सूदख़ोरों) की जाति से संबंधित ये आमिल अनेक स्थानीय कुलीनों को ऋण देने के कारण प्रशासनिक सत्ता के उच्चतर स्तरों पर एक अतिरिक्त प्रभाव भी रखते थे।[79] इसलिए कोई असाधारण चरित्रवाला व्यक्ति ही किसी परगने में अपने संक्षिप्त कार्यकाल का हर संभव उपाय से लाभ उठाने की कोशिश से बाज़ आता; परंपरासम्मत वसूलियों की सीमाओं को फैलाना भी इन कोशिशों में शामिल था। यह भी सोचा जा सकता है कि ग़ैरक़ानूनी वसूलियों से मिले लाभ प्रभुत्वशाली वर्गों के विभिन्न भागों के बीच असमान रूप से बँटते रहे होंगे और सबसे प्रभावशाली भाग को सबसे बड़ा हिस्सा मिलता रहा होगा। हमें प्राप्त 48 शिकायतों में से 32 आमिलों तथा फ़ौजदार और कोतवाल जैसे दूसरे अधिकारियों के ख़िलाफ़ हैं, और इन 32 में से 20 तो उन क़स्बों के दस्तकारों की हैं जहाँ ये आमिल रहते थे। आमिल और एक हद तक उसके अधीन सहायक जैसे फ़ौजदार और कोतवाल किसानों, दस्तकारों और चाकरों की बढ़ती निर्भयता तथा अपनी खुद की बढ़ती सत्ता का पूरा-पूरा फ़ायदा उठाने की हालत में थे।

जहाँ तक विभिन्न प्रभुत्वशाली समूहों के बीच अतिरिक्त वसूलियों के वितरण का सवाल था, अर्थव्यवस्था की प्रकृति भी संभवतः आमिलों और दूसरे अधिकारियों के

पक्ष में थी। मध्यकालीन भारत की खेतिहर अर्थव्यवस्था मूलतः एक स्वतंत्र किसान अर्थव्यवस्था थी,[80] और खेतिहर उत्पादन के लिए जबरी श्रम का इस्तेमाल ज़्यादा से ज़्यादा हाशियाई हैसियत रखता था। संभव है कि श्रम की दुर्लभता मध्यकालीन भारतीय कृषि के लिए कोई नाज़ुक समस्या न रही हो जिसके कारण जबरी श्रम का संस्थायन आवश्यक होता; जो भी श्रम आवश्यक था वह मामूली से प्रतिफल के बदले चाकर वर्ग से मिल जाता होगा जिसमें चमारों जैसे भूमिहीन खेत मज़दूर भी शामिल थे। इसलिए बढ़ी हुई वसूलियों का प्रमुख रूप यह होगा कि अनुत्पादक कार्यों में बेगार का उपयोग किया जाता होगा और वस्तुएँ बिना दाम दिए ली जाती होंगी। और प्रशासनिक सत्ता पर अधिकार रखने वाले तथा खेतिहर उत्पादन में शायद ही प्रत्यक्ष भाग लेने वाले आमिल और दूसरे अधिकारी इस स्थिति में ग़ैरक़ानूनी वसूलियों का बड़ा भाग पाने की हालत में थे हालाँकि इनके लाभ दूसरे समूहों को भी मिले।

अपने अधिकारियों की ग़ैरक़ानूनी माँगों पर रोक लगाने में राज्य की बढ़ती असमर्थता के चलते किसानों, दस्तकारों और चाकरों के पास बस यही उपाय रह गया कि वे इन माँगों पर रोक लगाने के लिए अपने ही दम पर निष्क्रिय या सक्रिय प्रतिरोध करें। या तो गाँव से सचमुच भागना या भागने की धमकी देना इस प्रतिरोध का रूप हो सकता था। दिलचस्प बात यह है कि ऐसे पलायन के मुआमलों में दीवान हर बार अधिकारियों को भागनेवालों को, ज़ाहिर है उनकी शर्तों को मानकर, वापस बुलाने की सख़्त हिदायत देता। इससे अधिकारियों का जो अपमान होता था वह ऐसी दशा में राज्य के लिए चिंता का विषय नहीं था जब उसके बुनियादी आर्थिक हित दाँव पर लगे थे; साथ ही वह अपनी वंचित प्रजा के रक्षक होने का दिखावा भी कर सकता था।

संदर्भ और टिप्पणियाँ

1. मसलन जहाँ चिट्ठी चैत्र सुदी 6, विक्रमी संवत (वि.) 1825/ ई. 1768 के अनुसार गाँव चत्रपुरा, परगना चाटसू के किसान फ़सल के समय जागीरदार को बेगार देने के लिए बाध्य थे, वहीं चिट्ठी माघ सुदी 1, 1811 वि./ 1754 के अनुसार गाँव खुरनाला, परगना ग़ाज़ी का थाना का जागीरदार ऐसा बेगार नहीं ले सकता था। इसी तरह परगना ग़ाज़ी का थाना के आमिल को लिखी गई चिट्ठी चैत्र सुदी 15, 1825 वि. / 1768 के अनुसार ज़मींदार कुछ इलाक़ों में अपने बसाए हुए क्षेत्र में कोठड़ी की बेगार (फ़सल के समय बेगार और दूसरी छोटी-मोटी सेवाएँ) ले सकता था, वहीं दूसरे मुआमलों में गाँव खुरनाला, परगना मौज़ाबाद से संबंधित चिट्ठी सावन सुदी 12, वि. 1811/ 1754 के अनुसार उसे ऐसा कोई अधिकार नहीं था। सच तो यह है कि एक ही परगने, यहाँ मौज़ाबाद, के अंदर भी कुछ गाँवों में कोठड़ी की बेगार की इजाज़त नहीं थी (उपरोक्त), जबकि आमिल को लिखी गई चिट्ठी पोष वदी 7, वि. 1827/1770 के अनुसार कुछ दूसरे मुआमलों में इसकी इजाज़त थी। लेकिन प्रथा में ग्राम स्तर के अंतरों के उदाहरण दुर्लभ हैं।
2. चाकर सामाजिक रूप से जाति-सोपान के सबसे निचले स्तरों के लोग थे। आर्थिक दृष्टि से फ़सल

की बुवाई और कटाई के समय किसानों की सहायता करने के बदले उन्हें उपज का एक मामूली सा भाग दिया जाता था। मलारना और टोंक परगना में 1752 और 1766 के दो दुर्लभ दस्तावेज़ों में उनका भाग क्रमशः 0.6 और 0.9 प्रतिशत निर्धारित किया गया था। दिलबाग़ सिंह, पूर्वोक्त, पृ. 53 देखें। इसके अलावा उन्हें समाज के विभिन्न भागों को बेगार भी देना होता था जिसकी विवेचना आगे की जाएगी। अहम बात यह है कि चाकरों को 'बेगारी' भी कहा जाता था, उपरोक्त, इरफ़ान हबीब, *एग्रेरियन सिस्टम ऑफ़ मुग़ल इंडिया,* मुंबई, 1963, पृ. 150 की टिप्पणी, और एच फुकाज़ावा, 'ए नोट ऑन द कार्वी सिस्टम (वेठबेगार) इन एटींथ सेंचुरी मराठा किंगडम', *साइंस एंड ह्यूमन प्रोग्रेस (एस्सेज़ इन ऑनर ऑफ़ द लेट प्रोफ़ेसर डी. डी. कोशांबी),* मुंबई, 1974, पृ. 12 भी देखें।

3. दस्तकारों से संबंधित हमारे सभी दस्तावेज़ों में उनके किसी भी वसूली से मुक्ति के दावे को राज्य ने स्वीकार किया है। केवल एक दस्तावेज़ में कुम्हारों से गाँव के चौकीदार के लिए पानी लाने की अपेक्षा की गई है; चिट्ठी आसाढ़ वदी 13, वि. 1799/ 1742 देखें जिसका संबंध गाँव धींगराया और बाहमनवास, परगना ग़ाज़ी का थाना से है।
4. चिट्ठी बैशाख सुदी 15, वि. 1826/ 1769, गाँव मुंडावरी, परगना मलारना।
5. चिट्ठी सावन सुदी 1, वि. 1811/1754, परगना मौज़ाबाद; दिलबाग सिंह, पूर्वोक्त, पृ. 85 पर उद्धृत।
6. चिट्ठी पौष सुदी 14, वि. 1820/ 1763, परगना चाटसू।
7. चिट्ठी सावन सुदी 12, वि. 1811/1754 गाँव खुरनाला, परगना मौज़ाबाद।
8. चिट्ठी चैत्र सुदी 6, वि. 1825/1768, गाँव चत्रपुरा, मौज़ा चाटसू।
9. हमारे पाँच दस्तावेजों में चाकरों और दस्तकारों के गाँव से सचमुच भागने का ज़िक्र हुआ है और नौ दूसरे दस्तावेज़ों में विभिन्न समूहों की भागने की धमकी उनकी इस घोषणा में निहित है कि वसूलियों के बोझ के कारण 'अब वे और अपना काम जारी नहीं रख सकते।' चाकर सिर्फ़ बेगार की शिकायत कर सकते थे कि उनके पास बहरहाल देने को कुछ और नहीं होता था।
10. इन शब्दों की व्याख्या के लिए दिलबाग़ सिंह, पूर्वोक्त, पृ. 28-43 देखें।
11. चिट्ठी चैत्र सुदी 6, वि. 1825/1768, गाँव चत्रपुरा, परगना चाटसू।
12. चिट्ठी माघ सुदी, 1, वि. 1811/1754, गाँव खुरनाला, परगना ग़ाज़ी का थाना।
13. इसके लिए साक्ष्य आगे दिए जाएँगे।
14. चिट्ठी माघ वदी, वि. 1820/1763, क़स्बा बसवा, परगना बहातरी। इरफ़ान हबीब, पूर्वोक्त, पृ 248 भी देखें।
15. 'पडना' नाम की ऐसी जबरी बिक्री की परिभाषा के लिए चिट्ठी असोज सुदी 6, वि. 1794/1737-देखें जो परगना निवाई के आमिल के नाम थी। गाँव सकरखौदा, परगना चाटसू के जागीरदार के कारिंदे ने 1749 में शिकायत की कि आमिल (संभवतः गाँव पर) 'पड़ना' लाद रहा था; चिट्ठी माघ श्री वदी 5, वि. 1806 देखें। चिट्ठी जेठ सुदी 6, वि. 1821 के अनुसार 1764 में क़स्बा टोडा रायसिंह के दर्ज़ियों ने अपने आमिल के ख़िलाफ़ ऐसी ही शिकायत दर्ज कराई थी।
16. चिट्ठी असोज वदी 7, वि. 1783/1726, क़स्बा फागी और कुछ गाँव, परगना फागी; चिट्ठी पौष सुदी 13, वि. 1799/1742, क़स्बा टोडा रायसिंह, परगना टोडा रायसिंह।
17. चिट्ठी माघश्री वदी 3, वि. 1810.
18. चिट्ठी सावन वदी 12, वि. 1811.
19. चिट्ठी सावन सुदी1, वि. 1811.
20. चिट्ठी पौष वदी 7, वि. 1827.

21. चिट्ठी जेठ सुदी 7, वि. 1825/ 1768; शिकायत का संबंध गाँव टोडा, परगना ग़ाज़ी का थाना से है।
22. चिट्ठी माघ सुदी 5, वि. 1819/1762; गाँव खुरनाला, परगना मौज़ाबाद।
23. चिट्ठी बैशाख सुदी 15, वि. 1826/1769, गाँव मुंडावरी, परगना मलारना।
24. उपरोक्त।
25. चिट्ठी चैत्र सुदी 6, वि. 1825/1768, गाँव चत्रपुरा, परगना चाटसू।
26. चिट्ठी बैशाख सुदी 15, वि. 1821/1764.
27. चिट्ठी माघ वदी 7, वि. 1820/1763.
28. चिट्ठी जेठ सुदी 13, वि. 1820/1763, गाँव अभनेरी, परगना लालसोट।
29. उपरोक्त।
30. गाँव खेड़ली, परगना बहातरी के चाकरों को आमिल और फ़ौजदार को बेगार देने से दी गई विशेष छूट का अभिप्राय यही है; चिट्ठी भादों वदी 6, वि. 1819/1762 देखें।
31. उपरोक्त।
32. दिलबाग़ सिंह, 'इजारा सिस्टम ऑफ़ ईस्टर्न राजस्थान (1750-1800)', *प्रोसीडिंग्स ऑफ़ द इंडियन हिस्ट्री काँग्रेस,* खंड 6, 1973, पृ. 60-69 देखें।
33. चिट्ठी सावन सुदी 3, वि. 1817/1760.
34. चिट्ठी असोज वदी 7. वि. 1783.
35. चिट्ठी आसाढ़ वदी 13, वि. 1799.
36. चिट्ठी पौष सुदी 13, वि. 1799.
37. चिट्ठी सावन सुदी 2, वि. 1808.
38. उपरोक्त।
39. चिट्ठी फागुन सुदी 8, वि. 1811/1754.
40. चिट्ठी माघ सुदी 5, वि. 1789/ 1732, क़स्बा निवाई, परगना निवाई।
41. पिछली टिप्पणी में जिन कुम्हारों का हवाला दिया गया है उन्होंने पानी लाने के लिए मजबूर करने वाले 'सभी अफ़सरों' के ख़िलाफ़ शिकायत की थी जबकि प्रथा के अनुसार उनको सिर्फ़ गाँव के चौकीदार के लिए पानी लाना था।
42. चिट्ठी फागुन सुदी 12, वि. 1794.
43. चिट्ठी माघ सुदी 12, वि. 1796.
44. चिट्ठी चैत्र सुदी 9, वि. 1798/ 1741.
45. चिट्ठी पौष वदी 2, वि. 1798.
46. चिट्ठी आसाढ़ सुदी 8, वि. 1798/1741.
47. घरुहला के काश्तकार जो रिआयती अर्थात छूट पानेवाले भी कहलाते थे, राज्य को साधारण काश्तकारों अर्थात् रैयती से काफ़ी कम मालगुज़ारी देते थे; दिलबाग़ सिंह, 'लोकल एंड लैंड रेवेन्यू एडमिनिस्ट्रेशन', पृ 16-17 देखें। उनका वक्तव्य है कि घरुहला की रिआयतें ब्राह्मणों, राजपूतों और वैश्यों (पेशे नहीं, जाति से, महाजनों) जैसी ऊँची जातियों तक और पटेलों, जमींदारों आदि उच्चतर अधिकारों के पात्रों तक सीमित होती थीं, बशर्ते कि वे खेती से लगे हों; उपरोक्त, पृ. 11-12 देखें। मगर हमारे दो दस्तावेज़ों में तेलियों के भी घरुहला के काश्तकार होने का ज़िक्र मिलता है जिसकी रोशनी में उपरोक्त वक्तव्य में संशोधन आवश्यक है। मगर निश्चित ही उपलब्ध बाक़ी साक्ष्य दिलबाग़ सिंह के निष्कर्ष की भारी पुष्टि करते हैं।
48. चिट्ठी सावन सुदी 3, वि. 1798.

49. चिट्ठी सावन सुदी 6, वि. 1798.
50. चिट्ठी चैत्र वदी 12, वि. 1800.
51. चिट्ठी आसाढ़ वदी 7, वि. 1799.
52. चिट्ठी असोज सुदी 5, वि. 1799.
53. चिट्ठी कार्तिक सुदी 14, वि. 1799.
54. चिट्ठी फागुन सुदी 8, वि. 1800.
55. 'वलाही' मुर्दा जानवरों की खाल उतारते थे।
56. चिट्ठी सावन सुदी 9, वि. 1797.
57. चिट्ठी असोज सुदी 5, वि. 1799.
58. चिट्ठी जेठ सुदी 6, वि. 1823.
59. चिट्ठी फागुन सुदी 9, वि. 1783.
60. चिट्ठी फागुन वदी 1, वि. 1798, गाँव रुडाहेली, परगना पौंखर
61. चिट्ठी माघ सुदी 6, वि. 1810.
62. चिट्ठी भादों वदी 6, वि. 1819/1762.
63. चिट्ठी जेठ वदी 6, वि. 1822.
64. इरफ़ान हबीब, पूर्वोक्त, पृ 150 और 248.
65. मराठा साम्राज्य में 18वीं सदी में बेगार की ऐसी ही प्रकृति के बारे में उपरोक्त पृ. 293; एच फुकाज़ावा, पूर्वोक्त, पृ. 121.
66. एस. नूरुल हसन, के. एन. हसन और एस. पी. गुप्त, 'द पैटर्न ऑफ़ एग्रीकल्चरल प्रोडक्शन इन द टेरिटरीज ऑफ़ आंबेर (सर्का 1650-1750)', *प्रोसीडिंग्स ऑफ़ द इंडियन हिस्ट्री काँग्रेस,* मैसूर में आयोजित 28वाँ सत्र, अलीगढ़, 1966, पृ. 244-64; एस. नूरुल हसन और एस. पी. गुप्त, 'प्राइस ऑफ़ फूड ग्रेंस इन द टेरिटरीज़ ऑफ़ आंबेर (सर्का 1650-1750)'. *प्रोसीडिंग्स ऑफ़ द इंडियन हिस्ट्री काँग्रेस,* पटियाला में आयोजित 29वाँ सत्र, पटना, 1968 पृ. 345-68, देखें। एस. पी. गुप्त के इसी आशय के निष्कर्ष का, जो उनके अप्रकाशित शोध-प्रबंध 'लैंड रेवेन्यू एडमिनिस्ट्रेशन इन ईस्टर्न राजस्थान' में मिलता है, एक सार-संक्षेप दिलबाग़ सिंह ने 'लोकल एंड लैंड रेनेव्यू एडमिनिस्ट्रेशन' में पृ. 161 पर दिया है।
67. एस. नूरुल हसन, के. एन. हसन और एस. पी. गुप्त, पूर्वोक्त, पृ. 245.
68. दिलबाग़ सिंह, 'लोकल एंड लैंड रेवेन्यू एडमिनिस्ट्रेशन', पृ. 151.
69. एस. नूरुल हसन और एस. पी. गुप्त, पूर्वोक्त, पृ 353 और आगे; दिलबाग़ सिंह, 'लोकल एंड लैंड रेवेन्यू एडमिनिस्ट्रेशन', पृ 154.
70. दिलबाग़ सिंह, 'लोकल एंड लैंड रेवेन्यू एडमिनिस्ट्रेशन', पृ. 106, 110-11, 113, 161
71. उपरोक्त, पृ. 112.
72. उपरोक्त, पृ. 113; साथ में दिलबाग़ सिंह, 'रूरल इनडेटेडनेस इन ईस्टर्न राजस्थान ड्यूरिंग द एटींथ सेंचुरी', *प्रोसीडिंग्स ऑफ़ राजस्थान हिस्ट्री काँग्रेस,* खंड 7, 1974, पृ. 83-89 भी देखें।
73. एस. पी. गुप्त और दिलबाग़ सिंह, 'फेमीन्स इन द टेरिटरीज़ ऑफ़ आंबेर (सर्का 1660-1770)', *प्रोसीडिंग्स ऑफ़ राजस्थान हिस्ट्री काँग्रेस,* खंड 8, 1975.
74. दिलबाग़ सिंह, 'लोकल एंड लैंड रेवेन्यू एडमिनिस्ट्रेशन', पृ. 161.
75. अर्थव्यवस्था के इन विकासक्रमों के कारणों की छानबीन आवश्यक नहीं है क्योंकि यहाँ हमारा सरोकार देहातों के आर्थिक ह्रास के तथ्य मात्र से है। मगर दिलबाग़ सिंह ने इसका कारण मराठों के हमलों और फलस्वरूप रबी की फ़सल में पूँजीनिवेश के प्रति किसानों की अनिच्छा को

बतलाया है, 'लोकल एंड लैंड रेवेन्यू एडमिनिस्ट्रेशन', पृ 111 देखें।

76. इस शासनकाल के एक विस्तृत और समर्थ मगर थोड़ा-सा प्रशंसापूर्ण अध्ययन के लिए वी. एस. भटनागर, *लाइफ एंड टाइम्स ऑफ़ सवाई जयसिंह,* 1688-1743, दिल्ली, 1974 देखें।

77. हमारे दस्तावेज़ों में शिकायत के दोहराए जाने का केवल एक उदाहरण मिलता है। इसे क़स्बा टोडा रायसिंह के हज्जामों ने, जिनका हवाला ऊपर दिया जा चुका है, आमिल के बेगार लेने के ख़िलाफ़ दोहराया था। लेकिन दूसरे आठ दस्तावेज़ ऐसे दोहराव के ख़िलाफ़ चेतावनी देते हैं जिनसे संकेत मिलता है कि शिकायत दोहराने का सिलसिला पर्याप्त लंबा था।

78. दिलबाग़ सिंह, 'लोकल एंड लैंड रेवेन्यू एडमिनिस्ट्रेशन', पृ. 416, 464-69 देखें।

79. दिलबाग़ सिंह, 'द रोल ऑफ़ द महाजन इन द रूरल इकॉनमी ऑफ़ ईस्टर्न राजस्थान ड्यूरिंग द एटींथ सेंचुरी', *सोशल साइंटिस्ट,* मई 1974.

80. इरफ़ान हबीब, पूर्वोक्त, पृ. 114-15; एस. नूरुल हसन, *थाट्स ऑन एग्रेरियन रिलेशंस इन मुग़ल इंडिया,* दिल्ली, 1973, पृ. 18.

मध्यकालीन उत्तर भारत की खेतिहर तकनीक

एक

भारतीय मिट्टी की उर्वरता उसकी वह विशेषता रही है जिस पर भारत के लिखित इतिहास में शताब्दियों से भारतीय[1] और विदेशी पर्यवेक्षक[2] एकमत रहे हैं। यह उर्वरता दो तरह से प्रमाणित होती हैः सकारात्मक रूप से हर साल बोई जाने वाली फ़सलों की संख्या द्वारा और नकारात्मक रूप से इस तरह कि कृषि उत्पादन का चक्र इस प्रकार रहा कि भूमि जोतने के बाद कभी ख़ाली नहीं छोड़ी गई।

साल में दो फ़सलें पैदा करने के बारे में सबसे पहला लिखित प्रमाण वैदिक ग्रंथ *तैत्रेय संहिता में* मिलता है। इस प्रमाण की पुष्टि बाद में लिखे गए मेगास्थनीज़ के यात्रा विवरण (400 ई. पू. के उत्तरार्द्ध में), कौटिल्य का *अर्थशास्त्र*[3] और गुप्तकाल की *वृहत् संहिता* भी करते हैं।[4] इब्न बतूता ने 14वीं शताब्दी में स्पष्ट रूप से कहा कि भारतीय लोग साल में दो फ़सलें बोते हैं[5]। वास्तव में अकबर के साम्राज्य में, 16वीं शताब्दी के उत्तरार्द्ध में प्रचलित राजस्व दरें रबी और ख़रीफ़ की फसलों से ही संबंधित थीं।[6] 18वीं शताब्दी के अंत या 19वीं शताब्दी के शुरू में विलियम टेंनेंट भी, जो भारतीय कृषि का कोई प्रशंसक नहीं था—इस तथ्य की उपेक्षा नहीं कर सका कि'.... यहाँ एक ही खेत में सामान्य परिस्थिति में साल में अनेक फ़सलें होती हैं, यानी दो और अकसर तीन भी।'[7]

यह कहना कि भारतीय मिट्टी वर्ष में दो फ़सलें पैदा करती थी, वास्तव में एक सामान्य कथन के तौर पर ही सच है। समझा जा सकता है कि विभिन्न क्षेत्रों में मिट्टी की उर्वरता अलग-अलग रही होगी। मिसाल के लिए यदि कुछ क्षेत्र वर्ष में तीन[8] या चार[9] फ़सलें तक पैदा करने में समर्थ थे, तो दूसरे ऐसे भी क्षेत्र थे जहाँ साल में कमोबेश एक ही फ़सल होती थी और शायद ही कभी कम मूल्य की कोई दूसरी फ़सल उगाई जाती।[10] वास्तव में 18 वीं शताब्दी के अंत में ऐसी विविधता पडोसी क्षेत्रों में देखी गई, जब मेजर वस्टिन ने 'कालैतरी' न्योके टगायार, नेलोरा और अंगोल के देहातों का, भ्रमण किया और पाया कि वहाँ लगातार खेती हो रही थी और हरियाली थी बावजूद इसके कि 'वहाँ पिछले चार महीनो से बारिश की एक बूँद भी नहीं गिरी थी,' किंतु पड़ोस का गुंटूर

सरकार एक दुःखद विरोधाभास प्रदर्शित करता था।[11]

यदि हमें ऐसे प्रमाणों का एक अटूट सिलसिला मिलता है जिससे यह पता चले कि ज़मीन निरंतर बोई जाती थी और हर खेत में प्रत्येक वर्ष दो या दो से अधिक फ़सलें पैदा होती थीं तो इसी से स्पष्ट हो जाएगा कि खेत को कभी ख़ाली नहीं छोड़ा जाता था। लेकिन हमारे अनेक स्रोतों में अकसर एक शब्द 'खिला' या 'खिला क्षेत्र' मिलता है जिसका आधुनिक इतिहासकार 'अनबोई ज़मीन' या अंग्रेज़ी में 'फ़ैलो लैंड' के रूप में अनुवाद करते हैं। यह अनुवाद संतोषजनक नहीं है क्योंकि यह विभिन्न प्रकार की अनबोई ज़मीनों में भेद नहीं करता—जैसे कच्ची ज़मीन, बंजर ज़मीन, वह ज़मीन जो एक समय बोई जाती थी लेकिन अब सदा के लिए छोड़ दी गई है, और वह ज़मीन जिसे फ़िलहाल ख़ाली छोड़ दिया गया है।[12] कच्ची मिट्टी या सदा के लिए छोड़ दी गई ज़मीन से अलहदा 'फ़ैलो' क़िस्म के अनबोए खेत वास्तव में कृषि-चक्र का एक अटूट भाग हैं और इन पर बोए गए खेतों से अधिक श्रम की ज़रूरत होती है क्योंकि इनमें बने मिट्टी के ढेलों को बार-बार तोड़ना और इनमें पैदा हुए जंगली पौधों को हल चलाकर वापस मिट्टी में मिला देना या उनको जला देना ज़रूरी हो जाता है ताकि वे खाद के काम आ सकें। इसलिए किसी भी प्रकार के अनबोए खेत को 'फैलो' क़रार दे देना सही नहीं होगा। बल्कि उन्नीसवीं शताब्दी के प्रारंभ में ब्रिटिश पर्यवेक्षकों ने 'फ़ैलो' और 'ली' या 'ले' खेतों में भी भेद किया है यद्यपि दोनों ही कृषि-चक्र का भाग थे। मसलन विलियम टेंनेंट बंगाल की खेती के संबंध में लिखते हैं कि भारतीय किसान अपने खेत को 'ली' की मोहलत तो देते हैं किंतु 'फ़ैलो' की नहीं[13]। यही बात कोलब्रुक ने भी कही[14]। 'ली' के अधीन खेत से हल को छोटे अरसे के लिए हटा लेते हैं ताकि मिट्टी अपनी खोई हुई उर्वरक शक्ति को दोबारा स्वयं ही प्राप्त कर सके। *आईन*[15] में उल्लिखित चार प्रकार की ज़मीनों में से 'पड़ौती' ज़मीन 'ली' या कोलब्रुक द्वारा उपयुक्त शब्द 'ले' के समान है जो शब्दार्थ के अनुसार भी पड़ौती जैसा ही है। यह बात ध्यान देने योग्य है कि पड़ौती को क्रमशः निरंतर बोई जाने वाली पोलज भूमि जैसा बनाने का आदर्श स्थापित है। इस प्रकार यह स्पष्ट है कि 'फ़ैलो' का व्यवधान एक सख़्त व्यवधान है जो मनुष्य और पशु दोनों का काफ़ी-कुछ श्रम खा जाता है। 'फ़ैलो' इस प्रकार की मिट्टी की ओर भी इशारा करता है जो जल्द ही अपनी उर्वरक शक्ति खो बैठती है। दूसरी ओर 'ली' या भूमि से कुछ थोड़े समय के लिए हल का हटा लेना ऐसी मिट्टी का सुझाव देता है जिसमें स्वयं अपनी उर्वरकता को दोबारा हासिल कर लेने की अधिक शक्ति निहित है और जिसके लिए मानवीय हस्तक्षेप की आवश्यकता नहीं रहती। इस प्रकार 'खिला' को सदा अनबोई ज़मीन या 'फ़ैलो' के रूप में अनुवाद कर देने से प्राचीन और मध्यकालीन कृषि के इतिहास के पुनर्निर्माण में बाधा ही पड़ती है। वास्तव में हमारे स्रोतों में से जितने भी कृषि से विशेष या अंशतः सम्बद्ध हैं, 'फ़ैलो' के विषय में स्पष्टतः मौन हैं[16]।

सामान्यतः अधिकांश भारतीय खेतों से वर्ष में दो फ़सलों के प्राप्त होने का महत्त्व

पश्चिमी यूरोप की कृषि से तुलना करके दृष्टिगोचर होता है। पूर्व मध्यकाल से सन् 1000 के अंत तक पश्चिमी यूरोप की कृषि-अधीन भूमि का आधा हिस्सा दो खेतों की अदला-बदली वाली व्यवस्था के तहत परती रहता था।[17] और बीज और उपज का अनुपात 1 : 1.6 या ज़्यादा-से-ज़्यादा 1 : 2.5 होता।[18] 13वीं शताब्दी आने तक तीन खेतों की अदला-बदली की व्यवस्था यूरोप में, विशेष रूप से दक्षिणी यूरोप में, सामान्य-सी हो गई थी। इससे कृषि-अधीन भूमि के दो-तिहाई में एक ही साल के अंदर बीजों और उत्पादन का अनुपात बढ़कर 1 : 4 होना संभव हुआ।[19] निश्चित रूप से यह एक बड़ी उपलब्धि थी। लेकिन कृषि-अधीन भूमि का एक तिहाई हिस्सा अब भी साल-भर कुछ पैदा नहीं कर रहा था।

दूसरी ओर भारत की भूमि की तुलना में, जहाँ लगभग निरंतर कृषि होती थी और 1 : 12 के सैद्धांतिक अनुपात में[20] प्रत्येक वर्ष दो फ़सलें उपजाई जाती थीं, यह उत्पादकता निराशाजनक थी। ऐसा 18वीं शताब्दी में ही संभव हुआ कि पश्चिमी यूरोप के कृषि विधान में से फ़सलों की अदला-बदली द्वारा 'फ़ैलो' को निष्कासित किया जा सका और हर खेत में से हर वर्ष एक फ़सल प्राप्त की जा सकी! यही वह 'कृषि-क्रांति' है जिसने 18वीं शताब्दी में पश्चिमी यूरोप को प्रगति की दहलीज़ पर लाकर खड़ा कर दिया।[21]

लेकिन फिर यदि भारत में औसतन प्रत्येक खेत में हर वर्ष दो फ़सलें पैदा होती थीं और व्यवहारतः ज़मीन परती नहीं छोड़ी जाती थी, तब भारतीय मिट्टी की इतनी ज़्यादा उर्वरता का क्या कारण रहा होगा? कारण कि अवश्य ही उर्वरता का कुछ हिस्सा प्रत्येक फ़सल के साथ क्षीण हो जाता होगा और जब तक उर्वरता की भरपाई न हो, बाद की फ़सल अच्छी नहीं हो सकती।

मिट्टी की उर्वरता की पुनः प्राप्ति या तो प्राकृतिक रूप से नदियों की घाटियों में उर्वरक गाद जमा होने से होती या अप्राकृतिक रूप से खाद देने से, या दोनों के ही मिश्रण से।

मौसम की दृष्टि से देखें तो ग्रीष्म की कड़कड़ाती गर्मी और फिर मानसून की नमी के कारण कूड़ा-करकट आदि का विघटन आसान हो जाता है और वह मिट्टी के लिए खाद समान बनकर सतह पर जमा हो जाता है। इसके अलावा उत्तर भारत की बड़ी नदियों की घाटियों में वर्ष-भर बहुत गाद जमा हो जाती है। शायद यही कारण है कि खेती और ग्रामीण आबादी का घनत्व उन घाटियों में अधिक था और आज भी है। अनुमान है कि अकेले सिंधु और गंगा नदियों में से प्रत्येक क़रीब दस लाख टन पदार्थ प्रतिदिन अपने साथ बहा ले जाती है।[22] सक्कर में सिंधु नदी का औसत सालाना प्रवाह 50 लाख घन फ़ीट के क़रीब है। और यह अपने साथ लगभग एक करोड़ घन फ़ीट गाद बहा ले जाती है। 1902 और 1930 के बीच के 29 वर्षों में सक्कर और कोटरी के बीच जो गाद जमा हुई उसको क़रीब 1,300 वर्ग मील आँका गया।[23] गंगा घाटी की गाद से

सिंधु घाटी की मिट्टी अधिक मोटी थी, क्योंकि कम लंबी होने के कारण सिंधु नदी के पानी का मलबा पहले ही फैलने लग जाता है जबकि गंगा में उसकी सहायक नदियों के लगातार बढ़ने से वह अपने भार को अधिक आगे बहा ले जाती है[24] और इस तरह मलबे को बारीक पीसकर अधिक उर्वरक गाद बना देती है। तथापि सिंधु नदी के कम उपजाऊ इलाक़े में भी अनाज की खेती के लिए खाद ज़रूरी नहीं होती और 'कम से कम श्रम-कौशल और औज़ारों की ज़रूरत रहती है।[25] इसलिए यह समझना आसान है कि गंगा के अधिक उपजाऊ मैदानों के अंतर्गत भारत में सबसे अधिक उपज वाला क्षेत्र कुल क्षेत्रफल के आधे, अर्थात् कोई 40,000,000-45,000,000 एकड़ में कृषि होती है और दोहरी फसल की प्रथा इस क्षेत्रफल को 20-25 प्रतिशत और भी बढ़ा देती है।[26] गंगा के पानी के भारी उर्वरक गुण की प्रशंसा में ही मशहूर हाइड्रोलिक इंज़ीनियर सर विलियम विलकौक्स ने उथली नहरों के पक्ष में तर्क दिए थे ताकि सिंचाई के लिए नदी का गँदला पानी खेतों में ले जाया जा सके।[27]

ऊपर प्रदर्शित ये सभी आँकड़े आधुनिक व्यवहार से संबंध रखते हैं। तब हम यदि मानें कि 20वीं सदी की शुरुआत के मुक़ाबले मुग़लों के शासनकाल में विभिन्न क्षेत्रों में कृषि-अधीन भूमि 1/5 और 3/4 के बीच में होती थी[28] तो यह मान लेना उचित होगा कि कृषि सामान्यतः उपजाऊ मैदानों के सबसे अधिक उपजाऊ हिस्सों तक ही सीमित थी। यह आंशिक तौर पर मुग़लकाल से ब्रिटिशकाल, यानी जब से अपेक्षाकृत कम उपजाऊ भूमि में खेती की जाने लगी, तब से कृषि की औसत उत्पादकता में आई गिरावट को स्पष्ट करता है।[29]

इसके अलावा हमें खाद पर भी ग़ौर करना चाहिए। यह दो अलग-अलग तरीक़ों से इस्तेमाल की जाती थी। एक तरीका यह था कि विभिन्न उर्वरक पदार्थों का घोल बनाकर बीज में लगा दिया जाता था और समझा जाता था कि इससे बेहतर अंकुरण होगा, या फिर खाद बीज बोने के समय या पौध उग आने के बाद खेत में डाल दी जाती। *अर्थशास्त्र* में शहद, घी, सुअर की चर्बी और गाय के गोबर के मिश्रण के लेप का इस्तेमाल गन्ने या इसी तरह की दूसरी फ़सलों की क़लमों पर इस्तेमाल करने की सलाह दी गई है। और इसी प्रकार गंठीदार पौधों के बीज की जड़ में शहद और घी की लिपाई करने, कपास के बीज में गाय के गोबर, और पेड़ों के लिए गाय का गोबर और उसी की हड्डियों की खाद डालने की बात कही गई है। जब बीज अंकुरित होने लगता, तो छोटी मछलियों की खाद डाल दी जाती और सनुही दूध से सिंचित किया जाता था।[30]

जहाँ *अर्थशास्त्र* 'गोबर, गाय की हड्डियों और मछलियों के उर्वरक गुणों' को स्वीकार करता है[31] वहीं ये तत्व शायद मिश्रित खाद के बजाए अपने मूल रूप में इस्तेमाल किए जाते थे। इनका इस्तेमाल मुख्यतः बीजों और केवल कपास के अंकुरों तक सीमित था। खाद को सीधे-सीधे खेत में नहीं डाला जाता था, सिवाय पेड़ों के। बाद की शताब्दियों में भी बीजों में उसी तरह के मिश्रण के प्रयोग किए जाने की

सिफ़ारिश की जाती रही है।

खेतों में गोबर के इस्तेमाल का पहला प्रमाण वाण-लिखित *हर्षचरित* में मिलता है। इसमें खेत को फिर से उर्वर बनाने के लिए गाय के गोबर और अन्य कचरे से भरी बैलगाड़ी खेतों को ले जाते एक किसान को चित्रित किया गया है।[33] *कृषि-पराशर* में गाय के गोबर से मिश्रित खाद बनाने और बोआई के वक़्त उसका खेत में इस्तेमाल किए जाने के स्पष्ट संदर्भ मिलते हैं[34]। यद्यपि यह इस्तेमाल केवल धान की खेती तक ही सीमित था। बाद के पाठ्यों में पशुजनित खाद (गोबर) के बारे में बहुत कम उल्लेख है। किन्तु यह भी हो सकता है कि उन्होंने इसकी प्रचुरता के कारण इसे सामान्य मान लिया हो। जैसा कि हम ऊपर देख चुके हैं, यदि, मुग़ल काल में बीसवीं शताब्दी के शुरुआत के मुक़ाबले उर्वर भारतीय भूमि के ज़्यादा-से-ज़्यादा पाँचवें हिस्से से लेकर 3/4 तक पर कृषि होती थी; तो स्पष्ट है कि जंगल और चरागाहों की बहुतायत ने एक बड़ी पशु आबादी का भरण-पोषण किया होगा। वास्तव में *आईन* के लेखक ने उस किसान को जिसके पास चार बैल, दो गायें और हर जोत के लिए एक भैंस हो, कर लगाने की दृष्टि से बहुत ग़रीब माना।[35] इसके अतिरिक्त हल के अतिक्रमण से बचे हुए जंगल और चरागाहों ने जानवरों को काफ़ी मात्रा में चारा प्रदान किया होगा। चरागाहों के ऊपर जो ध्यान दिया जाता था वह इनके महत्त्व को दर्शाता है। *अर्थशास्त्र* में राजा को निर्देश दिए गए कि गाँव के पास की ज़मीन का हिस्सा चरागाह के लिए बचाकर रखें।[36] इसमें चरागाह भूमि के अधीक्षक के पद का भी उल्लेख है।[37] और गाँव के लेखपाल को चरागाह की अलग सीमा निर्धारित करने का भी आदेश है।[38] चरागाह पहुँचने के मार्ग में बाधा होने पर सबसे बड़ी रक़म अर्थात 1000 पण का जुर्माना होता था।[39] चरागाह के महत्त्व पर बाद के अन्य विवरण भी ज़ोर देते हैं, यहाँ तक कि चरागाह की देख-रेख करने के लिए ख़ास तौर पर नियुक्त अधिकारी का प्रसंग यदा-कदा *अर्थशास्त्र* की परंपरानुरूप मिलता है।[40] 17वीं शताब्दी में *मानरिक* ने बंगाल के चरागाहों में पशुओं के बड़े-बड़े झुंडों को चरते देखा, अन्यथा वहाँ अति सघन खेती होती थी।[41] दिलचस्प बात यह है कि हमारे स्रोतों में शायद ही जई पैदा करने के बारे में ज़िक्र मिलता है। जबकि यूरोप में जई पैदा करने का स्पष्ट ज़िक्र मिलता है। जंगल, चरागाहों और खेतों में फ़सलों से बच गए पेड़-पौधे काफ़ी बड़ी पशु आबादी को बनाए रखने के लिए पर्याप्त थे।

यदि यह सच है कि 'देश के ज़्यादातर भाग में, यद्यपि हर जगह नहीं, जानवरों के चरने के लिए काफ़ी फालतू ज़मीन थी तो इससे यह निष्कर्ष निकालना तर्कसंगत है कि उस समय पशु आज से ज़्यादा सस्ते और आसानी से मिल जाते होंगे।[43] पशुबलि पर धार्मिक प्रतिबंध ने भी अवश्य इसे मदद पहुँचाई होगी। इससे दो नतीजे निकाले जा सकते हैं। यह कि पशुओं की लीद खाद के रूप में ऐसी चीज़ नहीं थी जिसकी कमी हो, और यह कि इस तरह की खाद या दूसरी तरह की खादों ने उन खेतों की उर्वरता बढ़ाने

में अधिक मदद पहुँचाई जिनमें सालाना गाद जमा होने से रह गई, बजाए उस मिट्टी के जिसे नदियों ने पुनः उपजाऊ बना दिया[44]। 19वीं शताब्दी के पूर्वार्ध में खाद की कमी को कुछ ज़्यादा ही तीव्रता से महसूस किया जाने लगा। इसका परिणाम यह हुआ कि इसका प्रयोग कुछ विशेष फ़सलों जैसे गन्ना, मकई, ज्वार, कपास और तंबाकू तक सीमित हो गया। ये फ़सलें बिना खाद के अच्छी तरह नहीं हो सकतीं।[45]

दो

यदि एक ओर मिट्टी की उच्च उर्वरता मध्यकालीन भारत के कृषि पर्यावरण की विशेषता थी, तो दूसरी ओर बीज के उचित अंकुरण और पौधे के विकास के लिए मिट्टी की नमी को बरक़रार रखना भी आवश्यक था। इसी से कृषि के सबसे महत्त्वपूर्ण औज़ार हल के आकार का निर्धारण होता है। यदि अति लांछित भारतीय हल मिट्टी में गहरे जाने के बजाए सिर्फ मिट्टी को खरोंचता भर था,[46] तो इसका कारण यह था कि मिट्टी के नीचे की नमी बरकरार रहे, वरना नीचे की मिट्टी ऊपर ला देने से वह धूप में सूख जाती। इस तरह गहरा खोदने वाला हल मिट्टी की उर्वरता बढ़ाने के बजाए घटा देता। लेफ्टीनेंट कर्नल जी. वी. ट्रेममेनहीयर ने 125 वर्ष पहले इस पर ग़ौर किया और कहा थाः 'इस देश के हल के बारे में उसकी साधारणता, हल्केपन और केवल ज़मीन को खुरचने भर के बारे में अपमानजनक टिप्पणियाँ की गई हैं। लेकिन थोड़ा-सा विचार करने पर पता चलता है कि भारतीय जलवायु और मिट्टी की विशेष परिस्थितियों में यही संभवतः सबसे अच्छा है। इंग्लैंड में मिट्टी के ढेले या सख़्त मिट्टी को तोड़ने और फालतू नमी से छुटकारा पाने का उद्देश्य रहा है, जबकि यहाँ कि हल्की मिट्टी में मुश्किल से कोई ढेला दिखाई देता है। यहाँ किसान की चिंता है नीचे की मिट्टी में संग्रहीत बारिश या और किसी प्रकार की नमी को संजोए रखना। इसलिए यह स्पष्ट है कि गहरा हल चलाना ऐसी परिस्थितियों में अहितकर है। सतह को केवल ढीला कर दिया जाता है। ताकि जड़ों के नाज़ुक रेशे बढ़ सकें और उन्हें अधिक मात्रा में हवा मिल सके। नीचे की नम मिट्टी ऊपर उलट देना और इसे सूर्य की गर्मी और सूखी हवा में उघाड़ना बहुत हानिकार होगा।'[47] हल अगर हल्का और साधारण था, और उसमें लोहे की मात्रा कम थी तो इस कारण उसकी कार्य-कुशलता में कोई कमी नहीं आई। यह भी तर्क दिया जाता है कि लोहा अधिक क़ीमती होने के कारण किसान की पहुँच के बाहर था, क्योंकि मध्यकालीन भारतीय राज्य ने किसान की बचत को राजस्व के रूप में अधिगृहीत करके उसे दरिद्र बना दिया था।[48] इस तर्क में यह मान्यता निहित है कि यदि किसान लोहे का हल खरीद सकते तो वह निःसंदेह अधिक उत्पादक सिद्ध होता। लोहे के इस्तेमाल पर दिया गया यह ज़ोर 11वीं सदी के आसपास पश्चिमी यूरोप में हल पर बढ़ते इस धातु के प्रयोग से उपजा प्रतीत

होता है, किन्तु स्पष्ट रूप से भारत के संदर्भ में इस बात पर ज़ोर देना कहीं ग़लत है।

निःसंदेह ऐसा नहीं है कि भारतीय हल या अन्य कृषि औज़ारों में लोहे का प्रयोग न किया गया हो। वास्तव में इसका प्रचलन बहुत प्राचीन है। डी. पी. अग्रवाल का मत है कि हल बनाने में लोहे का प्रयोग लगभग 800 ई. पू. में हुआ[49] और ऐसा निश्चित जान पड़ता है कि पाणिनी ने हल में लगे लोहे के फाल की चर्चा की है।[50] लोहे के बने अन्य कई कृषि औज़ार अतरंजी खेड़ा की खुदाई से चित्रित सलेटी मिट्टी के बर्तनों के स्तर से प्राप्त हुए हैं।[51] और तक्षशिला में 300 ई. पू. से 100 ई. बाद तक [52] बृहस्पति (प्रारंभिक गुप्तकाल) ने बारह पाला वजन का लोहे की फाल बनाने का सुझाव दिया है। इसे आठ अंगुल लंबा और चार अंगुल चौड़ा होना चाहिए।[53] इसलिए यह विश्वास कर लेना मुश्किल है कि बाद की शताब्दियों में लोहे की क़ीमत इतनी बढ़ चुकी थी कि यदि फाल बनाने के लिए या उस पर लोहे का ग़िलाफ़ चढ़ाने के लिए थोड़े-बहुत लोहे की ज़रूरत पड़ती तो वह मध्ययुगीन भारत के स्तरीकृत किसान वर्ग के किसी भी स्तर के बूते के बाहर हो गया। यदि लोहे की कीमत गेहूँ की कीमत से 16वीं शताब्दी के अंत में 1914 से तिगुनी थी जैसा मोरलैंड ने दिखाया है,[54] तो निःसंदेह यह तर्क इस मान्यता के पक्ष में ही जाता है, न कि उसके विरोध में कि मध्यकालीन हल में भी लोहे का प्रयोग होता, यदि इससे हल का टिकाऊपन बढ़ता और उत्पादकता बढ़ती।[55]

अब तक हमने भारतीय हल के बारे में एकवचन में ही विवरण दिया है। लेकिन मामला इतना सहज नहीं क्योंकि इस महत्त्वपूर्ण औज़ार के आकार-प्रकार में सामयिक और क्षेत्रीय विभिन्नताएँ हुआ करती थीं। इन भिन्नताओं के पीछे भी एक लंबा इतिहास है। ऋगवेदकालीन हल (सिरा, लांगल) शायद, एक साधारण और हल्का औज़ार था क्योंकि *ऋगवेद* की भौगोलिक दृष्टि सिंधु और पंजाब क्षेत्र की मिट्टी तक ही सीमित थी जहाँ पर इस प्रकार का हल उपयुक्त था। किंतु *अथर्ववेद* के समय तक भारी हल जिन्हें 6 से 8 बैल खींचते थे शायद सख्त कच्ची भूमि तोड़ने के लिए प्रचलन में आए। *कथक संहिता* में 12 बैलों से लेकर 24 बैलों को जोतने का प्रसंग मिलता है। बाद में पाणिनी ने भी दो प्रकार के हल (हली और जित्या) का उल्लेख किया।[56] पाणिनी का बड़ा हल शायद बृहद्हल की तरह था जिसका उल्लेख 973 ई. पू. में चहमाण विग्रहराज के प्रस्तर अभिलेख में मिलता है। ऐसा हल अजमेर-जयपुर इलाके में उपयोगी रहा होगा।[57] मध्यकाल में कृषि पर लिखी गई प्रसिद्ध पुस्तक *कृषि-पराशर* हल में 8 बैलों को सामान्य जोताई व 6 बैलों को 'साधारण प्रयोग के लिए' उपयुक्त बताती है। चार बैलों को जोतने का अर्थ था निर्दयता और 2 बैल जोतने का मतलब वास्तविक गो-हत्या[58] दुर्भाग्य से यह स्पष्ट नहीं होता कि *कृषि-पराशर* सभी बैलों को एक हल पर एक साथ जोतने की बात करता है या बारी-बारी से दूसरे पशुओं को राहत देने के लिए। एन. जी. मुखर्जी ने 20वीं शताब्दी के आरंभ में देश के विभिन्न क्षेत्रों में हल के वजन में अंतर पर आँकड़े इकट्ठे किए। बंगाल में हल सवा मन का होता था जिसे छोटे-छोटे बैल खींचते

थे। यहाँ की अत्यधिक उपजाऊ सतह को खरोंचना भर पड़ता था। बुन्देलखंड की सख़्त मिट्टी के लिए साढ़े तीन मन का हल होता था।[59] निश्चित रूप से ये जो भिन्नताएँ हैं वे हाल की उपज नहीं हो सकतीं। बेडन-पावेल ने भी पंजाब में ही दो प्रकार के हल होना दर्ज किया—भारी 'मुन्ना' और हलका 'हल'। प्रत्येक हल बैलों की अलग-अलग नस्लों द्वारा खींचे जाते थे।[60]विभिन्न उद्देश्यों के लिए अलग प्रकार के हल थे। हलकी, मामूली-सी नम मिट्टी में हलके हल नियमित जोताई के लिए पर्याप्त थे। एक भारी लोहे के गिलाफ़ वाला हल इसलिए प्रयोग किया जाता था कि जो मिट्टी सख्त या खरपतवार वाली हो जाती है उसमें गहरा हल चलाने की जरूरत होती।[61]

खेत में कितनी बार हल चलाया जाना चाहिए, या चलाया जाता था, इस बारे में सभी विद्वानों के अलग-अलग मत हैं, यद्यपि सभी कई बार हल चलाने का सुझाव देते हैं। पाणिनी का कहना है कि कभी खेत दो बार जोतना चाहिए और कभी तीन बार। पतंजलि पाँच बार के लिए सुझाव देते हैं।[62] *अर्थशास्त्र* अच्छी फसलों के लिए तीन बार हल चलाने की सिफ़ारिश करता है।[63] *अमरकोष* भी इसी तरह तीन या चार बार हल चलाने का सुझाव देता है।[64] *कृषि-पराशर* में एक से पाँच बार तक हल चलाना खेत के लिए अच्छा बताया गया—जितनी बार हल चले, उतना ही अच्छा[65]। बीज बोने से पहले कितनी बार हल चलाया जाना चाहिए, यह स्पष्टतया उगायी जाने वाली फ़सल से संबंधित होता था, किन्तु दुर्भाग्य से हमारे स्रोत इस पर मौन हैं। बाद के चलन से मालूम पड़ता है कि खेत में बीज डालने से पहले पाँच बार हल चलाया जाता था।[66] गन्ना बोने के लिए तो कभी-कभी खेत को लगातार 8 महीने तक जोता जाता था। यह कार्य परिणामस्वरूप 'अठमास' कहलाया जाने लगा।[67]

हमेशा न सही प्रायः बीज को एक प्रकार के ड्रिल यंत्र से बोया जाता था। इस विधि ने हेनरी इलियट से बहुत प्रशंसा पायी[68]। सौभाग्य से हमारे पास मार्च 1872 में ख़ानगाम में लाकवुड किपलिंग द्वारा बनाए गए इस यंत्र के दो रेखाचित्र हैं। एक चित्र ड्रिल को चित्रित करता है जिसमें तीन नालियाँ हैं जो ऊपर जाकर एक ही गोल प्याले से जुड़ी है। दूसरा चित्र दो नालियों को दिखाता है, और प्रत्येक नाली एक-दूसरे से अलग है किन्तु दोनों पेंदे में एक जगह पर आकर मिलती हैं, ये ड्रिल विशालकाय बैलों के जोड़ों द्वारा खींचे जा रहे हैं।[69] ज़ाहिर है कि नियमित तौर पर प्रत्येक नाली बीजों को एक बार में एक करके समान दूरी पर लीक में डालती थी ताकि हर पौधे को अपने पोषण के लिए और जड़ें फैलाने के लिए समान भूमि मिले। ऐसा लगता है कि किपलिंग ने जिस महाराष्ट्र में अपना चित्र बनाया, ड्रिल का प्रयोग उससे भी आगे दक्षिण भारत,[70] बिहार[71] और निश्चित ही पश्चिमोत्तर भारत में,[72] अर्थात् देश के अधिकांश भागों में होने लगा।

खेत में बीज बोने के तुरंत बाद मिट्टी को समतल किया जाता था जिससे कि बीज इससे ढँक जाए। ऐसा या तो हाथ द्वारा चलाई जाने वाली एक लकड़ी से किया जाता[73]

(ज़ाहिर है यह कठिन प्रक्रिया केवल छोटे खेतों के लिए उपयोगी होती थी) अथवा बैलों द्वारा खींचे जानेवाले एक पाटे को मिट्टी के ऊपर चलाया जाता था। बैल-चालक पाटे पर दोनों पैर फैलाकर खड़ा होता था जिससे दबाव पड़ सके।[74] *तुहफ़त-ए-पंजाब इस उपकरण* को सोहाग नाम देता है और इसके कार्यों में बीजों को मिट्टी से ढँकने, ढेले तोड़ने और इस तरह समान रूप से नमी फैलाने का उल्लेख करता है।[75] यह मिट्टी के ऊपर आड़ा घुमाया जाता था।[76]

प्राचीन काल में सरावन या हेंगा (हैरो) के प्रयोग किए जाने के बारे में हम बहुत निश्चित नहीं हैं। *अमरकोष* में उल्लिखित कोटिसा शब्द का अनुवाद 'सरावन' किया गया है,[77], किन्तु यह मनमाने ढंग से किया गया अनुवाद भी हो सकता है। बाद में एक टीकाकार जोन कैपर भी सरावन के इस्तेमाल के बारे में लिखता है, लेकिन कुछ तिरस्कारपूर्ण शब्दों में—'उनके सरावन केवल मोटे तख्त वाले खूँटियों से या ज़्यादातर पेड़ की डाल से बने होते हैं, जिन पर एक या दो बच्चे ज़रूरी दबाव डालने के लिए बैठे होते हैं।'[78] दूसरी तरफ़ *तुहफ़त-ए-पंजाब दंदल* नाम के एक उपकरण का उल्लेख करता है, जो कि भारी तख्ते का बना होता, जिसके नीचे की ओर दाँत होते, चार बैल इसे खींचते थे और दो आदमी दबाते थे। यह धान की खेती के लिए इस्तेमाल किया जाता था और बहुत अच्छा विकसित सरावन लगता था।[79] इसकी बहुत संभावना है कि इसका प्रयोग पंजाब में बाद के वर्षों में हुआ हो और यह वहीं तक सीमित रहा हो।

बीज कई तरह से बोए जाते थे। बीज के यंत्र (ड्रिल) का इस्तेमाल करना उसमें से एक था। बीज छिड़कना शायद सबसे आसान विधि थी।[80] एक बार, पौधे उग आने पर धान की रोपाई बहुत सावधानीपूर्वक की जाती थी।[81] 17वीं शताब्दी में एक समझदार सलाह दी गई थी कि बीज को तीन चरणों में बोना चाहिए। कुछ बीज पहले चरण में बोए जाने चाहिए, कुछ थोड़ी देर से और कुछ इससे भी बाद में ताकि इसमें से कुछ खराब हो भी जाएँ, तो भी बाक़ी बीज अंकुरित हो सकें।[82]

अंकुर आने के बाद और पौधे उगने पर निराई और पौधों की जड़ों को हवा देने के लिए उनके आस-पास की मिट्टी को ढीला करने की प्रक्रिया शुरू होती। ये दोनों प्रक्रियाएँ एक साथ शुरू होतीं और इनके लिए एक ही औजार यानी खुरपे का प्रयोग किया जाता था।[83] *कृषि-पराशर* दो बार धान की निराई करने का सुझाव देता है।[84] *अमरकोष* में भी खनित्र नामक एक औजार की चर्चा है जिसका अनुवाद जैसे-तैसे खुरपे या फावड़ा के अर्थ में किया गया है।[85] किन्तु मध्य-19वीं शताब्दी में ट्रेमनहीयर द्वारा पंजाब पर तैयार की गई एक रिपोर्ट में कहा गया है कि सिर्फ मक्का, गन्ना, और बड़े किस्म के ज्वार की निराई होती थी जबकि वे प्रारंभिक अवस्था में होते थे।[86] खुरपा एक छोटा औज़ार होता था जिस पर एक सँकरी लोहे की पत्ती और एक छोटी मूठ होती थी। कृषक पैरों पर बैठकर इसका इस्तेमाल करते थे, जैसा आज भी किया जाता है।

कितनी मात्रा में और कितनी बार सिंचाई की ज़रूरत पड़ती थी, यह स्पष्ट रूप से

हर पौधे के लिए भिन्न रही होगी। दुर्भाग्य से इस महत्त्वपूर्ण प्रश्न पर हमारे स्रोत कुछ नहीं कहते। ऐतिहासिक तौर पर जिस प्रकार यूरोप के लिए खाद का महत्व था, भारतीय कृषि के लिए सिंचाई उतने ही निर्णायक रूप से महत्वपूर्ण थी। इसलिए यह बात समझ में आती है कि भारतीय इतिहास में सिंचाई के क्षेत्र में महत्त्वपूर्ण आविष्कारों और उपकरणों का विकास हुआ। सिंचाई मुहैया कराने के प्रयास में राज्य एवं व्यक्ति दोनों की पहल ने बड़ा योगदान दिया और इससे उल्लेखनीय तकनीकी और आर्थिक विकास हुआ।

राज्य के प्रयास के पैमाने इतने बड़े थे कि उनका इतिहास में दर्ज होना निश्चित था। यही कारण है कि हमें इन प्रयासों का स्पष्ट अनुमान हो जाता है। गुजरात की सुदर्शन झील का निर्माण मौर्य शासकों द्वारा चौथी शताब्दी ई. पूर्व में किया गया। दूसरी शताब्दी में शक शासकों द्वारा इसकी मरम्मत की गई। बाद में फिर 5 वीं शताब्दी में गुप्त शासकों द्वारा भी इसकी मरम्मत की गई। इस झील ने आठ शताब्दी के लंबे काल तक खेतों को सींचने का काम किया। नन्द वंश के शासकों ने भी उड़ीसा में नहर बनाने का बीड़ा उठाया और यह नहर अगली पाँच शताब्दियों तक सिंचाई के काम आई। बाद में इसकी देख-रेख और रख-रखाव स्थानीय शासकों ने किया। प्राचीनकालीन भारत के कई क्षेत्रों—पंजाब, राजस्थान, उत्तरप्रदेश, बिहार, बंगाल, पूर्वी दक्कन, कश्मीर और कावेरी के नदी मुख में कई साम्राजीय एवं प्रातीय राजवंश सिंचाई के लिए नहरें और जलाशय बनाने या क़ायम रखने के लिए जाने जाते हैं।[87] 14वीं शताब्दी में फ़ीरोज़ तुग़लक और 17वीं शताब्दी में शाहजहाँ द्वारा बड़ी संख्या में नहरों को बनाने के अच्छे ब्यौरे मिलते हैं।[88]

किसान का व्यक्तिगत योगदान, चाहे वह कितना ही मामूली रहा हो, इस प्रयास में कोई कम महत्त्वपूर्ण नहीं रहा। *अर्थशास्त्र* में उल्लिखित सिंचाई के लिए कंधों पर पानी ले जाने के साधारण तरीक़े के बाद शायद ढेंकली सबसे साधारण उपकरण थी।[89] 16वीं शताब्दी में *मृगावत* की चित्रित हस्तलिपि, जिसका चित्रण उत्तरप्रदेश में 1525 और 1570 के बीच हुआ था और जो अब भारत कला भवन, वाराणसी में रखी हुई है, इस उपकरण को दर्शाती है।[90] 17वीं शताब्दी के अंत में एक यात्री फ्रायर ने भी इसका वर्णन किया है।[91] इस यंत्र के नीचे उथले कूप के किनारे पर खूँटी गड़ी होती है और एक कांटे के आकार का दूसरे किनारे पर। इस कांटे के बीच में एक लंबा खम्भा उत्तोलक सिद्धांत के तहत लगा रहता है। इस खम्भे में कुएँ के किनारे पर एक बाल्टी लटकी होती है और दूसरे किनारे पर भारी पत्थर रहता है। एक आदमी इस यंत्र को रस्सी से खींचकर चला सकता है। रस्सी को कुएँ के अंदर खींचा जाता है और पानी में भरी बाल्टी खम्भे से उठाकर खोल दी जाती है, जिससे पानी खेतों में पहुँच जाए। इस यंत्र के लिए कड़ी मेहनत चाहिए और यह केवल उथले पानी में इस्तेमाल किए जाने योग्य था। इसलिए यह कुएँ के आस-पास के केवल छोटे खेतों की सिंचाई कर सकता

है। दूसरी ओर इस पर लगने वाली कम पूँजी और होने वाले कम खर्च ने इसे बहुत मामूली किसानों की पहुँच में ला खड़ा किया।

चड़स जिसका बाबर ने विस्तृत किंतु उपहासपूर्ण उल्लेख किया है,[92] ज़्यादा पूँजी और श्रम की माँग करती है। इसमें दो आदमियों और एक या दो बैलों के श्रम की ज़रूरत होती है। काँटेदार खम्भे से एक घिरनी कुएँ के ऊपर धुरी के सहारे बनी होती। एक बड़ी चमड़े की बाल्टी जो कि चड़स कहलाती है, घिरनी से नीचे कुएँ में डाल दी जाती है। बाल्टी के भर जाने पर बैल रस्सी को कुछ दूरी तक खींचते हैं और इस तरह बाल्टी को ऊपर खींचा जाता है जो एक या दो आदमियों द्वारा नहर में ख़ाली कर दी जाती है। दूसरा आदमी दूसरे किनारे पर बैलों को फिर से कुएँ के पास बाल्टी को भरने के लिए हाँकता है। बाबर के मन में रस्सी के साथ जाने वाली गंदगी, बैल के गोबर और मूत्र को देखकर घृणा उत्पन्न हुई, लेकिन निःसंदेह ढेंकली के मुक़ाबले यह ज़्यादा गहरे कुएँ से पानी खींच सकता है और उन क्षेत्रों में जहाँ पानी अपेक्षाकृत नीचा होता, वहाँ भी काम में लाया जा सकता है। इस उपकरण से खींचे जाने वाले पानी की मात्रा ढेंकली से निकाले जाने वाले पानी से ज़्यादा होती है और यह अपेक्षाकृत ज़्यादा बड़े खेतों को सींच पाता है।

बाबर यह भी कहता है कि कुछ फ़सलों के लिए आदमी और औरतें घड़ों में बारी-बारी से पानी लाते थे।[93] क्या यह वही रिवाज था जिसका संदर्भ *अर्थशास्त्र* में मिलता है?

वैसे उत्तर भारत में सिंचाई क्षेत्र में बहुत महत्त्वपूर्ण विकास पूर्व-मध्यकाल से हो गया था—वह विकास जो आज भी इस क्षेत्र के बड़े हिस्सों में कृषि उत्पादन को सहायता पहुँचा रहा है। यह चक्कों द्वारा पानी उठाने का तीन चरणों में हुआ विकास था।

1969 में इरफ़ान हबीब ने अरघट और फारसी रहट (साक़िया) के अंतर का ज़िक्र किया था।[94] अरघट एक ऐसा घेरा होता था जिसके चारों ओर हांडियाँ लगाई जाती थीं। यह मानव-शक्ति से चलता था और पोखर की सतह या नदी किनारे से पानी एकत्र करता था। इसके द्वारा सिंचाई की संभावनाएँ उन खेतों तक सीमित हो गईं जो गाँव के किसी पोखर या नदी के पास होते। फारसी रहट में एक ओर घेरे पर हांडियों की चेन लगाई जाती थी, जिससे वह कुएँ में से पानी निकाल सकें; दूसरी ओर गियर की वजह से उसे चलाने के लिए बैल की शक्ति का प्रयोग किया जाता था। इसने सिंचाई की संभावना को पर्याप्त बढ़ा दिया। खासकर मध्यम जलस्तर वाले क्षेत्र में। फलस्वरूप जो कोई पक्के कुएँ और फारसी रहट का खर्चा वहन करने में समर्थ हो, वह अपनी इच्छानुसार खेतों की सिंचाई कर सकता था। बैलों की वजह से मानव ऊर्जा बच जाती थी जो दूसरे किसी कृषि कार्य के लिए इस्तेमाल की जा सकती थी।[95] इरफ़ान हबीब के अनुसार यह उगकरण तुर्क विजय के साथ और बाद की शताब्दियों में पश्चिमी एशिया से भारत आया।

इस लेख के लिखे जाने के पश्चात् हुए शोध से यह प्रमाणित हो चुका है कि भारत में चक्कों द्वारा सिंचाई के लिए पानी की व्यवस्था का इतिहास दो नहीं, तीन चरणों में संपन्न हुआ। अरघट और साकिया के बीच एक ऐसा उपकरण भी विकसित हुआ था जिसमें हांडियों की चेन थी लेकिन गियर की व्यवस्था नहीं थी।[96] यही हमारे स्रोतों का घटीयंत्र था। जाहिरा तौर पर पक्के हुए कुएँ में फारसी रहट लगाना एक खर्चीला मामला था, और यह माना जा सकता है कि एक गाँव में बहुत कम कुओं में ही ये रहट लग पाते होंगे।[97] दरअसल ईंट का पक्का कुआँ बनाना बहुत खर्चीला होता था। यद्यपि इसका प्रचलन कुषाण काल से शुरू हो गया था।[98] 17वीं शताब्दी के उत्तरार्द्ध तक भी पूर्वी राजस्थान के 18 गाँवों के 528 कुओं में से केवल 41 कुएँ ही पक्के थे।[99]

कुओं के निर्माण से कृषि भूमि के विस्तार और खेतों में अधिक पैदावार के क्रम में तेज़ी आनी चाहिए थी। यह भी आशा की जा सकती है कि इसके कारण कृषि को अधिक सुचारू व्यवस्था प्रदान की जा सकी; क्योंकि सिंचाई का पानी नियंत्रित किया जा सकता था और इस तरह फ़सलों को ज़्यादा पानी से भी बचाया जा सकता था।[100] विशेषकर ईंट से बना हुआ कुआँ और फ़ारसी रहट पर पूँजी-निवेश अधिक मूल्य की फ़सलों की ओर बढ़ने का भी संकेत देता है। कृषि-प्रगति का यह विवरण कम महत्त्वपूर्ण नहीं है। रायल कमीशन की कृषि-संबंधी रिपोर्ट में सिंचाई के छोटे साधनों के महत्व को स्वीकार किया गया और सरकार से उन पर ज़्यादा ज़ोर देने का अनुरोध किया गया था।[101]

दूसरे कई उपकरणों में से एक ठीक फावड़ा-सा उपकरण तक्षशिला से मिला है।[102] *ऋगवेद* में अनेक बार दराँती का उल्लेख मिलता है,[103] और तक्षशिला की खुदाई के दौरान दराँती के फल मिले हैं। बाद की रचनाओं में भी उनका उल्लेख मिलता है। इसके अलावा मध्यकालीन स्रोतों में ओसाने की टोकरी और छन्नी का भी उल्लेख मिलता है।[105] एक औज़ार जिसका प्रयोग कपास वाली काली मिट्टी को खोदने के लिए मध्यप्रदेश के इलाक़े में क़रीब 200 ई. में किया जाता था, आज साँची म्यूजियम में है।[106] वह यही भाखर है जो कि उस क्षेत्र में अभी भी प्रचलन में है। फारसी भाषा का ग्रंथ *दर-फने-फ़लाहत* भी सेब के पेड़ों पर कलम लगाने के उद्देश्य के लिए बर्मे से छेद बनाने की सिफारिश करता है।[107]

हल जोतने, निराई, बुवाई और वे कृषि-कार्य जिनका हम ऊपर उल्लेख कर चुके हैं, के अलावा ग्रंथ *दर-फ़ने-फ़लाहत* में विस्तार से क़लम बनाने की तरकीब को समझाया गया है।[108] स्पष्ट रूप से पौधे के नर और मादा अंगों की अवधारणा या तो विकसित की जा चुकी थी और या 17वीं शताब्दी के शुरू में यहाँ पहुँच गई थी। कारण कि इस ग्रंथ में अंग विशेषों के लिए मादा और नर शब्दों का इस्तेमाल किया गया है।[109] यद्यपि हमारे मूल पाठ फसल-चक्र व्यवस्था का कोई उल्लेख नहीं करते, लेकिन हर खेत में प्रत्येक वर्ष दो फ़सलें पैदा करना स्वयं यह अर्थ देता है कि फसल परिवर्तन का चलन था। *आईन* में रबी और

ख़रीफ़ की फ़सलों की तालिका फ़सल परिवर्तन का ही अर्थ देती है।[110]

हमने ऊपर सिंचाई व अन्य सुविधाओं के प्रसार के बाद हुई, कृषि-प्रगति का उल्लेख किया है। यद्यपि हमारी जानकारी अल्प ही है, फिर भी यह प्रगति का संकेत देती है। मध्यकालीन भारत में उल्लेखनीय कृषि प्रसार कई स्रोतों से प्रमाणित होता है।[111] 13वीं व 14वीं शताब्दी में गंगा के मैदान के बड़े भू-भाग में घने जंगल थे। 16वीं शताब्दी के अंत तक जंगल का बहुत बड़ा हिस्सा कृषि-अधीन भूमि में बदल गया।[112] कृषि के विस्तार का दौर संभवतः 20वीं शताब्दी के आरंभ में अपने चरम बिंदु पर पहुँचा।[113]

शायद इस अवधि में कई नई फ़सलें पैदा किए जाना और पुरानी फ़सलों की क़िस्में बढ़ना कृषि की प्रगति का महत्त्वपूर्ण सूचक था। हड़प्पा संस्कृति कपास के अलावा (काठियावाड इलाक़े में) चावल, गेहूँ, जौ, तिल और मटर की उपज पर निर्भर थी।[114] *ऋगवेद* में जौ, तिल (काला एवं सफ़ेद, दोनों क़िस्में), ककड़ी, लौकी और गन्ने का उल्लेख मिलता है। इसमें गेहूँ, चावल और कपास का कोई उल्लेख नहीं है,[115] यद्यपि ऐसा हो सकता है कि जौ के लिए प्रयुक्त शब्द यव को व्यापक अर्थ में प्रयोग किया जाता हो जिसमें गेहूँ भी शामिल होगा। उत्तर-वैदिक ग्रंथ जैसे *अथर्ववेद* और *तैत्रेय संहिता* में भी चावल का ज़िक्र मिलता है। जौ और गेहूँ का *अथर्ववेद* में जिक्र आता है और सेम और तिल का उल्लेख *तैत्रेय संहिता* में[116]। बाजरा भारत में संभवतः अफ़्रीक़ा से चित्रित मृद भाँड काल में लाया गया था।[117] *अर्थशास्त्र* में फ़सलों की 17 किस्में बताई गई हैं,[118] जिनमें से 10 अनाजों की हैं। (इसमें चावलों की दो क़िस्मों को एक माना गया।) 12वीं शताब्दी तक 24 से 25 प्रकार की खाद्य-फ़सलें, सब्ज़ियाँ और फल पैदा किए जाने लगे थे।[119] इन क़िस्मों में चावल जैसी फ़सल की विभिन्न क़िस्मों को शामिल नहीं किया गया है। मध्यकालीन ग्रंथ *शून्य पुराण* बताता है कि बंगाल में 50 से ज़्यादा चावल की किस्में पैदा की जाती थीं।[120] *आईन* में यही बात ज़्यादा काव्यात्मक ढंग से कही गई है: 'यदि एक-एक दाना हर किस्म का एकत्र किया जाए, तो इनसे बड़ा बर्तन भर जाएगा।'[121] 17वीं शताब्दी के अंत तक फ़सलों की संख्या 40 से ज़्यादा बढ़ गई थी। यद्यपि इसमें कुछ क्षेत्रीय विविधता होती थी।[122] यही संख्या 1920 के दशक तक बनी रही।[123] अगर एक ओर आलू जैसी फ़सलें अकबर के समय से ख़त्म हो गई थीं, तो दूसरी ओर कुछ महत्त्वपूर्ण फ़सलें जैसे चाय, कॉफी, आलू, तंबाकू, मूँगफलियाँ, शकरकंद, जई और मकई उसके बाद इस सूची में जुड़ी हैं।[124]

तीन

किसी भी तरह से देखें, यह तकनीकी के साथ ही साथ आर्थिक पहलुओं में प्रभावशाली प्रगति कही जाएगी। यह किसानों में ऐसे पैमाने की गतिशीलता प्रदर्शित करती है

जिससे अभी हाल तक इतिहासकार इनकार करते आए हैं। तो भी हम इसे किसी भी समय में उत्पादन की व्यवस्था में मूल परिवर्तन बमुश्किल ही ठहरा सकते हैं। लंबी अवधि ने प्रगति की गति को सम कर दिया। यह कह पाना मुश्किल होगा कि वह परिवर्तन किसी खास छोटी अवधि में संकेंद्रित रहा होगा जिसने कि अर्थव्यवस्था के ढाँचे को बदल दिया हो। भारत के आर्थिक इतिहास में विकास की अवस्थाएँ यूरोप जैसी स्पष्ट नहीं हैं।

मध्यकालीन भारतीय कृषि उत्पादन की रूपरेखा पूर्व मध्यकाल में ही बन गई थी। इस रूपरेखा की तीन विशेषताएँ थीं—ज़मीन की अधिक उर्वरता, किसान वर्ग की जीविका का निम्न स्तर और उत्पादन की प्रक्रिया के ऊपर किसानों का नियंत्रण।[125]

भारतीय मिट्टी की अधिक उर्वरता के पक्ष में हमने ऊपर प्रमाण और तर्क दिए हैं। जिन न्यून साधनों से भारत की जलवायु में जीविका संभव थी, राज्य ने किसानों के लिए वही स्तर निश्चित कर दिया, और इस प्रकार कृषि पैदावार की समूची या अधिकतर बचत को राजस्व की सूरत में किसानों से वसूल लिया।[126] किंतु सबसे अंतिम विशेषता, अर्थात् किसानों द्वारा उत्पादन की प्रक्रिया पर स्व-नियंत्रण,[127] ही हमारे लिए फ़ौरी सरोकार का विषय है।

ई. पू. की पहली सहस्राब्दि में शुरू की एवं मध्य शताब्दियों में हमें बौद्ध साहित्य में बड़े खेतों का उल्लेख मिलता है जो कभी-कभी 500 से अधिक हलों द्वारा जोते जाते और जिनमें वेतनभोगी मजदूरों का समूह काम करता।[128] *अर्थशास्त्र* में भी राज्य के खेतों का ज़िक्र है जिनमें गुलाम, मज़दूर और क़ैदी काम करते थे।[129] ऐसा जान पड़ता है कि मौर्यों के बाद के काल में बँटाईदारी और ऋण-दासता महत्त्वपूर्ण श्रम के रूपों में विकसित हुए।[130] गुप्तकाल में और उसके बाद बड़े फ़ार्मों के हवाले लगभग नहीं मिलते, भले वे राजा के स्वामित्व वाले हों या निजी स्वामित्व वाले। दूसरी ओर इस अवधि में शूद्र छोटे उत्पादकों में रूपान्तरित हो रहे थे। 7वीं शताब्दी के पूर्वार्द्ध तक यदि सभी नहीं तो ज़्यादातर शूद्र, किसान बन गए थे।[131]

अत्यधिक स्तरीकृत ग्रामीण समाज के बीच छोटे किसान उत्पादन की प्रथा का मज़बूत होना उस तकनीकी और आर्थिक विकास की प्रकृति का सामाजिक संदर्भ प्रस्तुत करता है जिसकी ऊपर चर्चा की जा चुकी है। कारण कि यह उत्पादन व्यवस्था बुनियादी तौर पर परिवार के श्रम पर आधारित थी।[132] बड़े भूस्वामियों के फ़ार्म पर भाड़े के मज़दूर से काम लेना कई साक्ष्यों से प्रमाणित हो चुका है।[133] किसान के खेत व बड़े फ़ार्मों में पूरक श्रम नीची जाति के लोगों द्वारा दिया जाता था जिन्हें बदले में उत्पादन का बहुत थोड़ा हिस्सा मिलता था।[134] उत्पादन व्यवस्था ने श्रम की जो माँग पैदा की उसे एक विशिष्ट भारतीय ढंग से पूरा किया गया—नीची जातियों के श्रम पर कृषकों का सामूहिक नियंत्रण स्थापित करके बावजूद इसके कि कृषक स्वयं ही स्तरीकृत थे। भारतीय अर्थव्यवस्था के विकास के दौर में किसी समय जाति व्यवस्था ने निम्न जातियों

को अपनी निजी कृषि करने और भूमि स्वामित्व के अधिकार से वंचित कर दिया, बावजूद इसके कि ज़मीन की बहुलता थी। भारत में किसानों के श्रम के बलात् प्रयोग की आवश्यकता फ़्यूडल यूरोप जैसी नहीं थी। यूरोप में कृषि कार्य सूखे मौसम के कुछ हफ़्तों में ही पूरा करना होता था, लेकिन भारत में यह काम लम्बे समय तक किया जा सकता था। इसलिए कृषि की पैदावार का मूल्य बढ़ाने के लिए यहाँ सिंचाई जैसे उपकरणों में पूँजी-निवेश करना ज़रूरी था, न कि श्रम की तीव्रता को बढ़ाना।[135] जैसाकि हम ऊपर देख चुके हैं, पूर्व मध्यकाल के बाद का समय धीरे-धीरे सही, प्रभावशाली रूप से सिंचाई सुविधाओं के विस्तार, कृषि-अधीन भूमि के विस्तार और कुछ नई फ़सलों के संदर्भ में कृषि के विकास का समय था। क्या छोटे किसानों के उत्पादन की प्रथा का मज़बूत होना और इस कृषि-प्रगति का लगभग एक ही समय में होना कोई संयोग था? एक ओर भारतीय किसान वर्ग की 'भारतीय फ़्यूडलिज़्म' के अधीन बढ़ती 'पराधीनता' और 'निर्भरता' और दूसरी ओर कृषकों के सभी स्तरों के इस कृषि विकास में शामिल होकर थोड़ा आगे बढ़ने के प्रयास, इन दोनों में सामंजस्य स्थापित करना ज़रा मुश्किल होगा, यद्यपि कृषकों के विभिन्न स्तरों का पूँजी निवेश और उससे उत्पन्न विकास के लाभ भी स्तरीकृत रहे होंगे।[136]

अति-स्तरीकृत ग्रामीण भारत के संदर्भ में जब छोटे किसान उत्पादन की प्रथा सुदृढ़ हो गई तो इसने मध्यकालीन भारतीय कृषक वर्ग के शोषण के रूप को ही बदल डाला। अब एक ओर किसानों की उत्पादन प्रक्रिया उनके श्रम समेत बाह्य नियंत्रण से मुक्त हुई, तो दूसरी ओर उन्हें अपनी उपज की बचत को राज्य को राजस्व के रूप में देना पड़ता था। एक बार जब किसान और राजा के बीच शोषण का रिश्ता उपज की बचत वसूल करने पर आधारित हो गया तो दोनों के बीच के संघर्ष राजस्व की माँग पर केंद्रित हो गए। इन संघर्षों ने उत्पादन व्यवस्था को अछूता छोड़ दिया।[137]

परिणामस्वरूप, मध्यकालीन पश्चिमी यूरोप के विपरीत जहाँ सामाजिक संघर्ष उत्पादन की प्रक्रिया में ही निहित थे और उत्पादन के साधनों के पुनर्वितरण से उत्पादन व्यवस्था में बुनियादी परिवर्तन आए,[138] भारत में सामाजिक संघर्ष किसानों की उपज की बचत के वितरण और पुनर्वितरण से संबंधित था। यहाँ तक कि 18वीं शताब्दी के पूर्वार्द्ध में मुग़ल साम्राज्य के पतन जैसा गंभीर संकट न तो संपत्ति के नए रूपों के उभार से पैदा हुआ, न ही उसने किसी ऐसे रूप को जन्म दिया। हर जगह जो कुछ उभरा, वह ज़मींदार वर्ग था जो कि संपत्ति का एक बहुत पुराना रूप मात्र था।

इस तरह मध्यकालीन भारत में किसान उत्पादन ने एक ओर विभिन्न स्तरों पर किसानों के निजी उद्यमों के ज़रिए कृषि में धीमी, लगातार लेकिन महत्त्वपूर्ण प्रगति की, तो दूसरी ओर इसने सामाजिक संघर्ष के उस रूप को जन्म दिया जो कि उत्पादन की व्यवस्था को बदल नहीं सकता था, चाहे उपनिवेशवाद का हस्तक्षेप होता या नहीं।

(बिड़ला इंडस्ट्रियल एंड टेक्नालॉजिकल म्यूज़ियम, कलकत्ता द्वारा सितम्बर 1984 में 'मध्यकालीन

भारत में प्रौद्योगिकी' विषय पर आयोजित संगोष्ठी में प्रस्तुत किए गए पर्चे का संशोधित स्वरूप। ए. राय और एस. के. बागची द्वारा संपादित और संदीप प्रकाशन दिल्ली द्वारा प्रकाशित 'टेकनालॉजी इन एंशिएंट एंड मेडिवल इंडिया' में यह पर्चा तोड़-मरोड़कर छापा गया था। प्रकाशन के ऐसे निर्मम उदाहरण कम ही मिलते हैं।)

टिप्पणी

1. पी. सी. जैन, *लेबर इन एंशिएंट इंडिया*, नई दिल्ली 171, पृष्ठ 35-36, डी. एम. बोस, एस. एन. सेन व बी. वी. सुब्बरयप्पा द्वारा संपादित *ए कंसाइज़ हिस्ट्री ऑफ़ साइंस इन इंडिया*, नई दिल्ली, 1971, पृष्ठ 353, 377-78.
2. रामचंद्र जैन, *मैकक्रिंडल्स एंशिएंट इंडिया ऐज डिसक्राइब्ड बाई मेगस्थनीज़ एंड ऐरियन*, नई दिल्ली 1912, पृष्ठ 31.
3. *अर्थशास्त्र*, अनु. आर. शास्त्री, आठवाँ संस्करण. मैसूर, 1967, पृष्ठ 131-32.
4. बोस, सेन व सुब्बरयप्पा द्वारा संपादित *ए कंसाइज़ हिस्ट्री ऑफ़ साइंस इन इंडिया*, पृष्ठ 361.
5. इब्न बतूता, *द ट्रैवेल्स ऑफ़ इब्न बतूता सन्* 1325-1554, संपादक एच. ए. आर गिब्ब, खंड III कैम्ब्रिज, 1971, पृष्ठ 609-10.
6. अबुल फ़ज़्ल, *आईने-अकबरी*, संपा, ब्लाखमान, और खंड-1 (पाठ्य भाग), पृष्ठ 304-36, अनु जैरेट, खंड-II, पृष्ठ 76-122.
7. डब्लू. टेंनेंट, *इंडियन रिक्रियेशंस, कंसिस्टिंग चीफ़ली ऑफ़ स्ट्रिक्चर्स ऑन द डोमेस्टिक एंड रूरल इकॉनमी ऑफ़ द मोहम्मडन्स एंड हिंदूज़*, खंड II, ऐडनबर्ग, 1804, पृष्ठ 6.
8. अबुल फ़ज़्ल, *आईन, खंड-1 (पाठ्य)*, पृ. 513, *व अनु. जैरेट, खंड* II पृष्ठ 283 *जहाँ दिल्ली सूबा तीन फ़सलों वाला कहा गया है।*
9. सत्रहवीं शताब्दी के उत्तरार्द्ध के एक इतिहासकार, भीमसेन ने तंजौर का वर्णन करते हुए, इस क्षेत्र में प्रतिवर्ष उगाई जानेवाली फ़सलों का उल्लेख किया है। नुस्ख़ा-ए-दिलकुशा, अनु. जदुनाथ सरकार, मुंबई, 1972, पृष्ठ 195-194.
10. अबुल फ़ज़्ल, *आईन*, खंड I (पाठ्य) पृष्ठ 505, अनु. खंड II, पृष्ठ 273; यही संदर्भ अजमेर सूबे का है।
11. मेजर बेटसन, *रिपोर्ट ऑन द वाटरिंग ऑफ़ दैट पार्ट ऑफ़ द कंट्री बिटवीन द कृष्णा एंड गोदावरी बाई मीं‍स ऑफ़ दोज़ रिवर्स इन जून* 1798, मैकेन्ज़ी क्लेक्शन सं. 59, इंडिया ऑफ़िस लाइब्रेरी एंड रिकार्ड्स, पृष्ठ 166.
12. इस तरह डी. सी. सरकार 'खिला' को अकृषित 'फैलो' भूमि बना देते हैं और इन दोनों के अंतर पर ध्यान नहीं देते। डी. सी. सरकार, *इंडियन एपिग्राफ़िकल ग्लॉसरी*, दिल्ली, 1966, पृष्ठ 157 देखिए। अन्यत्र उन्होंने एक अध्याय के एक भाग को 'फैलो', भूमि को फिर से कृषि योग्य बनाना' शीर्षक दिया है। यहाँ भी कच्ची भूमि को 'फैलो' भूमि माना गया है। उनकी '*लैंडलार्डिज़्म एंड टेनेन्सिज इन एंशिएंट एंड मेडिवल इंडिया*, लखनऊ 1969, पृष्ठ 4 देखिए। आर. एस. शर्मा भी कच्ची भूमि को 'फैलो' मानते हैं, *इंडियन फ़्यूडलिज़्म* 1965 पृष्ठ 36 देखिए। दूसरे कई इतिहासकारों का भी ऐसा ही मानना है। पुष्पा नियोगी की *कंट्रीब्यूशंस टू द इकॉनमिक हिस्ट्री ऑफ़ नार्दर्न इंडिया*, कलकत्ता 1962, पृष्ठ-1; बी. पी. मजुमदार, *दि सोशियो-इकोनोमिक हिस्ट्री ऑफ नॉर्दन इंडिया*

(1030-1194), कलकत्ता, 1960, पृष्ठ 175; ए. के. चौधरी, *अर्ली मीडिवल विलेज इन नार्थ ईस्टर्न इंडिया*, 600-1200 कलकत्ता, 1971, पृष्ठ 52.

13. *इंडियन रिक्रीयेशन्स* खंड II, पृष्ठ 16.

14. एच. टी. कोलब्रुक *रिमार्क्स ऑन दि हस्बैन्ड्री एंड इंटरनल कामर्स ऑफ़ बंगाल*, कलकता 1804, पृष्ठ 39 भारतीय किसान भूमि को 'फैलो' नहीं देगा।

15. *आईन* खंड I, (पाठ्य) पृष्ठ 297, अनु-खंड II, पृष्ठ 68; बारहवीं सदी के अंतिम काल का एक ग्रंथ *'रिसाल-ए-ज़राअत'*, जिसका कुछ अंश बंगाल में कृषि से संबंधित है, चरागाह की प्रथा के बारे में बताता है।

16. मिसाल के लिए *अर्थशास्त्र* जिसका एक अध्याय 'कृषि का अधीक्षक' खेती के कामों पर दिए गए विस्तृत निर्देशों के बारे में है, 'फैलो' के संबंध में मौन है। न ही कृषि पर ऐसे अन्य ग्रंथों तथा *कृषि पराशर* (स. व अनु. जी. पी. मजुमदार व एम. सी. बैनर्जी. कलकत्ता, 1960) व *उपवन-विनोद (सं. व अनु. जी. पी. मजुमदार, कलकत्ता 1936) में 'फैलो' का कोई उल्लेख मिलता है। इसी तरह सत्रहवीं शताब्दी के एक फ़ारसी ग्रंथ **'दर फ़ने फ़लाहत'** (कृषि कला के बारे में) में कृषि और बागवानी के कार्यों का अत्यंत विस्तृत वर्णन है, किंतु 'फैलो' की कोई चर्चा नहीं है। इंडिया ऑफ़िस लाइब्रेरी एंड रिकाड्र्स परशियन पांडुलिपि इथे* 2791 देखें। आधुनिक कृतियों में भी जिनमें प्राचीन व मध्यकालीन भारत के कृषि संबंधी कई सारे क्रियाकलापों की अत्यंत विस्तृत चर्चा है, 'फैलो' का कोई उल्लेख नहीं है। उदाहरण के लिए बी. एन. एस. यादव, *सोसाइटी एंड कल्चर इन नार्दर्न इंडिया ड्यूरिंग द ट्वैल्थ सेंचुरी*, इलाहाबाद 1973 पृष्ठ 256-62; एम. एस. रंधावा, *ए हिस्ट्री ऑफ़ एग्रीकल्चर इन इंडिया*, खंड I व II नई दिल्ली 1980 व 82; इरफ़ान हबीब, *द सिस्टम ऑफ़ एग्रीकल्चरल प्रोडक्शन इन मुग़ल इंडिया*, टी. राय चौधुरी व इरफ़ान हबीब द्वारा संपादित द *कैम्ब्रिज इकॉनमिक हिस्ट्री ऑफ़ इंडिया*, खंड-I कैम्ब्रिज, 1982, पृष्ठ 214-25 देखें। यदि हमारे सूत्रों में कोई वास्तविक 'फैलो' के सबसे निकट है तो वह उर्दू की कृति 'तुहफ़ते-पंजाब' जो मौलवी सिराजुद्दीन व पं अयोध्या प्रसाद की रचना है। यह लाहौर के जिलाधीश जॉर्ज मैकग्रेगर के अनुरोध पर उन्नीसवीं सदी के उत्तरार्द्ध में संकलित की गई थी। यह अब इंडिया ऑफ़िस लाइब्रेरी एंड रिकार्ड्स लंदन संख्या 2528 में है। इसके अनुसार जो ज़मीन जोती गई है पर उसमें बोआई नहीं हुई, 'वहन' कहलाती है; फोलियो 465 बी।

17. जार्ज डबी *रूरल इकोनोमी एंड कंट्रीलाइफ़ इन द मेडिवेल वेस्ट*, अनु सिंथिया पोस्टन, लंदन, 1968 पृष्ठ 98-99; लिन व्हाइट, जूनियर, *मेडिवल टेक्नोलॉजी एंड सोशल चेंज*, लंदन, 1913 पृ. 72-76; सी पराइन, 'इवोल्यूशन ऑफ़ एग्रिकल्चरल टेक्नीक' देखें जो एम. एम. पोस्टन द्वारा संपादित *कैम्ब्रिज इकॉनमिक हिस्ट्री ऑफ यूरोप*, खंड-I, कैम्ब्रिज, 1966 में पृष्ठ 133-39 पर संकलित है।

18. जी. डबी, *रूरल इकॉनोमी*, पृष्ठ 25-27, 103; सी पराइन; *कैम्ब्रिज इकॉनोमिक हिस्ट्री*, में पृष्ठ 125; लार्ड वीररिज, 'द यील्ड एंड प्राइम ऑफ़ कॉर्न इन द मिडिल एजेज़' (केरस विल्सन द्वारा सं, *एसेज़ इन इकॉनमिक हिस्ट्री*, खंड-I, लंदन, 1966, पृष्ठ 15-16 में)

19. जी. डबी. *रूरल इकॉनोमी* पृष्ठ 19-102.

20. माधवाचार्य ने 14वीं शताब्दी में *पराशर* के पाठ्य पर लिखी टीका में सामान्य बीज व उपज अनुपात को 1 : 12 माना है। टी. वी. महालिंगम, *एडमिनिस्ट्रेशन एंड सोशल लाइफ़ अंडर विजय नगर*, भाग II, मद्रास, 1975, पृष्ठ 102 देखें।

21. पॉल बैरक, 'एग्रिकल्चरल एंड इंडस्ट्रियल रिवोल्यूशन 1700-1914' (कार्लो एम. सिपोला द्वारा संपादित फ़ोंटाना इकॉनोमिक हिस्ट्री ऑफ़ यूरोप, खंड II, लंदन 1973 पृष्ठ 452-504 में)

22. ओ. एच. के. स्पेट व ए. टी. ए लीअरमंथ, इंडिया एंड पाकिस्तान ए जनरल एंड रीजनल ज्याग्रफ़ी, तृतीय संस्करण सफ़ोक 1967, पृष्ठ 43.
23. वही, पृष्ठ 564-65.
24. वही, पृष्ठ 43.
25. एच. टी. लैम्ब्रिक *सिंधः ए जनरल इंट्रोडक्शन,* हैदराबाद (सिंध), 1964, पृष्ठ 76.
26. स्पेट एंड लिअरमंथ, *एंडिया एंड पाकिस्तान,* पृष्ठ 550.
27. विलियम विलकाक्स, *लेक्चर्स ऑन दि एंशिएंट सिस्टम ऑफ़ इरिगेशन इन बंगाल,* कलकत्ता विश्वविद्यालय, 1930, पृष्ठ 32-86.
28. डब्लू. एच. मोरलैंड *इंडिया एट दि डैथ ऑफ़ अकबर,* दिल्ली 1974, मूल 1920 के संस्करण का पुनर्प्रकाशन, पृष्ठ 118-24.
29. टी. राय चौधुरी, *ए रिइंटरप्रिटेशन ऑफ़ नाइंटींथ सेंचुरी इकानॉमिक हिस्ट्री ? इंडियन इकानॉमिक एंड सोशल हिस्ट्री रिव्यू,* वर्ष, अंक 1, 1968, पृष्ठ 83 पर।
30. *अर्थशास्त्र,* पृ. 132.
31. लल्लनजी गोपाल, *ऐस्पेक्ट्स ऑफ़ दि हिस्ट्री ऑफ एग्रीकल्चर इन एंशिएंट इंडिया,* वाराणसी 1960 पृष्ठ 99.
32. *बृहत संहिता* और *अग्नि पुराण* के प्रमाण के लिए देखिए बी. एम. एस. यादव, *सोसाइटी एंड कल्चर, पृ. 257 और बेस, सेन व सुब्रह्मणिया द्वारा संपादित ए कंसाइज हिस्ट्री ऑफ़ साइंस,* पृष्ठ 358-60, *उपवन-विनोद,* पृष्ठ 81-83.
33. एल. गोपाल, *एस्पेक्ट्स ऑफ दि हिस्ट्री ऑफ़ एग्रीकल्चर, पृष्ठ* 99.
34. *कृषि पराशर,* श्लोक, 109; माघ (जनवरी-फरवरी) में गोबर के ढेर को पूजने के बाद, बड़े सम्मान के साथ उसे किसी शुभ दिन और नक्षत्र पर फावड़े से उठाना चाहिए। श्लोक 110 उसे बुकनी बनाने और सूखने के बाद, हर खेत के एक गड्ढे में फागुन (फरवरी-मार्च) के महीने में डाल दिया जाता है। श्लोक 111 बोआई के समय खाद को डाल दिया जाता है। बिना खाद के धान के पौधे उगने पर बीज नहीं देते, पृष्ठ 74.
35. अबुल फ़ज़्ल *आईने-अकबरी,* खंड I (पाठ पृष्ठ 287) अनु. खंड II
36. *अर्थशास्त्र,* पृष्ठ 48.
37. वही, पृष्ठ 160.
38. वही, पृष्ठ 161-62.
39. वही पृष्ठ 196-97.
40. पी. सी. जैन, *सोशियो-इकानॉमिक एक्सप्लोरेशंस ऑफ़ मेडिवल इंडिया,* दिल्ली, 1976, पृष्ठ 135-36.
41. मानरिक, *ट्रैवेल्स* 1629-43, *अनु. सी. ई. लुआर्ड, खंड* II, *लंदन,* 1927, *पृष्ठ* 123.
42. 1595 के एक मुग़ल लघुचित्र में ख़म्सा में वर्णित कहानी के चित्रों द्वारा बकरियों और पशुओं को अनेक झुंड से ले जाकर फसल कटे खेतों में खूंटे पर खिलाने को, सुंदर भाव से दर्शाया गया है। ब्रिटिश म्यूज़ियम पांडुलिपि न. आर 12208, मिनिएचर 24, एफ 195 ए। 19वीं शताब्दी के ग्रंथ *तुहफ़ते-ए-पंजाब* में इसकी चर्चा हैः 'फ़सल कट जाने के बाद खेतों को गाँव के ग़रीबों के लिए छोड़ दिया जाता है। वे खेतों में जो दाने छूट जाते हैं उन्हें एकत्रित करते हैं। खेत मालिक किसी को दाने एकत्रित करने से नहीं रोकता। उसके बाद जानवरों को खेतों में छोड़ दिया जाता है।' पृष्ठ 106, देखें।
43. डब्लू. एच. मोरलैंड, *इंडिया ऐट दि डेथ ऑफ़ अकबर,* पृष्ठ 106.

44. इसके अलावा खाद और कई तरह की होती थी। ऊपर हम पहले ही *अर्थशास्त्र* में मछली की खाद का उल्लेख कर चुके हैं। *दर-फ़ने-फ़लाहत में* साल में मिस्र की सेम पैदा करने को कहा गया है। इसके बाद जो कुछ उपजता है वह अच्छी उपज देता है, फोलियो 2बी-3ए देखें। स्पष्टतया मिस्र की सेम की जड़ें अन्य फसलों की मिट्टी को नाइट्रोजन खाद देती हैं। पौधे के बड़े होते ही पौधे में यह गुण आ जाता है।

45. जी. बी. ट्रेमनहीर, *रिपोर्ट ऑन द प्रज़ेंट स्टेट ऑफ़ एग्रीकल्चर इन द पंजाब,* लाहौर, 1853, पृष्ठ 199-200; रिपोर्ट में लिखा गया है। यह (खाद) पर्याप्त मात्रा में देश के सामान्य भाग में बहुत अधिक उपलब्ध नहीं है। इसका प्रयोग बहुत मितव्ययिता से होता है और सामान्यतया इन फसलों व अन्य फसलों में ज़मीन के बड़े भाग में बिल्कुल ही नहीं डाली जाती है, (वही)। विलियम टेंनेंट ने अर्द्ध शताब्दी पहले देखा था कि इस चीज़ (पशुओं का गोबर) का प्रयोग गन्ना, शहतूत, तंबाकू और पोस्त तक सीमित था। इन फसलों में ऐसा करने की आवश्यकता पड़ती है; क्योंकि बहुत कम ज़मीनें बिना उर्वरक डाले इस उपज के लिए पर्याप्त हैं; *इंडियन रिक्रीएशंस* खंड II पृष्ठ 6-17 देखें।

46. विलियम टेंनेंट *इंडियन रिक्रीएशंस* खंड II पृष्ठ 77-78; जोन कैपर, द *थ्री प्रेसिडेन्सीज़ ऑफ़ इंडिया,* लंदन, 1853, पृष्ठ 317.

47. *रिपोर्ट इन द पंजाब,* पृष्ठ 197.

48. इरफ़ान हबीब, 'टेक्नॉलोजी एंड वैरिएस टैक्नॉलोजिकल चेंज इन मुग़ल इंडिया', *दि इंडियन हिस्टोरिकल रिव्यू,* खंड V जुलाई 1978। जनवरी 1979, पृष्ठ 158 देखें। मोरलैंड ने भी भारत में कृषि औज़ारों में लोहे के कम प्रयोग होने का कारण लोहे की अधिक क़ीमत बताया, *इंडिया एट दि डेथ ऑफ़ अकबर,* पृष्ठ 106, देखें।

49. अग्रवाल, द *कापर ब्रोन्ज़ एज इन इंडिया,* नई दिल्ली 1971 पृष्ठ 107.

50. बी. पी. मजुमदार *कंन्ट्यूनिटी एंड चेंज इन टैक्नॉलॉजी इन एंशिएंट एंड अर्ली मेडिवल पीरियड* (सी. 2300 ई. पू.····सन् 1200) प्रेस में, पृष्ठ 12, 44-45 (पाण्डुलिपि)

51. एल. गोपाल 'बिगनिंग ऑफ एग्रीकल्चर इन इंडिया,' के. के. ए. वेंकटाचारी द्वारा संपादित *टेक्नालॉजी इन इंडिया (एंशिएंट एंड मेडिवल पीरियड)*
मुंबई 1984, पृष्ठ 95.

52. एम. एस. रंधावा, *हिस्ट्री ऑफ एग्रीकल्चर,* खंड I, नई दिल्ली, 1980, पृष्ठ 393.

53. पी. सी. जैन, *लेबर इन एंशिएंट इंडिया,* नई दिल्ली, 1971, पृष्ठ 160.

54. *इंडिया ऐट दि डेथ ऑफ़ अकबर,* पृष्ठ 150.

55. 1963 में इरफ़ान हबीब का झुकाव भी इसी विचार की ओर था। देखिए उनकी पुस्तक *एग्रेरियन सिस्टम ऑफ़ मुग़ल इंडिया,* मुंबई 1963, पृष्ठ 25। अब उन्होंने ज़ाहिरा तौर पर मोरलैंड का विचार अपना लिया है। इस विचार की आलोचना के लिए देखिए हरबंस मुखिया द्वारा *कैम्ब्रिज इकॉनमिक हिस्ट्री ऑफ़ इंडिया* खंड I की समीक्षा, द इंडियन इकॉनमिक एंड सोशल हिस्ट्री रिव्यू, खंड XXI, अंक I, पृ. 116-20.

56. बी. पी. मजुमदार, *कन्ट्यूनिटी एंड चेंज,* पृ. 11

57. वही, पृष्ठ 44.

58. *कृषि पराशर,* पृष्ठ 73.

59. एन. जी. मुकर्जी, *हैंड बुक ऑफ़ इंडियन एग्रीकल्चर,* कलकत्ता, 1915, पृष्ठ 93 व 95.

60. बी. एच. बेडन-पावेल, *हैंड बुक ऑफ़ द मैनुफेक्चर एंड आर्ट्स ऑफ द पंजाब, लाहौर,* 1872, पृष्ठ 314.

61. जोन कैपर, *द थ्री प्रेसीडेन्सीज़,* पृष्ठ 317.
62. पी. सी. जैन *लेबर इन एंशिएंट इंडिया,* पृष्ठ 49.
63. *अर्थशास्त्र,* पृष्ठ 130, यह भी कई बार खेत जोतने की सलाह देता है।
64. पी. सी. जैन, *लेबर इन एंनशिएंट इंडिया,* पृष्ठ 60-61.
65. *कृषि पराशर,* पृष्ठ77.
66. जार्ज ए, ग्रीयरसन, बिहार पीज़ेंट लाइफ़, दूसरा संस्करण, पटना, 1826, पृष्ठ 172.
67. *हेनरी इलियट, मेमायर्स ऑफ द हिस्ट्री फ़ोकलोर एंड डिस्ट्रीब्यूशन ऑफ़ द रिसोर्सेज़ ऑफ द नोर्थ वेस्टर्न प्रोविंसेज ऑफ इंडिया,* जोन बीम्स द्वारा संपादित, संशोधित एवं पुनर्संकलित, खंड II, लंदन, 1869, पृष्ठ 223.
68. वही, पृष्ठ 341-42 देखें। इलियट का कहना है कि भारत में ड्रिल का प्रयोग चिरकाल से किया जाता रहा है। दुर्भाग्य से भारत में इस औज़ार के इतिहास का पता लगाना आसान नहीं है। प्रागैतिहासिक सुमेर सभ्यता में हल के साथ एक नली लगी होती थी, जिससे बीज पड़ता था। एम. एस. रंधावा *ए हिस्ट्री ऑफ़ एग्रीकल्चर,* खंड I पृष्ठ 114 देखें।
69. एल. किपलिंग, ड्राइंग सं. 930-1 व 2 विक्टोरिया एवं अल्वर्ट म्यूज़ियम, लंदन।
70. ले, कर्नल मार्क विल्कम, *हिस्टोरिकल एस्केचेज़ ऑफ़ द साउथ ऑफ़ इंडिया,* खंड I, लंदन 1810 पृष्ठ 209.
71. ग्रीयरसन, *बिहार पीज़ेंट लाइफ़,* पृष्ठ 4-5.
72. एच. इलियट द्वारा, उपरोक्त टिप्पणी 67 में उद्धृत।
73. लगभग 1595 में इसको भी खम्सा के एक लघुचित्र में दिखाया गया है। ब्रिटिश म्यूज़ियम पांडुलिपि और 122वीं, मिनिएचर न. 3, पृ. 19 देखें।
74. भूमि को समतल करने के अलावा कई और कृषि कार्यों को मुगल लघुचित्र *तारीखे-अल्फी* में चित्रित किया गया है। ब्रिटिश म्यूजियम लघुचित्र सं. 1934-113-01 ए देखें।
75. फोलियो 540 ए, व जी. वी. ट्रेमनहीर, *रिपोर्ट इन द पंजाब,* पृष्ठ 197.
76. सतपाल संगवान *लेवल ऑफ़ एग्रीकल्चरल टैक्नॉलॉजी इन इंडिया* 1557-1858, *प्रोसीडिंग्स ऑफ द इंडियन हिस्ट्री कांग्रेस,* 43वाँ सत्र, कुरुक्षेत्र, 1982, पृष्ठ 67.
77. एस. पी. राय चौधुरी, आदि; बोस 'सेन व सुवराप्या द्वारा संपादित *ए कन्साइज हिस्ट्री ऑफ साइंस,* पृष्ठ 360 पर उद्धृत।
78. *द थ्री प्रेसीडेन्सीज़* पृष्ठ 317.
79. फ़ोलियो 451, ए-बी।
80. जी. वी. ट्रेमनहीर, *रिपोर्ट इन, द पंजाब,* पृष्ठ 197.
81. *कृषि पराशर,* पृष्ठ 80-81.
82. *दर-फने-फलाहत,* फ़ोलियो 3 ए।
83. तक्षशिला के भीर टीले की खुदाई से कई खुरपे मिले हैं जो ई. पू. 300 से सन 100 तक के एम. एस. रंधावा *ए हिस्ट्री ऑफ़ एग्रीकल्चर* खंड I, पृष्ठ 393 पर दी गई स्लेटें देखें।
84. *कृषि पराशर,* पृष्ठ 82.
85. एस. पी. रायचौधुरी आदि; बोस, सेन व सुवरयप्पा द्वारा संपादित *ए कंसाइज हिस्ट्री ऑफ़ साइंस,* पृष्ठ 390 में उद्धृत।
86. पृष्ठ 197.
87. नन्दकिशोर कुमार 'हाइड्रोनिक एग्रीकल्चर इन पेनिनसुलर इंडिया, (300 ई. पू. से सन् 1300 तक)' *प्रोसीडिंग्स ऑफ इंडियन हिस्ट्री कांग्रेस* 40वाँ सत्र, वाल्टेयर, 1979, पृष्ठ 211-14.

88. टी. रायचौधुरी और इरफ़ान हबीब द्वारा संपादित द *कैम्ब्रिज इकनोमिक हिस्ट्री ऑफ़ इंडिया,* खंड I, पृष्ठ 49 व 216.
89. पृष्ठ 13.
90. कार्ल खंडलवाला व मोतीचंद्र *न्यू डाक्यूमेंट ऑफ इंडियन पेंटिग ए रिएप्रेजल* मुंबई, 1969, प्लेट 179.
92. जोन फ्रायर, *न्यू एकाउंट ऑफ ईस्ट इंडिया एंड पर्शिया,* 1672-81, डब्ल्यू कुक द्वारा संपादित खंड II हैक्लुइट सोसाइटी, 1912, पृष्ठ, 94.
92. *बाबरनामा,* अनु. ए. एस. ब्रेवेरिज, दिल्ली 1970 (1992 के संस्करण का पुनःप्रकाशन), पृ. 487.
93. वही।
94. 'प्रेसीडेन्शिअल एड्रेस मध्यकालीन भारत' खंड, *प्रोसिडिंग्स ऑफ़ द इंडियन हिस्ट्री काँग्रेस* 31वाँ सत्र, वाराणसी, 1969, पृष्ठ 149-51.
95. वही, पृष्ठ 153.
96. बी. डी. चट्टोपाध्याय ने इसे अपने निबंध 'इरिगेशन इन अर्ली मेडिवल राजस्थान', *जर्नल ऑफ़ इकॉनमिक एंड सोशल हिस्ट्री ऑफ़ द ओरियंट,* खंड XII भाग II, III 1973, पृष्ठ 304 में स्पष्ट किया है। इसमें चट्टोपाध्याय ने एम. सी. जोश, आर. नाथ व आर. सी. अग्रवाल की व्याख्या पर संदेह किया है जिसमें सभी पानी निकालने वाले चक्कों को जिन पर बाल्टी की चेन लगती थी, फारसी रहट बताया गया है। हरबंस मुखिया के लेख वाज़ देयर फ़्यूडलिज़्म इन इंडिया हिस्ट्री ? में भी तीन चरण का इतिहास माना गया। द *जर्नल ऑफ पीज़ेंट स्टडीज,* खंड 8 सं. 3 अप्रैल 1981, पृष्ठ 309. आगे चलकर इरफ़ान हबीब ने द *कैम्ब्रिज इकॉनमिक हिस्ट्री ऑफ़ इंडिया,* खंड I, पृष्ठ 49, में भी यह बात मानी।

    बिना गियर के बाल्टी चेन वाले पहिए अर्थात घटीयंत्र के पहले शिलालेखीय प्रसंग मंदसौर सन् 532 के शिलालेख में मिलते हैं। इसे एम. सी. जोशी प्रकाश में लाए "ऐन अर्ली इन्सक्रिप्शनल रिफरेन्स टु परशियन व्हील, *प्रोफेसर के. ए नीलकंठ शास्त्री,* '80*थ बर्थ डे फेलिसिटेशन वोल्यूम* पृष्ठ 214-17 देखें। फ़ारसी रहट का कोई छः शताब्दी इस्तेमाल हो जाने पर भी घटीयन्त्र पूरी तरह समाप्त नहीं हुआ। लखनऊ में 1770 में बना एक सुन्दर चित्र एक चक्र को चलते हुए दिखाता है, यद्यपि इसे अनिवार्यतः लाइब्रेरी सीरियल में फारसी रहट के रूप में बताया गया। देखें चित्र स. जे. 10-6 शीर्षक 'लेडिज ऐट ए वैल विद ए पर्शियन व्हील', इंडिया ऑफ़िस लाइब्रेरी व रिकार्ड्स, लंदन।

    1973 में चट्टोपाध्याय का निबंध प्रकाशित हो चुका था। फिर भी उनका निबंध लल्लनजी गोपाल को बिना गियर वाले घटीयंत्र को गियर वाला फारसी रहट-सा मान लेने से न रोक सका। 'अरघट्ट-द पर्शियन व्हील', *आस्पेक्ट्स ऑफ़ द हिस्ट्री ऑफ़ एग्रीकल्चर इन एंशिएंट इंडिया,* पृष्ठ 114-68 देखें। लगता है वे फ़ारसी चक्र का उद्भव भारत में सिद्ध करने पर तुले हैं। प्रत्येक बाल्टी चेन को फारसी रहट मानते हैं। कम-से-कम उसे, जिसका इस्तेमाल भारत में होता था। यहाँ गियर का अस्तित्व पहियों की एकरूप गति के आधार पर मान लिया गया है। एक अदद साहित्यिक प्रमाण जिसमें 16 बैल घटीयंत्र के निकट खड़े हैं यही मशीन पर जोताई का प्रमाण है। क्या प्रोफेसर गोपाल अथवा किसी दूसरे ने ऐसे पानी उठाने वाले चक्के को देखा है जिसे 16 बैल घुमाते रहे हों। भले ही यहाँ हम यह बात मान लें कि और कुछ नहीं तो पहिए को घुमाने के लिए ही बैल कुएँ के पारा खड़े रहते होंगे ? खैर, यह एक अलग प्रस्थापना है। पहिए को समान गति देने के लिए छोटे क़स्बे के मेलों में हिंडोला हस्तचालित था या आदमी के पैरों से चलाया जाता था। यह बिना गियर के वृत्तीय गति की शानदार एकरूपता का प्रदर्शन है। निःसंदेह पानी का

चक्का भी उसी तरह चलाया जाता होगा।

यह सच है कि गियर व्यवस्था किन्ही कारणों से प्राचीन व मध्यकालीन भारत के लिए परदेशी वस्तु रही है। यही वह तथ्य है जिससे संकेत मिलता है कि फ़ारसी रहट पश्चिमी एशिया से आया जहाँ (रोमन साम्राज्य और चीन की तरह) गियर का प्रयोग लंबे समय से किया जा रहा था। परन्तु अरघट्ट और घटीयंत्र जो पहले के पहिए हैं, देश में ही विकसित हुए जान पड़ते हैं। ऐसा नहीं लगता कि गियर के प्रयोग का प्रसार फ़ारसी रहट में पिन ड्रम गियर की जानकारी हो जाने के शताब्दियों बाद तक भी हो सका हो।

अबुल-फ़ज़्ल ने *आईन* में गियर की एक प्रतिकृति दी है जिससे आठ तोपों की एक साथ सफाई हो सकती थी। यह यंत्र अव्यवहार्य है यद्यपि यह गति के हस्तान्तरण के सिद्धांत को बहुत ईमानदारी से चित्रित करता है। *आईन,* खंड I (अनु), प्लेट XV वास्तव में वह अव्यवहार्य यंत्र भी अकबर के दरबार के फ़तहुल्लाह शीराज़ी नामक फ़ारसी-दस्तकार का बनाया हुआ है। एम. ए. अलवी व ए. रहमान, *फ़तहुल्लाह शिराज़ी. ए सिक्सटींथ सेंचुरी इंडियन साइंटिस्ट* नई दिल्ली, 1968, पृष्ठ 7 देखें। वास्तव में 1780 तक साधारण गियर से वे इतालवी अटेरन चलने लगे थे जिन्हें ईस्ट इंडिया कंपनी बंगाल में लाई। यह प्रायः भारतीय कामगारों के हाथ से टूट जाती। *जनरल लेटर्स,* आदि, गवर्नमेंट ऑफ़ बंगाल, 1765-184, खंड I, पं. बंगाल राज्य पुरातत्व कलकत्ता, 12 जुलाई 1782 में वह सामान्य पत्र देखें जो कि अदालत में गवर्नर जनरल इन कौंसिल को दिया गया था। स्पष्ट रूप से उन कामगारों ने इस क्रिया विधि का प्रयोग तक नहीं किया था।

97. बी. भादानी का अनुमान है कि पं. राजस्थान में मेड़ता परगना के 17वीं शताब्दी के कुओं में 1.7 प्रतिशत में फ़ारसी रहट थे और ये लकड़ी के बने हुए होते थे। इकॉनमिक कंडीशन्स इन मेड़ता परगना (राजस्थान 1658-63) *प्रोसीडिंग्स ऑफ़ द इंडियन हिस्ट्री कांग्रेस,* 36वाँ सत्र, अलीगढ़, 1975, पृष्ठ 28-17, देखें।
98. एम. एस. रंधावा, *ए हिस्ट्री ऑफ़ एग्रीकल्चर,* खंड I, पृष्ठ 401.
99. यह करीब 7.76 प्रतिशत के बराबर है। यह जानकारी डा. दिलबाग़ सिंह के सौजन्य से।
100. ए. वी. विलियम्सन, 'इंडीजिनस इरिगेशन वर्क्स पेनिनसुलर इंडिया', *द ज्योग्राफ़िकल रिव्यू,* खंड I सं. 4, अक्तूबर 1931, पृष्ठ 62.
101. रिपोर्ट, लंदन, 1928 पृष्ठ 338-39.
102. एम. एस. रंधावा *ए हिस्ट्री ऑफ़ एग्रीकल्चर,* खंड I, पृष्ठ 319 पर चित्र 185 देखें। फावड़े का प्रयोग ढेला तोड़ने में हल चलाने के साथ-साथ या इसके तुरंत बाद किया जाता होगा। इसका प्रयोग निश्चित रूप से मिट्टी आदि हटाने के लिए होता होगा। क्योंकि *कृषि पराशर* (पृ. 74) में इससे गोबर की खाद उठाने की बात कही गई है। जहाँगीर काल में एक किसान को फावड़े से काम करते हुए दिखाया गया है। इसका फल लोहे का है यद्यपि हत्था लकड़ी का है। कार्ल खनड़लवाला व मोतीचंद्र, *मिनिएचर्स एंड स्कल्पचर्स फ्राम द कलेक्शन ऑफ द लेट सर कावासजी जहांगीर,* मुंबई 1965, प्लेट 19 देखें।
103. एम. एस., *रंधावा ए हिस्ट्री ऑफ एग्रीकल्चर,* खंड I, पृष्ठ 299.
104. वही, अंक 185, पृष्ठ 393.
105. बोस, सेन व सुबारायप्पान द्वारा संपादित, *ए कन्साइज़ हिस्ट्री ऑफ़ साइंस,* पृष्ठ 360.
106. एम. एस. रंधावा, *ए हिस्ट्री ऑफ़ एग्रीकल्चर,* खंड I, पृष्ठ 390, 399, 402.
107. फ़ोलियो 6 बी-7 ए
108. फ़ोलियो 6 ए-7 बी.
109. फोलियो 9 बी.

110. अबुल फ़ज़्ल *आईने-अकबरी*, खंड I (पाठ), पृष्ठ 304-36, खंड II (अनु), पृष्ठ 76-122.

111. आर एस. शर्मा, 'हाउ फ़्यूडल वाज इंडियन फ़्यूडलिज़्म' द *ज़र्नल ऑफ द पिजेंट स्टडीज* के विशेष अंक 'फ़्यूडलिज़्म एंड नान यूरोपियन सोसाइटीज' खंड VII, सं. 2-3, 1985, पृष्ठ 38 देखें। 'निःसंदेह यह काल अधिक उपज और कृषि के विस्तार का था।'

112. *कैम्ब्रिज इकॉनमिक हिस्ट्री ऑफ इंडिया*, खंड I, पृष्ठ 48.

113. इरफ़ान हबीब, *एग्रेरियन सिस्टम*, पृष्ठ 21.

114. आर एस. शर्मा, *लाइट ऑन अर्ली इंडियन सोसाइटी एंड इकॉनमी, मुंबई*, 1966, पृष्ठ 53.

115. आर एस. रंधावा, *ए हिस्ट्री ऑफ एग्रीकल्चर*, खंड I, पृष्ठ 299-300.

116. वही, पृष्ठ 318.

117. वही, पृष्ठ 318-21.

118. *अर्थशास्त्र*, पृष्ठ 131.

119. पुष्पा नियोगी, *कन्ट्रीब्यूशंस* पृष्ठ 23-24

120. बी. एम. एस. यादव, *सोसाइटी एंड कल्चर*, पृष्ठ 258.

121. अबुल फ़ज़्ल *आईन*, खंड I (पाठ) पृष्ठ 389, (अनु) खंड II, पृष्ठ 134.

122. वही, खंड I (पाठ) पृष्ठ 304-36, (अनु) खंड II, पृष्ठ 76.

123. डब्लू. एच. मोरलैंड, *इंडिया ऐट द डेथ ऑफ़ अकबर* पृष्ठ 102-03.

124. वही, पृष्ठ 103.

125. हरबंस मुखिया "वाज देयर फ़्यूडलिज़्म इन इंडियन हिस्ट्री" पृ. 286.

126. दिल्ली सल्तनत की स्थापना से बहुत पहले, उत्तरी भारत के कई राज्य अनेक मदों के तहत कर वसूल करते थे। इनके दस्तावेज़ बी. एन. एस. यादव, *सोसाइटी एंड कल्चर*, पृष्ठ 208-301, व डी. सी. सरकार *लैंडलार्डिज़्म एंड टेनेंसी*, पृष्ठ 66-79, में प्रस्तुत किए गए हैं। इन इतिहासकारों ने जिन साक्ष्यों का इस्तेमाल किया है वे ज़्यादातर अभिलेख हैं जो कि दरबारी इतिहास से अधिक ईमानदारी से सच्चाई को दर्शाते हैं। गणना के अंत में यादव इस निष्कर्ष पर पहुँचते हैं कि लगता है अधिकतर किसानों का जीवन निर्वाह जीविका के हाशिए पर पहुँच गया था। किसानों की बचत का बड़ा हिस्सा वसूल करना जारी रहा और आगे चलकर इसे दिल्ली सल्तनत और मुगल साम्राज्य द्वारा व्यवस्थित किया गया।

127. मध्यकालीन भारतीय किसान को गतिशीलता की वैधानिक स्वतंत्रता के बजाए इसी अर्थ में 'स्वतंत्र किसान' के रूप में परिभाषित किया गया। देखें, हरबंस मुखिया, 'वाज़ देयर फ़्यूडलिज़्म इन इंडियन हिस्ट्री ? पृष्ठ 275, 240, 41, व पीज़ेंट प्रोडक्शन एंड मेडिवल इंडियन सोसाइटी, *जर्नल ऑफ द पीज़ेंट स्टडीज़* का विशेषांक 'फ़्यूडलिज़्म इन नॉन-यूरोपियन सोसाइटीज़' पृष्ठ 241-47 देखें।

128. पी. सी. जैन, *लेबर इन एंशिएंट इंडिया*, पृष्ठ 44-45.

129. पृष्ठ 129.

130. उमा चक्रवर्ती, 'स्लेवरी एंड बांडेज इन एंशिएंट इंडिया,' (प्रकाशनाधीन), टंकित प्रति, पृष्ठ 38-39, 45-46.

131. आर एस. शर्मा, *इंडियन फ़्यूडलिज़्म*, 61-63.

132. वही। पृष्ठ 75। कुल मिलाकर जहाँ यूरोप के किसान की समूची शक्ति व समय अपने मालिक के खेतों में काम करने में खत्म हो जाती थी, भारत के कृषक वर्ग का अधिकतम सागय अपने ही खेतों में लगता था। उपज का एक बड़ा हिस्सा अनुदान देने वाले जोतदारों व अन्य बिचौलियों के पास पहुँच जाता था। इसके विपरीत स्वतंत्र कृषक वर्ग की संख्या बहुत बड़ी लगती है। 'बी. एन.

एस. यादव, *सोसाइटी एंड कल्चर,* पृष्ठ 171, भी देखें ।

133. बौद्ध साहित्य में बड़े फार्मों में उजरती मज़दूर लगाने का उल्लेख मिलता है । पी. सी. जैन, *लेबर इन एंशिएंट इंडिया,* पृष्ठ 44-45 *देखें । अर्थशास्त्र* खेतिहर मज़दूरों व काश्तकारों के लिए काम या काम करने के एवज़ में वेतन भुगतान नियमित करना चाहता है; पृष्ठ 213 देखें । गुप्त काल के विधि निर्माताओं ने भी खेतिहर मज़दूरों के वेतन भुगतान नियमित करने की कोशिश की । पी. सी. जैन, *लेबर इन एंशिएंट इंडिया,* पृष्ठ 238-39 देखें । बाद में प्रमाण के लिए दिलबाग़ सिंह, टेनेंट्स शेयर कार्पस एंड एग्रीकल्चरल लेबर इन एटींथ सेंचुरी ईस्टर्न राजस्थान, *स्टडीज़ इन हिस्ट्री,* खंड I, सं. 1, 1979, पृष्ठ 39.

134. पूर्वी राजस्थान से संबंधित 1752 व 1766 के दो दुर्लभ दस्तावेज़ बताते हैं कि उनका हिस्सा कुल उत्पादन में क्रमशः 0.6 व 0.9 प्रतिशत था दिलबाग़ सिंह, 'लोकल एंड लेबर रेवेन्यू एडमिनिस्ट्रेशन ऑफ द स्टेट ऑफ़ जयपुर सी 1750-1800' अप्रकाशित पी. एच. डी. शोध प्रबंध जवाहरलाल नेहरू विश्वविद्यालय, पृष्ठ 53 देखें ।

135. हरबंस मुखिया, 'मार्क्स ऑन प्रिकोलोनियल इंडियाः ऐन इवैलुएशन' दीप्तेंद्र बनर्जी द्वारा संपादित *मार्क्सियन थ्योरी एंड द थर्ड वर्ल्ड,* नई दिल्ली, 1985, पृष्ठ 175-78 में संकलित ।

136. भारतीय फ़्यूडलिज़्म की धारणा कई इतिहासकारों में द *जर्नल ऑफ पीज़ेंट स्टडीज़,* के विशेषांक फ़्यूडलिज्म इन नॉन-यूरोपियन सोसाइटीज़, में चर्चा का विषय रही है ।

137. वास्तव में समूचे आरंभिक व मध्यकालीन भारत में किसान विरोध के किसी रूप का उदाहरण किसी एक सवाल पर सिवाय राजस्व की मात्रा की मांग के मिल पाना मुश्किल है । यहाँ तक कि किसानों के आने-जाने पर जो पाबंदी लगाई गई वह भी पूरी तरह राजस्व के नुकसान से बचने की चिंता से प्रेरित थी । यही कारण था कि *अर्थशास्त्र* (पृ. 147) कर अदा करनेवाले किसानों के स्वतंत्र प्रवास (ऐसे गाँव में जहाँ करदाता नहीं रहते हैं ।) में बसने की इजाज़त नहीं देता । यहाँ तक कि *अर्थशास्त्र* (पृ. 273) राज्य को सलाह देता है कि वह किसानों को उनके खेतों में एक अतिरिक्त फसल पैदा करने के लिए दबाव डाले, यदि उनकी वित्तीय आवश्यकताएँ पूरी न होती हों । कृषक, जो अपने खेत में ठीक समय पर खेती नहीं करता था फसलों को पशुओं से नहीं बचाता उस पर मनु जुर्माना लगाने का आदेश देता है । बी. पी. मजुमदार, *सोशियो इकनॉमिक हिस्ट्री ऑफ़ नार्दर्न इंडिया,* पृष्ठ 171 देखें । किंतु इसे ज़्यादातर आलेखी तौर पर 14वीं शताब्दी के आख़िरी दशकों के एक दस्तावेज़ में प्रकाश में लाया गया जब एक गाँव के किसान दूसरे गाँव में प्रवास कर गए । जिस गाँव में गए वहाँ उन पर इस आधार पर वापस जाने के लिए ज़ोर दिया जाता रहा कि उनके लोगों का दावा स्वामित्व पर नहीं था । *कैम्ब्रिज इकॉनमिक हिस्ट्री ऑफ इंडिया,* खंड I, पृष्ठ 54, देखें । स्पष्टतया जहाँ तक कर अदा करने का सवाल था, इससे किसान बच नहीं सकता था । भले ही वह अपनी ज़मीन न जोत रहे हों । उन पर कोई दूसरे प्रतिबंध नहीं लगाए जा सकते थे । कुछ भी हो, हमें किसानों के आने-जाने पर वैधानिक प्रतिबंधों को अधिक गंभीरता से नहीं लेना चाहिए, क्योंकि बाबर हमें याद दिलाता है कि 'हिंदुस्तानी गाँव, यहाँ तक कि क़स्बे भी क्षण-भर में जन-शून्य हो जाते हैं और उसी प्रकार बस भी जाते हैं' और इरफ़ान हबीब इसे इस तरह तर्कसंगत बताते हैं : यह संभव है, क्योंकि कच्ची भूमि के बड़े क्षेत्र 16वीं व 17वीं शताब्दी में ज़्यादातर इलाक़ों में उपलब्ध थे ।' *कैम्ब्रिज इकॉनमिक हिस्ट्री ऑफ इंडिया,* खंड I, पृष्ठ 218 देखें । निश्चित ही कच्ची भूमि के बड़े क्षेत्र इससे पहले भी और अधिक उपलब्ध रहे होंगे । इसी कारण किसान का प्रवजन इससे भी अधिक रहा होगा ।

138. हरबंस मुखिया, 'मोरिस डाब्स, एक्सप्लेनेशन ऑफ़ द डिक्लाइन ऑफ़ फ़्यूडलिज़्म इन वेस्टर्न यूरोप-ए क्रिटीक,' द *इंडियन हिस्टोरिकल रिव्यू,* खंड VI सं. 1-2, पृष्ठ 154-84.

श्रेष्ठतर प्रौद्योगिकी का सामाजिक प्रतिरोध : 18वीं सदी में बंगाल का अटेरन*

17वीं सदी के पहले दो दशकों में व्यापार की जिन वस्तुओं ने अंग्रेज़ों की ईस्ट इंडिया कंपनी को भारत की ओर आकर्षित किया था उनमें बंगाल के रेशम का कोई ख़ास मुक़ाम नहीं था। फिर भी जल्द ही इसे बेपनाह और स्थायी महत्त्व प्राप्त हुआ, और कुछ नहीं तो सिर्फ़ इसीलिए कि कंपनी अधिक लाभदायक वस्तुओं की आपूर्ति जारी रखने में असफल रही। वर्ष 1617-21 से संबंधित द *कैलेंडर ऑफ़ स्टेट पेपर्स* में कंपनी के व्यापार की एक मद के रूप में रेशम का बार-बार हवाला आया है और चीनी, जापानी और सबसे बढ़कर ईरानी रेशम को वरीयता देने का संकेत दिया गया है।[1] 1617-18 के दौरान सर टामस रो ने फ़ारस के 'सोफ़ी' को मनाने की जी-तोड़ कोशिश की कि ईरानी रेशम के व्यापार का एकाधिकार अंग्रेज़ी कंपनी को दे दिया जाए। बंगाल के रेशम की ओर कंपनी का ध्यान उसके प्रयासों की असफलता के बाद ही गया।[2] शुरुआत 1621 में पटना में एक 'फ़ैक्टरी' की स्थापना करके की गई।[3] सदी के मध्य के बाद जल्द ही अंग्रेज़ों और साथ ही अन्य यूरोपीय व्यापारियों द्वारा क़ासिमबाज़ार को अड्डा बनाने की ख़बर मिलती है जो बंगाल में रेशम के उत्पादन का प्रमुख केंद्र था।[4] मध्य-17वीं सदी के आस-पास ट्रैवर्नियर के अनुसार क़ासिम बाज़ार में अंग्रेज़ी भार-पद्धति में 22 लाख पौंड रेशम का उत्पादन हो रहा था;[5] यूँ यह आँकड़ा 1760 के दशक और उसके बाद के

---

* इस लेख के लिए अनुसंधान-कार्य 1981 में होमी भाभा फ़ैलोशिप के अंग रूप में पश्चिमी बंगाल राज्य अभिलेखागार और राष्ट्रीय पुस्तकालय, कलकत्ता में किया गया। क्षेत्र-कार्य के लिए मैंने अप्रैल 1982 में मुर्शिदाबाद और माल्दा का दौरा किया। माल्दा शहर के सरहदी इलाक़ों में रेशम के धागों के गोले बनाने के लिए आज भी अटेरन का इस्तेमाल किया जाता है और यह मेरा भाग्य था कि 18वीं सदी के अंतिम भागों में विकसित इस उपकरण को मैंने प्रयोग किए जाते देखा। उस दौरे का ख़र्च उठाने के लिए मैं समाज विज्ञान संस्थान, जवाहरलाल नेहरू विश्वविद्यालय का बहुत आभारी हूँ। श्री गौतम मदु ने इस दौरे में मेरा साथ देने की कृपा की; इस प्रकार की उदारता का उदाहरण मिलना दुर्लभ है। मैं माल्दा में भारतीय रेशम बोर्ड, के सेवानिवृत्त उपनिदेशक श्री बी. बी. राय से हुई लंबी बातचीत को साभार याद करता हूँ। लेख की मूल परिकल्पना पहले-पहल समाज-विज्ञान अध्ययन केंद्र, कलकत्ता में आयोजित एक संगोष्ठी में प्रस्तुत की गई थी। संगोष्ठी में हुई उत्कृष्ट चर्चा से मुझे तर्कों के ढाँचे में मांस-मज्जा भरने में भारी सहायता मिली है।

लिए अधिक सही है। कुछ भी हो, इससे बंगाल के रेशम-जगत में इस क़स्बे की महत्ता का संकेत अवश्य मिलता है।

1765 में कंपनी ने बंगाल की दीवानी हासिल कर ली तो उसके अधिकारियों के सामने इंग्लैंड को आमदनी के संप्रेषण के रूप का सवाल उठा। मुद्रा या क़ीमती धातुओं में आमदनी को संप्रेषित करना निश्चित ही सबसे आसान ढंग होता। लेकिन अगर मालगुज़ारी में प्राप्त धन का निवेश करके बंगाल से रेशमी धागे ख़रीदे जाते (जिसे कंपनी के दस्तावेज़ों में 'कच्चा रेशम' कहा गया है) और उसे वहाँ इंग्लैंड और यूरोप महाद्वीप के बाज़ारों में अच्छे-ख़ासे मुनाफ़े पर बेचा जाता तो संप्रेषित होनेवाली मात्र आय अच्छी-ख़ासी बढ़ सकती थी। यही वह अर्थ था जो कंपनी की शब्दावली में 'निवेश' शब्द को 1765 के बाद प्राप्त हुआ। इसलिए यह बात समझ में आती है कि कंपनी के लंदन स्थित कोर्ट ऑफ़ डायरेक्टर्स ने बंगाल में बैठे अपने अधिकारियों को कच्चे रेशम में 'निवेश' की मात्रा बढ़ाने का अधिकाधिक कड़ा आदेश देना शुरू कर दिया।[6]

पर बंगाल के कच्चे रेशम के साथ एक समस्या भी जुड़ी थी; यह कि उसे लपेटने और गोले बनाने के घटिया तरीक़े से उसकी गुणवत्ता अपेक्षाकृत कम हो जाती थी। 'अंशतः एक, अंशतः दो, तीन और कुछ मिसालों में चार धागों का गुँथे होना आम बात थी। छँटाई के तौर-तरीक़े की भी क़ाफी उपेक्षा की जाती थी···।'[7]

दीवानी हासिल करने से पहले भी कंपनी इस दोष से परिचित भी और उसे दूर करने के प्रयास कर चुकी थी। 1757 में 'एक यशस्वी विशेषज्ञ' रिचर्ड वाइल्डर को रेशम लपेटने की मौजूदा पद्धति सुधारने के लिए क़ासिमबाज़ार में नियुक्त किया गया; उसकी 1761 में मृत्यु हो गई। दीवानी सँभालने के फ़ौरन बाद 1765-66 में वाइल्डर के उत्तराधिकारी के रूप में जोसफ़ पूचोन नियुक्त किया गया और उसने यह काम जारी रखा; जल्द ही उसकी सहायता के लिए जान चेमियर आ गया। फिर भी कोर्ट ऑफ़ डायरेक्टर्स ने भले ही इन दो महानुभावों की सेवाओं का गुणगान किया हो,[8] ऐसा नहीं लगता कि 'सुधरी हुई पद्धति से लपेटे गए रेशम का किसी अच्छी-ख़ासी मात्रा में निर्यात किया गया हो।'[9]

लपेटने और गोले बनाने के दोषों को दूर करने के लिए एक बड़ा क़दम 1770 में उठाया गया। उस साल पीयदमों के जेम्स विस के नेतृत्व में बंगाल में इतालवी अटेरन-पद्धति के समावेश पर निगरानी रखने के लिए इतालवियों का एक दल नियुक्त किया गया; तब यह रेशम लपेटने की पद्धतियों में सबसे उन्नत पद्धति थी। रेशम के 'कीड़ों की पैदावार बढ़ाने और सुधारने तथा कोयों से रेशम खींचने और कातने का काम इटली और यूरोप के दूसरे भागों में जिस उम्दा तरीक़े से किया जाता था उसी उम्दा तरीक़े से करने[10] का प्रशिक्षण हिंदुस्तानी अटेरों को देने की ज़िम्मेदारी इसी दल को सौंपी गई।

अटेरन से गोले बनाने से रेशम का धागा मूलतः काफ़ी अधिक बारीक़ बनता था बल्कि लगभग दोषमुक्त भी हो जाता था बनिस्बत उस धागे के जो देसी पद्धति से तैयार किया जाता था। अब इस पद्धति को अपमानजनक ढंग से 'देसी लिपटाई वाला रेशम' या महज़ 'बंगाल की लिपटाई' कहा जाने लगा। अटेरन से गोले बनाने के लिए एक पक्की और खुली इमारत तथा हर कुंडे के साथ एक भट्टी का निर्माण करना और एक ऐसा दाँतेदार पहियोंवाला उपकरण लगाना आवश्यक था जो साथ ही साथ कोयों से धागा खींचता और उसका गोला बनाता था। गुणवत्ता के लिए कोये सावधानी के साथ छाँटे जाते थे और धागा लपेटने के लिए 4 से 6 कोयों का इस्तेमाल होता था। धागा लपेटने के लिए कोयों से खींचे गए तारों को कई बार उसी प्रक्रिया से गुज़ारा जाता था। ताकि धागे में गोलापन और एकरूपता आए जिसकी बाज़ार में भारी क़द्र की जाती थी। तार छल्लों से गुज़रकर एक दोलन कर रहे डंडे के सहारे आगे बढ़ाने वाली खूँटियों तक पहुँचता था और फिर दाँतेदार पहियों वाले उपकरण से निकले गोले तक जाता था; इस उपकरण को एक ढीला हत्था घुमा रहा कोई छोटा लड़का चलाता था। दोलन करने वाले डंडे के कारण धागा गोले की पूरी चौड़ाई में एक समान ढंग से फैलता था।[11]

अटेरन से लपेटने और गोले बनाने का ढंग लगभग अकेला सुधार था जो ईस्ट इंडिया कंपनी ने रेशम-उत्पादन के क्षेत्र में किया।[12] शुरू में दाँतेदार पहिए लकड़ी के बनते थे।[13] लेकिन एक तो इंग्लैंड की लकड़ी बंगाल के आर्द्र वातावरण और कड़ी धूप में तड़क जाती थी[14] और दूसरे गियर वाले किसी उपकरण से अपरिचित होने के कारण बंगाल के अटेरे 22 और 25 दाँतों की जगह 25 और 35 दाँतोंवाले पहियों को जोड़ लेते थे जिससे वे टूटकर बैठ जाते थे।[15] दोनों का सम्मिलित परिणाम यह हुआ कि लकड़ी के ढाँचों की जगह कहीं ज़्यादा सख़्त पीतल के और फिर फ़ौलादी ढाँचे लगाए जाने लगे हालाँकि कोर्ट ऑफ़ डायरेक्टर्स इस बात पर ज़ोर देने से कभी नहीं चूका कि प्रयुक्त सामग्री से उपकरण का कार्यकलाप अप्रभावित रहता है।[16] इन मशीनों का कार्य-कलाप भी उतना सुचारु नहीं होता था जितनी कि कोर्ट ऑफ़ डायरेक्टर्स ने कल्पना की थी। इसलिए अब इंग्लैंड से बहुत अधिक पुख़्ता नई मशीनें भेजी जाने लगीं और कोर्ट आफ़ डायरेक्टर्स को आशा थी कि ये 'कम-से-कम 20 साल चलेंगी।'[17]

नई मशीन और उसके काम करने के सिद्धांत से आम अपरिचय के अलावा अटेरन में श्रम का उपयोग भी एक अलग ढंग से होता था। अगर 'देसी लिपटाई वाले रेशम' पर केंद्रित रेशम-उत्पादन एक लगभग घरेलू उद्योग था जिसमें कोये पालने, लपेटने, गोले बनाने वग़ैरह के काम घर के बरामदे में और उसके आस-पास किए जाते थे और जिसमें कम या अधिक, पूरा घर भाग लेता था तो अटेरन में गोले बनाने में काम की एक बिलकुल अलग संस्कृति पाई जाती थी। ये अटेरन मशीनें संभवतः क़स्बे के

रिहाइशी इलाक़े से कुछ दूरी पर एक अलग-थलग पक्के मकान में लगाई जाती थीं, और वहाँ लिपटाई का काम कुछ छोटे लड़कों की सहायता से वयस्क पुरुष विदेशियों की निगरानी में और एक निश्चित समय-सारणी के तहत करते थे। काम की इस नई संस्कृति ने खुद कुछ तनाव पैदा किए जिनका कारण यह था कि अकसर लिपटाई करनेवाले निगरानी रखनेवालों के साथ धोखा करते थे। वे सावधानी के साथ गोले के अंदरूनी भागों में बराबर मोटाई का रेशम लपेटते थे, उसे फिर थोड़ा ढीला करके बीच के हिस्से में थोड़ा-बहुत खुरदुरा रेशम लपेट देते थे, और ऊपरी भागों के बारे में ख़ास एहतियात बरतते थे जिसके मुआइने की संभावना सबसे अधिक होती थी।[18]

एक नई मशीन और एक नई कार्य-प्रक्रिया के समावेश में शुरू में भले ही कुछ कठिनाइयाँ आई हों, इतालवी विशेषज्ञों को हिंदुस्तानी कारीगर यह नई तकनीक सीखने को आतुर लगे। बंगाल में अटेरन के आरंभ से बमुश्किल दो साल के बाद, 'उसकी तात्कालिक सफलता में आई अनेक बाधाओं' के बावजूद भारतीय कारीगरों को 'गोला बनाने के यूरोपीय ढंग को सीखने में पर्याप्त कुशल' कहकर उनकी प्रशंसा की जा रही थी।[19] एक दहाई से थोड़ा-सा ही ज़्यादा अरसे के बाद जेम्स विस ने कोर्ट ऑफ़ डायरेक्टर्स से सिफ़ारिश की कि वह जिन इतालवी विशेषज्ञों को अपने साथ लाया था, उनकी छुट्टी कर दी जाए क्योंकि अब भारतीय कारीगरों के लिए उनसे सीखने को कुछ और नहीं बचा था। उसने लिखा थाः 'बंगाल में किसी इतालवी कताई करनेवाले की ज़रूरत नहीं है' क्योंकि 'मुझे इसमें ज़र्रा बराबर शक नहीं कि अगर देसी लोग चाहें तो हर केंद्र में काफ़ी कुछ सीख लेंगे और अच्छा रेशम तैयार कर सकेंगे⋯।'[20] बंगाल में कंपनी की सरकार इतालवी विशेषज्ञों को हटाने की उतनी इच्छुक नहीं थी क्योंकि अटेरन से गोला बनाने का 'चलन' अभी तक 'आम' नहीं हो सका था।[21] फिर भी कोर्ट ऑफ़ डायरेक्टर्स ने विस के 'ज्ञापन' को स्वीकार करने का फ़ैसला किया और इतालवी विशेषज्ञों को यह विकल्प पेश किया कि या तो वे कंपनी के ख़र्च पर इंग्लैंड लौट जाएँ या फिर भारत में अपने बूते पर रहें।[22]

इस फ़ैसले के पीछे कोर्ट की बुद्धिमत्ता पर शायद ही शक किया जाए क्योंकि कई साल पहले उसने यह देखकर संतोष व्यक्त किया था कि 'अटेरन से लिपटे रेशम के प्राप्त नमूनों' को 'बाज़ार में लाने योग्य अच्छा रेशम और इतालवी रेशम से मिलता-जुलता समझा जा रहा' था।[23] गंभीर विवेक के लिए जिस जेम्स विस पर कोर्ट ऑफ़ डायरेक्टर बुरी तरह निर्भर था उसने भी इसी भावना को व्यक्त किया और पाया कि 'बंगाल के इतालवी लिपटाई वाले रेशम⋯गुणवत्ता में इटली से आनेवाले रेशम जितने ही उम्दा थे।'[24] बंगाल से रेशम-आयात की मात्रा में प्रभावशाली वृद्धि भी उसकी उम्दा क़िस्म का प्रमाण देती है। 1772 और 1775 के बीच कच्चे रेशम का सालाना आयात 1, 87, 494 पौंड से ज़्यादा नहीं था, जबकि इसमें अटेरन से छाँटा गया रेशम भी शामिल था। 1775 तक लपेटने की अटेरन पद्धति का व्यापकतर प्रसार हो चुकने के

बाद की एक दहाई में इसमें बेपनाह परिवर्तन आया। 1776 और 1785 के बीच बंगाल से हर साल औसतन हर क़िस्म के 5, 60, 283 पौंड रेशम का आयात किया जा रहा था जबकि 'इटली, तुर्की वग़ैरह' से रेशम का आयात कोई 2, 82, 304 पौंड था।[25] फिर भी विभिन्न स्तरों पर कंपनी के अधिकारी अपने को मायूस महसूस करते थे क्योंकि उनके लिए जो लक्ष्य तय किए गए थे वे उनकी उपलब्धियों से बहुत ज़्यादा थे। वे यह मानते थे कि इन लक्ष्यों के कुछ और क़रीब तभी पहुँचा जा सकता है जबकि 'निवेश' के लिए उत्तरदायी व्यक्ति कुछ और ज़ोर लगाएँ। मसलन राधानगर के रेज़िडेंट के एक पत्र पर विचार करते समय बोर्ड ऑफ़ ट्रेड ने निश्चय किया कि 'उससे अटेरन से छँटाई की अतिरिक्त व्यवस्था करने का ज़ोरदार आग्रह किया जाए और कहा जाए कि भले ही' उसके भेजे हुए तख़मीने को बोर्ड फ़िलहाल स्वीकार करता है पर वह उस छँटाई के परिणाम में वृद्धि होते देखने की आशा का त्याग नहीं कर सकता।[26] बोर्ड को अटेरन के रेशम के उत्पादन में गिरावट और उसी अनुपात में 'देसी लिपटाई वाले कच्चे रेशम' के उत्पादन में वृद्धि देखकर भी मायूसी हुई।[27] अटेरन के रेशम का 'चलन' अभी 'आम' नहीं हुआ था, इसे लेकर बोर्ड पहले ही बेचैन था। इसलिए उसके उत्पादन के स्तरों में गिरावट और प्रतियोगी रेशम के उत्पादन में वृद्धि से उत्पन्न और अधिक उलझन ने कंपनी के अधिकारियों को जबावतलबी के लिए मजबूर कर दिया। अंग्रेज़ों को यह महसूस करके निश्चित ही बेचैनी हुई होगी कि अटेरन से सूत लपेटने की निश्चित रूप से बेहतर तकनीक को इस क़दर आतुरता के साथ सीखने के बाद भी हिंदुस्तानी उसके उपयोग से हिचकिचा रहे थे। जिस स्पष्टीकरण ने अंततः उन्हें संतोष प्रदान किया वह एक मनोवैज्ञानिक स्पष्टीकरण थाः यानी कि हिंदुस्तानी दस्तकार का जन्मजात रूढ़िवाद। बहुत पहले 1722 में ही, अटेरन के उपयोग में दक्षता पानेवाले भारतीय कारीगरों की सराहना करते समय भी बोर्ड ऑफ़ ट्रेड ने 'उसकी सफलता में अनेक बाधाओं' के होने का ख़याल किया था 'हालांकि किसी आकस्मिक परिवर्तन के आरंभ के समय ऐसी बाधाएँ स्वाभाविक रूप से प्रत्याशित होती हैं, विशेष रूप से एक ऐसे देश में जहाँ लोग प्राचीन परंपराओं से इतने कट्टरपन के साथ चिपके हुए हों।'[28] इस रूढ़ हो चुके स्पष्टीकरण ने कंपनी के अधिकारियों[29] या बाद के टीकाकारों[30] को शायद ही कभी असंतुष्ट किया हो; इनमें से सभी समय-समय [illegible] गमितता के साथ यही स्पष्टीकरण पेश करते रहे।

हाल के एक लेख में सव्यसाची भट्टाचार्य न [illegible] व्याख्या को चुनौती दी है और एक वैकल्पिक व्याख्या सामने रखी हैः नई प्रौद्योगिकी के कारण दस्तकारों की उत्पादन प्रक्रिया पर बाहरी नियंत्रण स्थापित हुआ और फलस्वरूप अपनी श्रम-प्रक्रिया पर उसका अधिकार जाता रहा, जिस अटेरन की 'श्रेष्ठतर तकनीकी दक्षता...निर्विवाद थी'[31] उसे स्वीकार करने से इन्कार करके दस्तकार अपने अधिकार की इसी हानि का विरोध कर रहा था।

यह एक प्रेरक तर्क था। फिर भी इसकी बुनियादी मान्यता उस तर्क की बुनियादी मान्यता से बहुत भिन्न नहीं थी जिसको इसने चुनौती दी। अर्थात् इसने भी दस्तकार की मानसिकता को एक श्रेष्ठतर प्रौद्योगिक उपकरण के तीव्र प्रसार में बाधक तत्व माना, हालांकि दोनों व्याख्याओं में मानसिकता का निश्चित ही अलग-अलग अर्थ लगाया गया था। दोनों व्याख्याओं में अटेरन की प्रौद्योगिकी बनाम 'देसी लिपटाई वाले रेशम' की आर्थिक तार्किकता को नज़रअंदाज़ किया गया है। कारण कि स्थिति का विरोधाभास बहरहाल यह था कि भारतीय दस्तकारों ने ज़ाहिर है कि अपने हालात को सुधारने की आशा लेकर उसे श्रेष्ठतर प्रौद्योगिकी पर अधिकार पाने की जी- तोड़ कोशिश की और फिर यह अधिकार पा लेने के बाद उसके उपयोग में हिचकिचाने लगे। उन्होंने पाया कि अटेरन का उपयोग जिस विशेष संदर्भ में शुरू किया गया था उसमें तो वे इस प्रौद्योगिकी का जितना अधिक उपयोग कर रहे थे उतना ही ज़्यादा नुकसान उठा रहे थे।

एक संभावित तीसरी व्याख्या के लिए हम अब इसी संदर्भ पर ध्यान देंगे।

ऊपर हमने देखा है कि 1765 में दीवानी हासिल करने के बाद कंपनी आय को अंशतः रेशम के धागे के रूप में इंग्लैंड भेजने लगी थी जिसे फिर बाज़ार में बेच दिया जाता था। ज़ाहिर है कि बाज़ार में दूसरे क्षेत्रों के उत्पादों के सापेक्ष उसकी गुणवत्ता और उसकी क़ीमत में प्रतियोगिता की क्षमता अधिक रही होगी, और बाज़ार में इतालवी रेशम उसका प्रमुख प्रतियोगी था। कंपनी ने इटली के रेशम लपेटनेवालों की सेवाएँ लेकर बंगाल के रेशम की गुणवत्ता को इतालवी रेशम के बराबर लाने की कोशिश की। वहीं दीवानी के अंतर्गत कंपनी को नए-नए प्राप्त अधिकारों का प्रयोग करके क़ीमतों को भी नियंत्रण में रखा जा सकता था। कुछ भी हो, विदेशी बाज़ार के लिए अटेरन के रेशम का थोक ख़रीदार होने के कारण कंपनी को बंगाल में उसकी ख़रीद पर बहरहाल एकतरफ़ा नियंत्रण प्राप्त था और वह उसकी मनमानी क़ीमत तय कर सकती थी। यही कारण है कि अटेरन के आरंभ के साथ ही साथ बाज़ार को उसकी पैदावार की क़ीमत तय करने से रोकने के लिए प्रशासनिक हस्तक्षेप का आरंभ भी हुआ।[32] कंपनी की प्रशासनिक मध्यस्थता के सहारे बंगाल में उसकी क़ीमत यूरोपीय बाज़ार की क़ीमतों से पूर्वनिर्धारित होती थीं।

अगर कंपनी का लंदन में स्थित कोर्ट ऑफ़ डायरेक्टर्स उसके बंगाल में बैठे अधिकारियों की बराबर तंबीह करता रहता था कि अटेरन के रेशम के दाम कम रखें और उसमें कोई भी बढ़ोत्तरी होने पर चीख़ने-चिल्लाने लगता था,[33] तो उसके अधिकारी भी अपना कुछ धन बनाने से हिचकते नहीं थे। इसके लिए या तो वे अटेरन के रेशम में खुद अपनी कुछ तिजारत करते थे या फिर उसका दाम तय करते हुए अपना एक हिस्सा काट लेते थे।[34] मज़दूरी के कम होने के बावजूद बंगाल के (अटेरन के) रेशम का दाम इतालवी रेशम से आगे जा चुका था—इस बारे में बेहद चिंतित होकर कोर्ट ऑफ़

डायरेक्टर्स ने बोर्ड ऑफ़ ट्रेड को विचारणीय विषयों की एक लंबी सूची के साथ जाँच करने का हुक्म दिया।[35] पहले तो इन विषयों को बोर्ड ऑफ़ ट्रेड ने 'समझने में ग़लती की' और जब उन्हें फिर से स्पष्ट किया गया तो गहरी ख़ामोशी इख़्तियार करके बैठ गया। इसके कुछ अच्छे-ख़ासे कारण भी थे। जैसा कि अगले तीन साल के दौरान अपनी जाँच के ज़रिए कोर्ट ऑफ़ डायरेक्टर्स ने पाया, बोर्ड ऑफ़ ट्रेड के सदस्य खुद व्यापक भ्रष्टाचार में लिप्त थे जिससे क़ीमतें बढ़ रही थीं। इस खोज के बाद कोर्ट ऑफ़ डायरेक्टर्स को जो गुस्सा आया वह हैरानी का बायस नहीं है। उसका निष्कर्ष था, 'संक्षेप में, हमारे पास यह मानने के ज़ोरदार कारण हैं कि हमारे पूँजी-निवेश की इस शाखा के संचालन में घृणित और भ्रष्ट कार्रवाइयाँ की जाती रही हैं (और जिससे हमें हर दूसरी शाखा के बारे में भी ऐसा ही संहेद होता है)....'[36]। इस तरह कंपनी दुविधा की स्थिति में थीः किसी भी कारण से दाम बढ़े, बंगाल का अटेरा हुआ रेशम उस बाज़ार में प्रतिस्पर्धा नहीं कर सकेगा जिसके लिए वह तैयार किया जाता है, और उसका दाम कम हो तो हिंदुस्तानी दस्तकार फिर से देसी रेशम तैयार करने लगेंगे। आइए, इस तर्क को थोड़ा स्पष्ट करें।

यह बात सही है कि अटेरन के रेशम के उम्दा क़िस्म का होने के कारण 'देसी लिपटाई वाले रेशम' से उसके दाम ज़्यादा होते थे। यह बात किसी भी वर्ष-विशेष के लिए सही है और उस पूरे काल के लिए भी जिसके बारे में आँकड़े मिलते हैं। लेकिन देसी रेशम के मुक़ाबले अटेरन के रेशम की उत्पादकता प्रति इकाई श्रम और कोयों के प्रति इकाई भार, दोनों के आधार पर कम थी। अगर कोई शख़्स एक दिन में अटेरन से 4 लच्छे बनाता तो वही देसी यानी ख़ामरू रेशम के 12 लच्छे बना लेता था।[37] फिर एक मन कोये से ढाई से साढ़े तीन सेर ख़ामरू रेशम मिलता था जबकि अटेरन से आध-सेर कम ही मिलता था। इसके अलावा गौण उत्पाद के रूप में 'बेकार रेशम' भी हासिल होता था। यह अटेरन का रेशम ख़रीदनेवालों के लिए तो बेकार होता था पर फ़ी मन 2 या 3 सेर के हिसाब से मिलता था जिसे बेचकर ही ख़ामरू रेशम बुनने की लागत निकल आती थी। इस तरह 'देसी लिपटाई वाले रेशम' की बिक्री से काफ़ी बड़ा मुनाफ़ा हासिल होता था।[38]

'देसी रेशम' और अटेरन के रेशम की उत्पादकता में इस तरह 3 : 1 का अंतर रहता था। दूसरी तरफ़ क़ीमतों में औसतन 1 : 1.25 का अंतर होता था जैसा कि निम्नलिखित तालिका से स्पष्ट होगा।

तालिका

वर्ष	देसी रेशम (प्रति सेर रुपए आने पैसे में)	अटेरन का रेशम (प्रति सेर रुपए आने पैसे में)
1774	9 से 10	14
1775	8-8 से 10-15	12-8 से 13-8
1776	8-8 से 10-10	सूचना उपलब्ध नहीं
1777	8-8 से 10-8	10-8 से 13-8
1778	8 से 10-8	11-6 से 12 (पीली किस्म) 13 (सफेद किस्म)
1779	8	11-10 से 12
1780	8-6 से 11-2	11-10 से 12
1781	8-12-6 से 11-2	11-10 से 12
1782	7-12	8-12
1783	7-12	8-12
1784	7-12	8-12
औसत	8-14-1	11-13-1

टिप्पणी

औसत निकालने के लिए हर वर्ष हर क़िस्म की औसत क़ीमत को लेकर उनको जोड़ा और फिर वर्षों की कुल संख्या अर्थात 10 से भाग दिया गया है। केवल वर्ष 1776 को शामिल नहीं किया गया है।

स्रोतः गवर्नर-जनरल इन कौंसिल के नाम कोर्ट ऑफ़ डायरेक्टर्स की सीक्रेट कमेटी के पत्र से उद्धरण, तिथि अप्रैल 1786, *जनरल लेटर्स*, खंड दो।

जिन 10 वर्षों के लिए आँकड़े उपलब्ध हैं उनमें अगर क़ीमतों का औसत अंतर यह था तो दूसरी तरफ़ किसी वर्ष विशेष में 1 : 1.5 से अधिक का अनुपात नहीं दिखाई देता। अगर श्रम की अधिक उत्पादकता में 'देसी रेशम' लपेटने के दूसरे 'गौण लाभ' जोड़कर देखें तो दस्तकार को यह समझने में देर नहीं लगी होगी कि अटेरन के रेशम के दाम को सीमित रखने या कम करने में कंपनी की सफलता अपने-आप में देसी रेशम के काम को उसके लिए कहीं बहुत ज़्यादा आकर्षक बना देगी। इस स्थिति की तार्किकता बोर्ड ऑफ़ ट्रेड से भी छिपी नहीं रही। उसने चिंतापूर्वक यह बात कही कि 'कुछ जगहों

पर अटेरन का उत्पादन काफ़ी कम हो चुका है जबकि बंगाल के लच्छे दूसरी वस्तुओं की अपेक्षा कहीं अधिक तादाद में और कम परेशानी के साथ हासिल हो जाते हैं।'[39] राधानगर के रेज़िडेंट को लिखे गए पत्र में उसने और भी दो-टूक ढंग से कहा थाः 'बोर्ड ने बड़ी चिंता के साथ इस औरंग के अटेरन की वसूली में भारी कमी पाई है। वह इसके कारण को अनिवार्य और अपरिहार्य नहीं मानता, बल्कि इसे कम-से-कम आंशिक रूप से अटेरन के रेशम के दाम में कंपनी द्वारा की गई कमी तथा बंगाल के लच्छे तैयार करने में मिलने वाले बराबर के मुनाफ़े और अधिक आसानी का परिणाम मानता है।'[40]

सिद्धांत रूप में कंपनी के सामने दो विकल्प थे—एक आर्थिक और दूसरा प्रशासनिक। पहला विकल्प यह था कि अटेरन के रेशम को दस्तकार के लिए इतना आकर्षक बना दिया जाए कि ख़ामरू रेशम के काम के सापेक्ष लाभों के बराबर उसकी भरपाई हो सके, और इस तरह अटेरन के रेशम का उत्पादन बढ़े। लेकिन जिस अत्यंत प्रतिस्पर्धापूर्ण यूरोपीय बाज़ार में अंततः इस रेशम को बिकना था उसकी मजबूरियों के कारण इस विकल्प का व्यवहार संभव नहीं था। दूसरा विकल्प यह था कि प्रशासनिक हस्तक्षेप के सहारे कच्चे रेशम का बाज़ार तहस-नहस कर दिया जाए। यह भी काफ़ी-कुछ अव्यावहारिक था क्योंकि जहाँ विवेचित काल में कंपनी का अधिकार क्षेत्र बंगाल तक सीमित था वहीं देसी रेशम के लच्छों का एक अखिल-भारतीय बाज़ार था।[41] फिर हुआ यही कि पहले विकल्प का व्यवहार करते हुए कंपनी ने प्रशासनिक हस्तक्षेप किया अर्थात अटेरन के रेशम का दाम तय कर दिया जबकि वह रेशम-उत्पादन की पूरी अर्थव्यवस्था को नियंत्रित करने की स्थिति में भी नहीं थी। दस्तकारों ने जिस प्रौद्योगिकी को बहुत मन लगाकर सीखा था, उसी के व्यापक प्रसार का विरोध करते हुए वे वास्तव में अपने को जबरन ग़रीब बनाए जाने के प्रयास का विरोध कर रहे थे और एक ऐसी स्थिति में कर रहे थे जो अभी भी उनके ख़िलाफ़ नहीं हुई थी।

संदर्भ और टिप्पणियाँ

1. जे ज्योगिगन, *सम एकाउंट ऑफ़ सिल्क इन इंडिया स्पेशली ऑफ़ द वेरियस अटेम्प्ट्स टू इनकरेज एंड एक्सटेंड सेरिकल्चर इन इन दैट कंट्री,* कलकत्ता, 1872, पृ. 1.
2. उपरोक्त।
3. डब्ल्यू फ़ोस्टर (सं) *द इंग्लिश, फ़ैक्टरीज़ इन इंडिया,* 1618-21, ऑक्सफ़र्ड, 1906, पृ. 198
4. फ्रांसिस बर्नियर, *ट्रैवेल्स इन द मुग़ल इंपायर,* अनुवादः ए कांस्टेबिल, पुनर्मुद्रण नई दिल्ली, 1972, पृ. 440.
5. जे. बी. ट्रैवर्नियर, *ट्रेवेल्स इन इंडिया,* खंड दो, अनुवादः वी बाल, संपादकः डब्ल्यू क्रुक, पुनर्मुद्रण, नई दिल्ली, 1977, पृ. 2.
6. कोर्ट ऑफ़ डायरेक्टर्स का 16 मार्च 1768 का पत्रः 'हमारे निवेश की यही मद है जिसकी वृद्धि पर

हम मुख्य रूप से अपने देश में राजस्व लाने के लिए निर्भर हैं; यह आयात राष्ट्र के लाभ में है और इसका उपभोग उद्योग द्वारा उत्पादित वस्तुओं से कहीं अधिक फैला हुआ है। इसलिए आपको चाहिए कि इस पर अधिक-से-अधिक ध्यान देना जारी रखें।' *फोर्ट विलियम-इंडिया हाउस करेस्पांडेंस*, खंड पाँच, 1767-1769, संपादकः एन. के. सिन्हा, नई दिल्ली, 1949 देखें।

7. पूर्वोक्त, पृ. 2.
8. कोर्ट ऑफ़ डायरेक्टर्स का 17 मार्च 1769 का पत्र, *फ़ोर्ट विलियम—इंडिया हाउस करेस्पांडेंस*, खंड पाँच।
9. ज्योगिगन पूर्वोक्त पृ. 2; कोर्ट ऑफ़ डायरेक्टर्स का 17 मार्च 1769 का पत्र, फ़ोर्ट *विलियम-इंडिया हाउस करेस्पांडेंस*, खंड पाँच।
10. जनरल लेटर, 31 जनवरी 1770, *जनरल लेटर्स टू एंड फ्राम द कोर्ट ऑफ़ डायरेक्टर्स एटसेट्रा*, 1765-1854, खंड एक, पश्चिम बंगाल राज्य अभिलेखागार, कलकत्ता।
11. जेम्स विस ने कोर्ट ऑफ़ डायरेक्टर्स में विस्तृत निर्देश दर्ज कराए और फिर कोर्ट ने अपने बोर्ड ऑफ़ ट्रेड को 'उन्हें व्यवहार रूप देने में न चूकने' का निर्देश दिया; कोर्ट ऑफ़ डायरेक्टर्स के जनरल लेटर, 14 अप्रैल 1779 की प्रति, *जनरल लेटर्स*, खंड एक देखें। अटेरन का वर्णन एन. जी. मुखर्जी, *ए मोनोग्राफ़ ऑफ़ द सिल्क फ़ैब्रिक्स ऑफ़ बंगाल*, प्रकाशनः *आर्ट इन हिस्ट्री थ्रू द एजेज़*, खंड एक, नई दिल्ली, 1976, पृ. 33 में; तथा एच मैक्सवेल-लेफ्राय, *रिपोर्ट ऑन ऐन इंक्वायरी इनटू द सिल्क इंडस्ट्री इन इंडिया*, खंड एक, कलकत्ता, 1917, पृ. 17 में भी दिया गया है।
12. एन. जी. मुखर्जी, *ए मोनोग्राफ़*, पृ. 15.
13. जनरल लेटर फ्राम कोर्ट ऑफ़ डायरेक्टर्स, 14 जुलाई 1779 का उद्धरण *जनरल लेटर्स*, खंड एक।
14. उपरोक्त।
15. जनरल लेटर फ्राम कोर्ट ऑफ़ डायरेक्टर्स, 17 अप्रैल, 1785 का उद्धरण, *जनरल लेटर्स*, खंड एक।
16. जनरल लेटर फ्राम कोर्ट ऑफ़ डायरेक्टर्स, 12 मई, 1780 का उद्धरण, *जनरल लेटर्स*, खंड एक; जनरल लेटर फ्राम कोर्ट आफ़ डायरेक्टर्स, 12 जुलाई, 1782, का उद्धरण, *जनरल लेटर्स*, खंड एक; जनरल लेटर फ्राम कोर्ट ऑफ़ डायरेक्टर्स, 11 अप्रैल, 1785 का उद्धरण, *जनरल लेटर्स*, खंड एक।
17. जनरल लेटर फ्राम कोर्ट ऑफ़ डायरेक्टर्स, 8 जुलाई, 1785 का उद्धरण, *जनरल लेटर्स*, खंड एक।
18. लच्छे बनाने के बारे में अपने ओवरसियरों को निर्देश देते हुए जेम्स विस ने इस बारे में बहुत होशियार रहने की चेतावनी दी है; जनरल लेटर फ्राम कोर्ट ऑफ़ डायरेक्टर्स, 14 अप्रैल, 1779 का उद्धरण, *जनरल लेटर्स*, खंड एक देखें। साथ ही जनरल लेटर फ्राम कोर्ट ऑफ़ डायरेक्टर्स, 17 मई, 1780 का उद्धरण, *जनरल लेटर्स*, खंड एक देखें जिसमें दुख व्यक्त किया गया है कि 'लच्छे की पहली लिपटाई और बाहरी हिस्सा अच्छे रेशम का होता है मगर मध्य भाग जो पूरे का एक बड़ा हिस्सा होता है, कूड़े से शायद ही बेहतर मिले।'
19. लेटर टू कोर्ट ऑफ़ डायरेक्टर्स, 27 मार्च, 1772 के पुनश्च लिखे गए भाग से उद्धधृत *जनरल लेटर्स*, खंड एक।
20. कोर्ट ऑफ़ डायरेक्टर्स के नाम मिस्टर विस के 22 सितंबर, 1783 के पत्र की प्रतिलिपि, *जनरल लेटर्स*, खंड एक।
21. *रिपोर्ट्स एंड डाक्यूमेंट्स कनेक्टेड विद द प्रोसीडिंग्स आफ़ द ईस्ट इंडिया कंपनी इन रिगार्ड टू द कल्चर एंड मैन्यूफ़ैक्चर आफ़ काटन-वूल, रा सिल्क एंड इंडिगो इन इंडिया*, ईस्ट इंडिया कंपनी के आदेश से मुद्रित, लंदन, 21 दिसंबर 1836, पृ. 13.
22. जनरल लेटर फ्राम कोर्ट ऑफ़ डायरेक्टर्स, 21 जुलाई 1786 का उद्धरण, *जनरल लेटर्स*, खंड दो।
23. जनरल लेटर फ्राम कोर्ट ऑफ़ डायरेक्टर्स, 24 मई 1779 का उद्धरण, *जनरल लेटर्स*, खंड एक।

24. कोर्ट ऑफ़ डायरेक्टर्स के नाम मिस्टर विस के 26 फ़रवरी 1784 के पत्र की प्रतिलिपि, *जनरल लेटर्स,* खंड एक।

25. *रिपोर्ट्स एंड डाक्यूमेंट्स,* पृ. 24.

26. *मिनिट ऑफ़ प्रोसीडिंग्स ऑफ़ द बोर्ड ऑफ़ ट्रेड (कामर्शियल),* 6 दिसंबर 1788, खंड चौहत्तर, पश्चिम बंगाल राज्य अभिलेखागार, कलकत्ता।

27. *प्रोसीडिंग्स ऑफ़ द बोर्ड ऑफ़ ट्रेड (कामर्शियल),* 5 दिसंबर 1788, खंड चौहत्तर।

28. लेटर टू कोर्ट ऑफ़ डायरेक्टर्स, 27 मार्च 1772 के पुनश्च भाग से उद्धृत, *जनरल लेटर्स, खंड एक।*

29. *रिपोर्ट्स एंड डाक्यूमेंट्स,* पृ. 13, 62.

30. ज्योगिगन, पूर्वोक्त, पृ. 2-7 जिसमें लेखक ने दीवानी हासिल होने के बाद कंपनी द्वारा रेशम-पालन को विस्तार देने तथा अटेरन के उपयोग से रेशम के लच्छे बनाने में सुधार लाने के लिए किए गए प्रयासों का विस्तृत वर्णन किया है। काश्तकारों और कारीगरों द्वारा कंपनी के प्रयासों के प्रति उदासीनता बरतने और विरोध किए जाने का भी उतना ही विस्तृत वर्णन किया गया है। हिंदुस्तानियों की काहिली, अंधविश्वास, जहालत आदि के आधार पर इस प्रतिरोध की व्याख्या करने का जो प्रयास ज्योगिगन और दूसरे यूरोपीय टीकाकारों ने किया है वह भी इस दूसरे वर्णन की विशेषता है।

31. सव्यसाची भट्टाचार्य, 'कल्चरल एंड सोशल कंस्ट्रेंट्स ऑन टेक्नोलाजिकल इनोवेशन एंड इकानमिक डिवेलपमेंटः सम केस स्टडीज़', *इंडियन इकॉनमिक एंड सोशल हिस्ट्री रिव्यू,* खंड तीन, अंक 3, सितंबर 1960, पृ. 240-67.

32. रेशम की ख़रीद पर एकाधिकार क़ायम करने से लेकर 'मुक्त व्यापार' को बढ़ावा देने और फिर एकाधिकार (इस बार 'शुद्ध विशेष अधिकार' के नाम से) क़ायम करने, 'दादनी' प्रथा को छोड़ने और फिर शुरू करने, 'एजेंसी' प्रथा क़ायम करने, रेशम की आपूर्ति करनेवालों के साथ बारी-बारी दीर्घकालिक और वार्षिक अनुबंध करने, आदि तक कंपनी ने अनेक प्रयोग किए। लेटर टू कोर्ट ऑफ़ डायरेक्टर्स, 15 मार्च 1774, *फोर्ट विलियम-इंडिया हाउस करेस्पांडेंस* 1773-1776, खंड सात, संपादकः आर पी पटवर्धन, नई दिल्ली, 1971; लेटर टू कोर्ट ऑफ़ डायरेक्टर्स, 17 अक्तूबर 1774, उपरोक्त; जनरल लेटर फ्राम कोर्ट ऑफ़ डायरेक्टर्स, 11 अप्रैल 1785 का उद्धरण, *जनरल लेटर्स,* खंड एक; जनरल लेटर, 10 अप्रैल 1771 का उद्धरण, *जनरल लेटर्स,* खंड एक; जनरल लेटर टू कोर्ट ऑफ़ डायरेक्टर्स, 27 मार्च 1772 के पुनश्च भाग का उद्धरण, 27 मार्च 1772, *जनरल लेटर्स,* खंड एक; जनरल लेटर फ्राम कोर्ट ऑफ़ डायरेक्टर्स, 8 अप्रैल 1789 का उद्धरण; जनरल लेटर्स, खंड दो; जनरल लेटर फ्राम कोर्ट ऑफ़ डायरेक्टर्स, 5 जुलाई 1780 का उद्धरण, *जनरल लेटर्स,* खंड एक देखें। *द इकॉनमिक हिस्ट्री ऑफ़ बंगाल,* खंड एक, कलकत्ता, 1965, पृ. 6-34 में एन. के. सिनहा ने कंपनी के 'निवेश' नीति संबंधी प्रयोगों का एक उपयोगी सारांश दिया है।

33. लेटर फ्राम कोर्ट ऑफ़ डायरेक्टर्स, 2 फ़रवरी 1774, *फ़ोर्ट विलियम-इंडिया हाउस कोरेस्पांडेंस,* खंड सात; जनरल लेटर फ़ार्म कोर्ट ऑफ़ डायरेक्टर्स, 24 सितंबर 1783 का उद्धरण, जनरल लेटर्स, खंड एक, लेटर फ्राम कोर्ट ऑफ़ डायरेक्टर्स, 11 अप्रैल 1785, *फ़ोर्ट विलियम-इंडिया हाउस कोरेस्पांडेंस* 1782-1785, खंड नौ, संपादकः बी. ए. सलोतरी, नई दिल्ली, 1959.

34. लेटर फ्राम कोर्ट ऑफ़ डायरेक्टर्स, 7 अप्रैल 1773, *जनरल लेटर्स,* खंड एक, एन. के. सिनहा, *द इकॉनमिक हिस्ट्री ऑफ़ बंगाल,* खंड एक, पृ. 89-90.

35. जनरल लेटर फ्राम कोर्ट ऑफ़ डायरेक्टर्स, 24 सितंबर 1783 का उद्धरण, जनरल लेटर्स, खंड एक।

36. जनरल लेटर फ्राम कोर्ट ऑफ़ डायरेक्टर्स, 21 जुलाई 1786 का उद्धरण, *जनरल लेटर्स*, खंड दो।

37. एन. जी. मुखर्जी, *ए मोनोग्राफ़*, पृ. 30.

38. उपरोक्त, पृ. 29; मैक्सवेल-लेफ्राय, *सिल्क इंडस्ट्री इन इंडिया*, पृ. 19.

39. *मिनिट ऑफ़ प्रोसीडिंग्स ऑफ़ द बोर्ड ऑफ़ ट्रेड (कामर्शियल)*, 5 दिसंबर 1788, खंड चौहत्तर।

40. *मिनिट ऑफ़ प्रोसीडिंग्स ऑफ़ द बोर्ड ऑफ़ ट्रेड (कामर्शियल)*, 6 दिसंबर 1788, खंड चौहत्तर।

41. किसी सदानंद बंद्योपाध्याय ने 1789 में बंगाल के रेशम-व्यापार के अखिल-भारतीय जाल की बात कही थी; *प्रोसीडिंग्स ऑफ़ द बोर्ड ऑफ़ ट्रेड (कामर्शियल)*, 13 मार्च 1789, पृ. 75। इसके अलावा *प्रोसीडिंग्स* में 'बंगाल की लिपटाई वाले रेशम' की 'प्रचुरता' के मुक़ाबले अटेरन से लपेटे गए रेशम की मात्रा के अपर्याप्त होने तथा कभी-कभी उसमें सचमुच कमी आने पर लगातार अफ़सोस ज़ाहिर किया गया है। देखें क़ासिमबाज़ार के रेज़िडेंट का 14 नवबंर 1788 का पत्र, *प्रोसीडिंग्स*, खंड चौहत्तर, जिसे 4 दिसंबर को पढ़ा गया था; कुमारखली के रेज़िडेंट का 24 नवंबर 1788 का पत्र, *प्रोसीडिंग्स*, खंड चौहत्तर, जिसे 5 दिसंबर को पढ़ा गया था; 5 दिसंबर का कार्य-विवरण, उपरोक्त, खंड चौहत्तर; राधानगर के रेज़िडेंट का पत्र, 6 दिसंबर 1788 का कार्य-विवरण, *प्रोसीडिंग्स*, खंड चौहत्तर। बंगाल के ख़ामरू रेशम का अखिल-भारतीय बाज़ार 20 वीं सदी के दूसरे दशक में भी बना हुआ था; एन जी मुखर्जी, *ए मोनोग्राफ़*, पृ 27-28 देखें।

18वीं सदी का एक प्रबंध-ग्रंथ

रिसाला-ए ज़िरा'अत*

कृषि-संबंधी एक प्रबंध-ग्रंथ

प्रस्तावना

यह *रिसाला* कई अर्थों में एक दिलचस्प दस्तावेज़ है, ख़ासकर इसलिए कि यह हमें शाही शान-शौक़त की ऊँचाइयों से खींचकर ज़मीनी हक़ीक़तों से हमारा परिचय कराता है, विशेष रूप से मालगुज़ारी-प्रशासन के क्षेत्र में। उस प्रशासन के कार्यकलाप में पहियों के अंदर जो पहिए चल रहे थे, यह उनका एक मनोरम चित्र प्रस्तुत करता है।

---

* इस *रिसाला* से मेरा साक्षात्कार 1980 में एडिनबरा विश्वविद्यालय के पुस्तकालय में हुआ, हालाँकि मैंने इसके हवाले पहले भी देखे थे। होमी भाभा फ़ेलोशिप कौंसिल, मुंबई ने एक अध्येतावृत्ति के अंशरूप में मेरी यात्रा का ख़र्च उठाया और उसकी उदारता के कारण मैं *रिसाला* की एक माइक्रो-फ़िल्म प्रति पाने में सफल रहा।

मैं इस संक्षिप्त पांडुलिपि के अनुवाद में दिलचस्पी रखता था और कुछ ही समय में उसका एक मसौदा भी तैयार कर चुका था। इस मसौदे को एस. भट्टाचार्य, बी. बी. चौधुरी, वरुण डे और पीटर मार्शल ने देखा और सबने कुछ बहुत महत्त्वपूर्ण टिप्पणियाँ और सुझाव दिए। मैं उनकी सहायता को साभार स्वीकार करता हूँ। वैज्ञानिक व औद्योगिक अनुसंधान परिषद के तत्कालीन उपाध्यक्ष प्रोफ़ेसर नूरुल हसन को मैं विशेष रूप से धन्यवाद देता हूँ, जिनसे मैंने कुछ झिझकते हुए संपर्क किया था क्योंकि मैं उनसे कुछ ख़ास वक्त पाने की आशा नहीं रखता था। पर उन्होंने सबसे उदारतापूर्वक अपना समय दिया और कुछ अत्यंत उपयोगी सुझाव रखे।

उनके साथ हुई अनेक लंबी-लंबी बातें एक अविस्मरणीय अनुभव थीं, ख़ासकर, इसलिए कि मुझे महसूस हुआ कि उनकी सभी प्रतिबद्धताओं से ऊपर उनके अंदर का इतिहासकार पहली पुकार का जवाब देने को हमेशा तैयार रहता है। मसौदे पर हुई टिप्पणियों के बाद यह काग़ज़ों के ढेर में पड़ा रहा, जब तक कि मेरे दोस्त रजत दत्त को 'मर्रे पेपर्स' का पता नहीं चला; दत्त अपने कुछ लेखों के लिए पहले मेरे इस कच्चे मसौदे का इस्तेमाल कर चुके थे। उन्होंने अपनी ख़ास दयालुता के साथ *रिसाले* से संबंधित सारी सूचनाएँ मेरी ओर बढ़ा दीं और मुझे अनुवाद को अंतिम रूप देने के लिए उकसाते रहे।

इसलिए यह प्रयास बहुत-कुछ उनका ऋणी है। अपने सहकर्मी दिलबाग़सिंह से मैंने कुछ शब्दों के अर्थ परखवाए और मैं उन्हें उनकी सहायता के लिए धन्यवाद देता हूँ। जब भी मुझे कोई संदेह होता था, मैं हमेशा फ़ारसी पर मुज़फ़्फ़र आलम के अधिकार का भरोसा करता था और वे ख़ुशी के साथ मेरी सहायता करते थे; मैं उनका बहुत-बहुत आभारी हूँ।

इस बेहद मुख़्तसर दस्तावेज़ के, जो कुल 38 पृष्ठों पर आधारित है, लेखक के, उसकी रचना के, बल्कि उसके क्षेत्रीय संदर्भ के बारे में भी हमें बहुत कम जानकारी प्राप्त है। इसकी भाषा सरल और नीरस है जिसमें बाद के पन्नों में कुछ रोचकता आती है। इसमें हिंदुस्तानी शब्दों का भी अच्छा-ख़ासा प्रयोग दिखाई देता है। इसकी पांडुलिपि, जो संभवतः मूल प्रति है, एडिनबरा विश्वविद्यालय के पुस्तकालय में रखी हुई;[1] अन्यत्र किसी प्रति के होने का पता नहीं चलता।

लेखक ने अपने संदर्भ-क्षेत्र के रूप में बार-बार बंगाल का ज़िक्र किया है, हालाँकि एक निजी संदेश में प्रोफ़ेसर पीटर मार्शल ने संदेह व्यक्त किया है कि लेखक वास्तव में बिहार की बात कर रहा है। इसका कारण फ़सलों के नाम हैं जो मार्शल की राय में बंगाल के बजाए बिहार की ख़ासियत हैं। अज़ीमाबाद अर्थात् पटना और बक्सर के हवाले भी मिलते हैं। मार्शल का सुझाव यह भी है कि मुक़र्ररी (पूर्वनिर्धारित मालगुज़ारी) के बंदोबस्त बिहार की विशेषता हैं और मुश्तज़िर (मालगुज़ारी वसूलने का ठेकेदार) शब्द का बंगाल में व्यापक प्रयोग नहीं होता। फिर भी, हम बुद्धिसंगत आधार पर बंगाल को ही लेखक के सरोकार का क्षेत्र मान सकते हैं, भले ही उसकी अपनी क्षेत्रीय या भाषाई पृष्ठभूमि कुछ भी हो।

उसके बंगाल के बार-बार हवाले देने के कारण यह मानना दुश्वार है कि वह वास्तव में बिहार की बात कर रहा है। वह जिन फ़सलों का ज़िक्र करता है वे बंगाल में भी उगाई जाती हैं। सच तो यह है कि वह गेहूँ का हवाला थोड़े अपमानजनक ढंग से ही देता है और उसके बाद टालू क़िस्म का 'वग़ैरह' आता है ('मार्च-अप्रैल गेहूँ वग़ैरह की काश्त का मौसम है। बंगाल में धान की काश्त की प्रमुखता है और गेहूँ वग़ैरह की काश्त गौण है.... ।')

इससे संकेत मिलता है कि वह बंगाल की बातें कर रहा है, न कि बिहार की जहाँ गेहूँ की काश्त इतनी महत्त्वहीन नहीं है। जहाँ तक शब्दों का सवाल है, वे सभी फ़ारसी के मानक प्रशासनिक शब्द हैं जो मुग़ल सल्तनत के लगभग सभी भागों में लगभग एक समान ढंग से इस्तेमाल किए जाते थे। ख़ैर, जो भी हो, लेखक एक उच्च मालगुज़ारी अधिकारी था, जैसा कि हम आगे देखेंगे, और इसलिए उसने लगभग आदतवश इन शब्दों का प्रयोग किया होगा। अज़ीमाबाद और बक्सर का ज़िक्र 'पराए' इलाक़ों के हवाले जैसी प्रकृति का है ('....अज़ीमाबाद का सूबा' ; 'बक्सर के सूदख़ोर।')

रिसाला में गाँवों के मालगुज़ारी अधिकारियों के ब्योरों को और इज़ारादारी, मथौट और अबवाब के बार-बार आनेवाले हवालों को देखते हुए यह छाप और गहरी होती है कि उसका संदर्भ-क्षेत्र बंगाल ही है। कारण, कि इससे एक ऐसे क्षेत्र का संकेत मिलता है जहाँ मुग़लों की मालगुज़ारी व्यवस्था जड़ें जमा चुकी थी और निज़ामत व्यवस्था के प्रयोग भी किए गए थे। ग्रामीण समाज के एक महत्त्वपूर्ण तत्व के रूप में जागीरदारों के बारे में यह दस्तावेज़ लगभग ख़ामोश है। इसमें, इसलिए कोई हैरानी की बात नहीं है

क्योंकि मुर्शिद कुली ख़ान ने बंगाल के सीर-ए हासिल परगना को बदलने की कोशिश की थी—दिल्ली के हुक्मरानों के लिए उतना नहीं जितना उस निज़ामत का वित्तीय आधार तैयार करने के लिए जिसकी वह 18वीं सदी की पहली चौथाई में बुनियाद डाल रहा था, जैसाकि प्रोफ़ेसर अब्दुल करीम ने अपनी रचना *मुर्शिद कुली ख़ान* में दिखाया है।

मुर्शिद कुली के प्रशासन में छोटे ज़मींदारों पर कड़ा नियंत्रण रखा जाता था और जागीरदार बंगाल से भागकर उड़ीसा चले गए थे। 18वीं सदी के अंत तक बंगाल बिहार के मुक़ाबले साफ़ तौर पर एक जागीर-मुक्त क्षेत्र था, जबकि बिहार में 1780 और 1790 की दहाइयों में भी अल-तमग़ा जागीरों के हवाले मिलते हैं।

कालक्रम में *रिसाला* की स्थिति पर और भी अधिक कल्पनाएँ की जाती रही हैं। प्रोफ़ेसर इरफ़ान हबीब ने बिना झिझक इसे 'लगभग 1750' में रखा है। उनके विचार में 'भूमिका से पता चलता है कि यह बंगाल में ब्रिटिश-विजय से थोड़ा ही पहले लिखा गया था।'[2]

रिसाला के कुछेक अंशों का अनुवाद करनेवाले प्रोफ़ेसर ज़हीरुद्दीन मलिक यथार्थ के अधिक क़रीब हैं। कहते हैं : '....विवेचित विषयवस्तु से स्पष्ट पता चलता है कि यह वर्ष 1765-1772 के बीच लिखा गया था।'[3] कारण, कि इसके पाठ को सावधानी से पढ़ने के बाद कोई भी इसमें शक नहीं करेगा कि यह 'दीवानी' के बाद का दस्तावेज़ है। एक निजी संदेश में प्रोफ़ेसर नूरुल हसन इसे और आगे, 1780 की दहाई में ले गए हैं हालाँकि, वे इसे 1785 से पहले रखते हैं। उन्हें यह संकेत पाठ के प्रारंभिक वक्तव्य से मिला है कि यह 'अंग्रेज़ों (साहिबाने-आलीशान) के लिए लिखा गया' था।[4] उन्होंने कृपा करके मेरे लाभ के लिए पहले पन्ने पर लगी मुहर के फ़ारसी पाठ को भी स्पष्ट किया है। यह जेम्स ग्राहम की 1200 हिजरी अर्थात् 1785-86 ईसवी की मुहर है।

प्रोफ़ेसर हसन तथ्य के सबसे क़रीब हैं। पर डॉक्टर रजत दत्त की खोज के कारण इस पांडुलिपि की तिथि का सटीक निर्धारण अब संभव है। 1989 में डॉक्टर दत्त जब लंदन के किंग्स कॉलेज में डॉक्टरेट के लिए अध्ययनरत थे, उन्होंने एक तब तक अप्रयुक्त पांडुलिपि की ओर मेरा ध्यान दिलाया। यह पांडुलिपि इंडिया ऑफ़िस लायब्रेरी एंड रिकार्ड्स की होम मिस्सेलेनियस सीरीज़ में मौजूद संग्रह मर्रे पेपर्स ऑन रेवेन्यूज़ ऑफ़ बंगाल (पांडुलिपि संख्या 68) में शामिल थी। मर्रे, जो ईस्ट इंडिया कंपनी का एक ज़रा बाज़मीर अधिकारी था, बंगाल से प्रत्याशित और सचमुच में वसूल हो रही मालगुज़ारी के अंतर को लेकर चिंतित रहता था।

उसने थोड़े विस्तार से समस्या का अध्ययन किया और 'काफ़ी लंबे अध्यवसाय के बाद प्रकाश मिला, जो मुझे अत्यंत रोचक लगता है। मुझे उनमें सबसे महत्त्वपूर्ण एक फ़ारसी प्रबंध-ग्रंथ लगा, जिसे मेरे आग्रह पर वर्ष 1785 में एक देसी कुलीन ने लिखा था, जो भारी तजरबे और योग्यतावाला व्यक्ति था और बहुत दिनों तक मालगुज़ारी-प्रशासन

में ऊँचे पद पर रहा था...।' तो पता चल गया—वह 'साहिब'[5] जिसके सुझाव को *रिसाला* के लेखक ने अपने प्रयास की प्रेरणा स्वीकार किया है और वह व्यक्ति जिसने उस सुझाव का पालन किया, हालाँकि उसकी अभी तक पहचान नहीं हो सकी है।

मालगुज़ारी की कमी और, ज़ाहिर है, 'देसी लोगों' की भलाई के प्रति अपने सरोकार पर एक थोड़ा-सा लंबा भाषण झाड़ने के बाद मर्रे ने इस प्रबंध-ग्रंथ के 'सारतत्व' का स्वयं किया हुआ अंग्रेज़ी अनुवाद भी दिया है। उसे उल्लेखनीय अनुवाद का श्रेय जाता है। फिर भी, उसकी प्रस्तुति में दो कमियाँ हैं : एक तो यह पूरा अनुवाद नहीं, सारसंक्षेप है, और फिर अकसर वह ऐसे शब्दों का प्रयोग करता है जिस पर आधुनिक इतिहासकार आपत्ति करेंगे। उसकी पाठ की प्रस्तुति में यहाँ-वहाँ ग़लतियाँ भी अच्छी-ख़ासी हैं।

इस प्रबंध-ग्रंथ की रचना की तिथि अर्थात् 1785 का भी महत्त्व है।यह वह समय था जब बंगाल रेवेन्यू काउंसिल और (बाद में) बोर्ड ऑफ़ रेवेन्यू में बंगाल में भूमि के बंदोबस्त, भू-संपत्ति और भूराजस्व को लेकर व्यापक और कभी-कभी गर्मागर्म बहसें चल रही थीं। दशकीय बंदोबस्त और बाद को चलकर स्थायी बंदोबस्त के निर्धारण से जुड़े जो भी नाम थे, अर्थात् फिलिप फ्रांसिस, जेम्स ग्रांट, सर जान शोर आदि, उन्होंने इन सभी परस्पर संबंधित मुद्दों पर काउंसिल में विस्तृत ब्योरों और जवाबी ब्योरों की बाढ़ पैदा कर दी थी।

फ़र्मिंगर द्वारा संपादित *द फ़िफ़्थ रिपोर्ट* का दूसरा खंड हमें इन बहसों की हलकी-सी झलक ही दिखाता है जबकि रणजीत गुहा ने *ए रूल ऑफ़ प्रापर्टी फ़ार बंगाल* में इन बहसों के सामाजिक उद्गम और उनके नीतिगत निहितार्थों की मनमोहक विवेचना की है। गुहा ने तो यहाँ तक दिखाया है कि *द फ़िफ़्थ रिपोर्ट* जहाज़ का सिर्फ़ मस्तूल थी, जबकि उसका निचला भाग जो कंपनी के अधिकारियों द्वारा संकलित सूचनाओं के विशाल भंडार पर आधारित है और फ़िलहाल उसके अभिलेखागारों में दबा पड़ा है, गहन विश्लेषण से अभी तक वंचित है।

इस बहस के चलते संपत्ति के एक ऐसे स्वरूप के 'देसी' स्रोतों की तलाश शुरू हुई जिसकी पेचीदगियाँ कंपनी के दीवानी अधिकारों के आरंभिक चरण में उसकी समझ से पूरी तरह परे थीं। इसलिए, क़ानूनगो हज़रात की तलाश की गई, उनसे विस्तार से साक्षात्कार लिए गए और उनकी रायों को बारीकी से दर्ज करके रेवेन्यू काउंसिल की कार्रवाइयों का हिस्सा बनाया गया। *रिसाला* इस विधा से पूरी तरह मेल खाता है। यह, एक *साहब* के आदेश पर लिखा गया प्रबंध-ग्रंथ है और खेतिहर अधिशेष से गाँव के स्तर पर जो परस्पर-विरोधी अधिकार, हित और संगठन जुड़े हुए थे उनके जाल की व्याख्या करने का प्रयास करता है—यही वह पेचीदा जाल है, जिसे ब्रिटिश-पूर्व बंगाल में मालगुज़ारी-प्रशासन कहा जाता था।

जेम्स ग्राहम का बंगाल में कंपनी के मालगुज़ारी-संबंधी आरंभिक प्रयोगों से

गहरा संबंध था। यह भी संभव है कि मर्रे को, जो अन्यथा एक अदना-सा अधिकारी था, ग्राहम ने एक मुतसद्दी लाने का काम सौंपा हो जो व्यवस्था के कार्यकलाप पर अपनी विस्तृत राय दे सके, हालाँकि लगता है कि मर्रे ने इस प्रबंध-ग्रंथ का सारा श्रेय खुद लेने की कोशिश की। व्यवस्था में मुतसद्दी की केंद्रीय भूमिका पर लेखक ने जो ज़ोर दिया है, उसे देखते हुए लगभग तय है कि वह स्वयं एक मुतसद्दी ही था।

ग्रंथ का शीर्षक (*रिसाला-ए ज़िरा'अत* अर्थात् कृषि-संबंधी एक प्रबंध-ग्रंथ) थोड़ा-बहुत भ्रामक है। कारण, कि इसमें कृषि की विवेचना मामूली-सी ही है; सिर्फ़ मिट्टी, फ़सलों और मौसमों का थोड़ा-सा वर्णन किया गया है। खेती की तकनीकों और कार्यकलापों, औज़ारों और साधनों, मिट्टी के उपयोग वग़ैरह-वग़ैरह पर बेहद कम जानकारी मिलती है। उसकी उपयोगिता सटीकता के साथ और प्रशंसनीय सीमा तक ब्यौरे देकर मालगुज़ारी-प्रशासन के वास्तविक कार्यकलाप का वर्णन करने में निहित है और 1780 के दशक में कंपनी की दिलचस्पी मुख्यतः इसी बात में थी। इसलिए, प्रबंध-ग्रंथ के बारे में मर्रे के सरोकारों और उसकी उत्तेजना को बख़ूबी समझा जा सकता है।

नीचे जो अनुवाद दिया गया है वह *रिसाला* के पहले मुकम्मल अंग्रेज़ी अनुवाद का हिंदी रूपांतरण है। टीकाओं और संदर्भों को यथासंभव कम रखा गया है जिसका कम-से-कम आंशिक कारण स्थान का अभाव है। फ़ारसी और भारतीय शब्दों के लिए उच्चारणसूचक चिह्नों का उपयोग सिर्फ़ उनके पहले-पहल उपयोग के समय किया गया है।

* अनुवाद को मैंने मूल के यथासंभव निकट रखने का प्रयास किया है; मध्यकालीन फ़ारसी के तकनीकी शब्दों की जगह आधुनिक हिंदी शब्दों का उपयोग भी कम-से-कम किया गया है। इसलिए मूल शब्दों के उपयोग को वरीयता देते हुए उनके अर्थों को स्पष्ट किया गया है।

अनुवाद

उस अल्लाह के नाम से जो दयालु और कृपावान है!

इतिहास की भरोसेमंद किताबों से आली-मर्तबा (अंग्रेज़) साहिबान (साहिबान-ए आलीशान) को ज़ाहिर होगा कि हिंदुस्तान के पिछले हुक्मरान अकसर सूबों के इंतज़ाम की ज़िम्मेदारी निभाने के लिए शोहरतयाफ़्ता शाहज़ादों को बतौर सूबेदार मुक़र्रर करते थे। जब उनको सूबों के लिए रवाना किया जाता था तो आलिम और तजरबाकार

---

* हिंदी अनुवाद पर यह बात लागू नहीं होती—अनुवादक

मुतसद्दी[6] उनके साथ भेजे जाते थे ताकि वे रफ़्ता-रफ़्ता उन्हें हुकूमत की कार्रवाइयों और उन तमाम सूबों में (मालगुज़ारी के) वास्तविक तख़मीने और वसूली से परिचित कराएँ। नतीजे के तौर पर ये इलाक़े खुशहाल होते थे, रिआया को सुख-चैन के हालात नसीब होते थे, पहले से ज़्यादा मालगुज़ारी सरकार के ख़ज़ाने में पहुँचती थी और कोई भी शख़्स किसी पर भी किसी क़िस्म का ज़ुल्म[7] नहीं करता था। अलावा इसके, हर सूबे और हर चकले[8] के इंतज़ाम से जुड़े सवालों की जानकारी रखने के लिए वे (हुक्मरान) वाक़ियानिगार और सवानहनिगार[9] मुक़र्रर करते थे जो अपने तईं कोई भी भेदभाव किए बग़ैर बादशाह के सारे इलाक़ों के वाक़ियात और हालात को उसकी जानकारी में लाते थे।

इस तरकीब पर अमल करने के पीछे अज़ीम सुल्तानों का इरादा यह था कि आगे चलकर जब ये शक्तिशाली शहज़ादे बादशाहत का तख़्त सँभालें तो वे रियासत और हुकूमत के तमाम मुआमलों से आगाह होने के सबब किसी की ग़लत और खुदग़र्ज़ सलाह से होशियार रहें, और बारीकी से फ़ैसले लेते वक़्त और रियासत के छोटे-बड़े मुआमलों के इंतज़ाम में वे अपनी खुद की अक़्ल से काम लें; मुआमलों के अंदर-बाहर की ज़ानकारी रखने के सबब वे दूसरों पर निर्भर न रहें। फिर भी, कुछ ख़ास हालात के चलते और कुछ मजबूरियों के कारण हाल में इस इंतज़ाम में ख़लल पड़ा है, और नेकनाम शहज़ादों ने शाही महल की शोभा बढ़ाने से ज़्यादा कुछ नहीं किया है।

इसलिए, वे तख़्त पर बैठते नहीं कि तमाम मुआमलों में दूसरों की सलाह पर निर्भर बन जाते हैं और इसलिए क़लम की एक ही जुंबिश से वे हुकूमत की बागडोर इन्हीं दूसरे लोगों के हाथों में थमा देते हैं। इसी तरह, हिंदुस्तान की सल्तनत के मुआमले उस मुक़ाम तक पहुँचे कि जितना कम कहा और जितना कम लिखा जाए, उतना ही बेहतर है।

इन हालात में ज़रूरी हो जाता है कि हुकूमत का मालिक मुआमलों के इंतज़ाम की थोड़ी-बहुत जानकारी हासिल करे और तमाम अहम सवालों के बारे में इत्तला जमा करे ताकि अपने इलाक़ों की हुकूमत और मालगुज़ारी की वसूली में उसे सलाह-मश्विरे के लिए दूसरों की तरफ़ झुकने की ज़रूरत न रहे, बल्कि मुनासिब तौर पर वह खुद मुआमलों को जैसे वे हैं, वैसा ही और उनके मुक़म्मल रूप में समझे ताकि मुल्क और उसके अवाम की खुशहाली और मालगुज़ारी में सदैव वृद्धि होती रहे।

वैसे तो मुतसद्दियों के काम की तमाम चालबाज़ियों को सामने लाना और (उसके) इल्म और तजरबे की तमाम बारीकियों को पकड़ सकना संभवता के दायरे से परे है, मगर (इतना यक़ीन है कि) किसी इलाक़े का जब तक कोई पक्का प्रशासक न हो, किसी भी तौर उसे खुशहाली नसीब नहीं होगी। (इसीलिए) तमाम इंसानों में हक़ीर इस बंदे ने, एक साहिब के मश्विरे पर अमल करते हुए, अपनी दोषपूर्ण समझ के मुताबिक़ अपने वक़्त के सूबा बंगाल के मुआमलों को नौ उनवानों (शीर्षकों) के तहत दर्ज किया है।

यह काम उसने मजबूरी के तहत किया है जिसका सबब लंबी बेरोज़गारी से पैदाशुदा हताशा और कुव्वत की बरबादी है—इस हद तक कि उसके पास न तो काग़ज़ का एक टुकड़ा था और न इर्द-गिर्द कोई जानकार शख़्स था। इसलिए उसे इन मुआमलात के बयान में अपनी ही क़ाबिलियत पर भरोसा करना पड़ा है। हज़ार में कोई एक शख़्स ही यह बात समझ सकता है कि ऐसे कर्त्तव्य पूरा करना ज़्यादातर क़ाबिल मुतसद्दियों पर निर्भर होता है।

पहला हिस्सा : ज़मीन की क़िस्मों की संक्षिप्त जानकारी

दूसरा हिस्सा : खेतिहर फ़सलें

तीसरा हिस्सा : काश्तकारों की क़िस्मों की संक्षिप्त जानकारी

चौथा हिस्सा : मुफ़स्सल[10] के (मालगुज़ारी) हाकिम

पाँचवाँ हिस्सा : मुफ़स्सल से मालगुज़ारी की वसूली के तरीक़े

छठा हिस्सा : मुफ़स्सल में अख़राजात (ख़र्च) की मदें

सातवाँ हिस्सा : मुफ़स्सल के कुछेक मुआमलात

आठवाँ हिस्सा : मालगुज़ारी की वसूली के गुण-दोष वग़ैरह

नवाँ हिस्सा : अपने इलाक़ों के इंतज़ाम के लिए पिछले सूबेदारों के लागू किए हुए नियम-क़ायदे

उसे (लेखक को) पूरा भरोसा है कि अगर बादशाह-ए वक़्त यहाँ बयान किए गए मुआमलात पर पूरा-पूरा ध्यान दें तो उन्हें मालगुज़ारी की वसूली और हुकूमत के इंतज़ाम के बारे में दूसरों के मश्विरे पर निर्भर रहना नहीं पड़ेगा। अगर इन थोड़े-से हिस्सों में दर्ज ब्योरों को साहिबाने-आलीशान की मंजूरी हासिल होती है तो लेखक का इरादा मालगुज़ारी और हुकूमत के मुआमलों के इंतज़ाम के बारे में, अपनी दोषपूर्ण अक्ल से और उनके सामने विनम्रता के सबब और हरेक का दिल जीतने के लिए, एक और (ग्रंथ) लिखने का है ताकि सद्र और मुफ़स्सल में इन मुआमलों में मौजूद बिदअतों (नई और ग़लत बातों) को ख़त्म किया जा सके। खुदा ने चाहा तो वह इन मसलों की तफ़सील से व्याख्या करते हुए आगे भी कुछ लिखेगा।

पहला हिस्सा : ज़मीन की क़िस्में

पहला, बासा, जिसे बस्ती भी कहते हैं, काश्तकार की रिहाइश की जगह होती है;

दूसरे, औदबासा यानी दालान या गौशाला और दँवाई किए हुए धान का बखार वग़ैरह;

तीसरे, लाल अर्थात् काश्त की ज़मीन। इस तरह की ज़मीन की क़िस्मों और नामों में एक से दूसरे परगने[11] के बीच भारी फ़र्क़ पाए जाते हैं;

चौथे, मट यानी परती जिस पर कभी काश्त नहीं की गई (हालाँकि यह काश्त के क़ाबिल थी);

पाँचवें, पतित अर्थात् वह ज़मीन जिस पर पहले हल चला था, पर पिछले दो या तीन बरसों से परती छोड़ी हुई थी;

छठे, बंजर, जिसे खिल (अ) भी कहते हैं, अर्थात् काश्त के क़ाबिल फ़ालतू ज़मीन या जंगल;

सातवें, बेकार ज़मीन अर्थात् रेगिस्तान मय खड्ड वग़ैरह, जो काश्त के क़ाबिल न हो।

दूसरा हिस्सा : खेतिहर फ़सलें

हिंदुस्तान में दो फ़सलें होती हैं : एक, तो रबी'अ और दूसरे, ख़रीफ़। ख़रीफ़ की फ़सल बैसाख महीने (अप्रैल-मई) से लेकर असिन माह (सितंबर-अक्तूबर) तक चलती है; यह बंगाल में धान (शालि) की काश्त का मौसम होता है। इस फ़सल को भदोई यानी भादों (अगस्त-सितंबर) की फ़सल भी कहते हैं। दूसरी फ़सल रबी की है जो कातिक के महीने (अक्तूबर-नवंबर) में शुरू होती है और चैत (मार्च-अप्रैल) में ख़त्म होती है। यह गेहूँ वग़ैरह की काश्त का मौसम होता है।

बंगाल में धान की काश्त ज़्यादा होती है और गेहूँ वग़ैरह की काश्त कम की जाती है। इस फ़सल को अगहनी यानी अग्राहन (नवंबर-दिसंबर) की फ़सल भी कहते हैं। फिर इनके अलावा ज़िम्नी (गौण) फ़सलें (फ़स्ल-ए दाख़िली) भी होती हैं। एक, जैसे आम और कटहल जैसे फल (फलकर) आदि। उनका मौसम माघ (जनवरी-फ़रवरी) में शुरू और आषाढ़ (जून-जुलाई) में ख़त्म होता है। दूसरे, पानी की उपज (जलकर) जैसे मछली, जो बारहों महीने पकड़ी जाती है पर इसकी 'फ़सल' कातिक (अक्तूबर-नवंबर) की शुरुआत से लेकर जेठ (मई-जून) के महीने तक ख़ासकर अच्छी होती है।

तीसरे, जंगल की उपज (बनकर) जैसे घास और लकड़ी की कटाई, जो कातिक (अक्तूबर-नवंबर) और अगहन (नवंबर-दिसंबर) के महीनों में ख़त्म हो जाती है। चौथे, आषाढ़ (जून-जुलाई) के महीने से लेकर असिन (सितंबर-अक्तूबर) के महीने तक सुपारी। पाँचवें, चैत (मार्च-अप्रैल) से माघ (जनवरी-फ़रवरी) और फागुन (फ़रवरी-मार्च) तक गन्ना।

छठे, कातिक (अक्तूबर-नवंबर) से लेकर चैत (मार्च-अप्रैल) तक कपास। सातवें, कातिक (अक्तूबर-नवंबर) से लेकर चैत (मार्च-अप्रैल) तक तंबाकू। आठवें, शहतूत, जो बारह महीनों में छः पैदावार (बुंदें) देती है। नवें, असिन (सितंबर-अक्तूबर) से लेकर बैसाख (अप्रैल-मई) तक नमक।

तीसरा हिस्सा : काश्तकारों की क़िस्में

पहला, मुक़र्ररी या पट्टी काश्तकार यानी वह काश्तकार, जिसे पट्टा हासिल हो।[12] वह पट्टे के मुताबिक़ हर हालत में मालगुज़ारी देता है, चाहे उसकी फ़सल अच्छी हुई हो या तबाह हो गई हो;

दूसरे, फ़स्ली खेतिहर, जिसे बसती (बाशिंदा) या ख़ुद-काश्त खेतिहर भी कहते हैं; वह काश्त करने के लिए हर साल एक पट्टा हासिल करता था और हक़ीक़तन काश्त की हुई ज़मीन पर मालगुज़ारी देता था। वह जिस परगने में काश्त करता था, उसी में रहता था;

तीसरे, पायकाश्तकार जो उस गाँव से जहाँ उसका खेत होता था; अलग किसी और गाँव में रहता था।

चौथे, कलजना काश्तकार जो किसी और काश्तकार के मातहत ज़मीन को जोतता-बोता था।

चौथा हिस्सा : (मालगुज़ारी के) हाकिम

पहला, ज़मींदार; दूसरे, तअल्लुक़दार (ताल्लुक़दार);

तीसरे, शिक़दार जो चार या पाँच गाँवों के लिए ज़िम्मेदार होता था;[13]

चौथे, तरफ़दार, जिसे एहतिमामदार भी कहते थे, जो एक से लेकर चार-पाँच गाँव तक देखता था;

पाँचवें, पटवारी और गुमाश्ता जो हर गाँव में होते थे; उसे कर्मचारी भी कहते थे;[14]

छठे, मंडल, पाँच या छः काश्तकार कुनबों का मुखिया;

सातवें, हल शहणा, जिसे अठपहरिया भी कहते थे, यानी अर्दली (पियादा) जो गाँव का चौकीदार होता था और वहाँ से मालगुज़ारी वसूलता था;

आठवें, रस्नगीर यानी, वह जो (मालगुज़ारी की वसूली) के मक़सद से सचमुच ज़मीन की पैमाइश करता था।

पाँचवाँ हिस्सा : मालगुज़ारी की वसूली के तरीक़े

पहला, पटवारी के माँगपत्र (चिट्ठी) के मुताबिक़ चौकीदार काश्तकारों से मालगुज़ारी वसूल करता और उसे पटवारी और गुमाश्ता तक पहुँचाता था;

दूसरे, पटवारी और गुमाश्ता गाँव-भर की मालगुज़ारी को एक जगह जमा करते थे और उसमें से मुफ़स्सल के ख़र्च निकालकर बाक़ी तरफ़दार को पहुँचा देते थे;

तीसरे, तरफ़दार अपने मातहत आनेवाले एक से लेकर तीन या चार गाँवों की मालगुज़ारी, उसमें से मुफ़स्सल का ख़र्च निकालकर, शिक़दार को पहुँचा देता था;

चौथे, चार या पाँच गाँवों की ज़िम्मेदारी सँभालनेवाला शिक़दार मुफ़स्सल की मालगुज़ारियों को, ख़र्च निकालने के बाद, सद्र में बैठे मालगुज़ारी के ठेकेदार (मुस्तज़िर) या ज़मींदार तक पहुँचाता था;

पाँचवें, मुफ़स्सल के अख़राजात (खर्च), जिसे परगना के अख़राजात भी कहते थे, निकाल लेने के बाद, जिसके ब्यौरे आगे दिए जाएँगे, मुस्तज़िर या ज़मींदार परगने की मालगुज़ारियों का एक चालान तैयार करता था।

छठा हिस्सा : मुफ़स्सल के अख़राजात, जिन्हें परगना के अख़राजात भी कहते थे

एक से दूसरे परगने के बीच इनमें भारी फ़र्क़ पाए जाते हैं।

पहला, क़ारिंदों के लिए माहाना तनख़्वाहों वग़ैरह की शक्ल में मुस्तज़िर के महसूल;

दूसरे, मुफ़स्सल से जुड़े महसूल यानी ज़मींदार के क़ारिंदों की माहाना तनख़्वाहें वग़ैरह;

तीसरे, ग्राम देवता का ख़र्च (देब ख़र्च), देवी-देवताओं का ख़र्च, दान वग़ैरह;

चौथे, मुक़ामी ख़र्च (देस ख़र्च) जिसे चकला का ख़र्च भी कहते थे, यानी सद्र में काग़ज़ और स्याही का दाम, अदालत की मरम्मत की लागत, दरी, तेल, दिया वग़ैरह के दाम;

पाँचवें, (शायद हाकिमों के) सफ़र पर आनेवाला ख़र्च;

छठे, भेंटें, तोहफ़े (नज़ूरात और भेंट), पेशकश (सलामी), फल-मिठाई वग़ैरह के तोहफ़े (डाली);[15]

सातवें, सद्र में वकील[16] वग़ैरह (और दूसरे) हाकिमों की माहाना तनख़्वाहें;

आठवें, सद्र में उस मकान का किराया, जिसमें वकील वग़ैरह रहते थे;

नवें, सद्र से और सद्र तक मुस्तज़िर और ज़मींदार के आने-जाने का ख़र्च;

दसवें, अदालत पर आनेवाला ख़र्च;

ग्यारहवें, सिक्के और सूद पर बट्टा और साहूकार का बट्टा।

सातवाँ हिस्सा : मुफ़स्सल के कुछेक मुआमलात

कई-एक ताल्लुक़दार खुद मालगुज़ारी अदा करते हैं; दूसरे शब्दों में वे क़ायम-मुक़ाम (स्थानापन्न) ज़मींदार हैं। ताल्लुक़दारों में कई-एक खुद मालगुज़ारी अदा करके ज़मींदारी में हिस्सा हासिल करते हैं। अगर किसी जगह कोई ज़मींदार न हो तो मालगुज़ारी की वसूली के इंतज़ाम के लिए एक एहतिमामदार मुक़र्रर किया जाता है। अगर, परगना बड़ा हो तो तीन या चार एहतिमामदारों के ऊपर एक शिक़दार मुक़र्रर किया जाता है। इसी तरह अगर बंदोबस्ती का गाँव बड़ा हो तो उसके मुआमलात की देखभाल के लिए एक पटवारी और एक गुमाश्ता, दो लोग मुक़र्रर किए जाते हैं, वर्ना सिर्फ़ पटवारी अपने-आप इंतज़ाम चलाता है। इसका दारोमदार परगने की अनुमानित मालगुज़ारी (जमा) पर होता है।

दूसरे, मुफ़स्सल में पट्टादार काश्तकारों से नर्मी का सुलूक किया जाता है। अगर, उन्हें दस बीघे[17] का पट्टा मिला हुआ है तो वे हक़ीक़त में पंद्रह बीघे की काश्त करते हैं पर मालगुज़ारी उसी दस बीघे की देते हैं। नतीजतन, वे खुशहाल हैं। दूसरी तरफ़, फ़स्ली काश्तकार सचमुच जितनी ज़मीन की काश्त करते हैं, उतने ही पर सालाना मालगुज़ारी देते हैं; इसके अलावा वे गाहे-बगाहे कुछ और महसूल (मथौट)[18] देते हैं। इसके चलते वे बेहद साधनहीन होते हैं। पायकाश्तकार जो (अपने खेतों से दूर) किसी और गाँव में रहते हैं, दूसरे करों (अर्थात् मालगुज़ारी, अबवाब से इतर करों) वग़ैरह की जगह परंपरागत महसूलों (मथौट-मामूली) के साथ-साथ काश्त की गई ज़मीन पर मालगुज़ारी देते हैं; वे दरबार के लगाए हुए वक़्ती महसूलों या मिनजुम्ला (अपरंपरागत) महसूलों (मथौट-ए नवादिर) की अदायगी नहीं करते।

तीसरे, मुफ़स्सल में जिन मौक़ों पर मुस्तज़िर ज़मींदारों की मालगुज़ारी से मुक्त ज़मीनों (बाज़े ज़मीन) पर क़ब्ज़ा कर लेता है, क्योंकि उसकी आमदनी में कमी आ चुकी है और परगना में काश्त के क़ाबिल परती पर काश्त को बढ़ावा देता है तो ज़मींदार अपनी और पट्टादार की और रिआयत पानेवाले काश्तकार की किफ़ायत को ध्यान में रखकर और साथ ही अपने भेदों का खुलना रोकने के मक़सद से मुस्तज़िर के घाटे के बराबर महसूल अदा करने का समझौता करता है; और उसके बाद मुस्तज़िर रिआयती ज़मीनों पर क़ब्ज़ा करने का इरादा छोड़ देता है।

ऐसी किसी सूरत में पट्टादार काश्तकार वग़ैरह, जो एक अरसे से नर्मी के सुलूक के आदी होते हैं, हर तरह से अपनी ज़िम्मेदारी निभाते हैं, लेकिन फ़स्ली काश्तकार, जो यूँ भी ग़रीब होते हैं, बुरी तरह तबाह हो जाते हैं। हक़ीक़त में गाँवों के बंदोबस्तों और गाँवों की खुशहाली पूरी तरह फ़स्ली काश्तकारों पर मुनहसिर होती है जो अक्सरियत (बहुगत) में होते हैं।

चौथे, मुफ़स्सल में हर साल पटवारी और गुमाश्ता रिवायत के मुताबिक़ फ़स्ली

काश्तकारों के खेतों की पैमाइश करते हैं। चूँकि, उसके हाथ में जरीब होती है, इसलिए वह काश्तकार से सलामी के तौर पर कुछ-न-कुछ झपट लेता है और बदले में उसे कोई रिआयत देता है। अपनी आमदनी में कमी को रोकने के मक़सद से मुस्तजिर जब भी मुफ़स्सल में ज़मीनों की पैमाइश कराना चाहता है या फिर खेतों की पैमाइश के लिए मुफ़स्सल में एक ईमानदार अमीन[19] भेजना चाहता है, पटवारी और गुमाश्ता और रस्नगीर ज़मींदार के क़ारिंदों के साथ मिल जाते हैं।

अगर उन्हें पता चल जाए कि अमीन भोला-भाला और नातजरबाकार है तो वे हर तरह की धोखे-धड़ी करके उसे छलते हैं और ज़मीन की पूरी पैमाइश नहीं होने देते। अगर (मुस्तजिर) अमीन से सख़्ती से पूछताछ करता है, तो वे उसे भी अपने लालच के ज़ाल में फाँस लेते हैं। कुल मिलाकर यह कि हक़ीक़तन ज़मीन की पैमाइश पूरी कराना और (प्रामाणिक) दस्तावेज़ पाना मुश्किल होता है।

पाँचवें, मुफ़स्सल में कई जगहों पर रिवायत है कि एक साल जिस ज़मीन पर काश्त होती है उसे अगले साल परती छोड़ दिया जाता है और, तीसरे साल फिर उस पर काश्त की जाती है। अकसर काश्तकारों की ग़रीबी के चलते एक साल जिस ज़मीन पर जुताई-बुवाई होती है वह बाद में छोड़ दी जाती है और अगले साल परती पड़ी रहती है। इन हालात में एक बाद एक बरसों में अंतर पड़े बग़ैर परगनों की मालगुज़ारी के पक्के ब्योरे तैयार करना बेहद मुश्किल होता है।

छठे, मुस्तज़िर और ज़मींदार हर छमाही फ़सल के आख़िर में मुफ़स्सल से कुछ मदों में महसूल वसूलते हैं। जैसे, पूजा (पूजा ख़र्च), चपरासियों और अदालत पर आनेवाला ख़र्च, साहूकार का ब्याज और बट्टा वग़ैरह। ऐसी सूरत में अगर सद्र में बैठा मुतसद्दी ईमानदार और क़ाबिल हो और सिर्फ़ उसी की माँग करे जो मुनासिब और रिवायती हो तो काश्तकारों के लिए परेशानी की कोई वजह नहीं रहती; वर्ना काश्तकारों की मुफ़लिसी और परगने का उजड़ना ज़ाहिर हो जाता है।

सातवें, कोई काश्तकार अगर क़र्ज़दार होता था तो अकसर (मालगुज़ारी की) वसूली और हद से ज़्यादा नए महसूलों के सबब होता था; कुछ तो हलवाही के बैलों के मर जाने पर या फिर किसी शादी या मौत या उम्मीद के ख़िलाफ़ हुई मुक़द्दमाबाज़ी के सबब क़र्ज़ लेते थे।

अकसर मुफ़स्सलों में बहुत से संन्यासी-फ़क़ीर और बक्सर से आए लोगों में ज़्यादातर सूद पर पैसा देने के काम में लगे होते थे। वे (नक़द अदायगी की शर्त पर) रुपया पीछे डेढ़-आना[20] ब्याज पर पैसा उधार देते थे; इसके अलावा वे बतौर सलामी वग़ैरह भी कुछ काट लेते थे। वे क़र्ज़ लेनेवाले से एक लिखित हलफ़नामा (तमस्सुक) ले लेते थे कि क़र्ज़ दो या तीन महीनों के अंदर लौटा दिया जाएगा। क़र्ज़दार को जो पैसा वे देते थे उसका हर रुपया (सिक्का) वज़न वग़ैरह में एक पाई[21] से ज़्यादा कम होता था; लेकिन जब क़र्ज़दार क़र्ज़ को चुकता करता था तो भले ही सिक्के उम्दा क़िस्म के हों,

रुपया पीछे एक पाई बतौर बट्टा काट लिया जाता था। इस तरह सूदख़ोर सूद और बट्टे वग़ैरह के तौर पर हर माह रुपया पीछे दो आने से ज़्यादा जमा कर लेते थे।[22]

अगर तमस्सुक में दर्ज मुद्दत के अंदर क़र्ज़दार क़र्ज़ चुकता नहीं कर पाता था तो वे अस्ल और सूद को मिलाकर क़र्ज़ का एक नया अस्ल बना देते थे जिसके लिए (क़र्ज़दार से) एक नया तमस्सुक लिखवाया जाता था। इस ढंग से वे सूद-पर-सूद वसूल करते थे और इस अमल में काश्तकारों को तबाह कर देते थे। अगर (कोई सूदख़ोर) अनाज वग़ैरह में अदायगी पर राज़ी होकर क़र्ज़ पर रुपया देता था तो वह अपनी मर्ज़ी के मुताबिक़ दाम तय कर लेता था; अदायगी के वक़्त अगर दो मन अनाज होता था तो वह अनुमानतः उसका वज़न डेढ़ मन बतलाता था। काश्तकारों को मजबूरन यह सब सहना होता था।

नवें, कई ज़मींदारों के लिए दस फ़ीसद की दर से भत्ते बँधे होते थे; उनमें से जो बँधे-बँधाए भत्ते नहीं पाते थे वे पहले अनजुती ज़मीन पर काश्त करके (ख़मार), निजी जोतों और मालगुज़ारी से छूट पा चुकी ज़मीनों से गुज़ारा चलाते थे। ज़्यादातर ज़मींदारों ने हिस्सों (मीरान)[23] के रूप में अपने भाइयों, नातेदारों और क़रीबी लोगों में ज़मीनें बाँट दी हैं और इस मुद्दे के दस्तावेज़ (सनदें) जारी कर दी हैं। पर हक़ीक़तन इन ज़मीनों की आमदनी वे खुद भोगते हैं। भत्तायाफ़्ता ज़मींदार भी इस मुआमले में उनसे साँठ-गाँठ रखते हैं।

दसवें, पटवारी के दस्तावेज़ के मुताबिक़ चौकीदार जो रिवायती महसूल वसूलकर पटवारी और गुमाश्ता तक लाता है उसके हर रुपए के पीछे डेढ़-आना चपरासियों के ख़र्च, दरबारी महसूलों और तोहफ़ों वग़ैरह में चला जाता है, जिसकी तफ़सीलें हर परगने के लिए अलग-अलग हैं, या पटवारी और तरफ़दार वग़ैरह के ख़र्चों में जाता है; बाक़ी साढ़े चौदह आने सद्र में बैठे मुस्तजिर या ज़मींदार को भेजे जाते हैं। सद्र में परगने के अख़राजात के लिए, जिनके कुछ संक्षिप्त ब्योरे ऊपर दिए जा चुके हैं, कुल मिलाकर साढ़े पाँच आने काट लिए जाते हैं और कमोबेश नौ-आने सद्र (के ख़ज़ाने) को भेज दिए जाते हैं।

अगर सद्र में बैठा मुतसद्दी ईमानदार हुआ तो चालान में दर्ज पूरी रक़म सद्र के ख़ज़ाने में जमा हो जाती है, वर्ना सद्र में मौजूद वकील कुछ रक़म मुतसद्दी को भेजता है और कुछ खुद हड़पता है, चालान में उसी के मुताबिक़ हेरफेर करता है और बाक़ी ख़ज़ाने में जमा करा देता है। इसी तरह मुतसद्दी के लापरवाह होने की सूरत में बदउनवानी (भ्रष्टाचार) के सबब परगने के ख़र्च में होनेवाली बढ़ोत्तरी को बख़ूबी समझा जा सकता है।

ग्यारहवें, ख़ालिसा और निज़ामत के कारकुन और क़ानूनगोयों वग़ैरह के क़ारिंदे[24] पिछले ज़मानों में भी अकसर गाँवों में किसी और के या अपने नाम से ज़मीनें ख़रीद लेते थे और आज भी ख़रीदते हैं। वे कभी-कभी (मालगुज़ारी के हाकिमों की) रज़ामंदी से लेकिन ज़्यादातर धोखे और हेरफेर से यह काम करते हैं। वे मालगुज़ारी की

अदायगी से अपनी ज़मीनों को छुट्टा रखते हैं। वे मालगुज़ारी की जो फ़ेहरिस्त (जमा-ए तुमारी) तैयार करके हाकिम को पेश करते थे उसमें इलाक़े से लोगों के चले जाने या (ज़मीनों की) मालगुज़ारी देने की शक्ति घटने के कारण अनुमानित मालगुज़ारी में कमी दिखाते थे। तब वे बाक़ी परगने के लिए नए महसूलों का सहारा लेकर इस कमी की भरपाई करते थे।

इस तरह वे परगना पर तबाही लाते थे और हेरफेर का पूरा फ़ायदा ख़ुद हथियाकर बैठ जाते थे। ऐसे लोगों का एक बड़ा हिस्सा किसी परगने की मालगुज़ारी की फ़ेहरिस्त तैयार करते वक़्त अपने ख़ुद के तालुक़ा को उससे अलग रखता था और (उस पर आयद होनेवाली मालगुज़ारी को) किसी और परगने से जोड़ देता था। इस तरह वे पहले परगने से अलग की गई मालगुज़ारी वसूलते थे और दूसरे की मालगुज़ारी में उतना ही नुक़सान दिखा देते थे (और यह रक़म अपने पास रख लेते थे)। इसके अलावा वे अपने ख़ुद के तालुक़ा के काश्तकारों को (मालगुज़ारी की) दरों में रिआयत देते थे और उसकी ख़ुशहाली इस तरह बनाए रखते थे; दूसरी तरफ़ मालगुज़ारी और दूसरे महसूलों के बक़ायों की हद से ज़्यादा माँग के चलते, दूसरे परगने तबाह हो जाते थे। मसलन, अज़ीमाबाद (बिहार) के सूबे में रिआयती दरों के चलते जागीरदारों का इलाक़ा फल-फूल रहा है, लेकिन हद से ज़्यादा माँग के सबब निज़ामत के तहत आनेवाला इलाक़ा तबाह-हाल है।

बारहवें, मुफ़स्सल में जमा का अनुमान दो मदों में लगाया जाता है : एक तो ज़मीन की मालगुज़ारी (माल) और दूसरे, दूसरी तरफ के कर (साइर)। खेती की उपज से जो कुछ वसूला जाता है, वह माल कहलाता है और साइर वह है, जो हर गाँव से (दूसरी) चीज़ों पर वसूल किया जाता है।

तेरहवें, बादशाह-ए ग़ाज़ी जलालुद्दीन मुहम्मद अकबर के ज़माने में राजा टोडरमल ने सल्तनत के सूबों के सभी महलों[25] में हर परगने की रवायत के मुताबिक़ और हर इलाक़े के अवाम की रायों को ध्यान में रखकर जमा के अनुमान बहुत अलग-अलग तय किए थे; इस अनुमान की तरफ़ बादशाह का ध्यान दिलाया गया और आज तक इसे सही माना जाता है। इस अनुमान को जमा-ए तूमारी का नाम दिया गया था। मगर, उसके बाद कोई क़ाबिल प्रशासक और जानकार मुतसद्दी ऐसा नहीं रहा जो सभी महलों का एक नया सर्वेक्षण कराए और एक बार फिर मालगुज़ारी का तख़मीना (तशख़ीस) करे।

उन दिनों लोग मालगुज़ारी की उसी फ़ेहरिस्त के मुताबिक़ (मालगुज़ारी) अदा करते थे मगर ज़मीन और उसकी हक़ीक़ी पैदावार की मालगुज़ारी देने की सलाहियत की चालू तशख़ीस के मुताबिक़ वसूली करते थे। इन दिनों उस फ़ेहरिस्त की हालत यह है कि चालू तशख़ीस फ़ेहरिस्त से कई गुना होती है, और बहुत कम जगहों पर ये दोनों बराबर हैं। बंगाल में शायद ही कोई जगह होगी जहाँ सचमुच तशख़ीस की गई मालगुज़ारी फ़ेहरिस्त से कम हो।

आठवाँ हिस्सा : मालगुज़ारी की ठेकेदारी के गुण-दोष वग़ैरह

पहली बात, कोई मुस्तजिर ठेका लेने से पहले अकसर मालगुज़ारी की तुलनात्मक फ़ेहरिस्तों (हस्तो-बूद; वर्तमान और अतीत)[26] के बारे में मुफ़स्सल में पूछताछ करता है और तब वह एक साल या लगातार कुछ सालों तक मालगुज़ारी में इज़ाफ़े की पेशकश करके (उस इलाक़े में) मालगुज़ारी की वसूली (के अधिकार) माँगते हुए सरकार को अपनी दरख़्वास्त पेश करता है। इस तरह उसे यह हक़ मिल जाता है। अगर वह अपने काम के क़ाबिल और जानकार या फिर नेक और ईमानदार होता है तो सद्र का इंतज़ाम सँभालने के बाद मुफ़स्सल में जाता है और परगने की पिछले तीन वर्षों की हस्तो-बूद से सम्बद्ध दस्तावेज़ हासिल करता है।

इस फ़ेहरिस्त के आधार पर वह मालगुज़ारी का और मुफ़स्सल के विभिन्न ख़र्चों का और अदालत वग़ैरह पर आनेवाले ख़र्चों का अनुमान लगाता है। इस तरह वह (मालगुज़ारी के) पुराने से नए बंदोबस्त पर आता है। अपने फ़ायदे की ख़ातिर वह नए बसे इलाक़ों के बारे में पूछताछ करता है और पटवारी व गुमाश्ता से तरह-तरह के सवाल करके (इस बारे में) जानकारी हासिल करता है। या फिर गाँव के बंदोबस्त के ख़सरा[27] नामक दस्तावेज़ की छानबीन करके अपने लिए एक मुनाफ़ा तय कर लेता है। इसके अलावा, वह जुर्मानों वग़ैरह की मदों के तहत कुछ और रूपों में भी वसूली करता है (पर) नए महसूल नहीं लगाता। इन हालात में ज़मीन फलती-फूलती है और काश्तकार (मुस्तजिर का) एहसान मानते हैं। पर आज के ज़माने में इस तरह के मुस्तजिर कम मिलते हैं।

दूसरे, आज का मुस्तजिर अगर मालगुज़ारी के इंतज़ाम की क़ाबिलियत रखता भी हो तो वह ख़ुदग़र्ज़ लोगों के मश्विरे, अपने खुद के अंदाज़े या फिर प्रतिद्वंद्वियों के मुक़ाबिले के सबब से हस्तो-बूद के बारे में जानकारी किए बग़ैर अपनी कोशिश करता है। मसलन, अगर उनमें से कोई एक मालगुज़ारी को पाँच हज़ार रुपए बढ़ाने की पेशकश करता है तो दूसरा उस पर एक हज़ार और रखकर छः हजार बढ़ाने की पेशकश कर देता है और इस तरह मालगुज़ारी की वसूली (का हक़) पा लेता है।

चूँकि, आजकल के मुतसद्दी तयशुदा रक़म के बक़ाए जमा होने से रोकने की ज्यादा फ़िक्र नहीं करते और इस मसले की बढ़ी हुई रक़म वसूलने की असंभवता का एहसास नहीं रखते, इसलिए महज़ अपना रंग जमाने और अपने उन हाकिमों की वाहवाही हासिल करने के लिए, जो काग़ज़ पर मालगुज़ारी बढ़ी हुई देखकर खुश हो जाते हैं, वे मुस्तजिर की दरख़्वास्त अफ़सर के आगे पेश करके उस पर मंज़ूरी ले लेते हैं और मालगुज़ारी का ठेका कर देते हैं।

जैसे ही वे मुस्तजिर को दस्तावेज़ (सनद) और हुक्मराना (परवाना) थमाते हैं,

उससे तयशुदा रक़म की पहली क़िस्त माँग बैठते हैं। मजबूरन, वह मुस्तजिर सूदख़ोर से पैसा उधार लेता है और सरकार का बक़ाया चुकाता है। फिर, वह भारी जल्दबाज़ी और परेशानी के साथ मुफ़स्सल का रुख़ करता है। वहाँ पहुँचकर वह पिछले तीन या चार साल की फ़ेहरिस्तें देखता है और जब उसे महसूस होता है कि उसे कितना नुक़सान होनेवाला है, उसके होश उड़ जाते हैं।

परगने की ख़ुशहाली या तबाही का ज़र्रा बराबर ख़याल किए बिना वह एक के बाद एक, तरह-तरह के ज़ुल्मों और नए तरीक़ों का सहारा लेता है—ज़मींदार की मालगुज़ारी से मुक्त ज़मीनों की पैमाइश करने और उन्हें ज़ब्त करने से लेकर महसूल वसूल करने तक के उपाय वह अपनाता है। पैसा-वसूली के सिर्फ़ एक मक़सद के तहत, वह अस्ल की रक़म वसूलने और (मुफ़स्सल) के ख़र्च पूरे करने के लिए हर मुमकिन तरीक़े से अपने ठेके की शर्त पूरी करता है।

ऐसी हालत में फँसने के बाद उसे काश्त का विस्तार करने का वक्त ही कहाँ मिलता है? (मालगुज़ारी की) वसूली की सख़्तियों, नए महसूलों की वसूली तथा सूदख़ोर के हद से ज़्यादा सूद और बट्टे के सबब काश्तकार (अपनी ज़मीन) छोड़कर भाग खड़ा होता है, परगना वीरान और ज़मींदार तबाह हो जाता है। इससे मालगुज़ारी में कमी आती है, और आख़िरकार (मालगुज़ारी का ठेका) नीलामी पर चढ़ा दिया जाता है।

तीसरे, इस तरह के भी अनुभवहीन लोग हैं जो मुफ़स्सल के हालात की कोई जानकारी नहीं रखते। ख़ुदग़र्ज़ सलाहकारों के हाथों भटककर वे मालगुज़ारी का ठेका पाने की इच्छा करते हैं और बोली को बढ़ाकर पा भी लेते हैं। मुस्तजिर को अनाड़ी पाकर ज़मींदार अपने मातहतों से हाथ मिला लेते हैं और उन्हें लालच के जाल में फँसाकर अपने ही हाथों मुफ़स्सल को तबाह करते हैं। जो पैसा वे बनाते हैं उसका एक हिस्सा मुस्तजिर के आदमियों को खिलाते और बाक़ी अपने पास रखते हैं। फिर वे मुस्तजिर के ज़ुल्मों और नए-नए तरीक़ों की शिकायत अपने हाकिमों से करते हैं और इस तरह इंसाफ़ को नाइंसाफ़ी में बदल देते हैं। कमी का इलज़ाम मुस्तजिर को देकर वे अगले साल (की मालगुज़ारी) कटौती की माँग करते हैं। एक तरफ़ मुस्तजिर ठेके में तयशुदा रक़म में नुक़सान उठाता है और दूसरी तरफ़ हाकिमों के आगे परगने की तबाही का इलज़ाम झेलता है।

जब ज़मींदार ख़ुद (मालगुज़ारी का) बंदोबस्त हासिल करता है तब के हालात का ब्योरा

पहली बात, एक सूदख़ोर की ज़मानत दिलाकर ज़मींदार का हासिल किया हुआ बंदोबस्त। ज़मींदार शुरू-शुरू में तो बंदोबस्त के मुताबिक़ रक़म उगाहने का इरादा

करता है पर आख़िरकार यह सिलसिला नुक़सानदेह साबित होता है। इससे सिर्फ़ सूदख़ोर का फ़ायदा यक़ीनी बनता है। कारण कि ज़मानत की शर्त के बारे में सरकारी हुक्म की तामील के लिए ज़मींदार सूदख़ोर की पनाह में जाता है और ऐसी ज़मानतों के लिए सरकारी तौर पर मंज़ूर पाँच फ़ीसद बट्टा देने के अलावा सलामी वग़ैरह के तौर पर भी कुछ-न-कुछ देता है।

वह उस सूदख़ोर के मुख्यालय (कोठी) पर सकल आय (आमदनी-ए-ख़ाम) जमा कराने का तमस्सुक देता है और इस तरह उसके सामने गिड़गिड़ाकर और उसे मनाकर उसे ज़मानत देने पर राज़ी करता है। अकसर, सूदख़ोर अपने किसी कारिंदे को परगना का ख़ज़ांची नामज़द करता है और उसे ज़मींदार के साथ जाने का हुक्म देता है। इसके अलावा वह अकसर, चकला मुख्यालय की सकल प्राप्तियों पर क़ब्ज़ा कर लेता है और ज़मींदार की तरफ़ से ज़मानत देने के नाम पर (उन्हें) अपने नियंत्रण में रख लेता है। वह सूद, बट्टा और सलामी के रूप में तथा ज़मींदार के तमस्सुक की शर्तें बदलकर उससे हद से ज़्यादा फ़ायदा हासिल करता है।

ज़मानतदार के लिए रिवायत के मुताबिक़ मंज़ूर बट्टे की मद में तो उसे अपना हिस्सा ब-हर-हाल मिलता है। इन हालात में ज़मींदार ज़मानत और सूद और बट्टा वग़ैरह की इन तमाम रिवायती देनदारियों को एक में जोड़कर नए महसूलों का रूप देते हैं, जो फिर परगने से वसूल किए जाते थे। फलस्वरूप, ग़रीब हो चुका काश्तकार भाग खड़ा होता है। जब कभी किसी परगना में मालगुज़ारी बक़ाया रह जाती है तो सूदख़ोर ने जितनी रक़म की ज़मानत दी हुई होती है, वह कभी अपनी जेब से नहीं भरता। फिर भी, वह ज़मींदार को दो या तीन साल के लिए क़र्ज़ दे देता है ताकि क़र्ज़ की वसूली-संबंधी दावे के आधार पर वह ज़मींदारी को नीलाम करा सके।

अगर ज़मींदार क़र्ज़ की अदायगी के लिए नीलामी की मंजूरी नहीं देता तो सूदख़ोर यह भूल जाता है कि सूद और बट्टे वग़ैरह में जो रक़म वह पहले ही वसूल चुका है वह अस्ल के बराबर थी, और अपना दावा अदालत में ले जाता है। ऐसी सूरत में किसी सूदख़ोर को ज़मानतदार बनाने से सिर्फ़ वही फ़ायदे में रहता है। ख़याल है, कि सूदख़ोरों में कुछ तो ज़मींदारों के लिए ज़मानतदार बनकर ज़मीदारियाँ ख़रीदने के नीच इरादे से ही सूदख़ोरी का धंधा करते है और अपना मक़सद हासिल होने से पहले तक ज़मानतदार के रिवायती फ़ायदों और सूद-बट्टे वग़ैरह के रूप में भारी मुनाफ़े कमाते हैं। हालात के इस मोड़ से बेख़बर ज़मींदार ख़ुद को और अपनी ज़मीन को भी तबाह कर बैठता है।

दूसरे, बंगाल के कई-एक ज़मींदार (ज़मींदारी के मुआमलों से) पूरी तरह अनजान हैं और उनमें से जो ज़मींदार ज़रूरी महारत से लैस हैं वे अय्याशी की ज़िंदगी, लापरवाही और फ़िज़ूलख़र्ची में मगन हैं। ऐसी सूरत में वे पूरी तरह अपने ढंग से काम करते हुए बदोबस्त हासिल करते हैं और घर लौटकर ख़ुद को अय्याशी की ज़िंदगी और

मनमाने ख़र्च के हवाले कर देते हैं। वे (मालगुज़ारी की) वास्तविक छानबीन और वसूली का और खेती को बढ़ाने का काम नायब और दीवान को सौंप देते हैं।[28] चूँकि, ये लोग परगना के सही मालिक नहीं होते, इसलिए उसकी ख़ुशहाली बढ़ाने पर ध्यान देने की बजाय वे मुस्तजिर से भी ज़्यादा सख़्ती से (मालगुज़ारी की) वसूली करते हैं और सिर्फ़ अपने फ़ायदे पर नज़र रखते हैं।

फिर मालगुज़ारी की अस्ल रक़म जमा करने के बाद वे ज़मींदार को थोड़ी-सी रक़म और थमाते हैं गोया, कि यह बढ़त हुई हो; ऐसा वे ज़मींदार पर अपनी कारगुज़ारी की धाक जमाने के लिए करते हैं। चूँकि, वह ज़मींदार अपने मुआमलों से भी अनजान होता है, इसलिए थोड़ी-सी फ़ालतू रक़म हासिल होने पर वह इसे अप्रत्याशित लाभ समझता है; इस तरह वह नायब और दीवान को बहुत कारआमद और अपने ख़ैरख़्वाह समझता है और उनको पहले से भी ज़्यादा आज़ादी दे देता है। पर फिर, दूसरे या तीसरे साल में मालगुज़ारी की अस्ल रक़म में तेज़ी से गिरावट आती है और वह ज़मींदार सरकार का तक़ाज़ा पूरा करने के लिए मज़बूरन सूदख़ोर से क़र्ज़ लेता है।

ऐसे वक्त में, वह नायब और दीवान बदल देता है। कुल मिलाकर, यह कि तीन या चार साल के अरसे में जब ज़मींदार क़र्ज़ पाने के क़ाबिल नहीं रह जाता तो सरकार का बँधुआ बन जाता है, लोग ज़मीन छोड़ देते हैं और उसकी मालगुज़ारी की तशख़ीस नहीं की जाती। इस दौर में, हाकिमों के बार-बार के तक़ाज़ों के सबब ज़मींदार के पास अपनी ज़मींदारी को नीलाम चढ़ाने के अलावा कोई ख़ास चारा रहता भी नहीं। उस क्षण अगर कोई साख़वाला ख़रीदार आ जाए, ज़मींदारी ख़रीद ले, अपनी जेब से परगने के घाटे की भरपाई करे और उसे फिर से बसाने की कोशिश करे तो दो या तीन साल में उसकी ख़ुशहाली फिर से बहाल हो सकती है; वरना देखा गया है कि जब ऐसा कोई ख़रीदार सामने नहीं आता तो सरकार के पास (मालगुज़ारी में) कमी करने के अलावा कोई चारा नहीं बचता।

तीसरे, सभी ज़मींदारियों की हदें एक-दूसरे से मिली हुई हैं। जिन मौक़ों पर उनके इलाक़ों में कोई ताक़तवर सूबेदार नहीं होता या उसके आदमी नहीं होते, बड़े ज़मींदार के ज़ुल्मों से छोटे ज़मींदार का धंधा चौपट हो जाता है और इस बारे में लगातार सरकार से शिकायतें की जाती रहती हैं। ज़मींदारों में जो लोग बराबर हैसियत के हैं, वे चौहद्दियों के झगड़े निपटाने के लिए हथियार उठा लेते हैं; इस अमल में वे काश्तकारों को तबाह और परगने को वीरान कर देते हैं। अक्खड़पन और ग़ुस्से के चलते शुरू-शुरू में वे इलाक़े के वीरान होने और सरकार तक शिकायतें पहुँचने पर कोई ध्यान नहीं देते। आख़िरकार दोनों तरफ़ के छोटे कारिंदों का जब्र इतना बढ़ जाता है कि दरबार के हाकिमों को साँस तक लेने की फ़ुरसत नहीं मिलती। आख़िर में यह हालत भी परगने की वीरानी और सरकार की मालगुज़ारी में कमी का सबब बन जाती है।

चौथे, अनेक ज़मींदार किसी ज़मींदारी में 20 या 25 फ़ीसद के हिस्सेदार होते हैं।

(ज़मींदारी के) खुद इंतज़ाम करने की हालत में, विवाद पैदा होते हैं और वे एक दूसरे के ख़िलाफ़ हिंसक टकराव का सहारा लेते हैं; वे सभी अदालत में शिकायत दायर करते हैं, सरकारी महसूलों की अदायगी को बक़ाया रखते हैं और इलाक़े को तबाह कर देते हैं।

बंदोबस्त (मुत'अहुदी) का बयान, जिसमें ज़मींदार सरकार को एक निश्चित रक़म देने का क़रार करता है और इस क़रार पर ठेकेदार का दस्तख़त लिया जाता है।

पिछले ज़मानों के सूबेदार इस बंदोबस्त को काफ़ी पसंद करते थे। इस बंदोबस्त में अगर ठेका लेनेवाले शख़्स नाकारा या बेईमान होते हैं, तो एक दूसरी क़िस्म की कमियाँ सामने आती हैं। मालगुज़ारी की वसूली की और औपचारिक ठेके (मुत'अहुदी) की व्यवस्थाओं में अंतर यह है कि मुस्तजिर के दस्तावेज़ में न कोई छूट मिलती है और न कोई अपवाद होता है और इसलिए मुस्तज़िर अपने नफ़ा-नुक़सान का खुद ज़िम्मेदार होता है। तयशुदा रक़म की अदायगी के बारे में आख़िर में उसका कोई बहाना नहीं सुना जाता। औपचारिक ठेके की दस्तावेज़ का लब्बे-लुबाब यह होता है : ज़मींदार अपनी ज़िम्मेदारी स्वीकार करने की जिस दस्तावेज़ (क़ुबूलियत) पर दस्तख़त करता है उस पर ठेकेदार यह दर्ज करता है कि वह ज़मींदार के सहारे परगने से तयशुदा रक़म वसूल करने के बाद उसे सरकारी ख़ज़ाने में जमा कराएगा।

ठेकेदार के लिए लाज़िम होता है कि मुफ़स्सल की मालगुज़ारी देने की सलाहियत (जायदाद)[29] अगर खुसूसी बंदोबस्त में दर्ज़ रक़म से ज्यादा होगी तो वह हाकिम को इसकी इत्तला देगा और अगर, ख़ुदा न करे, इलाक़े पर कोई पार्थिव या आकाशीय विपदा आती है तो वह इसकी इत्तला भी (हाकिम को) देगा जो इस मुआमले में खुदमुख्तार होता है। अगर वह चाहे तो ठेकेदार की रिपोर्ट पर यक़ीन करके वह अमीन को इस मतलब की तज़वीज़ भेज सकता है कि होनेवाले नुक़सान के सबब अगर इलाक़े की खुशहाली के लिए मालगुज़ारी में एक मुनासिब छूट देनी ज़रूरी हो तो मालगुज़ारी उसी के मुताबिक़ छोड़ दी जाए; दूसरी सूरत में वह ठेकेदार को काश्तकारों पर महसूल लगाकर नुक़सान की भरपाई का हुक्म दे सकता है।

ऐसी सूरत में, अगर ठेकेदार क़ाबिल और नेक हो तो मुफ़स्सल की आगे-पीछे की फ़ेहरिस्तों की सच्चाई सामने आ जाती है और ज़मींदार नए महसूल वग़ैरह लगाकर काश्तकारों पर ज़ुल्म नहीं कर पाता; न ही, वह सरकार को मालगुज़ारी की अदायगी के लिए परगने से वसूल रक़म हड़प कर पाता है। इस तरह यह (औपचारिक ठेके की व्यवस्था) इलाक़े को और अधिक खुशहाल बनाने में मददगार होती है। संक्षेप में, औपचारिक ठेके की व्यवस्था यही है और यह बात समझी जा सकती है कि ठेकेदार के रूप में किसी सरकारी हाकिम[30] को मुक़र्रर करना मुस्तजिर की व्यवस्था से या ज़मींदार की खुद-इंतज़ामी की उस व्यवस्था से ज़्यादा किफ़ायती होता है, जिसमें उसे ज़मानतदार को कुछ फ़ायदे पहुँचाने पड़ते हैं। यह बंदोबस्त बड़े बड़े इलाक़ों को बसाने के लिए भी कारगर है।

यह गंभीर प्रकृतिवाले ऐसे (अंग्रेज़) सज्जनों की नियुक्ति के लिए भी कारगर होता है जिनके साथ ईमानदार और क़ाबिल मुतसद्दी हों। इस तरह, वे मुफ़स्सल में भरोसेमंद ठेकेदारों (की नियुक्ति) के बारे में ज़िले के अफ़सरों (साहिबाने-ज़िला) को मुनासिब तजवीज़ें पेश कर सकते हैं ताकि वे उन मुतसद्दियों की राय से (काम करें और) उन मुफ़स्सलों की जानकारी हासिल करें जहाँ काश्तकारों पर भारी बोझ लदे हुए हैं, क्योंकि तरह-तरह के नए महसूल उन पर ग़ैरक़ानूनी ढंग से लाद दिए गए हैं और वे उनको ख़त्म करें। सही ढंग से निगाह रखकर परगने के हद से ज़्यादा ख़र्चों में कमी लाई जा सकती है।

अमानी-व्यवस्था का बयान और (मालगुज़ारी की) वसूली का तरीक़ा (हस्ब-ए वसूली)

यह बात बख़ूबी मालूम है कि सरकार की सीधी ज़िम्मेदारी (ब-तरीक़-ए अमानत) से मुफ़स्सल में इलाक़ों के बंदोबस्त पर नज़र रखना भरोसेमंद आमिलों के हिस्से में आता है। वह आमिल मुफ़स्सल में जाता है, महलों को मुकम्मल बंदोबस्त के तहत लाने के लिए मुनासिब कार्रवाइयाँ करता है और माह-ब-माह ख़ज़ाने में मालगुज़ारी भेजता है। अगर भेजी गई (कुल) रक़म पिछले साल की रक़म से ज़्यादा होती है या अगर परगना से खुशहाली बढ़ती है और ख़ालिसा के मुतसद्दी की कोशिशों के चलते काश्तकारों का सुख-चैन पक्का होता है तो अगले साल भी वही आमिल अपनी नेकी और ईमानदारी की शोहरत पाने के लिए अपनी जगह पर बरक़रार रहता है।

अगर सूरत मुख़्तलिफ़ होती है तो उसका तबादला कर दिया जाता है, उससे सफ़ाई तलब की जाती है और रिश्वत की जितनी रक़म से उसका संबंध साबित होता है वह ज़ब्त कर ली जाती है। भविष्य में मुतसद्दी उसे, उसके निकम्मेपन और बेईमानी के कारण ही जानता है। पिछले ज़मानों के सूबेदार अकसर इस तरह की ज़िम्मेदारी अपने नातेदारों और क़रीबी लोगों को सौंपते थे और उनकी ज़बान पर भरोसा करके उनसे कोई जवाब तलब नहीं करते थे।

दसवाँ हिस्सा : अपने इलाक़ों के इंतज़ाम के लिए पिछले सूबेदारों के लागू किए हुए नियम-क़ायदे

पहली बात, पिछले ज़मानों के सूबेदार दो इलाक़ों के मुआमले सँभालने के लिए कभी एक ही शख़्स को नियुक्त नहीं करते थे। इसलिए कि आदमी का एक ही दिल होता है

और जब भी उसके हालात बिगड़ते हैं, उसके हवास ग़ायब हो जाते हैं। हवास ग़ायब होने की ऐसी सूरत में दोनों इलाक़ों की तबाही का बख़ूबी अंदाज़ा किया जा सकता है। ख़ास बात यह कि वह अपनी ज़िम्मेदारियों के लिए कारगर इत्तला जमा करने में नाकाम रहता है।

दूसरे, हिंदुस्तान की सल्तनत में मालगुज़ारी के मुआमलों में और हुकूमत से जुड़े दूसरे मुआमलों में भी सनदें जारी करने में मुनासिब एहतियात बरतने की ज़रूरत के कारण हाकिमों के इस्तेमाल के लिए कुछेक निशान और प्रतीक तय कर दिए गए हैं। इस जगह इनके विवरण में जाने से चर्चा को और आगे खींचने के अलावा कोई फ़ायदा नहीं होगा। फिर भी पिछले ज़मानों के सूबेदार और मुतसद्दी हुकूमत के तमाम महकमों में दो को सबसे अहम मानते रहे हैं : एक तो दीवानी का महकमा और दूसरे, अमानत का महकमा और इन दोनों से एक-दूसरे पर निगरानी रखवाई जाती थी। मुफ़स्सल से जब भी मालगुज़ारी का कोई चालान आता था, वह दो हिस्सों में आता था; उसका एक हिस्सा दीवानी की खाता-बही में और दूसरा अमानत की खाता-बही में दर्ज किया जाता था। अमानत-दफ़्तर की मुहर के बग़ैर कुछ भी ख़र्च नहीं किया जा सकता था। फलस्वरूप, खातों में कोई फ़र्क़ नहीं आता था।

तीसरे, पिछले सूबेदार बेहद एहतियात बरतते थे और ख़ालिसा में मुतसद्दियों की नियुक्ति करने को भारी अहमियत देते थे। कारण, कि इलाक़ों का इंतज़ाम करना और नियम-क़ायदों को लागू करना उन्हीं (मुतसद्दियों) के हाथों में होता है। वे पुराने मुलाज़िमों में से किसी एक को इसके लिए मुक़र्रर करते थे जिसकी क़ाबिलियत और ईमानदारी की आज़माइश हो चुकी हो; या फिर वे मुतसद्दी की तलाश ऐसे मशहूर ख़ानदानों में करते थे जिसके बुज़ुर्ग नेकी, चरित्र और वफ़ादारी के लिए मशहूर रहे हों और जो ख़ुद भी हुकूमत के मुआमलों को सँभालने के क़ाबिल हो।

ऐसे किसी शख़्स की तलाश के बाद वे इंतज़ाम की ज़िम्मेदारी उसे सौंपकर उसकी इज़्ज़त करते थे। स्वर्गीय नवाब महाबत जंग, जो अपने ज़माने के एक अक़्लमंद इंसान थे, रायरायान भैरोंदत्त की मृत्यु के बाद रायरायान आलमचंद के ख़ानदान से महाराजा कीरतचंद को इसी तरह बनारस से ले आए थे; और महाराजा महेंद्र, दुर्लभ राय बहादुर, राजबल्लभ और राजा साकटसिंह वग़ैरह दूसरे मुतसद्दियों की मौजूदगी के बावजूद उन्हें ख़ालिस-ए शरीफ़ा[31] की दीवानी सौंपकर उनकी इज़्ज़त-अफ़ज़ाई की थी।

चौथे, ख़ालिस-ए शरीफ़ा के मुतसद्दियों का गुज़ारा पूरी तरह सरकार से मिली हुई जागीरों से चलता है और वे तरह-तरह की रिवायती सलामियाँ और डालियाँ वग़ैरह क़ुबूल नहीं करते थे; न ही उनके पास कोई ताल्लुक़ा या ज़मींदारी होती है। पिछले ज़मानों के सूबेदार ऐसे किसी शख़्स को, जिसके पास कोई ताल्लुक़ा या गाँव भी होता था, ख़ालिसा के मुतसद्दी का ओहदा सौंपने के बारे में ख़ास एहतियात बरतते थे, क्योंकि चोर को चौकीदार बनाना अक़्लमंदी नहीं होता। अस्ल में, वे बंगालियों को इस ओहदे

पर नियुक्त करने में एहतियात बरतते थे, क्योंकि उनमें से कई एक तो ज़मींदारों के रिश्तेदार या क़रीबी होते थे और कई एक तो गेहूँ के नाम पर जौ होते थे।

पाँचवें, जब कभी ख़ालिसा का मुतसद्दी मुफ़स्सल के हाकिमों से रिश्वत लेता है, वह उनके चंगुल में फँस जाता है और रिश्वत से पैदा उलझन के चलते वह उनके ऐसे कारनामों के लिए भी उनको सज़ा नहीं दे पाता, जो मुफ़स्सल के हाकिमों और कारकुनों को शोभा न देते हों। ये हाकिम जब भी ख़ालिसा के मुतसद्दी को लालच के जाल में फँसा पाते हैं, वे बेरोकटोक मुफ़स्सल में जाते हैं और मनमाने ढंग से अदालत के ख़र्चों वग़ैरह जैसी मदों में, ज़ुल्म ढाते हुए काश्तकारों से महसूल वसूल करते हैं।

वे जो भी रक़म वसूल करते हैं उसके हर रुपए में आठ-आने ख़ालिसा के मुतसद्दी को देते हैं और बाक़ी आठ-आने अपनी जेब के हवाले करते हैं। नतीजा यह कि इलाक़ा वीरान होता है और मालगुज़ारी की बक़ाया रक़में बढ़ती जाती हैं। इस कारण, पिछले ज़मानों के सूबेदार ख़ालिसा के मुतसद्दियों की नियुक्ति में बेहद एहतियात से काम लेते थे।

छठे, पिछले हाकिम कर्मचारियों को इंसाफ़ के तराज़ू में तौलते थे। एक सरकारी कर्मचारी की जो आमदनी होती थी, उससे ज़्यादा जब कोई ख़र्च करता पाया जाता था तो उसकी जाँच कराई जाती थी। अगर उस कर्मचारी को बेईमान और बदकार पाया जाता तो वह उसी के मुताबिक़ सज़ा पाता था। अगर उसकी फ़िज़ूलख़र्ची सामने आती तो उसे भविष्य में कोई बड़ा ओहदा नहीं सौंपा जाता था, क्योंकि उनका (हाकिमों का) कहना था, कि जो शख़्स अपनी खुद की आमदनी और ख़र्च पर क़ाबू नहीं रख सकता वह दूसरों के मुआमले में शायद ही किफ़ायत से काम लेगा।

सातवें, पहले के सूबेदार ऐसे होते थे कि अकसर मुलाज़िमों का तबादला करते रहते थे; वे इस नीति को इसलिए फ़ायदेमंद समझते थे कि हर तबादले के साथ संबंधित व्यक्ति की ईमानदारी, चरित्र और क़ाबिलियत की परख होती है और छोटा-बड़ा हर कर्मचारी खातेदारी के क़ायदे से पूरी तरह वाक़िफ़ हो जाता है; यह चीज़ उसे भ्रष्टाचार के लालच में फँसने से रोकती है। खातों की जाँच के दिन को हमेशा ध्यान में रखकर वे (कर्मचारी) जो मना है उसे करने से बाज़ रहते थे। इसके अलावा, अगर कोई (भ्रष्टाचार की तरफ़) रुझान रखता तो बरख़ास्त किए जाने का जोखिम उसके क़दमों को एहतियात के रास्ते से भटकने से रोकता था।

बेरोज़गार भी हौसला खोते या भटकते नहीं थे, क्योंकि उन्हें ओहदा और ख़िताब पाने की उम्मीद रहती थी। लेकिन बार-बार की आज़माइश में जो शख़्स साबित कर देता था कि वह ईमानदारी और नेकी के रास्ते पर क़ायम रहा है, उसका तबादला नहीं किया जाता था।

आठवें, अगर इंतज़ाम की ज़िम्मेदारी के बारे में किसी कर्मचारी का निकम्मापन पहले के सूबेदारों के इल्म में आता था या कर्मचारियों में कोई एक, अपने साथ के किसी

कर्मचारी का भ्रष्टाचार उनकी जानकारी में लाता था, तो यह भ्रष्ट व्यक्ति फ़ौरन ओहदे से मुअत्तल कर दिया जाता था, खातों की जाँच कराई जाती थी और जाँच के ज़रिए मुआमले की सच्चाई का पता लगाया जाता था।

अगर, उसका निकम्मापन साबित हो जाता तो उसका ओहदा घटा दिया जाता था और उसे कम दर्जे की ज़िम्मेदारियाँ सौंपी जाती थीं; अगर भ्रष्टाचार के इलज़ाम साबित हो जाते तो उसके जुर्म के मुताबिक़ सज़ा दी जाती थी ताकि दूसरे कर्मचारी भी उससे सबक़ लें। दूसरी तरफ़, अगर (खातों में) कोई फ़र्क़ नहीं पाया जाता तो उसे पहले से ज्यादा इज़्ज़त दी जाती और उसी के मुताबिक़ एक ओहदा दिया जाता, और जिस शख़्स ने दुश्मनी निकालने के लिए या बुरी नीयत से शिकायत दर्ज कराई थी, उसी तरह सज़ा पाता था ताकि भविष्य में झूठ बोलने और हुकूमत में दरार डालने की हिम्मत न करे।

नवें, पिछले सूबेदारों की हुकूमत में जब कभी कोई पेशकश में वृद्धि करके किसी महल में मालगुज़ारी की वसूली का ठेका पाने की दरख़्वास्त देता तो ख़ालिसा का दीवान भी उसकी दरख़्वास्त को फ़ौरन सूबेदार के पास भेजने की हिम्मत नहीं कर पाता था। जब वह खुद अपनी पूरी-पूरी तसल्ली कर लेता, तभी वह उसे सूबेदार की तरफ़ बढ़ाता था और उससे जुड़े हालात स्पष्ट करता था। अगर, सूबेदार उसे मंजूर कर लेता तो उस पर अपनी दस्तख़त कर देता और बंदोबस्त उस मुस्तजिर को सौंप देता। तब उससे एक लिखित मुचलका लिया जाता कि वह बढ़ी हुई पेशकश के कारण मुफ़स्सल पर महसूल नहीं लादेगा और यह कि वह आबादी को बढ़ाने, काश्त को फैलाने और सरकार की मालगुज़ारी बढ़ाने के लिए मुनासिब क़दम उठाएगा।

ख़ालिसा का मुतसद्दी भी मालगुज़ारी के कर्मचारियों के कामकाज की हमेशा ख़बर रखता था ताकि कोई भी परगने पर सरकार की इजाज़त के बिना नए महसूल वग़ैरह न लादे। कारण कि ये महसूल अकसर काश्तकार की तबाही और इलाक़े की वीरानी के सबब बन जाते थे। अगर, ख़ुदा न करे, कि इस तमाम एहतियात के बावजूद मुफ़स्सल में किसी कर्मचारी के गढ़े हुए, एक अलग क़िस्म के नए कारनामे सामने आते तो उनकी एक रपट सूबेदार को भेजी जाती और उस कर्मचारी को फ़ौरन उचित सज़ा दी जाती ताकि दूसरों के लिए मिसाल क़ायम हो।

फिर भी, कभी-कभी जब मुस्तजिर की व्यवस्था के तहत महलों की मालगुज़ारी का एक हिस्सा अदा नहीं हो पाता या फिर किसी के गढ़े हुए नए कारनामे सूबेदारों की जानकारी में आ जाते तो (ज़ाहिर हो जाता कि) मुआमलात पर मुतसद्दी की पकड़ ढीली पड़ गई है और उसके तबादले का वक़्त आ गया है। इसी तरह, इंतज़ाम के अधिकारों में हिस्सेदारी हुकूमत के बिखराव का कारण बनती है। इस बात को ध्यान में रखकर गुज़रे वक़्तों के बादशाह सूबों में सूबेदार नियुक्त करते वक़्त हमेशा उनको पूरी बागडोर सौंपते थे जो हुकूमत के कामकाज में पूरी तरह उनका अकेले इस्तेमाल करते थे। फिर भी, उन सूबेदारों की नेकियों और ख़ामियों और उनके ग़लत-सही कामों की ख़बर रखने

के लिए ज़िल्ले-इलाही (बादशाह) की तरफ़ से हर सूबे में वाक़ियानिगार और सवानहनिगार मुक़र्रर किए जाते थे और उनको बिना किसी चूक के तमाम घटनाओं और वारदातों का ब्यौरा बादशाह को भेजना पड़ता था।

दसवें, पहले के सूबेदारों का क़ायदा था कि मुलाज़िमों के अलावा वे अपनी ख़िदमत में दो-एक ऐसे लोग रखते थे जो हुकूमत का वास्तविक इल्म रखते थे और जो अक़्लमंद, क़ाबिल और बाइज़्ज़त होते थे, मगर उनको कोई विशिष्ट इलाक़ा नहीं सौंपा जाता था। उनके गुज़ारे के लिए और उनकी हौसला-अफ़ज़ाई के तौर पर उन्हें भत्ते के रूप में (मालगुज़ारी का) एक हिस्सा सौंपा जाता था कि कहीं किसी सूरत में उन्हें किसी तरह की कमी का सामना न करना पड़े और उसे पूरा करने के लिए वे अपनी इज़्ज़त मिट्टी में न मिला लें। उनसे यह क़रार कराया जाता था कि वे किसी सम्बद्ध व्यक्ति की ख़ुदग़र्ज़ी की बातों पर कोई ध्यान नहीं देंगे, न ऐसे शब्द अपने होंठों पर लाएँगे; कि वे वक़्त गँवाए बिना जो भी ख़बर या अफ़वाह उनके इल्म में आती है उसकी इत्तला देंगे; कि हुकूमत के बारे में जो भी सवाल उनसे किए जाएँ उनका वे अपनी समझ के मुताबिक़ ठीक-ठीक और साफ़ जवाब देंगे और किसी भी तरह से अपने हितों को अपने फ़र्ज़ की राह में नहीं आने देंगे। ऐसे लोगों को अपने साथ रखने के पीछे पिछले वक़्तों के हाकिमों का ख़याल यह होता था कि इलाक़ाई ज़िम्मेदारियों वाले लोग मौजूदा हालात का बयान करते वक़्त अपने स्वार्थ पूरे करने की कोशिश करते थे; वे अच्छे को बुरा ठहराते थे और उसकी ताईद में बारीकी से दलीलें देते थे। ऐसी सूरत में जिस शख़्स का अपना कोई स्वार्थ न हो, वह पूछे जाने पर साफ़ जवाब देगा और अच्छी सलाह पेश करेगा। इस तरह, हर कोने की घटनाओं की सही ख़बर (उन तक) पहुँचती रहेगी। ये हाकिम झूठों-मक्कारों के ख़िलाफ़ हर तरह के एहतियात को इसी कारण मुनासिब समझते थे।

संदर्भ और टिप्पणियाँ

1. ई यू एल फ़ारसी पांडुलिपि संख्या, 144
2. द एग्रेरियन सिस्टम ऑफ़ मुग़ल इंडिया, मुंबई, 1963, पृ. 413
3. 'ऐग्रेरियन स्ट्रक्चर ऑफ़ बंगाल ऐट द बिगिनिंग ऑफ़ ब्रिटिश कानक्वेस्ट', प्रोसीडिंग्स ऑफ़ द इंडियन हिस्ट्री काँग्रेस, 1974, पृ. 179
4. भारत में यूरोपीय अधिकारियों के लिए आमतौर पर प्रयुक्त एक शब्द; एच एच विल्सन, *ग्लासरी ऑफ़ ज्यूडिशियल एंड रेवेन्यू टर्म्स,* लंदन, 1855, भारतीय संस्करण : दिल्ली, 1968, प्रविष्टि : 'साहिब' देखें।
5. होम मिस्सेलेनियस सीरीज़ पांडुलिपि 68, आई ओ एल आर, पृ. 711
6. एक क्लर्क या लिपिक जो जातिवाचक के रूप में मालगुज़ारी के बहुत ऊँचे अधिकारियों के लिए भी इस्तेमाल होता है। खुद इस दस्तावेज़ में महाराजा महेंद्र बल्लभ और राजा साकतसिंह जैसे

ऊँचे ओहदेदारों को भी मुतसद्दी कहा गया है।

7. शब्दशः 'इनोवेशन', नई ईजाद या प्रवर्त्तन (बिदअत)। रिवायती वसूलियों से अलग किसी नए कर या महसूल को अतिरिक्त बोझ और इसलिए दमन का रूप माना जाता था। इस्लाम में इस शब्द का एक धार्मिक भाव भी है और मुहम्मद के बताए रास्ते से अलग या नए किसी रास्ते को धर्मद्रोह और इसलिए गुनाह माना जाता है।
8. वित्तीय प्रशासन के लिए मध्य-17वीं सदी के बाद बनाई गई एक बड़ी, पर अमानक क्षेत्रीय इकाई।
9. दोनों शब्दों का शाब्दिक अर्थ 'घटना-निरीक्षक' है। पहला, जिसके लिए बक़ायानिगार अधिक शुद्ध है, सूबों में मालगुज़ारी से जुड़ी बातों की ख़बर दरबार में बैठे अपने हाकिम को देता था। दूसरा, आमतौर पर अपने इलाक़े की घटनाओं की ख़बर बादशाह को देता था।
10. शब्दशः अलग या सुस्पष्ट; इस संदर्भ में छोटे-बड़े शहर सद्र अर्थात् मुख्यालय से अलग और उसके अधीन आनेवाला देहात।
11. प्रशासन और राजस्व की ज़िले से छोटी इकाई, पर इनके आकार काफ़ी अलग-अलग होते हैं।
12. पट्टे का अनुवाद प्रायः lease किया जाता है। मैंने document को वरीयता दी है, क्योंकि lease में उस ज़मीन पर राज्य की मिल्कियत का भाव निहित है, जिसे काश्तकार ने पट्टे पर हासिल किया है। आज के इतिहासकार शायद ही इस प्रस्थापना को स्वीकार करें।
13. गाँव मौज़ा के मुक़ाबले कुछ ज़्यादा अस्पष्ट इकाई है। मौज़ा मालगुज़ारी की दस्तावेज़ों में समुचित पहचान रखनेवाली इकाई के अधिक निकट है, हालाँकि दोनों शब्दों का प्रायः पर्यायवाची में प्रयोग होता है, जैसाकि इस दस्तावेज़ में हुआ है। मगर, इस अनुवाद में 'देह' का अनुवाद 'गाँव' और 'मौज़ा' का गाँव का बंदोबस्त किया गया है ताकि पाठ में प्रयुक्त मूल शब्द का संकेत मिलता रहे।
14. पटवारी : गाँव के स्तर का मुलाज़िम जो गाँव की तमाम ज़मीनों, उनकी पैदावार, तख़मीने आदि का ब्योरा रखता है। गुमाश्ता : कारिंदा। *रिसाला* में प्रायः दोनों का प्रयोग एक ही व्यक्ति के लिए हुआ है।
15. डालियों, तोहफ़ों और सलामियों में हरेक का अपना महत्त्व है, हालाँकि लोगों द्वारा अपने ऊपर के हाकिमों को दी गई चीज़ों के लिए इनका मिलाकर इस्तेमाल किया जाता है। इस तरह, उनका सोपान-व्यवस्था को मज़बूत बनाने का उसी क़दर एक सामाजिक प्रकार्य होता है, जिस तरह नीचे से ऊपर के स्तरों की ओर संसाधनों के स्थानांतरण का एक आर्थिक प्रकार्य होता है। प्रोफ़ेसर ज़ेड. यू. मलिक ने 'डाली' को 'दानी' पढ़कर उसका अर्थ 'भिक्षादान' (पूर्वोक्त, पृ. 183) लगाया है। अगर, यह सचमुच दानी शब्द होता तो इसका अनुवाद भिक्षादान की जगह भिक्षा देनेवाला होता और इस तरह अख़राजात वाले हिस्से के लिए वह पूरी तरह अजनबी होता। मर्रे ने कोई ग़लती नहीं की और इसे 'Dally' पढ़कर इसका अनुवाद 'बाग़ की चीज़ें' किया; पूर्वोक्त, पृ. 732; विल्सन, पूर्वोक्त, प्रविष्टि : डाली भी देखें।
16. दिल्ली के सुल्तानों के तहत राज्य का एक उच्चाधिकारी; बाद में केवल एक प्रतिनिधि।
17. बीघा ज़मीन का माप था; बंगाल में एक बीघा एकड़ का एक-तिहाई होता था। दुर्भाग्य से मर्रे (पूर्वोक्त, पृ. 733) ने दस की जगह दो बीघा पढ़ा है।
18. वक़्ती चुंगी या महसूल जो काश्तकारों से किसी ख़ास मौक़े पर या किसी आकस्मिक कारण से या तो राज्य या ज़मींदार द्वारा वसूला जाता था। विल्सन, पूर्वोक्त, प्रविष्टि : मथौट देखें। मर्रे (पूर्वोक्त, पृ. 733) ने इसका अनुवाद 'अतिरिक्त तख़मीना' किया है।
19. मालगुज़ारी का तख़मीना (अनुमान आकलन) करनेवाला।
20. आना : रुपए का सोलहवाँ हिस्सा। मलिक (पूर्वोक्त, पृ. 185) ने इसे रुपया पीछे सिर्फ़ अधन्नी

बतलाया है।

21. अर्थात्, 150 प्रतिशत प्रतिवर्ष।

22. मीरान वह हिस्सा है जो व्यक्ति मिलनेवाले शुल्कों या लाभों में से अपने ऊपर के हाकिमों को देता है। मलिक (पूर्वोक्त, पृ. 185) ने इसे *मइसरान* पढ़ा है, मगर इसकी व्याख्या नहीं की है। जहाँ तक मेरी जानकारी है, फ़ारसी भाषा में ऐसा कोई शब्द ही नहीं है।

23. ख़ालिसा : वे ज़मीनें जिनकी मालगुज़ारी जागीर वग़ैरह के हवाले किए जाने की बजाए सीधे शाही ख़ज़ाने में जमा होती थी। निज़ामत : पुलिस-प्रमुख और फ़ौजदारी प्रशासक का कार्यालय। क़ानूनगो : गाँव में ज़मीन और मालगुज़ारी संबंधी दस्तावेज़ों का संरक्षक जो 'ज़मीनों की पैमाइश और मुआइने में और मालगुज़ारी देनेवाले की मौत और विरासत की ख़बर देने में मदद देता था।' विल्सन, पूर्वोक्त, प्रविष्टि : क़ानूनगो देखें।

24. इलाक़े की अलग-अलग मापवाली इकाई जिसे मालगुज़ारी की इकाई क़रार दिया जाता था।

25. हरेक काश्तकार से पिछले सालों से लेकर मौजूदा साल तक वसूले गए महसूलों की एक तुलनात्मक सूची।

26. एक दस्तावेज़, जिसमें हर खेत की पहचान एक संख्या से की जाती है तथा उसके आकार, चौहद्दी, मिट्टी की क़िस्म, मालिक का नाम वग़ैरह दिए गए होते हैं।

27. नायब : शब्दशः अधीनस्थ अधिकारी, प्रायः मालगुज़ारी का उपसंग्राहक, जैसाकि यहाँ प्रयोग किया गया है। दीवान : मूलतः किसी ऊँचे पद का नाम था पर धीरे-धीरे इसका अर्थ बदलकर साम्राज्य और सूबों के स्तरों पर वित्त विभाग का प्रमुख हो गया।

28. जायदाद : शाब्दिक अर्थ संपत्ति है पर यहाँ ज़रा से भिन्न अर्थ में प्रयुक्त हुआ है। 18वीं सदी से पहले की मालगुज़ारी दस्तावेज़ों में इस शब्द का प्रयोग अपेक्षाकृत दुर्लभ है पर 18वीं सदी में इसका प्रयोग आम दिखाई देता है, जब यह मालगुज़ारी देनेवाली विभिन्न प्रकार की जोतों के लिए इस्तेमाल होने लगा। कभी-कभी इसका प्रयोग किराए की सेनाओं, ख़ासकर, यूरोपियनों को सौंपी गई मालगुज़ारी के लिए भी हुआ है; कुछ दूसरे अवसरों पर यह जागीर का स्थानापन्न है। इस अंतर्दृष्टि के लिए मैं मुज़फ़्फ़र आलम का आभारी हूँ।

29. वास्तव में, सिहबंदी, मालगुज़ारी की वसूली के लिए लगाई गई एक प्रकार की अनियमित मिलिशिया या उप-सेना। विल्सन, पूर्वोक्त, प्रविष्टि : सिबंदी देखें।

30. वे ज़मीनें जिनकी मालगुज़ारी पूरी तरह शाही दरबार के लिए वक़्फ़ होती है।

उपसंहार

अगर इस संग्रह के लेख पिछले पंद्रह-एक वर्षों में मध्यकालीन भारतीय इतिहास के कुछ पहलुओं की छानबीन के प्रयास हैं, तो मेरे शोध-छात्रों और मेरे खुद के मौजूदा सरोकार वैधता, निवास, व्यक्तियों के आपसी संबंधों और इसलिए रोज़मर्रा की ज़िंदगी में शक्ति के संबंधों और उसके व्यवहार के क्षेत्रों से हैं। शक्ति का यह व्यवहार अनेकों रूपों में सामने आता है; बल्कि उस हर दृष्टांत में सामने आता है, जिसमें मानव एक-दूसरे के संपर्क में आते हैं और जिसमें हर व्यक्ति, संबंधों के विद्यमान ढाँचे में अपना महत्त्व पैदा करने और बढ़ाने के लिए अपने संसाधनों का प्रयोग करता या करती है। कालक्रम में सामाजिक परिवर्तन की कहानी शायद इन्हीं बहुमुखी, वी. एस. नयपाल के शब्दों में 'लाखों बग़ावतों' का महायोग है।

हाल के वर्षों में, एक और बढ़ते हुए सरोकार ने मेरे अनेक छात्रों का और अंशतः मेरा ध्यान बँटाए रखा है। यह है, संवृत्तियों (फिनामिना) की सामाजिक कल्पमूर्त्ति का उतना ही, जिस क़दर स्वयं संवृत्तियों का सवाल, जिसे यहाँ संकलित लेखों में उठाने का प्रयास किया गया है। संस्कृति केवल अर्थव्यवस्था (मार्क्स के शब्दों में 'यथार्थ जगत्') का प्रतिवर्ती रूप है। इस मार्क्सवादी कथन का अनुसरण करते हुए और एक 'वस्तुनिष्ठ' इतिहास की खोज के क्रम में, हममें से बहुत-से लोग जीवन के प्रत्यक्ष, मूल्यों, रूढ़ियों आदि को थोड़ा-बहुत ठुकराते ही रहे हैं। हमारी मान्यता थी, कि अर्थव्यवस्था की तब्दीली के साथ उसके प्रतिवर्ती रूपों—संस्कृति, मूल्यों, प्रत्यक्ष—में अपने-आप परिवर्तन आएँगे। वास्तव में ऐसा नहीं हुआ है, और इसलिए यह समझना महत्त्वपूर्ण है कि मानव व्यवहार का कोई भी निर्धारणवादी सिद्धांत उसे जितना समझता है, उससे वह कहीं बहुत अधिक जटिल है। यही कारण है कि हममें से कुछ लोग—1960 और 1970 की दहाइयों में नई दिशाओं का पता देनेवाली समस्याओं के विरोध में नहीं, बल्कि उनको विस्तार देते हुए—कुछ नई समस्याओं की छानबीन के प्रयास कर रहे हैं। आशा है कि मेरे अगले संग्रह में इस प्रकार की गवेषणाएँ देखी जा सकेंगी।

□□□